Liebe Ulli,

es freut mich, dass Du
Dir einem Sieg zu Deinem
Thema Wilmen Wilks
Rezept:
Abends marinio 1,5 Seilen

Marie-Luise
Apr 2005

Marie-Luise Wagener

Praxisleitfaden für SAP R/3® FI
Die Prüfung der Ordnungsmäßigkeit
der Finanzbuchhaltung in
SAP R/3® Systemen

Ottokar Schreiber Verlag GmbH • Hamburg

Impressum

Autorin: Marie-Luise Wagener
Praxisleitfaden für SAP R/3® FI
1. Auflage – Hamburg: Schreiber, 2004
(Revision und Controlling)
ISBN 3-930291-25-8
1. Auflage 2004

Alle Rechte, auch der Übersetzung, vorbehalten. Kein Teil des Werkes darf in irgendeiner Form (Druck, Fotokopie, Mikrofilm oder einem anderen Verfahren) ohne schriftliche Genehmigung des Verlages reproduziert oder unter Verwendung elektronischer Systeme verarbeitet, vervielfältigt oder verbreitet werden. Hiervon sind die in §§ 53, 54 UrhG ausdrücklich genannten Ausnahmefälle nicht berührt.

Text, Abbildungen und Programme wurden mit größter Sorgfalt erarbeitet. Verlag und Autoren können jedoch für eventuell verbliebene fehlerhafte Angaben und deren Folgen weder eine juristische Verantwortung noch irgendeine Haftung übernehmen.

Printed in Germany
Copyright 2004 by Ottokar Schreiber Verlag GmbH, Hamburg
Covergrafik: © Dirk Kirchner, IBS GmbH, Hamburg
Satz und Layout: Alexandra Palandrani, OSV, Hamburg
Druck- und Bindearbeiten: Druckerei Zollenspieker, Hamburg

Vorwort

Was man weiß, kann man korrigieren. Was verborgen bleibt, ist eine glimmende Zeitbombe.

Carl Friedrich von Weizsäcker

Ich hoffe, dass Ihnen dieses Buch eine hilfreiche Stütze für Ihre Tätigkeit ist und freue mich jederzeit über Ihr Feedback und Ihre Anregungen, die Sie mir gerne zukommen lassen können: mwa@ibs-hamburg.com. Ansonsten möchte ich hier gerne die Gelegenheit nutzen, um mich einmal bei allen zu bedanken, die mir bei der Fertigstellung dieses Buches mit konstruktiven Ratschlägen und praktischen Tipps geholfen haben.

Danke

- allen Unternehmen und den zugehörigen Mitarbeitern, die mich im Rahmen meiner Prüfungstätigkeit so freundlich aufgenommen und engagiert begleitet haben. Die praktischen Erfahrungen, die ich dort und in meiner Seminartätigkeit sammeln konnte, haben mich letztlich zu diesem Buch inspiriert.
- Herrn Ottokar Schreiber, der nicht nur mit großer Genauigkeit das Redigieren und Lektorat für dieses Buch übernommen hat, sondern mir in seiner Firmengruppe all die Möglichkeiten geboten hat, die ich mir für meine berufliche Tätigkeit gewünscht habe.
- Thomas Tiede, der unter anderem so freundlich war, mich zu weiteren Ausführungen zu ermuntern.
- Alexandra Palandrani für Ihren großartigen Einsatz, insbesondere bei der Layoutgestaltung.
- meinen Eltern.
- meinem liebsten Dirk, der nicht nur dieses wunderbare Cover gestaltet hat, sondern mir durch viel Verständnis, Geduld, unzählige Kannen Kaffee und diverse kleine Snacks die physische und psychische Unterstützung - auch bei der Erstellung dieses Buches - gegeben hat.

Marie-Luise Wagener   Hamburg, im März 2004

Inhaltsverzeichnis

1	Einführung	S. 21
1.1	Die Buchung	S. 22
1.2	Radierverbot	S. 23
1.3	Aufbewahrungsfristen	S. 24
1.4	Wiedergabe der auf Datenträgern geführten Unterlagen	S. 26
1.5	Datensicherheit	S. 26
1.6	Gesetz zur Kontrolle und Transparenz im Unternehmensbereich (KonTraG) von 1998	S. 27
1.7	Sarbanes Oxley act	S. 28
1.8	Checkliste Rechtliche Anforderungen	S. 29
1.9	Checkliste SAP® Systemaufbau	S. 29
2	Grundlagenwissen für praktische Prüfungshandlungen	S. 30
2.1	Reports	S. 30
2.1.1	Namenskonventionen für Reports	S. 31
2.1.2	Aufruf eines Reports	S. 31
2.1.3	Mehrfachselektion	S. 32
2.1.4	Ermitteln eines Reportnamens	S. 33
2.1.5	Drucken von Reports	S. 35
2.1.6	Speichern von Reports als Datei	S. 36
2.1.7	Festlegung des Standardpfades zum Speichern	S. 39
2.1.8	Dokumentation von Reports	S. 40
2.1.9	Varianten	S. 40
2.1.10	Variantenübersicht	S. 41
2.1.11	Ausführung eines Reports mit einer Variante	S. 42
2.1.12	Anlegen einer neuen Variante	S. 44
2.1.13	Löschen einer Variante	S. 45
2.2	Tabellen	S. 47
2.2.1	Konzept der Tabellensteuerung in SAP	S. 47

2.2.2	Tabellenanzeige mit den Transaktionen SE 16, SE16N und SE17	S. 48
2.2.3	Transaktion SE16	S. 48
2.2.3.1	Varianten	S. 51
2.2.3.2	Anlegen einer Variante	S. 51
2.2.3.3	Ausführung einer Abfrage mit einer Variante	S. 53
2.2.3.4	Löschen einer Variante	S. 53
2.2.3.5	Anpassung der SE16	S. 55
2.2.4	Transaktion SE16N	S. 56
2.2.4.1	Anlegen einer Variante	S. 59
2.2.4.2	Ausführung einer Abfrage mit Variante	S. 60
2.2.4.3	Löschen einer Variante	S. 60
2.2.4.4	Drucken	S. 61
2.2.4.5	Export	S. 61
2.2.4.6	Grafik	S. 62
2.2.4.7	Sortierung	S. 62
2.2.4.8	Funktion	S. 62
2.2.4.9	Filter	S. 62
2.2.4.10	Detailanzeige	S. 63
2.2.4.11	Suche	S. 63
2.2.5	Dokumentation zu Tabellen	S. 64
2.3	Praktischer Prüfleitfaden - Modell	S. 66
2.3.1	Problembereiche definieren	S. 66
2.3.2	Prüfungsablaufplan	S. 67
2.3.3	Prüfliste ohne IKS	S. 69
2.3.4	Prüfliste bei vorhandenem IKS	S. 70
2.3.5	Systemlokalisation zur Prüfliste	S. 70
2.3.6	Bewertungsverfahren	S. 70
2.3.7	Maßnahmenkatalog	S. 72
2.3.8	Prüfdokumentation	S. 72
3	Organisationsstruktur	S. 74
3.1	Der Mandant	S. 74

3.1.1	Anzeige der Mandantentabelle	S. 75
3.1.2	Die Rolle eines Mandanten	S. 77
3.1.3	Die Änderbarkeit des Mandanten	S. 78
3.1.4	Checkliste Mandanten	S. 85
3.2	Der Buchungskreis	S. 85
3.3	Der Geschäftsbereich	S. 88
3.4	Geschäftsbereiche für die Konsolidierung	S. 89
3.5	Die Gesellschaft	S. 89
3.6	Funktionsbereich	S. 90
3.7	Der Kreditkontrollbereich	S. 91
3.8	Der Finanzkreis	S. 92
3.9	Der Kontenplan	S. 93
3.10	Der Kostenrechnungskreis	S. 94
3.11	Referenzierungen	S. 95
3.11.1	Buchungskreis - Gesellschaft	S. 95
3.11.2	Buchungskreis - Kreditkontrollbereich	S. 96
3.11.3	Buchungskreis - Finanzkreis	S. 96
3.11.4	Kostenrechnungskreis - Finanzkreis	S. 97
3.11.5	Geschäftsbereich - Konsolidierungsgeschäft	S. 97
3.12	Prüfhinweise zur Abbildung der Firmenkonzeption	S. 98
3.13	Checkliste Abbildung der Firmenkonzeption	S. 99
4	Aufbewahrungspflicht der Verfahrensdokumentation	S. 100
4.1	Die Protokollierung von Tabellenänderungen	S. 100
4.1.1	Die generelle Protokollierung	S. 100
4.1.2	Die Protokollierung der einzelnen Tabellen	S. 101
4.2	Das Prinzip der Änderungsbelege	S. 105
4.2.1	Zuordnung Änderungsbelegobjekte - Tabellen	S. 106

4.2.2	Technische Einstellung der Protokollierung	S. 107
4.2.3	Auswertung von Änderungsbelegen über Tabellen	S. 108
4.2.4	Auswertung von Änderungsbelegen über Reports	S. 109
4.2.5	Löschen von Änderungsbelegen	S. 109
4.3	Prüfhinweise zur Aufbewahrungspflicht	S. 110
4.4	Checkliste Aufbewahrungspflicht	S. 111
5	Kreditorenstammdaten	S. 113
5.1	Aufbau der Stammdaten	S. 113
5.2	Die Quantifizierung der Datenanteile	S. 114
5.3	Anzeige der Stammdaten	S. 116
5.4	Stammdatenänderungen Kreditoren	S. 120
5.5	Dolose Aktivitäten	S. 121
5.6	Anzeige und Analyse der Kreditorensalden	S. 122
5.7	Anzeige und Analyse der Kreditoreneinzelposten	S. 124
5.8	CpD-Kreditoren	S. 127
5.8.1	Anzeige eines CpD Kreditors	S. 128
5.8.2	Anzeige aller Kreditoren CPD Konten	S. 129
5.8.3	Anzeige kreditorenspezifischer Daten	S. 131
5.9	Debitorische Kreditoren	S. 133
5.10	Eine Monitoringsystematik für den praktischen Einsatz:	S. 136
5.11	Reports zu Kreditoren	S. 136
5.12	Prüfhinweise zu Kreditorenstammdaten	S. 138
5.13	Checkliste Kreditorenstammdaten	S. 139
6	Debitorenstammdaten	S. 140
6.1	Aufbau der Stammdaten	S. 140
6.2	Die Quantifizierung der Datenanteile	S. 141
6.3	Anzeige der Stammdaten	S. 142

6.4	Stammdatenänderungen Debitoren	S. 147
6.5	Dolose Aktivitäten	S. 148
6.6	Anzeige und Analyse der Debitorensalden	S. 149
6.7	Anzeige und Analyse der Debitoreneinzelposten	S. 151
6.8	CpD-Debitoren	S. 152
6.8.1	Anzeige eines CpD Debitors	S. 152
6.8.2	Anzeige debitorenspezifischer Daten	S. 156
6.9	Kreditorische Debitoren	S. 158
6.10	Reports zu Debitoren	S. 160
6.11	Prüfhinweise zu Debitorstammdaten	S. 163
6.12	Checkliste Debitorstammdaten	S. 164
7	CPD - Prüfprocedere	S. 165
7.1	Auflistung aller CPD Konten	S. 165
7.2	Kontoanalyse	S. 167
7.3	Quantifizierung des kunden- oder lieferantenspezifischen Datenanteils	S. 169
7.4	Prüfen auf dolose Aktivitäten	S. 171
7.5	Empfehlungen für das IKS	S. 172
8	Sachkontenstammdaten	S. 174
8.1	Aufbau der Stammdaten	S. 174
8.2	Anzeige der Stammdaten	S. 175
8.3	Stammdatenänderungen Sachkonten	S. 177
8.3.1	Stammdatenänderungen zentral	S. 178
8.3.2	Stammdatenänderungen im Kontenplan	S. 179
8.3.3	Stammdatenänderung auf Buchungskreisebene	S. 180
8.3.4	Sammelanzeige Stammdatenänderungen	S. 180
8.4	Anzeige und Analyse der Sachkontensalden	S. 181

8.5	Anzeige und Analyse der Sachkonteneinzelposten	S. 183
8.6	Reports zu Sachkonten	S. 186
8.7	Prüfhinweise zu Sachkontenstammdaten	S. 187
8.8	Checkliste Sachkontenstammdaten	S. 188
9	Buchhaltungsbelege	S. 189
9.1	Das Belegprinzip	S. 189
9.2	Der Aufbau eines Beleges	S. 190
9.3	Die Quantifizierung des Belegaufkommens	S. 192
9.4	Anzeige und Analyse einzelner Belege	S. 194
9.5	Weitere prüfrelevante Belegarten	S. 202
9.5.1	Vorerfasste Belege	S. 202
9.5.2	Dauerbuchungsurbelege	S. 203
9.6	Sonderhauptbuchvorgänge	S. 204
9.7	Belegänderungsregeln	S. 206
9.8	Änderungsbelege	S. 210
9.9	Reports zu Belegauswertungen	S. 213
9.10	Prüfhinweise zu Buchhaltungsbelegen	S. 214
9.11	Checkliste Buchhaltungsbelege	S. 216
10	Automatische Abläufe	S. 217
10.1	Zahlen	S. 217
10.2	Weiterführende Zahlungsanalysen	S. 220
10.2.1	Hilfestellungen aus dem Audit Info System	S. 221
10.2.1.1	Kreditoren	S. 221
10.2.1.2	Debitoren	S. 222
10.3	Mahnen	S. 223
10.4	Batch-Input Mappen	S. 228
10.5	Jobs	S. 232
10.6	Prüfhinweise Automatische Abläufe	S. 233
10.6.1	Zahlen	S. 233
10.6.2	Mahnen	S. 234

10.6.3	Batch-Input Mappen	S. 234
10.6.4	Job Protokolle	S. 235
10.7	Checkliste Automatische Abläufe	S. 235
11	Der Verbuchungsprozess in SAP R/3®	S. 237
11.1	Die Verbuchungsarten	S. 237
11.1.1	Synchrone Verbuchung	S. 237
11.1.2	Asynchrone Verbuchung	S. 237
11.1.3	Die Verbuchungskomponenten	S. 239
11.1.4	Verbuchungsparameter	S. 240
11.2	Abgebrochene Verbuchungen	S. 241
11.2.1	Weiterverarbeitung von abgebrochenen Verbuchungssätzen (SM13)	S. 242
11.2.2	Auflistung unverarbeiteter Verbuchungssätze (Report RFVBER00)	S. 244
11.3	Prüfhinweise zur Verbuchung	S. 245
11.4	Checkliste Verbuchung	S: 246
12	Die Belegnummernvergabe	S. 247
12.1	Externe / Interne Belegnummernvergabe	S. 247
12.1.1	Externe Belegnummernvergabe	S. 247
12.1.2	Interne Belegnummerbvergabe	
12.2	Pufferung von Belegnummern	S. 248
12.3	Sonderfall Lokale Pufferung	S. 252
12.4	Prüfen auf Lücken in der Belegnummernvergabe	S. 253
12.4.1	RFBNUM00	S. 253
12.4.2	RFBNUM00N	S. 256
12.5	Kontrollanforderung für die Verbuchung	S. 257
12.5.1	Die Abstimmanalyse	S. 257
12.5.2	Abstimmung Belege / Verkehrszahlen	S. 261
12.6	Prüfhinweise zur Belegnummernvergabe	S. 262
12.7	Checkliste Belegnummernvergabe	S. 264

12.8	Prüfung auf doppelte Rechnung / Zahlung	S. 265
12.9	Prüfhinweise zur doppelten Zahlung	S. 269
12.10	Checkliste Doppelte Zahlung	S. 270
13	Das Customizing in der Finanzbuchhaltung	S. 271
13.1	Einführung	S. 271
13.2	Prüfbeispiel	S. 273
13.3	Prüfung des Bildaufbaus	S. 275
14	Anwendungsmöglichkeiten nach Benford`s Law (Digitale Ziffernanalyse)	S. 281
14.1	Forensic Accounting	S. 285
14.2	Durchführung einer Digitalen Ziffernanalyse	S. 286
14.2.1	Auswahl des Gesamtdatenbestandes	S. 286
14.2.2	Import IDEA	S. 286
14.2.3	Benford`s Law in IDEA 2002	S. 287
15	Abschlüsse	S. 292
15.1	Tagesabschluss	S. 292
15.2	Monatsabschluss	S. 292
15.3	Jahresabschluss	S. 296
15.3.1	Saldovortragsabstimmung	S. 296
15.3.2	Maximale Kursabweichung	S. 297
15.3.3	Fremdwährungsbewertung	S. 298
15.3.4	Reports zur Bilanzerstellung	S. 299
15.4	Prüfhinweise zu Abschlüssen	S. 299
15.5	Checkliste Abschlüsse	S. 301
16	Berechtigungsprüfung der Finanzbuchhaltung	S. 302
16.1	Einführung	S. 302
16.2	Die Berechtigungsobjekte der Finanzbuchhaltung	S. 306

16.3	Spezifikation der Berechtigungskonzeption für die Finanzbuchhaltung	S. 311
16.4	Kreditorenbuchhaltung	S. 313
16.4.1	F_LFA1_APP - Anwendungsberechtigung	S. 313
16.4.2	F_LFA1_BUK - Buchungskreis	S. 314
16.4.3	F_LFA1_GEN - Zentrale Daten	S. 315
16.4.4	F_LFA1_GRP - Kontengruppenberechtigung	S. 316
16.4.5	F_LFA1_BEK - Kontenberechtigung	S. 317
16.4.6	Das Konzept der Berechtigungsgruppen für Kreditorenstammsätze	S. 318
16.4.7	F_LFA1_AEN - Änderungsberechtigung für best. Felder	S. 319
16.4.8	Überprüfung der Änderungsberechtigung auf bestimmte Felder	S. 320
16.4.9	Das Vier-Augen-Prinzip - Generelle Erläuterung	S. 321
16.4.10	Das Vier-Augen-Prinzip beim Ändern von Kreditorenstammdaten	S. 322
16.5	Debitorenbuchhaltung	S. 324
16.5.1	F_KNA1_APP - Anwendungsberechtigung	S. 324
16.5.2	F_KNA1_BUK - Buchungskreis	S. 325
16.5.3	F_KNA1_GEN - Zentrale Daten	S. 326
16.5.4	F_KNA1_GRP - Kontengruppenberechtigung	S. 326
16.5.5	F_KNA1_BED - Kontenberechtigung	S. 327
16.5.6	Das Konzept der Berechtigungsgruppen für Debitorenstammsätze	S. 329
16.5.7	F_KNA1_KGD - Kontengruppe	S. 330
16.5.8	F_KNA1_AEN - Änderungsberechtigung für best. Felder	S. 331
16.5.9	Überprüfen der Änderungsberechtigung auf geschützte Felder	S. 332

16.5.10	Das Vier-Augen-Prinzip beim Ändern von Debitorenstammdaten	S. 333
16.6	Sachkontenbuchhaltung	S. 334
16.6.1	F_SKA1_BUK - Buchungskreis	S. 334
16.6.2	F_SKA1_KTP - Kontenplan	S. 335
16.6.3	F_SKA1_BES - Kontenberechtigung	S. 336
16.6.4	Das Konzept der Berechtigungsgruppen für Sachkontenstammsätze	S. 338
16.6.5	F_SKA1_AEN - Änderungsberechtigung für best. Felder	S. 339
16.6.6	Überprüfen der Änderungsberechtigung auf geschützte Felder	S. 340
16.7	Banken	S. 341
16.7.1	F_BNKA_MAN - Generelle Pflegeberechtigung	S. 341
16.7.2	F_BNKA_BUK - Buchungskreis	S. 342
16.7.3	F_BL_BANK - Hausbanken und Zahlwege	S. 342
16.8	Kreditmanagement	S. 344
16.8.1	F_KNKA_KKB - Kreditkontrollbereich	S. 344
16.8.2	F_KNKA_MAN - generelle Pflegeberechtigung	S. 345
16.8.3	F_KNKA_BED - Kontenberechtigung	S. 346
16.8.4	F_KNKA_AEN - Änderungsberechtigung für best. Felder	S. 347
16.9	Kontoanalyse für Debitoren	S. 347
16.9.1	F_KNB1_ANA - Kontoanalyse	S. 347
16.10	Buchhaltungsbelege	S. 348
16.10.1	F_BKPF_BLA - Belegart	S. 348
16.10.2	F_BKPF_BUK - Buchungskreis	S. 349
16.10.3	F_BKPF_BUP - Buchungsperiode	S. 350
16.10.4	F_BKPF_GSB - Geschäftsbereich	S. 351
16.10.5	F_BKPF_KOA - Kontoart	S. 352
16.10.6	F_BKPF_BED - Debitorkonten	S. 352

16.10.7	F_BKPF_BEK - Kreditorkonten	S. 354
16.10.8	F_BKPF_BES - Sachkonto	S. 355
16.10.9	F_BKPF_VW - Vorschlagswerte für Belegart und Buchungsschlüssel ändern	S. 356
16.11	Zum Kontierungsmuster	S. 357
16.11.1	F_KMT_MGMT - Berechtigung zur Pflege und Verwendung	S. 357
16.12	Zur Bilanz	S. 358
16.12.1	F_T011 - Generelle Pflegeberechtigung	S. 358
16.13	Zur Planung	S. 359
16.13.1	F_T011_BUK - Berechtigung für Buchungskreise	S. 359
16.14	Zum Zahlungsprogramm	S. 360
16.14.1	F_REGU_BUK - Buchungskreis	S. 360
16.14.2	F_REGU_KOA - Kontoart	S. 361
16.15	Zum Mahnen	S. 362
16.15.1	F_MAHN_BUK - Buchungskreis	S. 362
16.15.2	F_MAHN_KOA - Kontoart	S. 363
16.16	Zum Scheckmanagement	S. 365
16.16.1	F_PAYR_BUK - Aktionsberechtigung für Buchungskreise	S. 365
16.17	Zum Infosystem	S. 366
16.17.1	F_T060_ACT - Kontoart/Auswertungssicht	S. 366
16.18	Zur Avisverwaltung	S. 367
16.18.1	F_AVIK_BUK - Buchungskreis	S. 367
16.18.2	F_AVIK_AVA - Avisarten	S. 368
16.19	Finanzkalender	S. 369
16.19.1	F_T011E - Terminplan	S. 369
16.20	Reports	S. 370
16.20.1	S_PROGRAM - ABAP : Programmablaufprüfungen	S. 370
16.21	Customizingviews für Tabellen	S. 372
16.22	Transaktionen nach Aktivitäten - Kreditoren	S. 374

16.23	Transaktionen nach Aktivitäten - Debitoren	... S. 376
16.24	Transaktionen nach Aktivitäten - Sachkonten	.. S. 378
16.25	Transaktionen nach Aktivitäten - Kreditmanagement	S. 380
16.26	Tabellen der Finanzbuchhaltung	S. 381
16.27	Tabellen der Berechtigungskonzeption	S. 384
16.28	Relation der Transaktion zum Berechtigungsobjekt	S. 385
16.29	Verwendungsnachweiskonfiguration - Vorbereitungsübungen	S. 389
16.30	Prüfleitfaden zur Berechtigungsprüfung	S. 394
16.30.1	Problembereiche definieren / Funktionstrennungen	S. 394
16.30.2	Kritische Berechtigungen	S. 395
16.30.2.1	Belegbuchungen	S. 398
16.30.2.2	Belegänderung	S. 401
16.30.2.3	Beleganzeige	S. 402
16.30.2.4	Belegstornierung	S. 403
16.30.2.5	Sachkontenstammdaten	S. 405
16.30.2.6	Kreditorstammdaten	S. 406
16.30.2.7	Debitorstammdaten	S. 407
16.30.2.8	Bankenstammdaten	S. 408
16.30.2.9	Mahnlauf	S. 408
16.30.2.10	Zahllauf	S. 409
16.30.2.11	Scheckverwaltung	S. 411
16.30.3	Generelle kritische Berechtigungen	S. 412
16.30.4	Kritische Berechtigungen des Customizing	S. 414
16.31	Kritische Basisberechtigungen	S. 416
16.31.1	Verbuchungsadministration	S. 416
16.31.2	Tabellen	S. 416
16.31.3	Anwendungsentwicklung	S. 417
16.31.4	Batch - Input Mappen und Jobs	S. 418
16.31.5	Kritische Kombinationen	S. 419

16.31.6	Prüfprozedere	S. 419
16.32	Praktische Verprobung am SAP R/3® System	S. 424
17	Schnittstelle FI zu MM	S. 441
17.1	Ergänzende rechtliche Grundlagen	S. 441
17.2	MM-Testat - Zertifizierung	S. 444
17.3	Organisationseinheiten der Materialwirtschaft	S. 444
17.3.1	Das Werk	S. 445
17.3.2	Der Lagerort	S. 447
17.3.3	Die Einkaufsorganisation	S. 449
17.3.4	Referenzeinkaufsorganisation	S. 451
17.3.5	Einkäufergruppe	S. 452
17.3.6	Prüfhinweise zur Abbildung der Firmenkonzeption in MM	S. 453
17.3.7	Checkliste Abbildung der Firmenkonzeption in MM	S. 455
17.4	Der Einkaufszyklus	S. 455
17.4.1	IKS - Internes Kontrollsystem	S. 457
17.4.2	Prüfhinweise zum Einkaufszyklus	S. 458
17.4.3	Checkliste Einkaufszyklus	S. 459
17.5	Der Materialstammsatz	S. 459
17.5.1	Aufbau eines Materialstammsatzes	S. 460
17.5.2	Anzeige eines Materialstammsatzes	S. 461
17.5.3	Weitere Transaktionen zur Materialübersicht	S. 465
17.5.4	Die Quantifizierung der Datenanteile	S. 465
17.5.5	Prüfhinweise zu Materialstammsätzen	S. 466
17.5.6	Checkliste Materialstammsätze	S. 468
17.6	Kontenfindung	S. 469
17.6.1	Automatische Kontenfindung	S. 469
17.6.2	Prüfung auf kritische Warenbewegungen	S. 470
17.6.3	Prüfung der Vorratskonten	S. 478
17.6.4	Ergänzende Prüfaspekte	S. 479
17.6.5	Abstimmung des Buchungsstoffes MM - FI	S. 481

17.6.6	Prüfung des Bildaufbaus zum Customizing	S. 481
17.6.7	Belegnummernvergabe	S. 484
17.6.8	Prüfhinweise zur Kontenfindung	S. 488
17.6.9	Checkliste Kontenfindung	S. 490
17.7	Preissteuerung	S. 491
17.7.1	Der Standardpreis	S. 491
17.7.2	Der gleitende Durchschnittspreis	S. 491
17.7.3	Prüfhinweise zur Preissteuerung	S. 492
17.7.4	Checkliste Preissteuerung	S. 492
17.8	Kreditoren in der Materialwirtschaft	S. 493
17.8.1	Anzeige eines Kreditorenstammsatzes	S. 493
17.8.2	Relevante Lieferantenstammtabellen	S. 495
17.8.3	Lieferanteninformationen	S. 495
17.8.4	Lieferantenbeurteilungssystem	S. 496
17.8.5	Anzeige der Lieferantenauswertung	S. 498
17.8.6	Reports zur Lieferantenbeurteilung	S. 501
17.8.7	Prüfhinweise zu Kreditoren in der Materialwirtschaft	S. 501
17.8.8	Checkliste Kreditoren in der Materialwirtschaft	S. 502
17.9	Rechnungsprüfung	S. 502
17.9.1	Rechnungssperre	S. 503
17.9.2	WE/RE Konto	S. 504
17.9.2.1	Anzeige der WE/RE-Saldenliste	S. 505
17.9.2.2	Prüfhinweise zu WE/RE-Konten	S. 506
17.9.2.3	Checkliste WE/RE Konten	S. 507
17.9.3	Ermittlung fehlerhafter Eingangsrechnungen	S. 508
17.9.4	Toleranzen	S. 508
17.9.4.1	Prüfhinweise zu Toleranzgrenzen	S. 508
17.9.4.2	Prüfhinweise zu Toleranzgruppen für Mitarbeiter	S. 513
17.9.4.3	Checkliste Toleranzgrenzen und Toleranzgruppen	S. 515

17.9.5	Prüfungen auf doppelte Rechungen	S. 515
17.9.6	Beleganzeige in der Rechnungsprüfung	S. 517
17.10	Abstimmung zwischen Haupt / Nebenbuch	S. 518
17.11	Vollständigkeit des Buchungsstoffs	S. 519
17.11.1	Prüfhinweise zu abgebrochenen Verbuchungen	S. 520
17.11.2	Checkliste abgebrochene Verbuchungen	S. 522
17.11.3	Prüfhinweis zum Sonderfall: Direct-Input	S. 522
17.11.4	Checkliste Sonderfall Direct-Input	S. 524
17.12	Kritische Berechtigungen der Rechnungsprüfung	S. 524
18	Kompendium der Checklisten	S. 527
18.1	Checkliste Rechtliche Grundlagen	S. 527
18.2	Checkliste SAP® Konzeption	S. 528
18.3	Checkliste Mandanten	S. 529
18.4	Checkliste Abbildung der Firmenkonzeption	S. 530
18.5	Checkliste Aufbewahrungspflicht	S. 531
18.6	Checkliste Kreditorenstammdaten	S. 532
18.7	Checkliste Debitorstammdaten	S. 533
18.8	Checkliste Sachkontenstammdaten	S. 534
18.9	Checkliste Buchhaltungsbelege	S. 535
18.10	Checkliste Automatische Abläufe	S. 536
18.11	Checkliste Verbuchung	S. 538
18.12	Checkliste Belegnummernvergabe	S. 539
18.13	Checkliste Doppelte Zahlung	S. 540
18.14	Checkliste Abschlüsse	S. 541
18.15	Checkliste Abbildung der Firmenkonzeption in MM	S. 542
18.16	Checkliste Einkaufszyklus	S. 543
18.17	Checkliste Materialstammsätze	S. 544
18.18	Checkliste Kontenfindung	S. 545
18.19	Checkliste Preissteuerung	S. 546

18.20	Checkliste Kreditoren in der Materialwirtschaft	S. 546
18.21	Checkliste WE/RE Konten	S. 547
18.22	Checkliste Toleranzgrenzen und Toleranzgruppen	S. 548
18.23	Checkliste abgebrochene Verbuchungen	S. 549
18.24	Checkliste Sonderfall Direct-Input	S. 550
19	Anhänge	S. 551
19.1	Reports aus FI	S. 551
19.2	Tabellen FI	S. 552
19.3	Transaktionen	S. 555
19.3.1	Transaktionen zu Kreditorenstammsätzen	S. 555
19.3.2	Transaktionen zu Debitorenstammsätzen	S. 556
19.3.3	Transaktionen zu Sachkontenstammsätzen	S. 557
19.3.4	Transaktionen zu FiBu-Belegen	S. 560
19.4	Tabellen der Materialwirtschaft	S. 563
20	Glossar	S. 566
21	Stichwortverzeichnis	S. 588

1 Einführung

Als Grundlage zur Überprüfung der Ordnungsmäßigkeit der Finanzbuchhaltung in SAP R/3® Systemen sind im Wesentlichen die gesetzlichen Anforderungen heranzuziehen. Es gilt dabei zu prüfen, inwieweit diese in Ihrem SAP R/3® System praktisch umgesetzt worden sind.

Mit der Einführung des Handelsrechts im Jahre 1886 wurden bereits die ersten GoB definiert. 1985 erst erfolgte anlässlich der EG-Harmonisierung der Rechnungslegungsvorschriften die gesetzliche Verankerung. Zur Anpassung an aktuelle und zukünftige Informationssysteme wurden 1995 die Grundsätze ordnungsmäßiger Speicherbuchführung veröffentlicht.

Diese GoBS stellen eine Präzisierung der Grundsätze ordnungsmäßiger Buchführung (GoB) im Hinblick auf die DV-Buchführung dar. Sie beschreiben die Maßnahmen, die zu ergreifen sind, um sicherzustellen, dass die Buchungen und sonstigen erforderlichen Aufzeichnungen vollständig, richtig, chronologisch und geordnet vorgenommen und die gesetzlichen Aufbewahrungspflichten erfüllt werden. Ausgearbeitet wurden die GoBS von der Arbeitsgemeinschaft für wirtschaftliche Verwaltung e.V. (AWV) in Eschborn.

Die gesetzlichen Voraussetzungen für eine auf Datenträger geführte Buchführung sind im Handelsgesetzbuch (HGB) und in der Abgabenordnung (AO) enthalten.

Sie definieren ergänzend die handels- und steuerrechtlichen Mindestanforderungen an eine DV-Buchführung. § 239 Abs. 4 HGB und Abschnitt 29 EstR § 146 Abs. 5 AO, § 147 Abs. 2 AO regeln die Grundvoraussetzung.

Nachfolgend habe ich für Sie die wichtigsten gesetzlichen Anforderungen zusammengestellt.

§ 146 Abs. 5 AO

Die Handelsbücher und die sonst erforderlichen Aufzeichnungen können auch auf Datenträger geführt werden, soweit diese Form der Buchführung einschließlich des dabei angewandten Verfahrens den Grundsätzen ordnungsmäßiger Buchführung entsprechen. Bei der Führung der Handelsbücher und der sonst erforderlichen Aufzeichnungen muss insbesondere sichergestellt sein, dass die Daten während der Aufbewahrungsfrist verfügbar sind und jederzeit innerhalb angemessener Frist lesbar gemacht werden können.

§ 147 Abs. 2 AO

Auch die Aufbewahrung von Unterlagen ist unter gewissen Voraussetzungen auf Datenträgern zulässig. Eine präzisere Definition der Datenträger gibt der Gesetzgeber nicht vor. Es kommen wohl eher maschinell lesbare Datenträger wie z.B. Magnetband, Magnetplatte, Diskette oder optisch lesbare Speichermedien in Betracht.

1.1 Die Buchung

Handelsrechtlich sind nachstehende Bedingungen aus §§ 238 Abs.2, 239 Abs.4, 257 und 261 HGB relevant:

- Die buchführungspflichtigen Geschäftsfälle müssen richtig, vollständig und zeitgerecht erfasst sein und sich in ihrer Entstehung und Entwicklung verfolgen lassen (Beleg- und Journalfunktion).
- Die Geschäftsfälle sind so zu verarbeiten, dass sie geordnet darstellbar sind und demnach ein Überblick über die Vermögens- und Ertragslage gewährleistet ist (Kontenfunktion).

- Die Buchungen müssen einzeln und geordnet nach Konten erfolgen. Die Konten müssen fortgeschrieben werden nach Kontensummen oder Salden, sowie nach Abschlusspositionen. Diese müssen alle jederzeit darstellbar und lesbar gemacht werden können.
- Einem sachverständigen Dritten muss es möglich sein, sich in angemessener Zeit mit dem Buchführungsverfahren vertraut zu machen, damit er sich einen Überblick über die Geschäftsvorfälle und die Lage des Unternehmens machen kann.
- Das Verfahren der DV-gestützten Buchführung muss durch eine Verfahrensdokumentation sowohl die aktuellen als auch die historischen Verfahrensinhalte nachweisen, verständlich und nachvollziehbar machen.
- Eine Programmidentität muss dahingehend gewährleistet sein, dass das in der Dokumentation beschriebene Verfahren dem in der Praxis eingesetzten entspricht.

1.2 Radierverbot
§ 239 HGB Führung der Handelsbücher (Radierverbot)

1. Die Eintragungen in Bücher und die sonst erforderlichen Aufzeichnungen müssen vollständig, richtig, zeitgerecht und geordnet vorgenommen werden.
2. Eine Eintragung oder Aufzeichnung darf nicht in einer Weise verändert werden, dass ihr ursprünglicher Inhalt nicht mehr feststellbar ist. Auch solche Veränderungen dürfen nicht vorgenommen werden, deren Beschaffenheit es ungewiss lässt, ob sie ursprünglich oder erst später gemacht worden sind.
3. Die Handelsbücher und die sonst erforderlichen Aufzeichnungen können auch auf Datenträgern geführt werden, soweit diese Form der Buchführung einschließlich des dabei angewandten Verfahrens den Grundsätzen ordnungsmäßiger Buchführung entspricht.

1.3 Aufbewahrungsfristen

Durch die Neufassung von § 147 Abs.3 AO und § 257 Abs. 4 HGB hat sich die Aufbewahrungspflicht von Buchungsbelegen von sechs auf zehn Jahre verlängert. Sofern in anderen Gesetzesbestimmungen andere Aufbewahrungsfristen festgelegt sind, gelten diese. Davon nicht betroffen sind Reglementierungen außersteuerlicher Gesetze. Zu den Buchungsbelegen zählen:
- Auftragszettel
- Bankauszüge
- Betriebskostenrechnungen
- Bewertungsunterlagen
- Buchungsanweisungen
- Gehaltslisten
- Kassenberichte
- Lieferscheine
- Portokassenberichte
- Quittungen
- Rechnungen
- Warenbestandsaufnahmen

Die Verfahrensdokumentation zur DV-Buchführung zählt zu den Arbeitsanweisungen und sonstigen Organisationsunterlagen laut § 257 Abs.1 HGB bzw. § 147 Abs.1 AO. Somit ist diese grundsätzlich zehn Jahre aufzubewahren. Das gilt auch für Teile der Verfahrensdokumentation, denen Belegfunktion zukommt.

Die Aufbewahrung kann ebenfalls auf Bild- oder Datenträgern erfolgen.

Die Fristen beginnen mit dem Schluss des Kalenderjahres, in dem rechnungslegungsrelevante Daten erfasst wurden, entstanden sind oder aber bearbeitet wurden.

§ 257 HGB Aufbewahrungsfristen

(1) Jeder Kaufmann ist verpflichtet, die folgenden Unterlagen geordnet aufzubewahren:
1. Handelsbücher, Inventare, Eröffnungsbilanzen, Jahresabschlüsse, Lageberichte, Konzernabschlüsse, Konzernlageberichte sowie die zu ihrem Verständnis erforderlichen Arbeitsanweisungen und sonstigen Organisationsunterlagen,
2. die empfangenen Handelsbriefe,
3. Wiedergabe der abgesandten Handelsbriefe,
4. Belege für Buchungen in den von ihm nach §238 Abs. 1 zu führenden Büchern (Buchungsbelege)

Die in Absatz 1 Nr. 1 aufgeführten Unterlagen sind zehn Jahre und die sonstigen in Absatz 1 aufgeführten Unterlagen sechs Jahre aufzubewahren.

§ 140 - 147 AO Abgabenverordnung 1977 GoBS

Grundsätze ordnungsgemäßer DV-gestützter Buchführungssysteme

(BdF-Schreiben vom 7. November 1995 IV A8 - S0316 - 52/95)

Die AO verpflichtet jeden, nicht nur Kaufleute, zur Aufbewahrung der für die Besteuerung bedeutsamen Bücher und Aufzeichnungen, wenn er denn nach anderen als den Steuergesetzen Bücher und Aufzeichnungen zu führen hat. Des Weiteren sind lt. § 147 AO zusätzlich sonstige Unterlagen aufzubewahren, sofern sie für die Besteuerung von Bedeutung sind.

1.4 Wiedergabe der auf Datenträgern geführten Unterlagen

Das Verfahren für die Wiedergabe ist vom Buchführungspflichtigen in einer Arbeitsanweisung schriftlich zu fixieren, die Verantwortlichkeit verbleibt beim Buchführungspflichtigen (§238 HGB), ungeachtet des Einsatzes von Fremdfirmen oder Fremdsystemen. Die inhaltliche Konsistenz der Wiedergabe aller Daten mit den gespeicherten Medien muss durch das jeweilige Archivierungsverfahren gewährleistet sein. Dabei muss ebenfalls eine originalgetreue, bildliche Wiedergabe im Hinblick auf die Übereinstimmung mit Originalbelegen sichergestellt sein. Bei Datensicherungsprozeduren sollte auf eine periodische Systematik geachtet werden. Die Herstellung von Sicherheitskopien gilt als obligat, ebenso wie die Aufbewahrung an sicheren Standorten, die einen Schutz vor Vernichtung, Diebstahl, unberechtigten Zugriffen oder Verlust gewährleisten müssen. Hier bedarf es eines umfassenden Datensicherungskonzeptes, in dem sowohl die gesetzlichen Anforderungen als auch das Bundesdatenschutzgesetz eine Umsetzung erfahren.

1.5 Datensicherheit

Ein fundiertes Datensicherungskonzept ist, resultierend aus mannigfaltigen Abhängigkeiten der Unternehmen, unerlässlich.

Dies sollte definieren **was, wogegen, wie lange** und **wie** zu sichern ist, auch unter Berücksichtigung weiterer gesetzlicher Vorschriften, wie zum Beispiel dem Bundesdatenschutzgesetz.

Hierbei geht es sowohl um die Sicherung vor Verlust als auch um den Schutz vor unberechtigten Zugriffen. Es sollten periodische Datensicherungsprozeduren durchgeführt werden, des Weiteren Sicherungen bei ungewöhnlich hohen Datenaufkommen zwischen zwei Intervallen.

Sicherheitskopien müssen erstellt und an einem sicheren Standort aufbewahrt werden. Für die Aufbewahrung dieser Datenträger muss ein Schutz vor Vernichtung, Diebstahl oder Verlust gewährleistet sein.

1.6 Gesetz zur Kontrolle und Transparenz im Unternehmensbereich (KonTraG) von 1998

Vorstände und Geschäftsführer haben bei ihrer Geschäftsführung die Sorgfalt eines ordentlichen und gewissenhaften Kaufmanns anzuwenden. Hierzu sind sie bereits seit Einführung des Aktiengesetzes gesetzlich verpflichtet (§93 Abs.1 AktG). Zu diesen Sorgfaltspflichten gehört neben der Festlegung der Unternehmenspolitik auch die Implementierung der zugehörigen funktionsfähigen Unternehmensüberwachung (§ 91 (2) AktG).

Mit dem bereits im Mai 1998 verabschiedeten Artikel-Gesetz zur Kontrolle und Transparenz im Unternehmensbereich (KonTraG) werden Unternehmen u.a. verpflichtet, ein Überwachungssystem zur Früherkennung existenzgefährdender Entwicklungen einzurichten. Damit wurde die Verpflichtung der Geschäftsführung gesetzlich konstituiert, ein unternehmensweites Risikomanagement zu implementieren.

Mit dem KonTraG wurden die Unternehmen außerdem verpflichtet, im Lagebericht zu den Risiken der künftigen Geschäftsentwicklung Stellung zu beziehen. Diese Anforderung ist ohne ein Risikomanagementsystem nicht erfüllbar.

Versäumnisse bei der Einrichtung eines solchen Risikomanagementsystems können bei prüfungspflichtigen Unternehmen zu einem Versagen des Bestätigungsvermerks führen. Damit wären beispielsweise Gewinnausschüttungen oder Kreditaufnahmen bei Banken unmöglich. Zudem sind die Geschäftsführer/Vorstände im Schadensfalle den Anteilseignern persönlich schadensersatzpflichtig.

Anzuwenden sind die Bestimmungen des KonTraG auf alle Wirtschaftsjahre, die nach dem 31.12.1998 beginnen. Eine Übergangsregelung ist nicht vorgesehen.

Dies ist vom Abschlussprüfer im Rahmen seiner Jahresabschlussprüfung zu testieren. Im Prüfungsstandard (PS) 340 des IDW "Die Prüfung des Risikofrüherkennungssystems" heißt es dazu: "Der Abschlussprüfer hat nach § 317 Abs. 4 HGB bei Aktiengesellschaften im Rahmen der Abschlussprüfung zu beurteilen, ob der Vorstand die nach § 91 AktG erforderlichen Maßnahmen in einer geeigneten Form getroffen hat und ob das danach einzurichtende Überwachungssystem seine Aufgaben erfüllen kann."

1.7 Sarbanes Oxley Act

Natürlich haben die Anforderungen aus dem Sarbanes Oxley Act (2002) weitreichende Konsequenzen für alle Unternehmensbereiche. Der wesentliche Anspruch an die Revision resultiert jedoch aus dem Abschnitt 404, in dem gefordert wird, dass die Geschäftsführung eines Unternehmens ein funktionsfähiges, Internes Kontrollsystem (IKS) implementiert und die referenzierenden Tätigkeiten dokumentiert. Gegenstand dieser Regelung sind sämtliche interne Kontrollen, die im Zusammenhang mit der Rechnungslegung stehen. Das interne Kontrollsystem für das Finanz- und Rechnungswesen ist jährlich hinsichtlich der Zweckmäßigkeit zu überprüfen und zu bewerten. Dafür sind detaillierte Berichte vorzulegen, die wiederum von externen Wirtschaftsprüfern testiert werden. Das Ziel ist es ein transparentes Finanzmanagement vorzuhalten.

Die Prüfungshandlungen dieses Buches sollen Ihnen helfen zuverlässige Kontrollmechanismen zu entwickeln und zu implementieren.

1.8 Checkliste Rechtliche Anforderungen

Nr	Fragestellung	Ordnungsmäßigkeitsvorgabe
1	Gibt es eine Dienstanweisung zur Verfahrensdokumentation?	Muss vorhanden sein.
2	Werden Sicherheitskopien gefertigt und entsprechend verwahrt?	Datensicherungsprozedur muss das vorsehen; Aufbewahrung unter Berücksichtigung umfangreicher Schutzmaßnahmen vor Diebstahl, unberechtigtem Zugriff, Vernichtung und Verlust.
3	Ist die Datenwiedergabe gewährleistet?	Muss in regelmäßigen Abständen als Probelauf durchgeführt werden.
4	Werden die GoBS umgesetzt?	Ist ein Muss.
5	Welche Maßnahmen zur Risikofrüherkennung werden für das Unternehmen getroffen?	Es sind geeignete Maßnahmen zur Risikofrüherkennung zu treffen.

1.9 Checkliste SAP® Systemaufbau

Nr	Fragestellung	Ordnungsmäßigkeitsvorgabe
1	Welche Releasestufe ist aufgespielt?	Muss der Dokumentation entsprechen.
2	Welche Module sind aufgesetzt?	Muss der Dokumentation entsprechen.
3	Welche Zusatzkomponenten sind installiert?	Muss der Dokumentation entsprechen.
4	Welche sonstigen Anwendungen sind eingebunden?	Muss der Dokumentation entsprechen.
5	Welche Geschäftsprozesse sind implementiert?	Muss der Dokumentation entsprechen.

2 Grundlagenwissen für praktische Prüfungshandlungen

2.1 Reports

Bei Reports handelt es sich um Listen, die aufbereitete Daten aus der Datenbank ausgeben. In einem vollständig installierten SAP R/3® 4.0 System sind bereits etwa 19.000, in einem 4.6C etwa 30.000 und in einem 4.7 etwa 37.000 Standardreports hinterlegt, von denen aber etwa 40% der Administration vorbehalten sind.

Reports sind ABAP/4 Programme, die beliebig verändert oder angepasst werden können. Allerdings sollten diese möglichst in ihrer Ursprungsform erhalten bleiben, ansonsten könnten sie bei einem Releasewechsel überschrieben werden. Daher gilt die Empfehlung, veränderte Reports unter einem anderen Namen abzuspeichern.

Ebenso können ganz neue Reports erstellt werden, die wie die Standardreports aufgerufen werden können.

Reports können Sie auf drei unterschiedliche Arten aufrufen:
1. Durch Auswahl eines entsprechenden Menüpunktes in den Anwendungen.
2. Direkt über Aufruf der Transaktionen **SA38, SC38, START_REPORT, SE38**
3. Über den Menüpunkt *System - Dienste - Reporting* (Transaktion **SA38**).

Abb. 2.01: Einstiegsmaske bei Aufruf der Transaktion SA38

2.1.1 Namenskonventionen für Reports

Standardreports unterliegen bestimmten Namenskonventionen, die eine Suche nach einem bestimmten Report erleichtern:
- Ein Reportname kann bis zu vierzig Zeichen lang sein, ist meistens jedoch acht Zeichen lang.
- Standardreports beginnen stets mit einem "**R**".
- Der zweite Buchstabe eines Standardreports kennzeichnet das Modul, für den der Bericht gilt:
  z.B. "**RF**" = **R**eport aus der **F**inanzbuchhaltung.
- Der dritte Buchstabe klassifiziert häufig noch das Teilgebiet, z.B. "**RFD**" = **R**eport aus der **F**inanzbuchhaltung, **A**rbeitsgebiet **D**ebitoren.
- Eigenerstellte Reports beginnen mit den Buchstaben "Y" oder "Z".

2.1.2 Aufruf eines Reports

Wählen Sie den Menüpfad *System - Dienste - Reporting* (Transaktion **SA38**).

Geben Sie in der Einstiegsmaske den gewünschten Report ein.

Drücken Sie nun die Funktionstaste *F8* oder die Drucktaste *Ausführen*.

Bei den meisten Reports gelangen Sie in eine Selektionsmaske, in der Sie Einschränkungen für den Report vornehmen können.

Verzichten Sie auf diese Möglichkeit, wird der Report mit sämtlichen Daten ausgeführt, was unter Umständen lange dauern kann. Die Masken zur Eingabe der Selektionskriterien sind je nach Reportinhalt unterschiedlich aufgebaut.

Hier nachträglich aufgeführt für den Debitorenbereich:

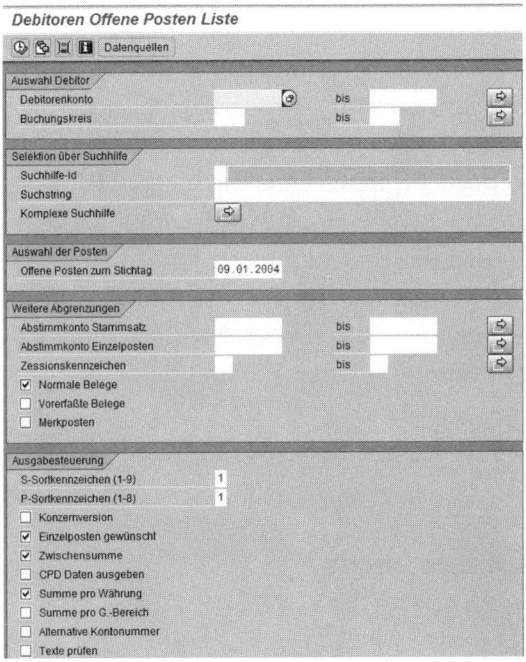

Abb. 2.02: Selektionsmaske Report RFDOPO00

Ihre Eingabe und somit die Verarbeitung der Daten starten Sie mit der Funktionstaste *F8* oder aber der Drucktaste *Ausführen*.

2.1.3 Mehrfachselektion

Über die integrierte Drucktaste gelangen Sie zur Mehrfachselektion.

Abb. 2.03: Mehrfachselektion

Hier können Sie Ihre Auswahl unter Einbeziehung logischer Operatoren dezidiert ein- und ausschließen. Die können Sie sowohl für Einzelwerte als auch Intervalle vornehmen.

2.1.4 Ermitteln eines Reportnamens

Möchten Sie einen Report ausführen, dessen Name Ihnen nicht bekannt ist, so können Sie nach dem Report suchen.

Anwendungsbeispiel:

Sie suchen einen bestimmten Report und wissen nur, dass er eindeutig der Finanzbuchhaltung zuzuordnen ist. In Anlehnung an Ihr Wissen bezüglich der Namenskonvention wissen Sie also um zwei Buchstaben, die diesen Report identifizieren: "RF".

Wählen Sie den Menüpunkt *System - Dienste - Reporting* (Transaktion **SA38**)

Abb. 2.04: Einstiegsmaske Transaktion SA38

Wählen Sie aus der Menüleiste jetzt *Hilfsmittel - Suchen - Programm* oder klicken Sie im Feld Programm auf die Druckwertehilfetaste. 🔘 .

Geben Sie wie beschrieben ein: RF* (der Stern wird hier auch als Platzhalter eingesetzt)

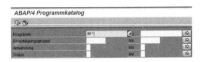

Abb. 2.05: Programmkatalog

Dann bestätigen Sie Ihre Eingabe mit *F8* oder der Drucktaste *Ausführen* 🔘 .

Ihnen wird nun eine Liste aller vom System geführten Reports für die Finanzbuchhaltung aus der Datenbank zusammengestellt.

Wählen Sie Ihren gesuchten Report aus der Liste durch Markierung aus und betätigen Sie die Drucktaste *Auswählen*.

Nun wird Ihnen die bereits bekannte Maske angezeigt, in der Sie, wenn möglich, weitere Selektionen vornehmen können.

Bei dieser Form der Suche werden Ihnen möglicherweise sehr viele Reports angezeigt; darum haben Sie im Fenster der Suchergebnisse die Möglichkeit, nach bestimmten Reports zu suchen. Sie können sowohl nach dem Reportnamen als auch nach der Beschreibung suchen.

Dafür drücken Sie entweder die Drucktaste *Suchen* 🔘 oder betätigen die Tastenkombination *STRG + F*.

Abb. 2.06: Suchmaske

In der angezeigten Maske geben Sie z.B. die Beschreibung ein und bestätigen die Eingabe mit *Return*.

Sie erhalten eine Trefferliste.

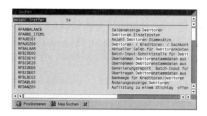

Abb. 2.07: Trefferliste

Von hier aus können Sie via Doppelklick auf den ausgewählten Report in die bereits bekannte Verarbeitung übergehen.

HINWEIS:
Beachten Sie bei der Eingabe in das Suchfeld, dass es sich um eine "Stringsuche" handelt, das bedeutet, dass nach jedem einzelnen eingegebenen Zeichen gesucht wird. Der Einsatz von Platzhaltern ist hier somit nicht möglich.

2.1.5 Drucken von Reports

Um einen Report, den Sie sich am Bildschirm anzeigen lassen, dem Ausdruck zuzuführen, haben Sie zwei Möglichkeiten:
1. Wählen Sie den Menüpunkt *Liste - Drucken* aus.
2. Wählen Sie den Menüpunkt *System - Liste - Drucken* aus.

Daraufhin wird Ihnen das Standardfenster zum Drucken von Reports angezeigt (Bildschirmliste drucken).

In diesem Fenster sind bereits Druckvoreinstellungen unter Berücksichtigung Ihrer Benutzerdaten eingetragen.

Zum Drucken wählen Sie den Menüpunkt *Liste - Drucken* oder Sie klicken auf die Drucktaste .

2.1.6 Speichern von Reports als Datei

Einen Report, den Sie sich am Bildschirm haben ausgeben lassen, können Sie auch als Datei auf Ihrer Arbeitsstation speichern.

Wählen Sie hierfür den Menüpunkt *System - Liste - Sichern - Lokale Datei* aus.

Für diese Form der Weiterverarbeitung stehen Ihnen vier Dateiformate zur Verfügung.

Abb. 2.08: Sichern einer Liste als lokale Datei

- **Unkonvertiert**
  Die Liste wird unkonvertiert in eine ANSI - Datei ausgegeben. Hierbei wird die Liste mit Zwischenräumen formatiert, wie am Bildschirm angezeigt:

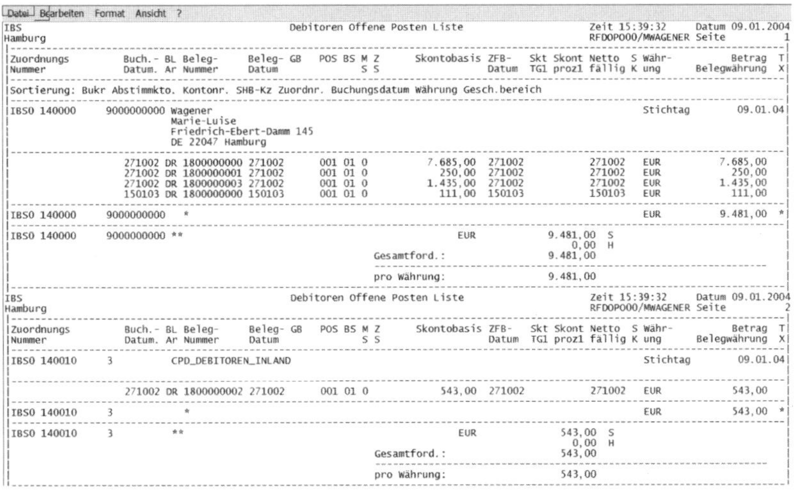

```
Datei  Bearbeiten  Format  Ansicht  ?
IBS                                   Debitoren Offene Posten Liste                   Zeit 15:39:32     Datum 09.01.2004
Hamburg                                                                               RFDOPO00/MWAGENER Seite            1
|----------------------------------------------------------------------------------------------------------------------|
|Zuordnungs          Buch.- BL Beleg-      Beleg- GB   POS BS M Z      Skontobasis ZFB-    Skt Skont Netto  S Währ-          Betrag T|
|Nummer              Datum. Ar Nummer      Datum              S S                  Datum   TG1 proz1 fällig K ung       Belegwährung X|
|----------------------------------------------------------------------------------------------------------------------|
|Sortierung: Bukr Abstimmkto. Kontonr. SHB-Kz Zuordnr. Buchungsdatum Währung Gesch.bereich                             |
|----------------------------------------------------------------------------------------------------------------------|
|IBSO 140000       9000000000 Wagener                                                            Stichtag          09.01.04|
|                             Marie-Luise                                                                              |
|                             Friedrich-Ebert-Damm 145                                                                 |
|                             DE 22047 Hamburg                                                                         |
|----------------------------------------------------------------------------------------------------------------------|
|                    271002 DR 1800000000 271002       001 01 0         7.685,00  271002          271002   EUR        7.685,00  |
|                    271002 DR 1800000001 271002       001 01 0           250,00  271002          271002   EUR          250,00  |
|                    271002 DR 1800000003 271002       001 01 0         1.435,00  271002          271002   EUR        1.435,00  |
|                    150103 DR 1800000000 150103       001 01 0           111,00  150103          150103   EUR          111,00  |
|----------------------------------------------------------------------------------------------------------------------|
|IBSO 140000       9000000000   *                                                                EUR        9.481,00 *|
|----------------------------------------------------------------------------------------------------------------------|
|IBSO 140000       9000000000 **                                   EUR          9.481,00  S                             |
|                                                                                  0,00  H                             |
|                                                   Gesamtford.:                9.481,00                                |
|                                                   ---------------------------------------------------------------    |
|                                                   pro Währung:                9.481,00                                |
|----------------------------------------------------------------------------------------------------------------------|
IBS                                   Debitoren Offene Posten Liste                   Zeit 15:39:32     Datum 09.01.2004
Hamburg                                                                               RFDOPO00/MWAGENER Seite            2
|----------------------------------------------------------------------------------------------------------------------|
|Zuordnungs          Buch.- BL Beleg-      Beleg- GB   POS BS M Z      Skontobasis ZFB-    Skt Skont Netto  S Währ-          Betrag T|
|Nummer              Datum. Ar Nummer      Datum              S S                  Datum   TG1 proz1 fällig K ung       Belegwährung X|
|----------------------------------------------------------------------------------------------------------------------|
|IBSO 140010       3            CPD_DEBITOREN_INLAND                                              Stichtag          09.01.04|
|                                                                                                                      |
|----------------------------------------------------------------------------------------------------------------------|
|                    271002 DR 1800000002 271002       001 01 0           543,00  271002          271002   EUR          543,00  |
|----------------------------------------------------------------------------------------------------------------------|
|IBSO 140010       3              *                                                              EUR          543,00 *|
|----------------------------------------------------------------------------------------------------------------------|
|IBSO 140010       3             **                                  EUR            543,00  S                             |
|                                                                                  0,00  H                             |
|                                                   Gesamtford.:                  543,00                                |
|                                                   ---------------------------------------------------------------    |
|                                                   pro Währung:                  543,00                                |
|----------------------------------------------------------------------------------------------------------------------|
```

Abb. 2.09 : ANSI Format

Ein Export in diesem Format ist dann sinnvoll, wenn Sie die Liste zur Weiterverarbeitung in ein anderes Programm wie z.B. Monarch oder WINIDEA aufnehmen möchten.

- **Tabellenkalkulation**
  Auch hier wird die Liste in eine ANSI - Datei ausgegeben. Allerdings werden hier nur die Texte und Zahlen, mit Feldertrennung durch Tabulatoren, ohne jegliche Zwischenraumzeichen ausgegeben. Dies ist dann sinnvoll, wenn Sie eine Weiterverarbeitung in einem Tabellenkalkulationsprogramm oder einer Datenbank planen. Die Tabulatoren stimmen die Felderzuordnung beim Import ab.

	A	B	C	D	E	F	G	H	I	J	K	L
1	IBS		Debitoren Offene Posten Liste			Zeit 15:39:32		Datum 09.01.2004				
2	Hamburg					RFDOPO00/MWAGENER Seite		1				
3												
4		Zuordnungs	Buch.- BL Beleg-		Beleg- GB	POS BS M Z	Skontobasis ZFB-	Skt Skont Netto	S Währ-	Betrag T		
5		Nummer	Datum. Ar Nummer		Datum	S S	Datum	TG1 proz1 fällig K ung		Belegwährung X		
6												
7		Sortierung: Bukr Abstimmkto. Kontonr. SHB-Kz Zuordnr. Buchungsdatum Währung Gesch.bereich										
8												
9		IBS0	140000		9000000000			Wagener				
10								Marie-Luise				
11								Friedrich-Ebert-Damm 145				
12								DE 22047 Hamburg				
13												
14						271002	DR		1800000000	271002	1	1
15						271002	DR		1800000001	271002	1	1
16						271002	DR		1800000003	271002	1	1
17						150103	DR		1800000000	150103	1	1
18												
19		IBS0	140000		9000000000				*			
20												
21		IBS0	140000		9000000000			**				

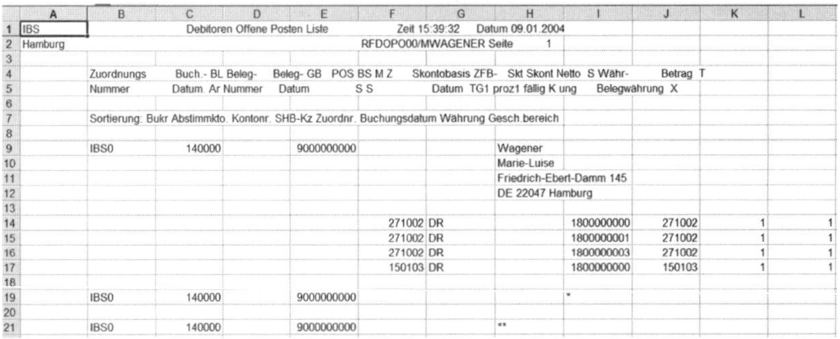

Abb. 2.10: Tabellenkalkulation

- **Rich Text Format (RTF)**
  Bei diesem Format handelt es sich um ein allgemeines Austauschformat für die Textverarbeitung. Fast jedes Textverarbeitungsprogramm kann dies lesen. In diesem Format werden nicht nur Texte, sondern ebenfalls die Formatierungen (z.B. Farben) mit abgespeichert.

```
IBS                         Debitoren Offene Posten Liste              Zeit 15:39:32    Datum
09.01.2004
Hamburg                                                                RFDOPO00/MWAGENER Seite
Zuordnungs       Buch.- BL Beleg-    Beleg- GB   POS BS M Z    Skontobasis ZFB-   Skt Skont Netto  S Währ-
Nummer           Datum. Ar Nummer    Datum            S S                  Datum  TG1 proz1 fällig K ung     Belegw
Sortierung: Bukr Abstimmkto. Kontonr. SHB-Kz Zuordnr. Buchungsdatum Währung Gesch.bereich
IBS0 140000    9000000000 Wagener                                                     Stichtag
                          Marie-Luise
                          Friedrich-Ebert-Damm 145
                          DE 22047 Hamburg
                 271002 DR 1800000000 271002     001 01 0          7.685,00  271002            271002   EUR          7.
                 271002 DR 1800000001 271002     001 01 0            250,00  271002            271002   EUR
                 271002 DR 1800000003 271002     001 01 0          1.435,00  271002            271002   EUR          1.
                 150103 DR 1800000000 150103     001 01 0            111,00  150103            150103   EUR
IBS0 140000    9000000000   *                                                                  EUR          9.
IBS0 140000    9000000000 **                              EUR              9.481,00  S
                                                                               0,00  H
                                                 Gesamtford.:              9.481,00
                                                 pro Währung:              9.481,00
IBS                         Debitoren Offene Posten Liste              Zeit 15:39:32    Datum
09.01.200
Hamburg                                                                RFDOPO00/MWAGENER Seite
Zuordnungs       Buch.- BL Beleg-    Beleg- GB   POS BS M Z    Skontobasis ZFB-   Skt Skont Netto  S Währ-
Nummer           Datum. Ar Nummer    Datum            S S                  Datum  TG1 proz1 fällig K ung     Belegw
IBS0 140010    3          CPD_DEBITOREN_INLAND                                        Stichtag
                 271002 DR 1800000002 271002     001 01 0            543,00  271002            271002   EUR
IBS0 140010    3            *                                                                  EUR
IBS0 140010    3          **                              EUR                543,00  S
```

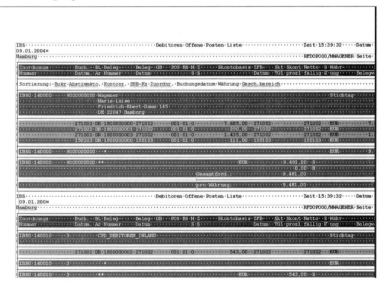

Abb. 2.11: RTF Format

- **HTML**
  Sie können den Report auch im HTML Format abspeichern und ihn sich dann in einem Browser anzeigen lassen.

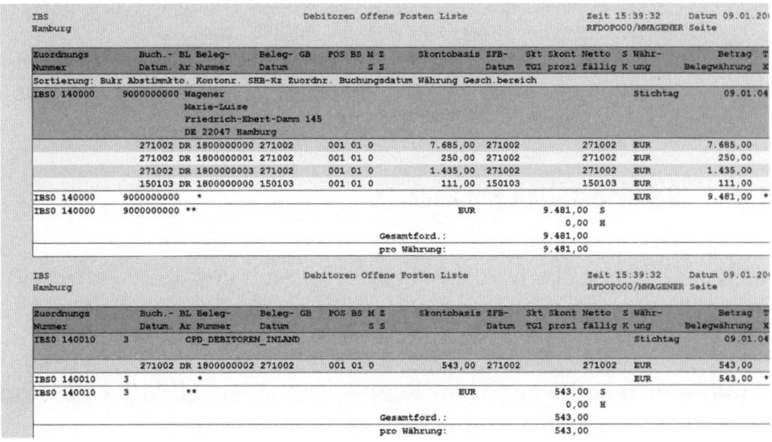

```
IBS                                    Debitoren Offene Posten Liste                 Zeit 15:39:32      Datum 09.01.20
Hamburg                                                                              RFDOPO00/MWAGENER Seite

Zuordnungs       Buch.- BL Beleg-      Beleg- GB   POS BS M Z       Skontobasis ZFB-    Skt Skont Netto   S Währ-            Betrag  T
Nummer           Datum. Ar Nummer      Datum              S S                   Datum   TG1 prozl fällig  K ung        Belegwährung  X
Sortierung: Bukr Abstimmkto. Kontonr. SHB-Kz Zuordnr. Buchungsdatum Währung Gesch.bereich
IBS0 140000      9000000000 Wagener                                                               Stichtag             09.01.04
                            Marie-Luise
                            Friedrich-Ebert-Damm 145
                            DE 22047 Hamburg
                   271002 DR 1800000000 271002   001 01 0        7.685,00  271002           271002  EUR               7.685,00
                   271002 DR 1800000001 271002   001 01 0          250,00  271002           271002  EUR                 250,00
                   271002 DR 1800000003 271002   001 01 0        1.435,00  271002           271002  EUR               1.435,00
                   150103 DR 1800000000 150103   001 01 0          111,00  150103           150103  EUR                 111,00
IBS0 140000      9000000000   *                                                                   EUR                 9.481,00  *
IBS0 140000      9000000000 **                                 EUR              9.481,00  S
                                                                                    0,00  H
                                                Gesamtford.:                    9.481,00
                                                pro Währung:                    9.481,00

IBS                                    Debitoren Offene Posten Liste                 Zeit 15:39:32      Datum 09.01.20
Hamburg                                                                              RFDOPO00/MWAGENER Seite

Zuordnungs       Buch.- BL Beleg-      Beleg- GB   POS BS M Z       Skontobasis ZFB-    Skt Skont Netto   S Währ-            Betrag  T
Nummer           Datum. Ar Nummer      Datum              S S                   Datum   TG1 prozl fällig  K ung        Belegwährung  X
IBS0 140010      3          CPD_DEBITOREN_INLAND                                                  Stichtag             09.01.04
                   271002 DR 1800000002 271002   001 01 0          543,00  271002           271002  EUR                 543,00
IBS0 140010      3            *                                                                   EUR                   543,00  *
IBS0 140010      3          **                                 EUR                543,00  S
                                                                                    0,00  H
                                                Gesamtford.:                      543,00
                                                pro Währung:                      543,00
```

Abb. 2.12: HTML Format

Dieses Format ist ein reines Darstellungsformat, das keine Datenverarbeitung unterstützt.

2.1.7 Festlegung des Standardpfades zum Speichern

Für die Speicherung erfolgt standardmäßig eine Pfadangabe, die bei der Installation von SAPGUI für temporäre Daten eingerichtet wird. Eine andere Ablage muss autorisiert werden.

Um nun einen eigenen Pfad auswählen zu können, ist es nötig, den Parameter **GR8** im Stammsatz anzugeben (Menüpfad *System - Benutzervorgaben - Eigene Daten*). Hier wird ein Wert übergeben, der einem Pfad für die Standardspeicherung entspricht.

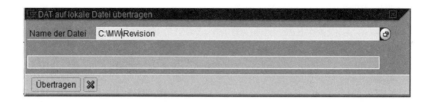

Abb. 2.13: Pfad für den lokalen Dateidownload

2.1.8 Dokumentation von Reports

Das R/3® System bietet die Möglichkeit, sich genauere Informationen zu den einzelnen Reports anzeigen zu lassen.

Grundsätzlich sollte zu jedem Report und jeder ABAP/4 Programmierung eine Dokumentation hinterlegt sein.

Einsicht enthält man über den Menüpfad *System - Dienste - Reporting*.

Tragen Sie in der Einstiegsmaske den gewünschten Reportnamen ein, und wählen Sie den Menüpfad *Springen - Dokumentation*. So erhalten Sie im erscheinenden Hilfefenster eine Beschreibung des ausgewählten Programms.

2.1.9 Varianten

Selektionskriterien, die sich kontinuierlich wiederholen, können als Varianten abgespeichert werden. Eine Variante ist eine Kombination von Selektionskriterien, die einem bestimmten Report fest zugeordnet sind.

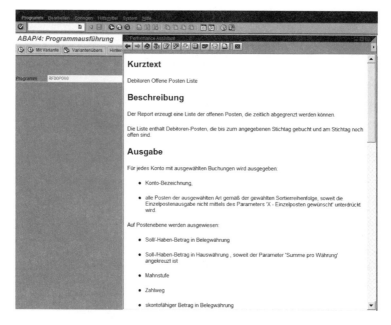

Abb. 2.14 : Reportdokumentation

2.1.10 Variantenübersicht

Damit Sie sich einen Überblick über zugeordnete Varianten verschaffen können, verfahren Sie wie folgt: Wählen Sie den Menüpfad *System - Dienste - Reporting* und geben Sie den Reportnamen ein, den Sie aufrufen möchten.

Betätigen Sie nun die Drucktaste *Variantenübersicht*. Daraufhin werden Ihnen alle zugeordneten Varianten, die im System vorhanden sind, aufgelistet.

Grundlagenwissen für praktische Prüfungshandlungen

ABAP/4: Programmausführung				
Mit Variante Anzeigen				
Variante	Bedeutung	Letzter Änderer	Geschützt	nur Hintergrund
50TOPKRIT_VDB	50kritische Debitoren	IBS03	☐	☐
50TOPKRIT_WH	50 kritische Debitoren	IBS07	☐	☐
AUDI_D_OPL	Offene Posten Liste	SCHIWEK	☐	☐
AUDI_FW_OP'S_D	Fremdwährungs OP's	SCHIWEK	☐	☐
D0903	Summe OP	GRONE03	☐	☐
D0915	Auswertung	GRONE15	☐	☐
D0917	Bericht	GRONE17	☐	☐
DEB_TOP_TST	100 kritischste debitoren	IBS12	☐	☐
DEB_TP_GT	Die 5 topkritischen Debs	IBS11	☐	☐
DEB_TP_NW	Die 100 krit. Debitoren	IBS02	☐	☐
DEB_TP_PH	100 top krit. deb.	IBS10	☐	☐

Abb. 2.15: Variantenübersicht

Via Doppelklick auf eine ausgewählte Variante können Sie sich die einzelnen Selektionskriterien dieser Variante betrachten.

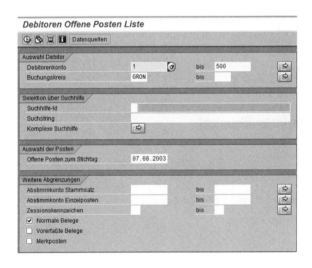

Abb. 2.16: Anzeige einer ausgewählten Variante

2.1.11 Ausführung eines Reports mit einer Variante

Um einen Report mit einer Variante auszuführen, gehen Sie wie folgt: vor:

Rufen Sie den Menüpunkt *System - Dienste - Reporting* auf. Tragen Sie den gewünschten Report ein, und klicken Sie auf die Drucktaste ⬚ .

In dem folgenden Fenster können Sie über die Aktivierung der *Druckwertehilfetaste* aus einer Auswahlliste Ihre Wahl treffen.

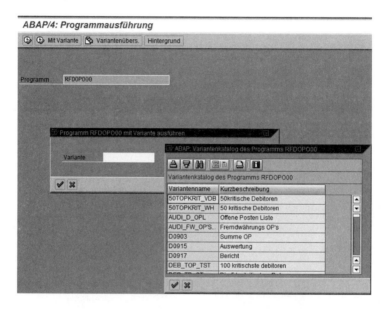

Abb. 2.17: Auswahl einer Variante zur Programmausführung

Ihre Wahl bestätigen Sie entweder mit *Enter* oder der Schaltfläche ⬚ . Im folgenden Selektionsfenster können Sie die Kriterien überprüfen und auch beliebig ändern.

Die endgültige Aufbereitung der Daten erreichen Sie mit der *F8* Taste oder der Drucktaste *Ausführen*.

2.1.12 Anlegen einer neuen Variante

Zum Anlegen einer neuen Variante gehen Sie folgendermaßen vor:

Rufen Sie den Menüpunkt *System - Dienste - Reporting* auf, und geben Sie den Reportnamen ein, den Sie aufrufen möchten.

Betätigen Sie die Funktionstaste *F8*. Sie gelangen in die reguläre Selektionsmaske. Nehmen Sie dort Ihre Einträge vor. Abschließend betätigen Sie die Taste ▣ - *Als Variante sichern*.

In der nachfolgenden Maske geben Sie einen Namen und eine Bedeutung für die Variante ein:

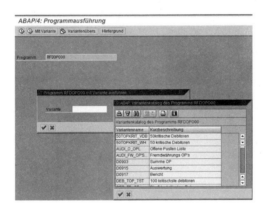

Abb. 2.17: Das Sichern einer Variante

Ergänzend haben Sie die Möglichkeiten, die Selektionsfelder Ihrer Variante zu klassifizieren - dies ist im Bereich der *Feldeigenschaften* vorzunehmen.

Varianten sind für jedermann nutzbar. Einen Schutz vor unautorisierten Veränderungen können Sie erreichen, indem Sie einen Haken in das Feld setzen: *Variante schützen*. Somit ist sichergestellt, dass lediglich derjenige, der die Variante angelegt hat, Änderungen an ihr vornehmen kann.

Zudem können Sie Ihre Variante ausschließlich der Hintergrundverarbeitung zuordnen, indem Sie dort einen Haken setzen. Ohne Eintrag kann die Variante sowohl im Online als auch im Hintergrund ausgeführt werden.

Die Sicherung erfolgt über das Diskettensymbol oder die Tastenkombination STRG + S.

Sie erhalten dann eine abschließende Statusmeldung:

Abb. 2.19: Bestätigungsmeldung bei der Variantensicherung

2.1.13 Löschen einer Variante

Selbstverständlich haben Sie die Möglichkeit, angelegte Varianten zu löschen.

Dafür wählen Sie bitte den Menüpfad: *Springen - Varianten - Löschen.*

Sie verzweigen in die nachgestellte Suchmaske:

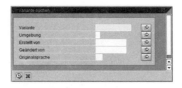

Abb. 2.20: Variantensuche

Nehmen Sie Ihre Selektion vor, und bringen Sie diese via *F8* zur Ausführung.

Aus dem Selektionsfenster wählen Sie die zu löschende Variante.

Abb. 2.21: Variantenkatalog

Bestätigen Sie Ihre Auswahl, und entscheiden Sie im nachfolgenden Fenster:

Abb. 2.22: Mandantenauswahl

Nun müssen Sie nur noch die Sicherheitsabfrage bestätigen:

Abb. 2.23: Sicherheitsabfrage

Danach ist die Variante gelöscht.

Abb. 2.24: Bestätigungsmeldung

Es ist auf keinen Fall zu empfehlen, ausgelieferte Standardvarianten von SAP zu löschen, da diese ebenfalls als feste Bestandteile im AIS integriert sind und Ihnen sonst für die dort integrierten Auswertungen nicht zur Verfügung stehen!

2.2 Tabellen

2.2.1 Konzept der Tabellensteuerung in SAP

Das SAP R/3® System arbeitet tabellengesteuert. Die Tabellen sind als ausgelagerte Programmteile zu betrachten, die einen erheblichen Einfluss auf die Abläufe innerhalb des Systems haben. In den Tabellen sind sowohl die eigentlichen Daten als auch Steuerungsinformationen und Zugriffsberechtigungen gespeichert. Nur die Systemparameter und die Log-Daten werden auf der Festplatte gespeichert.

Im SAP® System 4.0B mit allen Modulen existieren etwa 17.500 Tabellen, in 4.6C etwa 26.000 Tabellen und in 4.7 etwa 36.000 Tabellen.

Grundsätzlich wird nach zwei Arten von Tabellen unterschieden:
1. Mandantenabhängige Tabellen
Zu den mandantenabhängigen Tabellen gehören alle diejenigen, die Daten enthalten, welche jeweils nur für einen Mandanten genutzt werden. So ist zum Beispiel die Tabelle USR01 mandantenabhängig; denn obwohl hier alle Benutzer aus allen Mandanten abgelegt sind, erfolgen die Zuordnung und die Ansicht jeweils nur für den aktiven Mandanten. Dasselbe gilt für die Tabelle USR02, in der die Anmeldedaten aller Benutzer gespeichert, aber nur die des jeweilig aktiven Mandanten angezeigt werden.

2. Mandantenunabhängige Tabellen
Diese Tabellen enthalten Daten, die für sämtliche Mandanten des Systems gelten. So ist zum Beispiel die Mandantentabelle T000

selbst auch mandantenunabhängig. Dasselbe gilt für die USR40, in der sich die verbotenen Kennwörter befinden. Beim Aufruf dieser Tabelle, egal aus welchem Mandanten heraus, werden immer alle Daten angezeigt.

! Eigenerstellte Tabellen werden im Kundennamensraum "Y", "Z", "P9" oder "T9" abgelegt.

2.2.2 Tabellenanzeige mit den Transaktionen SE16, SE16N und SE17

Zum Anzeigen von Tabelleninhalten sollten Sie den Transaktionscode **SE16N**, **SE16** oder **SE17** verwenden, da Sie von dort aus direkt alle Tabellen zur Anzeige bringen können. Für die Prüfung sind jeweils die Transaktionen **SE16N** und **SE16** zu favorisieren. Die Auswahl erfolgt in Abhängigkeit des Releasestandes.

2.2.3 Transaktion SE16

Tragen Sie, wie gehabt, den Transaktionscode in die Befehlszeile, und geben Sie in die nachstehende Maske den Namen der Tabelle ein, die Sie sich ansehen möchten.

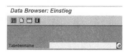

Abb. 2.25: Data Browser Einstiegsbild

Ist Ihnen der Name der Tabelle nicht bekannt, können Sie mit der Transaktion **SE16** über die integrierte Drucktaste im Eingabefeld eine Auflistung aller vorhandenen Tabellen aufrufen und Ihre Auswahl treffen.

Abb. 2.26: Data Browser - Initialansicht Druckwertehilfetaste

Hier können Sie wählen zwischen *Infosystem* und *Anwendungshierarchie*.

Über die *Anwendungshierarchie* gelangen Sie zu nachstehend aufgeführter Übersicht.

Abb. 2.27: Tabellenübersicht nach Anwendungskomponenten

Bei dieser Übersicht handelt es sich um eine hierarchische Zuordnung relevanter Datenbanktabellen in Anlehnung an die Anwendungskomponenten.

Mit Auswahl der Drucktaste Infosystem gelangen Sie zu folgender Sicht:

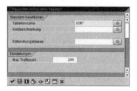

Abb. 2.28: Tabellensuche über das Infosystem

Grundlagenwissen für praktische Prüfungshandlungen

Hier können Sie mit den bekannten Platzhaltern nach Tabellen suchen.

Abb. 2.29: Trefferliste der Tabellensuche

Hier können Sie nun die gewünschte Tabelle auswählen.

Nach dem ersten Aufruf der **SE16** erscheint bei Auswahl der Druckwertehilfetaste eine zusätzliche Anzeige der zuletzt aufgerufenen Tabellen:

Abb. 2.30: Persönliche Werteliste der Tabellensuche

In dieser Maske ist die Drucktaste *SAP® Anwendungen* integriert. Klicken Sie diese an. Es erscheint eine nach Komponenten gegliederte Übersicht in Baumstruktur (siehe auch Anwendungshierarchie). Hier können Sie nun, mit Hilfe der thematischen

Zuordnung bis zu der Tabelle navigieren, die Sie sich anschauen möchten. Nehmen Sie einen Doppelklick auf Ihre Auswahl vor. Der Name wird direkt in das dafür vorgesehene Feld übertragen. Bestätigen Sie den Eintrag mit der Returntaste. Je nach Tabelleninhalt öffnet sich nach einem Kompiliervorgang ein Selektionsfenster, in das Sie Eintragungen für Ihre Auswahl vornehmen können. Wenn Sie Ihre Einträge vorgenommen haben, betätigen Sie entweder die Funktionstaste *F8* oder die Drucktaste *Ausführen*. Nun können Sie sich einen Überblick über die Inhalte der Tabelle verschaffen.

2.2.3.1 Varianten

Selektionskriterien, die sich kontinuierlich wiederholen, können als Varianten abgespeichert werden. Eine Variante ist eine Kombination von Selektionskriterien, die einer bestimmten Tabelle fest zugeordnet sind. Varianten eignen sich besonders gut zur Sicherung komplexer Abfragen.

2.2.3.2 Anlegen einer Variante

Rufen Sie die Transaktion **SE16** auf, und tragen Sie Ihre Selektionen gffs. unter Einbeziehung der Mehrfachselektion ein.

Abb. 2.31: Einsatz der Mehrfachselektion

HINWEIS:

Inzwischen können Sie zum Einfügen von Einträgen in die Felder der Mehrfachselektion auch Einträge aus einem Tabellenkalkulationsprogramm über die Zwischenablage übertragen. Markieren Sie die gewünschten Einträge in z.B. Excel per Tastenkombination *STRG + C*. Setzen Sie den Cursor in die erste Zeile der Mehrfachselektion und betätigen Sie die Tastenkombination *STRG + V*.

Nach der Übernahme betätigen Sie die Drucktaste .

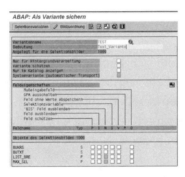

Abb. 2.32: Anlegen einer Variante zu einer Tabelle

Es ist jeweils ein Eintrag im Feld *Variantenname* und *Bedeutung* vorzunehmen.

Abschließend sichern Sie abermals über die Drucktaste . Sie erhalten eine Bestätigungsmitteilung.

Abb. 2.33: Bestätigungsmitteilung

2.2.3.3 Ausführung einer Abfrage mit einer Variante

Rufen Sie die Transaktion **SE16** auf, und tragen Sie die zu betrachtende Tabelle ein. Ihre Auswahl bestätigen Sie mit Enter.

Wählen Sie den Menüpfad *Springen - Varianten - Holen*.

Abb. 2.34: Menüpfad Variantenbearbeitung

Es werden Ihnen alle referenzierenden Varianten zu dieser Tabelle angezeigt.

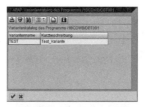

Abb. 2.35: Variantenkatalog

Wählen Sie die gewünschte Variante per Doppelklick aus, und bringen Sie die Selektion wie gewohnt über *F8* zur Ausführung.

2.2.3.4 Löschen einer Variante

Rufen Sie die Transaktion **SE16** auf, und tragen Sie die gewünschte Tabelle ein. Ihre Auswahl bestätigen Sie mit *Enter*. Wählen Sie den Menüpfad *Springen - Varianten - Löschen*.

Grundlagenwissen für praktische Prüfungshandlungen

Abb. 2.36: Menüpfad Variantenbearbeitung

Es werden Ihnen alle referenzierenden Varianten zu dieser Tabelle angezeigt.

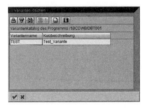

Abb. 2.37: Variantenübersicht zum Löschen

Wählen Sie die gewünschte Variante per Doppelklick aus.

Es folgt eine Abfrage. Wählen Sie nur den aktuellen Mandanten aus, und bestätigen Sie diese Auswahl mit *Enter*.

Abb. 2.38: Mandantenabfrage

Quittieren Sie die Sicherheitsabfrage mit *Ja*.

Abb. 2.39: Sicherheitsabfrage

Sie erhalten eine Bestätigungsmeldung in der Statuszeile.

Abb. 2.40: Bestätigungsmeldung

2.2.3.5 Anpassung der SE16

Spaltenauswahl

Für die Transaktion **SE16** haben Sie die Möglichkeit, sich nur bestimmte Spalten einer Tabelle zur Anzeige bringen zu lassen. Defaultmäßig sind sämtliche Spalten aktiviert. Wählen Sie im Einstiegsfenster den Menüpfad *Einstellungen - Listaufbereitung - Feldauswahl*.

Abb. 2.41: Anpassung des Data Browsers - Spaltenauswahl

Aktivieren Sie die Spalten, die Sie gerne auswählen möchten, und übernehmen Sie die Auswahl mit der gleichnamigen Drucktaste. Abschließend bringen Sie die Selektion mit *F8* zur Ausführung.

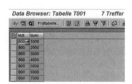

Abb. 2.42: Tabellendarstellung mit Spaltenauswahl

Darstellung

Über den Menüpfad *Einstellungen - Benutzerparameter* können Sie durch Aktivierung der entsprechenden Radiobutton das Aussehen Ihrer Tabellendarstellung bestimmen.

Abb. 2.43: Benutzerspezifische Einstellmöglichkeiten zur Tabellenanzeige

2.2.4 Transaktion SE16N

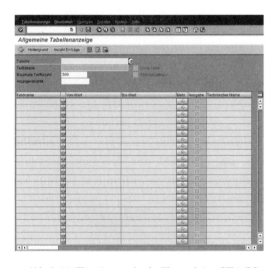

Abb. 2.44: Einstiegsmaske der Transaktion SE16N

Diese Transaktion gibt es erst seit dem Release 4.6C. Die Transaktion verhält sich analog der Transaktion **SE16**.

Entweder Sie geben hier direkt eine Tabelle ein, oder aber Sie suchen wieder über die integrierte Druckwertehilfetaste im Feld *Tabelle*. Das Verhalten der Suche ist wie unter **SE16** beschrieben.

Der wesentliche Unterschied zeigt sich nach der Auswahl einer Tabelle:

Abb. 2.45: Darstellung SE16N nach Tabelleneintrag

Zählen Sie die Einträge , bevor Sie an die Aufbereitung der Daten gehen:

Abb. 2.46: Anzahl gefundener Einträge

Grundlagenwissen für praktische Prüfungshandlungen

In der oberen Ansicht werden Ihnen sämtliche Tabellenfelder zur Selektion angezeigt. Betätigen Sie die integrierte Drucktaste ▓ .

Nun können Sie unter Zuhilfenahme logischer Operatoren Ihre Auswahl treffen.

Abb. 2.46: Auswahl logischer Operatoren

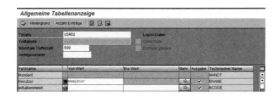

Abb. 2.47: Selektion unter Einbeziehung eines logischen Operators

Mittels der Drucktaste ▓ können Sie die Möglichkeiten der Mehrfachselektion nutzen.

Zeilenweise sind die Werte über ein "Logisches Und" miteinander verknüpft.

Abb. 2.48: Mehrfachselektion

HINWEIS:
Inzwischen können Sie zum Einfügen von Einträgen in die Felder der Mehrfachselektion auch Einträge aus einem Tabellenkalkulationsprogramm über die Zwischenablage übertragen. Markieren Sie die gewünschten Einträge in z.B. Excel per Tastenkombination *STRG + C*. Setzen Sie den Cursor in die erste Zeile der Mehrfachselektion, und betätigen Sie die Tastenkombination *STRG + V*.

Eine aktivierte Mehrfachselektion ist erkenntlich durch den grünen Unterstrich .

Die Ausgabe sieht aus wie folgt:

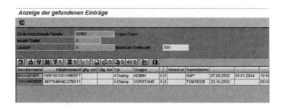

Abb. 2.49: Ausgeführte Mehrfachselektion

2.2.4.1 Anlegen einer Variante

Sofern Sie Ihre Selektion als Variante sichern möchten, betätigen Sie nach der Einpflege die Drucktaste .

Abb. 2.50: Sichern einer Selektion als Variante

Tragen Sie einen Variantennamen und einen Kurztext ein, und bestätigen Sie Ihre Eingabe mit *Enter*.

Sie erhalten eine Bestätigungsmitteilung.

Abb. 2.51: Bestätigungsmitteilung

2.2.4.2 Ausführung einer Abfrage mit Variante

Ihre angelegte Variante können Sie jederzeit über den Menüpfad *Springen - Variante - Holen* wieder erreichen.

Abb. 2.52: Das Suchen von Varianten

Wählen Sie die Variante zur Tabelle (ggfs. unter Einbeziehung der Druckwertehilfetaste), und bestätigen Sie Ihre Auswahl mit *Enter*.

2.2.4.3 Löschen einer Variante

Das Löschen der Variante erfolgt über den Menüpfad *Springen - Variante - Löschen*.

Abb. 2.53: Variantenauswahl zum Löschen.

Wählen Sie die entsprechende Variante aus, und bestätigen Sie mit *Enter*.

Abb. 2.54: Sicherheitsabfrage beim Löschen einer Variante

Quittieren Sie die Sicherheitsabfrage mit *Ja*.

Abb. 2.55: Bestätigungsmitteilung

2.2.4.4 Drucken

Den Ausdruck nehmen Sie mit ▣ vor.

2.2.4.5 Export

Möchten Sie die Tabelle exportieren, wählen Sie den markierten Button und dort das Listsymbol:

Abb. 2.56: Exportfunktionen

Alle angezeigten Formate stehen Ihnen zur Weiterverarbeitung zur Verfügung.

2.2.4.6 Grafik

Eine grafische Aufbereitung erhalten Sie mit der Drucktaste . Prüfen Sie bitte, ob das Datenmaterial für eine grafische Darstellung geeignet ist.

2.2.4.7 Sortierung

Eine Datensortierung erhalten Sie, in dem Sie einen ausgewählten Spaltenkopf anklicken (die Spalte wird dadurch komplett eingefärbt) und dann wählen Sie zwischen aufsteigend und absteigend .

2.2.4.8 Funktion

Ein paar gängige mathematische Funktionen finden Sie hier:

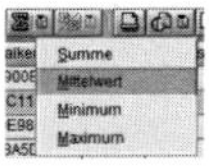

Abb. 2.57: Mathematische Funktionen

2.2.4.9 Filter

Filterkriterien:

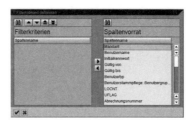

Abb. 2.58: Definition der Filterkriterien

Markieren Sie den gewünschten Eintrag - der jeweilige Übertrag erfolgt dann mit den schwarzen Pfeiltasten.

2.2.4.10 Detailanzeige

Wählen Sie einen Eintrag, und betätigen Sie diese Taste .

Die ausgewählte Zeile wird Ihnen auf Basis einer Registerkarte angezeigt:

Abb. 2.59: Detailanzeige eines Datensatzes

2.2.4.11 Suche

Mittels der Drucktaste gelangen Sie in die Suchmaske.

Abb. 2.60: Suchmaske unter SE16N

2.2.5 Dokumentation zu Tabellen

Weiterführende ausführliche Dokumentationen zu Tabellen gibt es nicht.

Rufen Sie die Transaktion **SA38** auf, tragen Sie den Report **RSSDOCTB** ein, und betätigen Sie die Drucktaste *Ausführen - F8*.

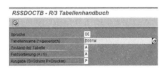

Abb. 2.61: Report RSSDOCTB über die Transaktion SA38.

Tragen Sie den Tabellennamen in das dafür vorgesehene Feld ein, und betätigen Sie abermals die Drucktaste *Ausführen - F8*.

Abb. 2.62: Auswahl der Dokumentationseinträge

Aktivieren Sie Ihre Auswahl durch Setzen der entsprechenden Häkchen, und betätigen Sie abschließend die Drucktaste *Weiter*.

Sie verzweigen in das Druckmenü und können entweder direkt ausdrucken oder alternativ über die Drucktaste *Druckansicht* zur Voransicht gelangen.

Grundlagenwissen für praktische Prüfungshandlungen

Abb. 2.63: Druckmenü der Dokumentation

Abb. 2.64: Druckansicht der Dokumentation

Alternativ können Sie für einige Tabellen über die Transaktion **SE11** eventuell vorhandene Dokumentationen zur Anzeige bringen.

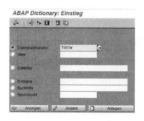

Abb. 2.65: Einstiegsfenster der Transaktion SE11

Tragen Sie den Tabellennamen ein, und betätigen Sie die Drucktaste *Anzeigen*.

Grundlagenwissen für praktische Prüfungshandlungen

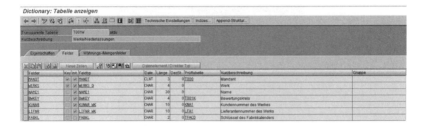

Abb. 2.66: Anzeige einer Tabelle über die TA SE11

Hier wählen Sie den Menüpfad *Springen - Dokumentation*.

Abb. 2.67: Tabellendokumentation

2.3 Praktischer Prüfleitfaden - Modell

2.3.1 Problembereiche definieren

Bevor Sie in Ihrem Unternehmen die konkrete Prüfungsprozedur beginnen, ist dringend anzuraten, sich über das IKS (Internes Kontroll System) und seine Ausprägung in dem zu prüfenden Bereich einen Überblick zu verschaffen. Dabei sind stets folgende Aspekte zu berücksichtigen:
1. Welche Dokumentationen gibt es zum IKS?
2. Welchen Stand hat das IKS - entspricht es den aktuellen Anforderungen der Unternehmung?
3. Wann, wie und durch wen erfolgt eine Aktualisierung des IKS?
4. Gibt es ergänzend fachbereichsbezogene Verfahrensanweisungen usw.?
5. Welche Systeme und Module setzen wir ein?

6. Wo sind in unserem Unternehmen Funktionstrennungen vorgesehen?
7. Wo sind im Unternehmen Bearbeitungshierarchien implementiert? (Freigabeverfahren usw.)
8. Setzen wir das Vier-Augen-Prinzip ein und wenn ja, für welche Bereiche?

2.3.2 Prüfungsablaufplan

Sammeln Sie Ihre Fragestellungen, und dokumentieren Sie diese entsprechend. Ergänzend sollten von vornherein für die daraus resultierenden Maßnahmen Zuständigkeiten und Termine fixiert werden.

Diese Dokumentation dient gleichzeitig als Ablaufplan und Verlaufskontrolle der Prüfungstätigkeiten.

Eine Fortschrittskontrolle kann im Feld *Status* mitgeführt oder ggf. mit einer Extra-Spalte versehen werden.

Folgend ein Grobkonzept eines Ablaufplanes:

Nr.	Maßnahme	Zuständigkeit	Status / Termin
1	IKS Richtlinien anfordern	M. Wagener	30.07.03
2	Dokumentation zum Prüfbereich anfordern		
3	Prüfbereichsstruktur abbilden		
4	Unternehmensstruktur abbilden		
5	Dokumentationen aus zu prüfenden Fachbereichen anfordern		
6	Gesprächspartner für Interviews festlegen und terminieren		
7	Prüfungsumfang		
8			
9			
10			

2.3.3 Prüfliste ohne IKS

Beispiel (Ordnungsmäßigkeit FI - Abschnitt Organisationsstruktur)

I. Organisationsstruktur

Nr.	Fragestellung	Lokalisation	Ordnungsmäßigkeit	Prüfergebnis	Empfehlung
1	Mandanten	T000	Gemäß Unternehmensstrukturen		
2	Buchungskreis	T001	Gemäß Unternehmensstrukturen		
3	Geschäftsbereich	TGSB	Gemäß Unternehmensstrukturen		
4	Gesellschaft	T880	Gemäß Unternehmensstrukturen		
5	Kreditkontrollbereich	T014	Gemäß Unternehmensstrukturen		
6	Finanzkreis	FM01	Gemäß Unternehmensstrukturen		
7	Kontenplan	T004	Gemäß Unternehmensstrukturen		
8	Kostenrechnungskreis	TKA01	Gemäß Unternehmensstrukturen		
9	Konsolidierung		Gemäß Unternehmensstrukturen		
10	Buchungsperioden	T001B	Gemäß Unternehmensstrukturen		

2.3.4 Prüfliste bei vorhandenem IKS

Nr	Frage-stellung	Vorgabe IKS	Ordnungs-mäßigkeit	Dokumen-tation	System-lokalisation*	Ansprech-partner	Prüf-ergebnis	Empfehlung

2.3.5 Systemlokalisation zur Prüfliste

Detaildokumentationen - Arbeitspapier

Nr	Frage-stellung	System-lokalisation*	Ausprägung:				Prüf-ergebnis	Empfehlung
			Objekte	Felder	Werte	Ergebnis		

2.3.6 Bewertungsverfahren

Das Bewertungsverfahren der Prüfergebnisse ist abhängig von der vorhandenen Dokumentation.

Können Sie auf klar definierte SOLL-Vorgaben zurückgreifen, so ist lediglich der IST-Zustand gegenüberzustellen.

Überschreitungen werden herausgearbeitet und aufgelistet. Die Empfehlung beinhaltet stets die Bereinigung, mit dem Hinweis auf das SOLL.

Die Bewertung im Hinblick auf die Brisanz der Überschreitungen ist z.B. in nachfolgend aufgeführter Reihenfolge zu typisieren:

TOP	Bewertungsstufe	Abweichung	Maßnahmenähe
1	Hochkritisch	Unterminierung gesetzlicher Bestimmungen	Sofort bis 1 Woche
2	Sehr Kritisch	Unterwanderung des IKS	Unmittelbar 1-4 Wochen
3	Kritisch	Sicherheitsrelevante Abweichung	Zeitnah 1-12 Wochen

Die Übernahme der Daten erfolgt in einen entsprechenden Maßnahmenkatalog.

2.3.7 Maßnahmenkatalog

Beispiel

Lfd. Nr.	Berichts-abschnitt	Prüfungsfeststellung und erforderliche Maßnahme	Bewer-tungs-stufe	Zuständig-keit	Termin
1	3.7	Es ist eine berechtigungskonzeptionelle Funktionstrennung zur Kreditorenstammsatzänderung gemäß IKS zu implementieren	2	BASIS	
2					

2.3.8 Prüfdokumentation

Die Dokumentation ist selbstverständlich ein ganz wesentlicher Anteil Ihrer Prüfungshandlungen.

Ich habe Ihnen in diesem Abschnitt die bereits bearbeiteten Teilbereiche noch einmal als Übersicht zusammengestellt.
1. Prüfprozedere
2. Prüfliste
3. Systemlokalisation zur Prüfliste
4. Bewertungsverfahren für ANHANG
5. Maßnahmenkatalog
6. Prüfbericht

(ein möglicher Aufbau eines Prüfberichtes)
I. Management Summary
II. Darstellung des Prüfobjektes
III. Prüfungsfeststellungen
IV. Prüfungsdurchführung
- a. Prüfgegenstand
- b. Prüfungsgrundlage
- c. Notwendigkeit, Zweck und Umfang
- d. Prüfbereitschaft
- e. Vorberichte
- f. Protokolle
- g. Maßnahmenkatalog

V. ANHANG mit
- a. Glossar
- b. evtl. Separat Kürzel-Verzeichnis
- c. Prüfleitfäden
- d. Literaturverzeichnis
- e. Arbeitspapieren

3 Organisationsstruktur

Zu Beginn einer jeden Prüfung ist es sinnvoll, vorab die gesamte vorhandene Dokumentation, referenzierend zum Prüfungsfeld, anzufordern.

Bei der Verprobung der Organisationsstruktur geht es im Wesentlichen darum, einen Abgleich zwischen dem real existierenden Unternehmen und dem im SAP R/3® System vorliegenden virtuellen Abbild desselben vorzunehmen. Sie sollten genau die Organisationsstrukturen in der Implementation vorfinden, die Ihrem realen Unternehmen entsprechen. Demzufolge nehmen Sie einen klassischen SOLL/IST Abgleich vor.

Für jede implementierte Organisationsstruktur sollte eine Dokumentation vorliegen, die sowohl eine Kurzbeschreibung als auch die anfordernde und die implementierende Stelle umfasst.

Nachfolgend widmen wir uns den relevantesten Organisationseinheiten im Bereich der Finanzbuchhaltung.

3.1 Der Mandant

Der Mandant ist die oberste Verwaltungseinheit unter SAP R/3® und somit die höchste hierarchische Ebene. Im realen Umfeld entspricht er der Unternehmung, dem Konzern. Ein Mandant ist eine betriebswirtschaftlich eigenständige Einheit innerhalb des R/3®-Systems. Alle benutzerspezifischen Daten werden innerhalb einer Tabelle über den Schlüssel des Mandanten separiert. Die verwaltungstechnischen Daten des R/3®-Systems, wie beispielsweise Programme, sind mandantenunabhängig. Mehrere Mandanten können mittels eines übergeordneten Konsolidierungsmandanten abgeschlossen werden.

R/3®-seitig sind bereits die Mandanten *000, 001* und *066* standardmäßig im System enthalten.

Der Mandant *000* wird insbesondere bei Releasewechseln der R/3®-Software, beim Einspielen von Supportpackages und bei der Übernahme von bestimmten R/3®-Voreinstellungen benutzt. Einstellungen, die in diesem Mandanten vollzogen werden, sind meist systemweit gültig. Einfache Teststrukturen für alle Anwendungen sind bereits enthalten.

Der Mandant *001* ist eine Kopie des Mandanten *000*. Alle in diesem Mandanten vorgenommenen Einstellungen sind allerdings nur auf diesen Mandanten bezogen. Der Mandant *066* ist für den speziellen *Early Watch Service*, den die SAP® anbietet, reserviert. Dabei handelt es sich um einen R/3®-Systemcheck zur Vermeidung von Engpässen, die sich insbesondere aus mangelnder Performance ergeben können. Der Mandant *066* ist speziell für diesen Zweck vorkonfiguriert.

3.1.1 Anzeige der Mandantentabelle

Der erste Schritt einer Prüfung in R/3® sollte der Einblick in die Tabelle der im System vorhandenen Mandanten sein. Die Tabelle hat den Namen **T000**. Sie können sich diese Tabelle über die Transaktion **SE16N** (bis 4.6B **SE16**) anzeigen lassen. Geben Sie hier den Tabellennamen **T000** ein, und klicken Sie auf die Schaltfläche ⊕ oder betätigen die Funktionstaste *F8*.

Organisationsstruktur

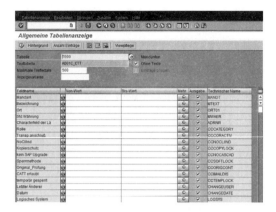

Abb. 3.01: Aufruf der Transaktion SE16N mit eingetragenem Tabellennamen

Dann erscheint diese Liste:

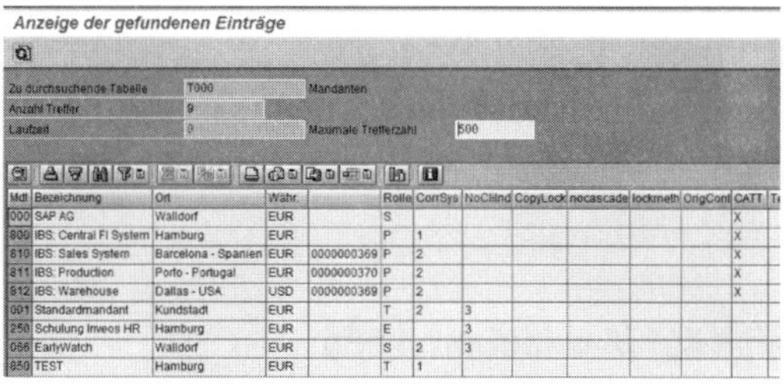

Abb. 3.02: Anzeige der Mandanten

Um diese Liste auszudrucken oder in einer Datei abzuspeichern wählen Sie die Tabellenexportfunktion ( ).

Ergänzender Anwendungshinweis:

Sie haben diverse Möglichkeiten eine Tabelle zur Anzeige zu bringen. Unter anderem stehen Ihnen die Transaktionen **SE16**, **SE16N**, **SE17**, **SM30** oder **SM31** zur Verfügung.

Über die integrierte Drucktaste haben Sie die Möglichkeit, die Einträge in der zu betrachtenden Tabelle höchst komfortabel zählen zu lassen.

Dies dient als ergänzende Hilfe zur Quantifizierung der ausgewählten Datenmengen.

Das jeweilige Ergebnis wird in einer kleinen Dialogbox angezeigt.

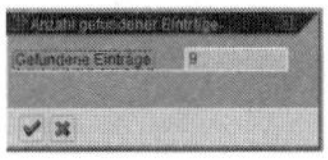

Abb. 3.03 Anzahl Einträge

3.1.2 Die Rolle eines Mandanten

Mandanten wird im Rahmen des Customizings eine Rolle zugewiesen. Diese Rolle dient zur Umsetzung technischer Eigenschaften und ergänzend zur Dokumentation.

Folgende Rollen können derzeit zugewiesen werden:
1. Produktivmandant
   Die Rolle des Produktivmandanten sollte jeweils dem Abbild des realen Konzerns zugewiesen werden. Durch Zuweisung dieser Rolle ist dieser Mandant vor dem Überschreiben durch eine systemübergreifende Mandantenkopie geschützt. Die Pflege der laufenden Einstellungen, wie z.B. Öffnen und Schließen der Buchungsperioden, ist ungehindert gewährleistet.
2. Testmandant
3. Schulungsmandant
4. Demomandant
5. Customizingmandant
6. SAP Referenzmandant

Organisationsstruktur

3.1.3 Die Änderbarkeit des Mandanten

Ergänzend gilt es, die Änderbarkeit der einzelnen Mandanten zu reglementieren. Diese dient zur Absicherung mandantenabhängiger Einstellungen und erfolgt über die Tabelle **T000**. Eine Überprüfung dieser Einstellung können Sie mittels der Transaktion **SM30** vornehmen.

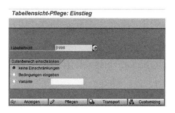

Abb. 3.04: Einstiegsfenster der Transaktion SM30

Betätigen Sie nach dem Eintragen des Tabellennamens die Drucktaste *Anzeigen*.

Abb. 3.05: Anzeige der Tabelleninhalte über die Transaktion SM30

Per Doppelklick auf einen Zeileneintrag verzweigen Sie in die Detailansicht.

Organisationsstruktur

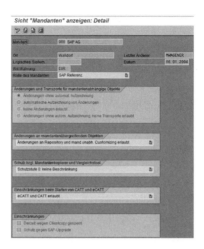

Abb. 3.06: Detailansicht zu einem Mandanten über SM30

Es können nachfolgend beschriebene Einstellungen verwendet werden.

Änderungen und Transporte für mandantenabhängige Objekte

Hier wird festgelegt, ob mandantenabhängige Objekte (z.B. Tabellen) geändert und Transporte durchgeführt werden dürfen. Besonders wichtig sind diese Einstellungen für die Produktivmandanten, die Freigabemandanten im QS-System und die Mandanten im Entwicklungssystem, da von hier Transporte angestoßen werden können. Folgende Einstellungen sind möglich:

- *Änderungen ohne automat. Aufzeichnung*
  Änderungen an mandantenabhängigen Objekten sind erlaubt, allerdings werden diese nicht automatisch in einem Änderungsauftrag aufgezeichnet. Diese Einstellung ist nicht für Entwicklungs- und Produktivmandanten vorzunehmen. Sie kann verwendet werden für Schulungs- oder Demo-Mandanten. Transporte sind von diesen Mandanten aus möglich, daher sind Tabellenänderungen in Mandanten mit dieser Einstellung im Entwicklungssystem zu protokollieren (siehe weiter unten).

- *Automatische Aufzeichnung von Änderungen*
  Änderungen an mandantenabhängigen Objekten sind erlaubt und werden automatisch in einem Änderungsauftrag für Transporte aufgezeichnet. Diese Einstellung ist sinnvoll für Entwicklungs- und Customizing-Mandanten. Tabellenänderungen in Mandanten mit dieser Einstellung im Entwicklungssystem sind zu protokollieren.
- *Keine Änderungen erlaubt*
  Änderungen an mandantenabhängigen Objekten sind nicht erlaubt. Eine Ausnahme stellen die laufenden Einstellungen wie z.B. Buchungsperioden dar. Diese dürfen immer geändert werden. Diese Einstellung ist sinnvoll für Produktivmandanten und Mandanten, in denen Freigabeverfahren stattfinden.
- *Änderungen ohne automat. Aufzeichnung, keine Transporte erlaubt*
  Änderungen an mandantenabhängigen Objekten sind erlaubt, allerdings werden diese nicht automatisch in einem Änderungsauftrag aufgezeichnet und können auch nicht manuell transportiert werden. Diese Einstellung ist sinnvoll für reine Testmandanten.

Änderungen an mandantenübergreifenden Objekten

Unter diesem Punkt kann definiert werden, wie in einem Mandanten die Repository- und mandantenunabhängigen Customizingobjekte geändert werden dürfen. Diese Einstellungen ziehen nur dann, wenn die Systemänderbarkeit auf *Änderbar* steht. Sie gelten daher maßgeblich für die Mandanten im Entwicklungssystem, da andere Systeme auf *Nicht Änderbar* stehen. Vier Einstellungen sind hier möglich:

- *Änderungen an Repository und mandantenunabhängiges Customizing erlaubt*
  Bei dieser Einstellung gibt es keinerlei Restriktionen für den Mandanten hinsichtlich der Pflege mandantenübergreifender Objekte. Sowohl mandantenunabhängige Objekte des Customizing (z.B.

mandantenunabhängige Tabellen) als auch Objekte des Repository (= Entwicklungsumgebung, z.B. ABAPs) können gepflegt werden.
- *Keine Änderungen von mandantenunabhängigen Customizing-Objekten*
  Mit dieser Einstellung können mandantenunabhängige Objekte des Customizing im Mandanten nicht gepflegt werden.
- *Keine Änderung von Repository-Objekten*
  Mit dieser Einstellung können Objekte des Repository in dem Mandanten nicht gepflegt werden.
- *Keine Änderungen von Repository- und mandantenunabhängigen Customizing-Objekten*
  Im Mandanten können weder mandantenunabhängige Objekte des Customizing noch Objekte des Repository gepflegt werden.

Schutz bzgl. Mandantenkopierer und Vergleichstools

Mit dieser Funktion ist es möglich, einen Mandanten gegen einen lesenden Zugriff aus anderen Mandanten zu schützen, z.B. beim Vergleich von Tabellen. Außerdem kann der Mandant gegen ein Überschreiben durch eine Mandantenkopie geschützt werden. Folgende Einstellungen sind möglich:
- *Schutzstufe 0: keine Beschränkung*
  Diese Einstellung bietet keinen Schutz. Der Mandant kann durch eine Mandantenkopie überschrieben werden. Ebenso ist ein lesender Zugriff aus anderen Mandanten möglich. Diese Schutzstufe sollte nur für Test- oder Schulungsmandanten genutzt werden.
- *Schutzstufe 1: kein Überschreiben*
  Der Mandant kann nicht durch eine Mandantenkopie überschrieben werden. Diese Schutzstufe ist für Mandanten zu verwenden, die nicht überschrieben werden sollen und keine Produktivmandanten sind. Produktivmandanten sind automatisch vor Überschreiben durch Mandantenkopien geschützt.

- *Schutzstufe 2: kein Überschreiben, keine ext. Verfügbarkeit*
  Der Mandant kann nicht durch eine Mandantenkopie überschrieben werden. Ebenso ist ein lesender Zugriff aus anderen Mandanten nicht möglich. Diese Schutzstufe ist für Mandanten zu verwenden, die sensible Daten enthalten.

Die Protokollierung der Mandantenänderbarkeit

Die Änderbarkeit für einzelne Mandanten erfolgt über die Tabelle **T000**. Hier ist die Protokollierung explizit zu aktivieren. Voraussetzung für die Protokollierung ist die generelle Aktivierung der Protokollierung über den Parameter *rec/client* (siehe Abschnitt 4.1.1). Die Tabelle **T000** ist bereits standardmäßig zur Protokollierung vorgesehen. Die Protokolleinträge sind in regelmäßigen Abständen zu überprüfen.

Ausgewertet wird das Protokoll mit dem Report **RSVTPROT**, den Sie über die Transaktion **SA38** aufrufen können. Geben Sie in der Selektionsmaske den Tabellennamen **T000** an und den Zeitraum, der überprüft werden soll. Wurden keine Änderungen an der Tabelle vorgenommen, wird kein Protokoll angezeigt. Wurden Änderungen vorgenommen, werden die einzelnen Felder mit ihrem alten und neuen Inhalt angezeigt.

Abb. 3.07: Auswertung von Änderungsprotokollen über RSVTPROT

HINWEIS:
Alternativ steht Ihnen auch der Report **RSTBHIST** zur Verfügung, den Sie ebenfalls über die Transaktion **SA38** erreichen können. Im Einstiegsfenster aktivieren Sie den Radio Button für *Liste der Änderungsprotokolle* und betätigen die Funktionstaste *F8*. Danach verfahren Sie wie für den **RSVTPROT** beschrieben.

Über die Funktionstaste *F8* können Sie Ihre Selektion zur Aufbereitung bringen.

Abb. 3.08: Ansicht der Änderungsprotokolle

Die Einstellungen zu Änderungen und Transporten für mandantenabhängige Objekte werden im Feld *CorrSys (Änderungen und Transporte für mandantenabhängige Objekte)* vorgenommen. Dieses Feld kann folgende Inhalte haben:

<Leer>   Änderungen ohne automat. Aufzeichnung
1   Automatische Aufzeichnung von Änderungen
2   Keine Änderungen erlaubt
3   Keine Transporte erlaubt

Die Änderbarkeit für mandantenübergreifende Objekte wird über das Feld *NoCliInd (Pflegeerlaubnis mandantenübergreifender Objekte)* eingestellt. Dieses Feld kann folgende Inhalte haben:

<Leer>   Änderungen an Repository und mandantenunabhängiges Customizing erlaubt

1	Keine Änderungen von mandantenunabhängigen Customizing-Objekten
2	Keine Änderung von Repository-Objekten
3	Keine Änderungen von Repository- und mandantenunabhängigen Customizing-Objekten

Die Einstellungen zum Schutz bzgl. Mandantenkopierer und Vergleichstools werden im Feld *CopyLock* (Schutz bzgl. Mandantenkopierer und Vergleichstools) vorgenommen. Dieses Feld kann folgende Inhalte haben:

<Leer>	Schutzstufe 0: keine Beschränkung
X	Schutzstufe 1: kein Überschreiben
L	Schutzstufe 2: kein Überschreiben, keine ext. Verfügbarkeit

3.1.4 Checkliste Mandanten

Nr.	Frage	Ordnungsmäßigkeitsvorgabe
1	Welche Mandanten sind in der Tabelle T000 im Produktivsystem eingetragen?	Es sollten neben den Mandanten 000 und 066 (evtl. 001) ausschließlich Produktivmandanten im Produktivsystem eingetragen sein.
2	Welche Mandanten sind in anderen Systemen in der Tabelle T000 eingetragen?	Die Eintragungen sollen mit der Unternehmensrichtlinie und der Dokumentation übereinstimmen.
3	Liegt für jeden Eintrag eine Dokumentation vor, die eine Kurzbeschreibung, sowie die anfordernde Abteilung und die implementierende Abteilung aufführt?	Zu jedem Eintrag sollte eine entsprechende Dokumentation vorhanden sein.
4	Ist der Produktivmandant vor Änderungen geschützt?	Der Produktivmandant ist gegen unautorisierte Änderungen zu schützen.
5	Werden Änderungen protokolliert?	Jede Änderung ist im System zu protokollieren. Die Protokolle unterliegen als Bestandteil der Verfahrensdokumentation einer 10-jährigen Aufbewahrungsfrist.

3.2 Der Buchungskreis

Innerhalb eines Mandanten können Buchungskreise eingerichtet werden. Buchungskreise sind im SAP®-System als selbstständig bilanzierende, rechtlich eigenständige Einheiten der Finanzbuchhaltung definiert. Der Buchungskreis bildet die Datenbasis zur Erstellung der Bilanz und der Gewinn- und Verlustrechnung. Firmenspezifische Daten werden auf Buchungskreisebene und firmenübergreifende Daten auf Mandantenebene angelegt.

Organisationsstruktur

Beispiele für buchungskreisunabhängige Daten sind:
- Belegarten
- Bewegungsarten
- Kontenpläne

Beispiele für buchungskreisabhängige Daten sind:
- Geschäftsjahresende
- Hauswährung
- Belegnummernkreise

Eine Übersicht über die im Mandanten geführten Buchungskreise gibt die Tabelle **T001**. In dieser Tabelle findet sich ebenso die Zuordnung eines Kontenplans zum Buchungskreis. Lassen Sie sich diese Tabelle mit der Transaktion **SE16N** anzeigen.

Rufen Sie die Transaktion **SE16N** auf, und tragen Sie die Tabelle **T001** ein.

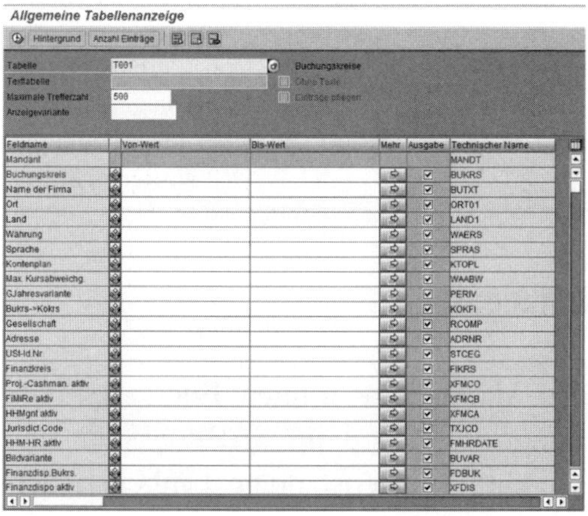

Abb. 3.09: Tabelle der Buchungskreise

Betätigen Sie die Taste *Ausführen* oder alternativ die Funktionstaste *F8*.

86

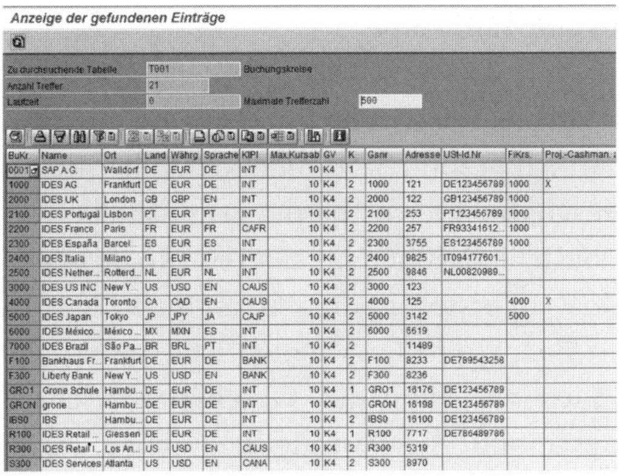

Anzeige der gefundenen Einträge

Zu durchsuchende Tabelle	T001	Buchungskreise	
Anzahl Treffer	21		
Laufzeit	0	Maximale Trefferzahl	500

BuKr.	Name	Ort	Land	Währg	Sprache	KtPl	Max.Kursab	GV	K	Gsnr	Adresse	USt-Id.Nr	FiKrs.	Proj.-Cashman.
0001	SAP A.G.	Walldorf	DE	EUR	DE	INT	10	K4	1					
1000	IDES AG	Frankfurt	DE	EUR	DE	INT	10	K4	2	1000	121	DE123456789	1000	X
2000	IDES UK	London	GB	GBP	EN	INT	10	K4	2	2000	122	GB123456789	1000	
2100	IDES Portugal	Lisbon	PT	EUR	PT	INT	10	K4	2	2100	253	PT123456789	1000	
2200	IDES France	Paris	FR	EUR	FR	CAFR	10	K4	2	2200	257	FR93341612...	1000	
2300	IDES España	Barcel...	ES	EUR	ES	INT	10	K4	2	2300	3755	ES123456789	1000	
2400	IDES Italia	Milano	IT	EUR	IT	INT	10	K4	2	2400	9825	IT094177601...		
2500	IDES Nether...	Rotterd...	NL	EUR	NL	INT	10	K4	2	2500	9846	NL00820989...		
3000	IDES US INC	New Y...	US	USD	EN	CAUS	10	K4	2	3000	123			
4000	IDES Canada	Toronto	CA	CAD	EN	CAUS	10	K4	2	4000	125		4000	X
5000	IDES Japan	Tokyo	JP	JPY	JA	CAJP	10	K4	2	5000	3142		5000	
6000	IDES México...	México ...	MX	MXN	ES	INT	10	K4	2	6000	6619			
7000	IDES Brazil	São Pa...	BR	BRL	PT	INT	10	K4	2		11489			
F100	Bankhaus Fr...	Frankfurt	DE	EUR	DE	BANK	10	K4	2	F100	8233	DE789543258		
F300	Liberty Bank	New Y...	US	USD	EN	BANK	10	K4	2	F300	8236			
GR01	Grone Schule	Hambu...	DE	EUR	DE	INT	10	K4	1	GR01	16176	DE123456789		
GRON	grone	Hambu...	DE	EUR	DE	INT	10	K4		GRON	16198	DE123456789		
IBS0	IBS	Hambu...	DE	EUR	DE	INT	10	K4	2	IBS0	16100	DE123456789		
R100	IDES Retail ...	Giessen	DE	EUR	DE	INT	10	K4	1	R100	7717	DE786489786		
R300	IDES Retail I...	Los An...	US	USD	EN	CAUS	10	K4	2	R300	5319			
S300	IDES Services	Atlanta	US	USD	EN	CANA	10	K4	2	S300	8970			

Abb. 3.10: Anzeige der Buchungskreise

! Stellen Sie fest, ob ein Buchungskreis, in dem produktiv gearbeitet wird, durch ein "**X**" gekennzeichnet ist. Dadurch wird derzeit verhindert, dass Löschprogramme versehentlich Daten dieses Buchungskreises zurücksetzen. Dies würde einer Nichtbeachtung des Radierverbotes gleichkommen.

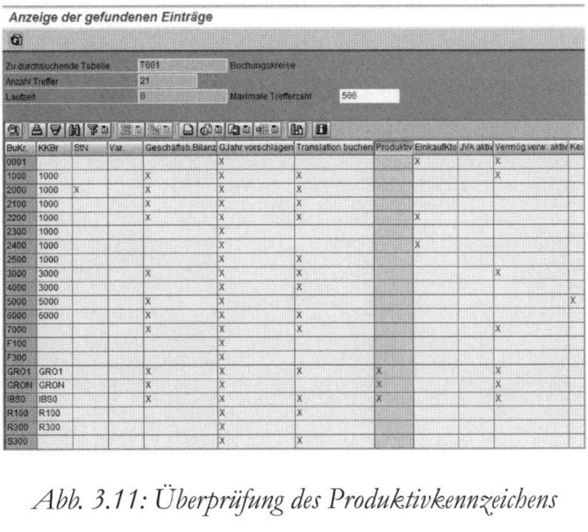

Anzeige der gefundenen Einträge

Zu durchsuchende Tabelle	T001	Buchungskreise	
Anzahl Treffer	21		
Laufzeit	0	Maximale Trefferzahl	500

BuKr.	KKBr	StN	Var.	Geschäftsb.Bilanz	GJahr vorschlagen	Translation buchen	Produktiv	EinkaufKto	JVA aktiv	Vermög.verw. aktiv	Kei
0001					X			X		X	
1000	1000			X	X	X				X	
2000	1000	X		X	X	X					
2100	1000			X	X	X					
2200	1000			X	X	X		X			
2300	1000				X						
2400	1000				X			X			
2500	1000				X	X					
3000	3000			X	X	X				X	
4000	3000				X	X					
5000	5000			X	X						X
6000	6000			X	X	X					
7000				X	X	X				X	
F100					X						
F300					X						
GR01	GR01			X	X	X	X			X	
GRON	GRON			X	X		X			X	
IBS0	IBS0			X	X	X	X			X	
R100	R100				X	X					
R300	R300				X						
S300					X	X					

Abb. 3.11: Überprüfung des Produktivkennzeichens

In der Tabelle **T001** sind alle wesentlichen Referenzierungen der Organisationseinheiten eingetragen.

3.3 Der Geschäftsbereich

Der Geschäftsbereich ist eine interne Organisationseinheit, die einen wirtschaftlich gesondert zu betrachtenden Bereich widerspiegelt. Der Geschäftsbereich dient grundsätzlich Auswertungszwecken. Es besteht darüber hinaus die Möglichkeit, eine interne Bilanz und GuV zu erstellen, die jedoch nicht den Anforderungen einer externen Bilanz und GuV entspricht. Innerhalb der Kostenrechnung können mit Hilfe des Geschäftsbereichs Kostenstellen zusammengefasst und Auswertungen durchgeführt werden. Der Geschäftsbereich wird hierzu im Kostenstellenstamm hinterlegt. Er wird völlig unabhängig von allen anderen Organisationseinheiten definiert. Die Erfassung des Geschäftsbereichs erfolgt als Zusatzkontierung in der Belegposition.

Einen Überblick über alle Geschäftsbereiche gibt die Tabelle **TGSB**. Lassen Sie sich diese Tabelle mit der Transaktion **SE16N** anzeigen.

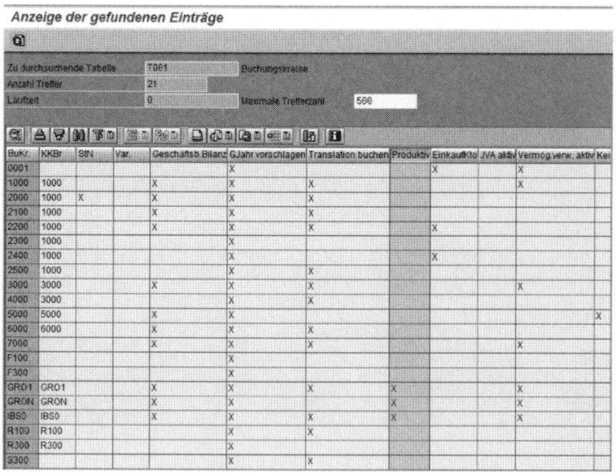
Anzeige der gefundenen Einträge

Zu durchsuchende Tabelle T001 Buchungskreise
Anzahl Treffer 21
Laufzeit 0 Maximale Trefferzahl 500

BuKr	KKBr	StN	Var.	Geschäftsb Bilanz	GJahr vorschlagen	Translation buchen	Produktiv	EinkaufKto	JVA aktiv	Vermög.verw. aktiv	Ke
0001					X			X		X	
1000	1000			X	X	X				X	
2000	1000	X		X	X	X					
2100	1000			X	X	X					
2200	1000			X	X	X		X			
2300	1000				X						
2400	1000				X			X			
2500	1000				X	X					
3000	3000			X	X	X				X	
4000	3000				X	X					
5000	5000			X	X						X
6000	6000			X	X	X					
7000				X	X	X				X	
F100					X						
F300					X						
GR01	GR01			X	X	X	X			X	
GRON	GRON			X	X		X			X	
IBS0	IBS0			X	X	X	X			X	
R100	R100				X	X					
R300	R300				X						
S300					X	X					

Abb. 3.11: Anzeige der Geschäftsbereiche

3.4 Geschäftsbereiche für die Konsolidierung

Geschäftsbereiche können im Rahmen von Abschlussarbeiten konsolidiert werden.

Einen Überblick der Geschäftsbereiche, die für eine Konsolidierung im Customizing eingerichtet sind, finden Sie über die Transaktion **SE16N** in der Tabelle **TGSBK**.

Abb. 3.13: Anzeige der Konsolidierungsgeschäftsbereiche

3.5 Die Gesellschaft

Die Gesellschaft ist die kleinste organisatorische Einheit, für die nach der jeweiligen Handelsgesetzgebung ein gesetzlicher Einzelabschluss sowie Bilanzen und Gewinn- und Verlustrechnungen erstellt werden können.

Dieses Element wird zur Konsolidierung eingesetzt.

Eine Gesellschaft besteht aus einem oder mehreren Buchungskreisen. Die Buchungskreise einer Gesellschaft müssen alle den gleichen Kontenplan einsetzen.

Einen Überblick über alle Gesellschaften gibt die Tabelle **T880**. Lassen Sie sich diese Tabelle mit der Transaktion **SE16N** anzeigen.

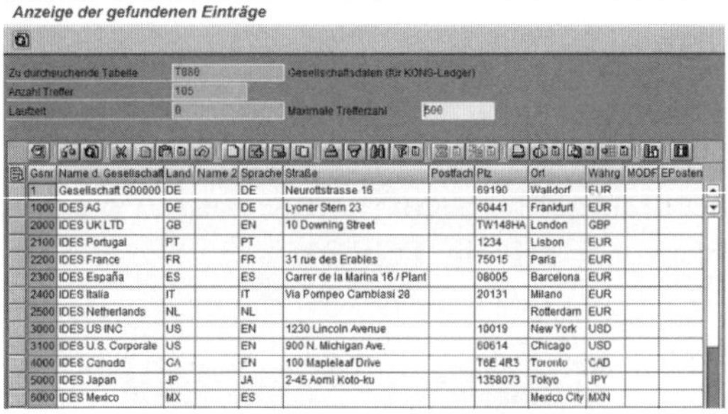
Anzeige der gefundenen Einträge

Zu durchsuchende Tabelle T880 Gesellschaftsdaten (für KONS-Ledger)
Anzahl Treffer 105
Laufzeit 0 Maximale Trefferzahl 500

Gsnr	Name d. Gesellschaft	Land	Name 2	Sprache	Straße	Postfach	Plz	Ort	Währg	MODF	EPosten
1	Gesellschaft G00000	DE		DE	Neurottstrasse 16		69190	Walldorf	EUR		
1000	IDES AG	DE		DE	Lyoner Stern 23		60441	Frankfurt	EUR		
2000	IDES UK LTD	GB		EN	10 Downing Street		TW148HA	London	GBP		
2100	IDES Portugal	PT		PT			1234	Lisbon	EUR		
2200	IDES France	FR		FR	31 rue des Erables		75015	Paris	EUR		
2300	IDES España	ES		ES	Carrer de la Marina 16 / Plant		08005	Barcelona	EUR		
2400	IDES Italia	IT		IT	Via Pompeo Cambiasi 28		20131	Milano	EUR		
2500	IDES Netherlands	NL		NL				Rotterdam	EUR		
3000	IDES US INC	US		EN	1230 Lincoln Avenue		10019	New York	USD		
3100	IDES U.S. Corporate	US		EN	900 N. Michigan Ave.		60614	Chicago	USD		
4000	IDES Canada	CA		EN	100 Mapleleaf Drive		T6E 4R3	Toronto	CAD		
5000	IDES Japan	JP		JA	2-45 Aomi Koto-ku		1358073	Tokyo	JPY		
6000	IDES Mexico	MX		ES				Mexico City	MXN		

Abb. 3.14: Anzeige der Gesellschaften

3.6 Funktionsbereich

Der Funktionsbereich ist eine organisatorische Einheit des Rechnungswesens, die das Unternehmen nach den Erfordernissen des Umsatzkostenverfahrens gliedert.

Bei dem Umsatzkostenverfahren handelt es sich um ein Verfahren der GuV zur Ermittlung des Periodenerfolges. Regelhaft erfolgt die GuV in Deutschland nach dem Gesamtkostenverfahren (Markterfolg). Das bezeichnende Merkmal aller Anwendungen im Umsatzkostenverfahren ist die Aufteilung der Erfolgsrechnung nach Produktgruppen. Dies entspricht der Vorgehensweise all jener Unternehmen, die ihren Abschluss nach den internationalen Standards IAS / US-GAAP erstellen. Das Umsatzkostenverfahren wurde zugelassen, um den deutschen Unternehmen zu ermöglichen, ihre Gewinn- und Verlustrechnungen in einer international vergleichbaren Form aufzustellen, da das internationale Ausland primär nach dem Umsatzkostenverfahren vorgeht.

Bei Anwendung des Umsatzkostenverfahrens ist die Definition von Funktionsbereichen somit zwingend.

Eine Übersicht eingerichteter Funktionsbereiche erhalten Sie mittels **SE16N** der Tabelle **TFKB**.

Abb. 3.15: Anzeige der Funktionsbereiche

3.7 Der Kreditkontrollbereich

Im Kreditkontrollbereich wird der gewährte Kredit für die Debitoren definiert. Der Kreditkontrollbereich kann buchungskreisübergreifend angelegt werden, womit das Kreditlimit für mehrere rechtlich selbstständige Einheiten Gültigkeit hat. Im Kreditkontrollbereich werden alle Debitorenforderungen aufsummiert. Erreicht ein Debitor das festgelegte Limit, ergeht automatisch eine Information an alle Buchungskreise.

Eine Übersicht über die existierenden Kreditkontrollbereiche gibt die Tabelle **T014**. Lassen Sie sich diese Tabelle mit der Transaktion **SE16N** anzeigen.

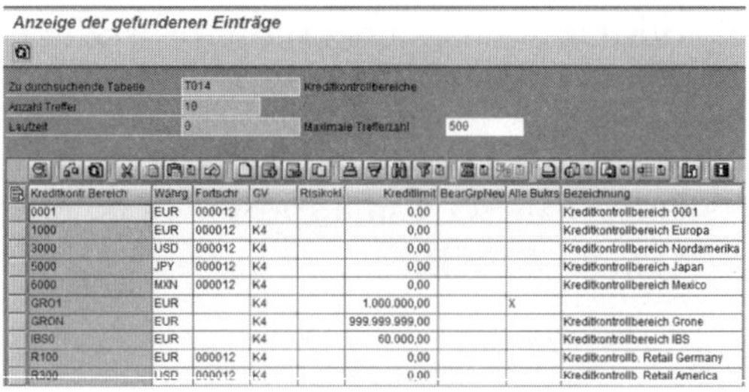

Organisationsstruktur

Abb. 3.16: Anzeige der Kreditkontrollbereiche

3.8 Der Finanzkreis

Mit dem Finanzkreis lässt sich der Einsatz von finanziellen Mitteln disponieren. In der Regel ist ein Finanzkreis genau einem Buchungskreis zugeordnet. Er regelt damit das Haushaltsmanagement einer selbstständig bilanzierenden Einheit. Es besteht aber auch die Möglichkeit, einem Finanzkreis mehrere Buchungskreise zuzuordnen. Damit kann eine Disposition über mehrere rechtlich selbstständige Einheiten erfolgen.

Eine Übersicht der existierenden Finanzkreise gibt die Tabelle **FM01**. Lassen Sie sich diese Tabelle mit der Transaktion **SE16N** anzeigen.

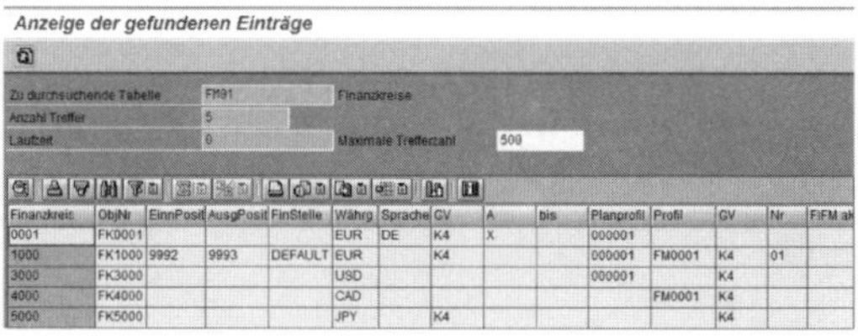

Abb. 3.17: Anzeige der Finanzkreise

3.9 Der Kontenplan

Der Kontenplan ist das Verzeichnis aller innerhalb eines Buchungskreises verfügbaren Konten. Deshalb ist jeder Buchungs- und Kostenrechnungskreis genau einem Kontenplan zugeordnet, der in den zusammengehörigen Buchungs- und Kostenrechnungskreisen identisch sein muss. Umfasst ein Kostenrechnungskreis mehrere Buchungskreise, dann müssen die betroffenen Buchungskreise dem gleichen Kontenplan zugeordnet sein.

Der Kontenplan umfasst das externe und interne Rechnungswesen. Aus Sicht der Kostenrechnung ist das R/3®-System ein Einkreissystem, da

- die Kostenrechnungskonten (Kostenarten) aus den Aufwandskonten der Finanzbuchhaltung übernommen und
- die Geschäftsvorfälle, die das interne Rechnungswesen betreffen, nicht noch einmal erfasst werden müssen.

Dieser enge Zusammenhang zwischen Finanzwesen und Kostenrechnung sichert die belegweise Integration und die laufende Abstimmung beider Rechnungssysteme. Eine Übersicht der existierenden Kontenpläne gibt die Tabelle **T004**. Lassen Sie sich diese Tabelle mit der Transaktion **SE16N** anzeigen.

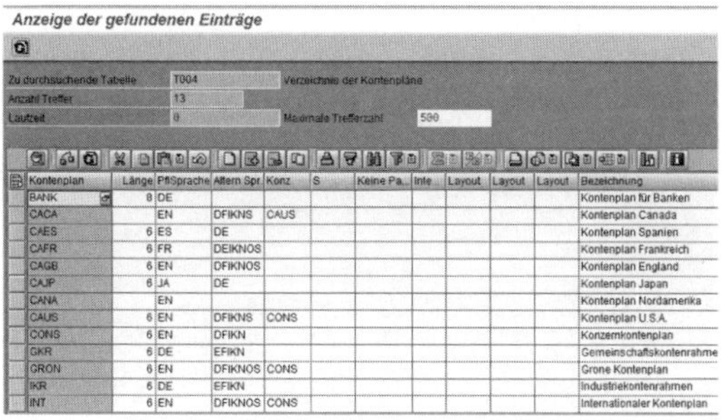

Anzeige der gefundenen Einträge

Zu durchsuchende Tabelle: T004 — Verzeichnis der Kontenpläne
Anzahl Treffer: 13
Laufzeit: 0 — Maximale Trefferzahl: 500

Kontenplan	Länge	PflSprache	Altern Spr	Konz	S	Keine Pa...	Inte	Layout	Layout	Layout	Bezeichnung
BANK	8	DE									Kontenplan für Banken
CACA		EN	DFIKNS	CAUS							Kontenplan Canada
CAES	6	ES	DE								Kontenplan Spanien
CAFR	6	FR	DEIKNOS								Kontenplan Frankreich
CAGB	6	EN	DFIKNOS								Kontenplan England
CAJP	6	JA	DE								Kontenplan Japan
CANA		EN									Kontenplan Nordamerika
CAUS	6	EN	DFIKNS	CONS							Kontenplan U.S.A.
CONS	6	EN	DFIKN								Konzernkontenplan
GKR	6	DE	EFIKN								Gemeinschaftskontenrahme
GRON	6	EN	DFIKNOS	CONS							Grone Kontenplan
IKR	6	DE	EFIKN								Industriekontenrahmen
INT	6	EN	DFIKNOS	CONS							Internationaler Kontenplan

Abb. 3.18: Anzeige der Kontenpläne

3.10 Der Kostenrechnungskreis

Neben den rein buchhalterischen Belangen ist es erforderlich, auch logistische Aspekte bzw. betriebswirtschaftliche Belange des internen Leistungs- und Lieferverkehrs kostenrechnerisch zu erfassen, zu bewerten und zuzuordnen.

Der Kostenrechnungskreis ist diejenige Organisationseinheit der Kostenrechnung, in der alle innerbetrieblichen Geschäftsvorfälle abgebildet werden. Es handelt sich hierbei um die Schnittstelle zum CO. Um eine Datenübernahme aus der Buchhaltung (Durchbuchungen) zu ermöglichen, muss jeder Kostenrechnungskreis mindestens einem Buchungskreis zugeordnet werden. Es besteht die Möglichkeit, mehrere Buchungskreise aus Sicht des Controlling zusammenzufassen.

Buchungskreis und Kostenrechnungskreis basieren auf:
- gleichem Kontenplan
- gleicher Währung
- gleichen Geschäftsbereichen

Eine Übersicht über die existierenden Kostenrechnungskreise gibt die Tabelle **TKA01**. Lassen Sie sich diese Tabelle mit der Transaktion **SE16N** anzeigen.

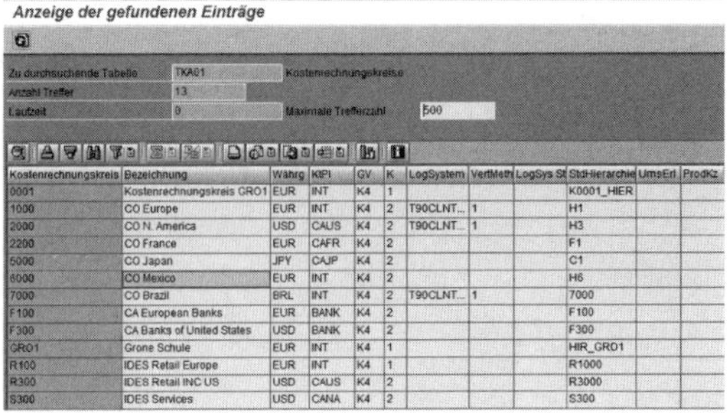

Kostenrechnungskreis	Bezeichnung	Währg	KlPl	GV	K	LogSystem	VertMeth	LogSys St	StdHierarchie	UmsErl	ProdKz
0001	Kostenrechnungskreis GRO1	EUR	INT	K4	1				K0001_HIER		
1000	CO Europe	EUR	INT	K4	2	T90CLNT...	1		H1		
2000	CO N. America	USD	CAUS	K4	2	T90CLNT...	1		H3		
2200	CO France	EUR	CAFR	K4	2				F1		
5000	CO Japan	JPY	CAJP	K4	2				C1		
6000	CO Mexico	EUR	INT	K4	2				H6		
7000	CO Brazil	BRL	INT	K4	2	T90CLNT...	1		7000		
F100	CA European Banks	EUR	BANK	K4	2				F100		
F300	CA Banks of United States	USD	BANK	K4	2				F300		
GRO1	Grone Schule	EUR	INT	K4	1				HIR_GRO1		
R100	IDES Retail Europe	EUR	INT	K4	1				R1000		
R300	IDES Retail INC US	USD	CAUS	K4	2				R3000		
S300	IDES Services	USD	CANA	K4	2				S300		

Abb. 3.19: Anzeige der Kostenrechnungskreise

3.11 Referenzierungen

Der Unternehmensüberblick, den Sie sich verschafft haben, wird im Folgeschritt durch die Überprüfung der Zuordnungen ergänzt.

Die Zuordnungen sind analog den Unternehmensstrukturen vorzunehmen.

3.11.1 Buchungskreis - Gesellschaft

Rufen Sie die TA **SE16** auf. Tragen Sie die Tabelle **T001** ein. In der nachfolgenden Selektionsmaske wählen Sie vorab den Menüpfad *Einstellungen - Listaufbereitung - Feldauswahl*. Demarkieren Sie sämtliche Einträge, und setzen Sie nachstehend aufgezeigte Auswahl.

Abb. 3.20: Spaltenauswahl zur Tabelle T001

Bringen Sie die Selektion zur Aufbereitung.

Organisationsstruktur

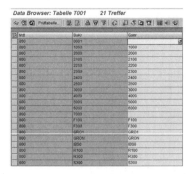

Abb. 3.21: Zuordnung Buchungskreis - Gesellschaft

3.11.2 Buchungskreis - Kreditkontrollbereich

Für die o.a. Zuordnung verfahren Sie nach demselben Prinzip. Lediglich in der Feldauswahl wählen Sie neben *Mandant* und *Buchungskreis* den *Kreditkontrollbereich* aus.

Abb. 3.22: Zuordnung Buchungskreis - Kreditkontrollbereich

3.11.3 Buchungskreis - Finanzkreis

Die Zuordnung des Finanzkreises lassen Sie sich ebenso anzeigen. Selektieren Sie zusätzlich zu *Mandant* und *Buchungskreis* das Feld *FIKRS*.

Organisationsstruktur

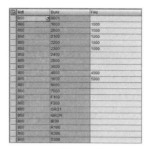

Abb. 3.23: Zuordnung Buchungskreis - Finanzkreis

Alternativ können Sie selbstverständlich für die Aufschlüsselung der Zuordnung eine Komplettübersicht aufbereiten lassen, indem Sie folgende Feldauswahl vornehmen: MANDT, BUKRS, RCOMP, FIKRS, KKBER

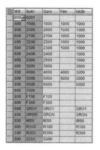

Abb. 3.24: Übersicht der Zuordnungen

3.11.4 Kostenrechnungskreis - Finanzkreis

Die Zuordnung können Sie der Tabelle **TKA01** direkt entnehmen.

3.11.5 Geschäftsbereich - Konsolidierungsgeschäftsbereich

Die Zuordnung der Geschäftsbereiche zu den Konsolidierungsgeschäftsbereichen ist direkt in der Tabelle **TGSB** eingetragen.

3.12 Prüfhinweise zur Abbildung der Firmenkonzeption

Stimmen die Organisationsstruktur und die SAP-Struktur nicht überein, liegen organisations- bzw. systemtechnische Schwachstellen vor, die wiederum zu Ineffizienzen bei der Bearbeitung wichtiger Kernprozesse führen. Dies kann unter Umständen sogar die Leistungsfähigkeit des Unternehmens negativ beeinflussen.

Grundsätzlich gilt: Nur die Organisationselemente, die der realen Unternehmensgestaltung entsprechen, sollen im Produktivsystem vorgehalten werden.

Prüfschritte
1. Lassen Sie sich die vorhandene Dokumentation zu der Abbildung der Firmenkonzeption im SAP R/3® System aushändigen und ggfs. erläutern.
2. Überprüfen Sie die definierten Organisationseinheiten im SAP® System über die referenzierenden Tabellen mit Hilfe der Transaktion **SE16N**.
3. Überprüfen Sie die Zuordnungen der Organisationseinheiten.
4. Nehmen Sie einen SOLL/IST Abgleich zwischen der realen Unternehmensstruktur und ihrer Abbildung im System vor.
5. Klären Sie das Vorhandensein nicht zugeordneter Organisationseinheiten.

3.13 Checkliste Abbildung der Firmenkonzeption

Nr.	Fragestellung	Ordnungsmäßigkeitsvorgabe
1	Welche Mandanten existieren im System?	Muss der Firmenstruktur entsprechen.
2	Welche Buchungskreise sind im Mandanten geführt ?	Muss der Firmenstruktur entsprechen.
3	Welche Geschäftsbereiche sind angelegt?	Muss der Firmenstruktur entsprechen.
4	Welche Geschäftsbereiche sind für die Konsolidierung eingerichtet?	Muss der Firmenstruktur entsprechen.
5	Welche Funktionsbereiche sind angelegt?	Bei Einsatz des Umsatzkostenverfahrens obligat. Muss der Firmenstruktur entsprechen.
6	Welche Finanzkreise werden geführt?	Muss der Firmenstruktur entsprechen.
7	Welche Gesellschaften sind angelegt?	Muss der Firmenstruktur entsprechen.
8	Wie sind die Kreditkontrollbereiche angelegt?	Muss der Firmenstruktur entsprechen.
9	Welche Kontenpläne sind angelegt?	Muss der Firmenstruktur entsprechen.
10	Welche Kostenrechnungskreise sind eingeführt?	Muss der Firmenstruktur entsprechen.
11	Sind die Organisationseinheiten einander entsprechend der Firmenstruktur zugeordnet?	Muss der Firmenstruktur entsprechen.

4 Aufbewahrungspflicht der Verfahrensdokumentation

4.1 Die Protokollierung von Tabellenänderungen

SAP R/3® bietet die Möglichkeit, Änderungen, die an Tabellen vorgenommen werden, entsprechend zu protokollieren. Somit kann lückenlos nachvollzogen werden, welcher Benutzer wann Daten in den Tabellen verändert, hinzugefügt oder auch gelöscht hat. Mit Rücksicht auf die Performance macht es wenig Sinn, alle Tabellen protokollieren zu lassen. Standardmäßig werden von SAPR/3® in 4.7 ca. 14.500, in 4.6C bereits ca. 11.000 und in 4.6B etwa 9.900 Tabellen protokolliert. Berücksichtigung dabei finden auch rechnungslegungsrelevante Tabellen, deren Protokollierung gesetzlich vorgeschrieben ist. Da es sich zusätzlich noch um Pflichtbestandteile der Verfahrensdokumentation handelt, unterliegen sie der gesetzlichen Aufbewahrungsfrist gemäß § 257 HGB.

Ein Anteil der rechnungsrelevanten Tabellen wird über Änderungsbelege protokolliert (siehe Kapitel 4.2), um die gesetzlichen Auflagen zu erfüllen. Damit die Änderungen einer Tabelle protokolliert werden, sind zwei Voraussetzungen zu erfüllen. Die generelle Protokollierung muss aktiviert sein und die Tabelle muss der Protokollierung zugewiesen werden. Man unterscheidet zwei Arten von Protokollierung:
1. die generelle Protokollierung
2. die Protokollierung einzelner Tabellen

4.1.1 Die generelle Protokollierung

Standardmäßig werden keine Tabellenänderungen protokolliert. Diese Option muss man explizit mandantenabhängig aktivieren. Da es sich um einen Systemparameter handelt können Sie den dazuge-

hörigen Wert im Report **RSPARAM** einsehen. Die Aktivierung erfolgt über den Parameter *rec/client*. Der Parameter kann folgende Einträge haben:
- OFF (Default-Einstellung): Es erfolgt keine Protokollierung.
- ALL: In allen Mandanten wird ein Protokoll geführt.
- <Mandantennummer>: Nur in den angegebenen Mandanten wird protokolliert; hier können auch mehrere Mandanten eingetragen sein.

Sie können auch über den Report **RSPFPAR** diese Einträge anschauen. Der Vorteil ist, dass Sie mit einer nachgeschalteten Selektionsmaske direkt auf den gewünschten Parameter zugreifen können.

Abb. 4.01: Überprüfung des rec/client mit dem Report RSPFPAR

4.1.2 Die Protokollierung der einzelnen Tabellen

Der Eintrag *rec/client* sagt nur aus, ob die Protokollierung des Systems eingeschaltet ist. Ob eine Tabelle protokolliert wird oder nicht, wird in den Eigenschaften der Tabelle selbst eingestellt. Jede Tabelle besitzt die potentielle Eigenschaft *Datenänderungen protokollieren*. Diese Eigenschaft wird über die Transaktion **SE13** geprüft. Tragen Sie hier die Tabelle ein, für die Sie die Einstellung überprüfen möchten. Klicken Sie auf die Drucktaste *Anzeigen*. Sie erhalten nachstehende Maske zur Ansicht:

Abb. 4.02: Anzeige der technischen Eigenschaften einer Tabelle

Der Eintrag *Datenänderungen protokollieren* zeigt an, ob Änderungen in dieser Tabelle protokolliert werden. Die Protokollierung erfolgt über die Aktivierung des vorgestellten Kästchens. Ein Haken bedeutet, dass alle Änderungen aufgezeichnet werden.

!HINWEIS: Eine Protokollierung ist allerdings nicht für jede Tabelle möglich. Folgende Eigenschaften müssen erfüllt sein:
- Die Anzahl der Schlüsselfelder darf nicht mehr als 250 betragen.
- Die Datenfelder dürfen eine Länge von 3.500 Zeichen pro Feld nicht überschreiten.

Zum Prüfen der protokollierten Tabellen rufen Sie über die Transaktion **SE16N** die Tabelle **DD09L** auf. Nehmen Sie folgende Einträge vor:

Aufbewahrungspflicht der Verfahrensdokumentation

Abb. 4.03: Selektion protokollierter Tabellen

Betätigen Sie die Drucktaste *Anzahl Einträge*:

Abb. 4.04: Anzahl Einträge

Für die nicht protokollierten Tabellen verfahren Sie wie folgt:

Wählen Sie das Selektionskriterium "=" aus. Nehmen Sie keinen Eintrag in das Feld Protokoll vor. Dann wählen Sie *Anzahl Einträge*.

Sie können sich abschließend für beide Abfragen die Selektion aufbereiten lassen.

Die Tabellenänderungsprotokolle können Sie sich mit dem Report **RSTBHIST** anzeigen lassen.

103

Rufen Sie die Transaktion **SA38** auf, tragen Sie den Reportnamen ein und betätigen Sie die Drucktaste *Ausführen - F8*.

Abb. 4.05: Einstiegsmaske des Reports RSTBHIST

Sie können sich über die gleichnamige Drucktaste eine Liste der protokollierten Tabellen anzeigen lassen oder einzelne Änderungsprotokolle aufrufen, indem Sie die Auswahl per Radiobutton vornehmen und mit *F8* zur Ausführung bringen.

Abb. 4.06: Selektionsmaske für Änderungsprotokolle

Nehmen Sie Ihre Selektion vor, und bringen Sie diese mit *F8* zur Ausführung.

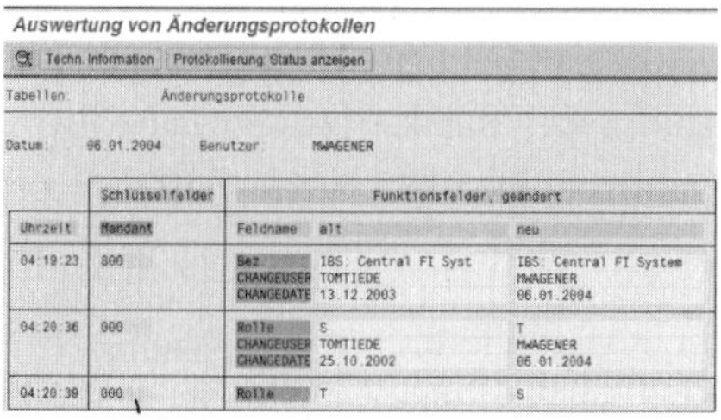

Abb. 4.07: Anzeige der Änderungsprotokolle

Über die integrierten Drucktasten können Sie jeweils zu den technischen Informationen und dem Protokollierungsstatus verzweigen.

Per Doppelklick auf einen Zeileneintrag verzweigen Sie in die zugehörige Detailansicht.

4.2 Das Prinzip der Änderungsbelege

Sämtliche Änderungen an betriebswirtschaftlichen Daten wie z.B. den Buchhaltungsbelegen können in R/3® durch Änderungsbelege protokolliert werden. Hierbei werden jedoch nur die eigentlichen Änderungen aufgezeichnet, nicht hingegen das Anlegen neuer Datensätze.

Die Erstellung eines Buchhaltungsbeleges wird somit nicht protokolliert.

Die Protokollierung wird über sogenannte Änderungsbelegobjekte realisiert. In einem Änderungsbelegobjekt werden die Tabellen angegeben, die protokolliert werden sollen. In einem SAP R/3® System sind bereits etwa 200 solcher Objekte vordefiniert.

Bis zum R/3®-Release 4.5 findet die Verwaltung über die Transaktion **SCD0** statt, ab R/3-Release 4.6 über die Transaktion **SCDO** (Menüpfad *Werkzeuge - ABAP Workbench - Entwicklung - Weitere Werkzeuge - Änderungsbelege*).

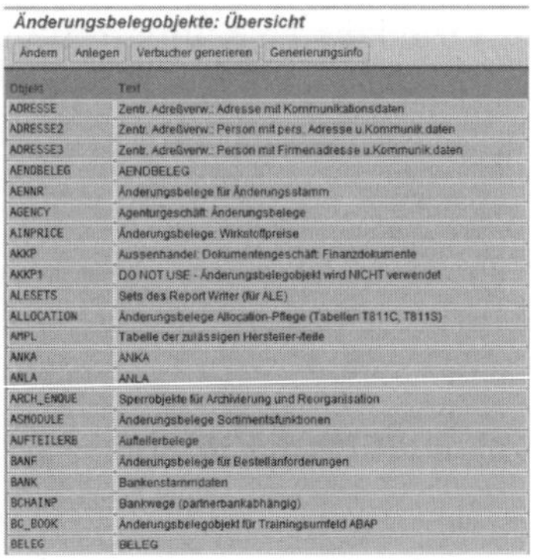

Aufbewahrungspflicht der Verfahrensdokumentation

Abb. 4.08: Übersicht der Änderungsbelegobjekte

Betrachten Sie exemplarisch das Änderungsbelegobjekt **BELEG**, so können Sie sehen, dass dort die Tabellen gesteuert werden, in denen die Datenanteile der Buchhaltungsbelege abgelegt sind. Änderungen an rechnungslegungsrelevanten Tabellen sind gemäß § 257 HGB aufzeichnungspflichtig und somit bereits mit der technischen Eigenschaft zur Protokollierung definiert.

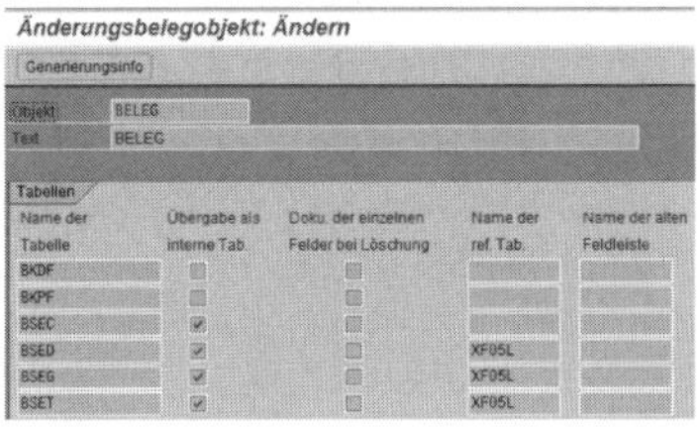

Abb. 4.09: Detailansicht zum Änderungsbelegobjekt BELEG

4.2.1 Zuordnung Änderungsbelegobjekte - Tabellen

Die Änderungsbelegobjekte sind in der Tabelle **TCDOB** gespeichert. Auch dort werden die dem Änderungsbelegobjekt zugeordneten Tabellen angezeigt daher kann diese Tabelle zur Auswertung genutzt werden, indem Sie nach Aufruf der Transaktion **SE16N** die

Tabelle **TCDOB** eintragen und das entsprechende Änderungsbelegobjekt im gleichnamigen Feld übergeben.

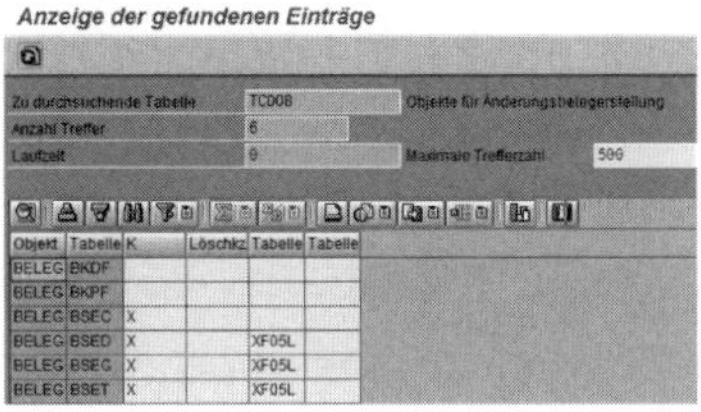

Objekt	Tabelle	K	Löschkz	Tabelle	Tabelle
BELEG	BKDF				
BELEG	BKPF				
BELEG	BSEC	X			
BELEG	BSED	X		XF05L	
BELEG	BSEG	X		XF05L	
BELEG	BSET	X		XF05L	

Abb. 4.10: Zuordnungen von Tabellen zum Änderungsbelegobjekt BELEG

Wenn Sie nach Aufruf der Tabelle **TCDOB** im Feld *Tabellennamen* die zu betrachtende Tabelle eintragen, können Sie sich umgekehrt mittels der Aufbereitung die zugeordneten Änderungsbelegobjekte anzeigen lassen.

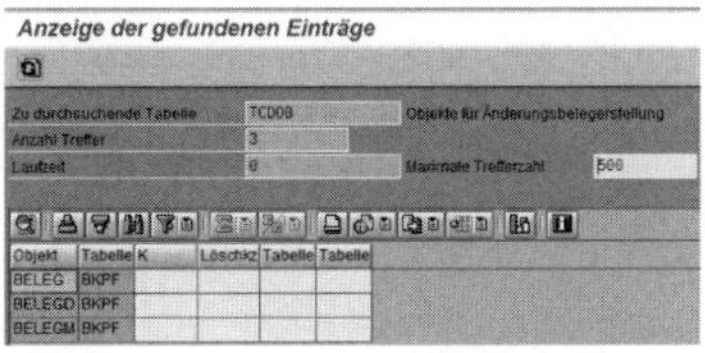

Objekt	Tabelle	K	Löschkz	Tabelle	Tabelle
BELEG	BKPF				
BELEGD	BKPF				
BELEGM	BKPF				

Abb. 4.11: Zuordnung von Änderungsbelegobjekten zur Tabelle BKPF

4.2.2 Technische Einstellung der Protokollierung

Bei der Tabellenprotokollierung werden grundsätzlich sämtliche Änderungen aller Felder einer Tabelle protokolliert.

Für die Änderungsbelege muss für jede Tabelle übergeben werden, für welche Felder Änderungen zu protokollieren sind.

In der Tabelle **BKPF**, in der die Belegkopfdaten von Buchhaltungsbelegen gespeichert werden, liegen Protokollierungseigenschaften für Felder wie *Buchungskreis*, *Geschäftsjahr* und *Belegart* vor. Diese

Eigenschaft ist für Felder wie z.B. *CPU Zeit* oder *Name des Erfassers* nicht vorgesehen. Welche Felder zu protokollieren sind, wird über die Transaktion **SE11** (Menüpfad *Werkzeuge - ABAP Workbench - Entwicklung - Dictionary*) festgelegt. Hier werden die einzelnen Felder der Tabellen angezeigt. Durch einen Doppelklick auf ein Feld in der Spalte Feldtyp werden die technischen Einstellungen des Datenelementes angezeigt. Hier findet sich die Eigenschaft *Änderungsbeleg*, über welche die Protokollierung des Feldes festgelegt wird.

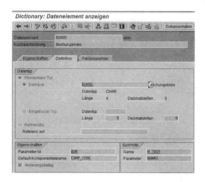

Abb. 4.12: Anzeige der Protokollierungseigenschaft eines Feldtyps

4.2.3 Auswertung von Änderungsbelegen über Tabellen

Die Änderungsbelege können direkt über die Tabellen ausgewertet werden, in denen sie gespeichert werden. Die zugehörigen Daten werden in zwei Tabellen gespeichert:

CDHDR (Änderungsbelegkopf)
- Name des Benutzers, der diese Änderungen vorgenommen hat
- Datum und Uhrzeit der Änderung
- Transaktion, über welche die Änderung vorgenommen wurde
- Nummer des Änderungsbeleges
- Änderungskennzeichen

CDPOS (Änderungsbelegpositionen)
- Name der Tabelle, die geändert wurde
- Name des Feldes, das geändert wurde
- Feldinhalt vor der Änderung
- Feldinhalt nach der Änderung

Die Auswertung mittels der obig benannten Tabellen bietet die Option, nach einzelnen Belegen zu suchen. Die Belegnummer ist Bestandteil des Feldes *Objektwert* (OBJECTID). In dieses Feld kann die Belegnummer eingetragen werden, jeweils mit einem Stern davor und dahinter. Diese Selektionsmöglichkeit steht über die Transaktion **SCDO** nicht zur Verfügung.

4.2.4 Auswertung von Änderungsbelegen über Reports

Die Auswertung der Änderungsbelege ist über folgende Reports möglich:
- **RSSCD100** Anzeige einer Übersicht über die Änderungsbelege (identisch mit Transaktion **SCDO**, *Beleg - Anzeige nach Nummern*)
- **RSSCD150** Anzeige der Details der Änderungsbelege (identisch mit Transaktion **SCDO**, *Beleg - Anzeige feldweise*)

4.2.5 Löschen von Änderungsbelegen

Änderungsbelege zu Buchhaltungsbelegen und Stammdaten unterliegen gem. § 257 HGB einer 10-jährigen Aufbewahrungspflicht. Sie repräsentieren innerhalb von R/3® Tabelleninhalte. Und somit dürfen diese Tabelleninhalte nur dann gelöscht werden, wenn sichergestellt ist, dass der Inhalt jederzeit wieder lesbar gemacht werden kann.

Änderungsbelege können mit dem Report **RSCDOK99** unwiederbringlich gelöscht werden.

Dies ist mit folgenden Berechtigungen möglich: Berechtigungsobjekt S_SCD0 mit Aktivität: 06 (Löschen)

> ❗ Diese Berechtigung sollte in einem Produktivmandanten ausschließlich einem Notfallbenutzer zugeordnet sein, der unter Einhaltung eines Vier-Augen-Prinzipes eingesetzt wird. Administratoren benötigen diese Berechtigung nicht für ihre Tätigkeiten. Ergänzend ist zu empfehlen, den Report **RSCDOK99** durch eine Berechtigungsgruppe zu schützen.

Diese Maßnahmen sind notwendig, um eine Einhaltung der gesetzlichen Anforderungen zu gewährleisten.

4.3 Prüfhinweise zur Aufbewahrungspflicht

Resultierend aus den gesetzlichen Anforderungen des § 257HGB müssen die Systemeinstellungen dahingehend adaptiert werden, dass eine Unterminierung ausgeschlossen ist.

Prüfschritte
1. Prüfen Sie, ob die generelle Protokollierung (Parameter *rec/client*) sowohl für den Mandanten 000 als auch für vorhandene Produktivmandanten aktiviert ist (Report **RSPFPAR** über Transaktion **SA38**).
2. Lassen Sie sich die Historie der generellen Protokollierung seit Produktivstart von der Administration aushändigen und ggfs. erläutern.
3. Überprüfen Sie die Anzahl der protokollierten Tabellen (Transaktion **SE16N** - Tabelle **DD09L** mit der Eigenschaft "= Protokoll").
4. Überprüfen Sie, ob selbstgestellte Tabellen der Protokollierung zugeführt wurden (Transaktion **SE16N** - Tabelle DD09L - Tabellennamen "Y*", "Z*", "T9*" und "P9*" - Eigenschaft Protokoll = "X").

5. Überprüfen Sie die Vorgaben zur Aufbewahrung von Änderungsbelegen.
6. Überprüfen Sie die Maßnahmen, die getroffen wurden, um ein Löschen von Änderungsbelegen auszuschließen (Berechtigungsprüfung mit dem Report **RSUSR002**, Abschnitt 16.30.4).

4.4 Checkliste Aufbewahrungspflicht

Nr.	Fragestellung	Ordnungsmäßigkeitsvorgabe
1	Wurde die generelle Protokollierung der Tabellen für die Produktivmandanten und den Mandanten 000 eingeschaltet (rec/client)?	Sollte aktiviert sein.
2	Werden rechnungslegungsrelevante Tabellen, die nicht über Änderungsbelege erfasst werden, protokolliert?	Alle rechnungslegungsrelevanten Tabellen sind zu protokollieren.
3	Welche Tabellen werden protokolliert?	Außer den o.a. sind auch die Tabellen zur Verfahrensdokumentation zu protokollieren.
4	Werden Tabellen protokolliert, die der Systemsicherheit dienen?	Sollten protokolliert werden.
5	Werden selbsterstellte Tabellen, die rechnungslegungsrelevant sind, protokolliert?	Selbsterstellte Tabellen sollten generell protokolliert werden.
6	Lassen Sie sich stichprobenartig Änderungsbelege anzeigen?	Es müssen Änderungsbelege im System existieren.
7	Existieren Vorgaben zur Aufbewahrung der Änderungsbelege, um den gesetzlichen Anforderungen nachzukommen?	Es müssen Vorgaben für die Aufbewahrungsfristen der Änderungsbelege existieren.

! Hinweis:

Tabellenprotokollierung : Nachweispflicht auf Grund nationaler Ordnungsmäßigkeitsgrundsätze, dazu **OSS-Hinweis: 1916**

Protokollierungspflichtige Tabellen **OSS-Hinweis: 112388**

Gemäß: SAP-Prüfleitfaden R/3 FI in deutsch 276 KB
http://www.sap.com/germany/aboutSAP/revis/pdf/plf-fi-d-30d.pdf

5 Kreditorenstammdaten

Geschäftsvorfälle werden auf Konten gebucht und über Konten verwaltet. Zu jedem Konto, das Sie benötigen, müssen Sie einen Stammsatz anlegen. Dieser enthält Informationen, die das Erfassen von Geschäftsvorfällen auf das Konto und das Verarbeiten der Daten steuern.

Im Einzelnen werden Ihre Angaben im Stammsatz vom System benutzt:
- als Vorschlagswerte beim Buchen auf das Konto.

Es werden zum Beispiel die Zahlungsbedingungen aus dem Stammsatz beim Buchen als Vorschlagswerte eingetragen:
- für die Verarbeitung der Geschäftsvorfälle.

Für die automatische Zahlung werden zum Beispiel Angaben über die möglichen Zahlwege (z.B. Scheck oder Überweisung) und über die Bankverbindungen benötigt:
- für die Arbeit mit dem Stammsatz.

Mit Hilfe von Berechtigungsgruppen schränken Sie zum Beispiel den Zugriff auf ein Konto ein.

Der Stammsatz enthält demnach die Daten, die den Buchungsvorgang und die Verarbeitung der Buchungsdaten steuern. Zusätzlich legen Sie alle Daten im Kreditorenstammsatz ab, die Sie für die Geschäftsverbindung zum Kreditor benötigen.

5.1 Aufbau der Stammdaten

Die Stammdaten untergliedern sich in drei wesentliche Bestandteile. Allgemeine Kreditorstammsatzdaten stehen, wie unten aufgeführt, innerhalb des gesamten Mandanten zur Verfügung. Man kann von jedem Buchungskreis aus auf diese Daten zugreifen. Des Weiteren gibt es noch einen buchungskreisspezifischen Stammsatzanteil, der ausschließlich für einen Buchungskreis angelegt wird und auch nur dort zur Verfügung steht. Und ebenso wie es für den Buchungskreis eine datenspezifische Zuordnung gibt, führt auch der Einkauf noch einen separaten Datenanteil.

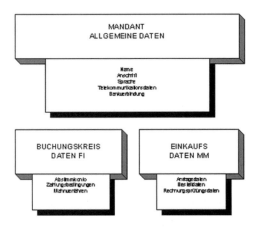

Abb. 5.01: Übersicht der Organisation von Kreditorstammsätzen

5.2 Die Quantifizierung der Datenanteile

Eine vorausgehende Quantifizierung der Stammsätze ist immer dann sinnvoll, wenn Ihnen diesbezüglich keine Daten bekannt sind. Diese Information erleichtert Ihnen auch den Einsatz der Selektionsmöglichkeiten in referenzierenden Reports.

Wenn Sie wissen möchten, wie viele Kreditorenstammsätze in Ihrem System geführt werden, rufen Sie via **Transaktion SA38** den Report **RFAUDI02** auf. Er liefert Ihnen die exakte Anzahl.

Abb. 5.02: Quantifizierung der Kreditorenstammsatzanteile

In Anlehnung an die Datenspeicherung eines Kreditorenstammsatzes werden die Einträge aus den referenzierenden Tabellen gezählt. Es handelt sich hierbei um die Tabellen **LFA1**, **LFB1** und **LFC1**.

In der Tabelle **LFA1** ist der allgemeine Datenanteil des Stammsatzes abgelegt, in der Tabelle **LFB1** der buchungskreisspezifische Datenanteil und in der Tabelle **LFC1** die Verkehrszahlen. Sofern Sie keine Berechtigung zum Ausführen des Reports **RFAUDI02** haben, können Sie alternativ über die Transaktion **SE16N** für die entsprechenden Tabellen die Einträge auszählen lassen mit der gleichnamigen Drucktaste.

Achten Sie beim Aufruf der Tabelle **LFB1** darauf, die jeweiligen Buchungskreise als Selektionskriterien mit anzugeben.

Neben der reinen Zählung der Datensätze gibt Ihnen dieser Report eine Auskunft über die durchgeführte Stammsatzanlage.

Es sollten regelhaft nicht mehr Einträge in der Tabelle **LFA1** als in der Tabelle **LFB1** sein.

Kreditorenstammdaten

Die eigentliche Ausprägung der Geschäftsbeziehung erfolgt in der Stammsatzanlage durch den buchungskreisspezifischen Datenanteil. Allgemeine Datenanteile ohne buchungskreisspezifische Datenanteile sind ein Indiz für überflüssige Datenhaltung.

5.3 Anzeige der Stammdaten

Es gibt zwei Möglichkeiten, die Stammsätze zur Anzeige zu bringen. Wählen Sie über die Baumstruktur den Menüpfad *Rechnungswesen - Finanzwesen - Kreditor - Stammdaten - Anzeigen*. Die Anwendung aktivieren Sie per Doppelklick.

Oder aber Sie wählen direkt die Transaktion **FK03**.

In der Einstiegsmaske tragen Sie ein, welchen Kreditor Sie mit welchen Datenanteilen betrachten möchten und betätigen zum Abschluss die Return-Taste.

Abb. 5.03: Einstiegsmaske zur Kreditorenanzeige

Wenn Sie nicht genau wissen, welche Nummer der von Ihnen gesuchte Kreditor hat, können Sie nach Betätigen der *Druckwertehilfetaste* auf die Matchcodesuchfunktion zurück greifen.

Abb. 5.04: Aufruf der Matchcodesuche

Dort haben Sie ja bekanntermaßen entsprechende Möglichkeiten der modifizierten Suche.

Ihr gewünschter Kreditor wird Ihnen eingeblendet.

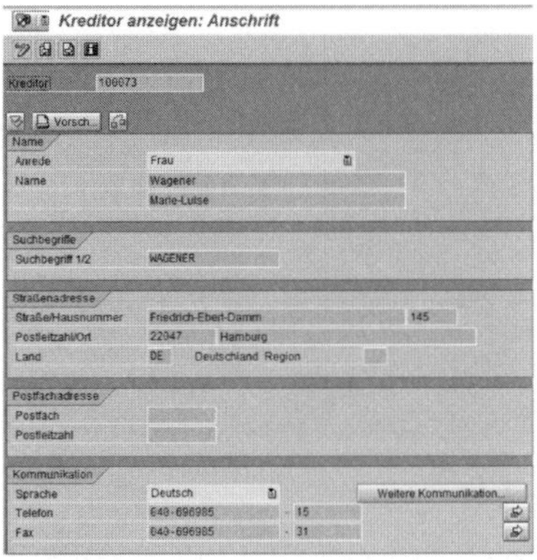

Abb. 5.05: Anzeige eines Kreditors

Angefangen mit den allgemeinen Daten können Sie sich mit den Blätterdrucktasten Seite für Seite durch den Datensatz navigieren .

Zur Anzeige der Verwaltungsdaten gelangen Sie über die Drucktaste .

Kreditorenstammdaten

Abb. 5.06: Verwaltungsdaten eines Kreditorenstammsatzes

Dieser Weg ist sinnvoll, wenn Sie sich nur einen Stammsatz anschauen möchten.

Wollen Sie hingegen das Kreditorenstammdatenverzeichnis prüfen, wählen Sie im R/3® Hauptmenü den Pfad *Rechnungswesen - Finanzwesen - Kreditoren - Infosystem - Berichte zur Kreditorenbuchhaltung - Stammdaten - Kreditorenverzeichnis.*

Abb. 5.07: Menüpfad zum Kreditorenverzeichnis

Mit einem Doppelklick auf die markierte Anwendung gelangen Sie in die nachstehende Selektionsmaske.

Kreditorenstammdaten

Abb. 5.08: Selektionsmaske des Kreditorenverzeichnisses

Nehmen Sie Ihre Auswahl vor, und betätigen Sie die Drucktaste
oder die Funktionstaste *F8*.

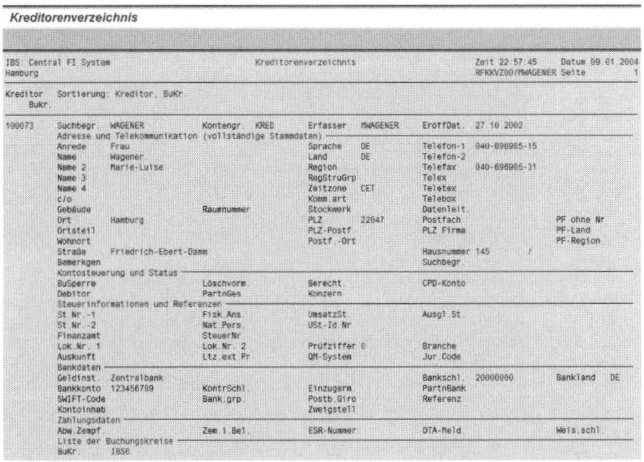

Abb. 5.09: Anzeige der selektierten Kreditorenkonten

Aufsteigend sortiert wird Ihnen das Kreditorenverzeichnis dargestellt mit den entsprechenden Datensätzen.

Diese Anwendung können Sie auch über die Transaktion **SA38** erreichen. Als Programmnamen tragen Sie bitte **RFKKVZ00** ein, die Ausführung nach Eingabe der Selektionskriterien erreichen Sie mit der Taste *F8* oder *Ausführen*.

5.4 Stammdatenänderungen Kreditoren

Gerade im Kreditorenbereich besteht ein großes Interesse daran einen Überblick über die durchgeführten Stammdatenänderungen zu erhalten. Können doch gerade über die Änderungen von Bankverbindungen dolose Aktivitäten entwickelt werden.

Mit der Transaktion **FK04** können Sie sich einzelne Stammsatzänderungen anschauen. Eine sehr effiziente und prüfungskonforme Übersicht erreichen Sie über die Transaktion **SA38**.

Tragen Sie den Report **RFKABL00** ein.

Abb. 5.10: Report zur Anzeige von Änderungsbelegen für Kreditorenstammsätze

HINWEIS: Das Eintragen eines Kreditorennummernbereiches ist obligat!

Bringen Sie die gewünschte Selektion über *F8* zur Ausführung.

Eine detaillierte Übersicht der durchgeführten Änderungen wird Ihnen in einer exportfähigen Liste ausgegeben.

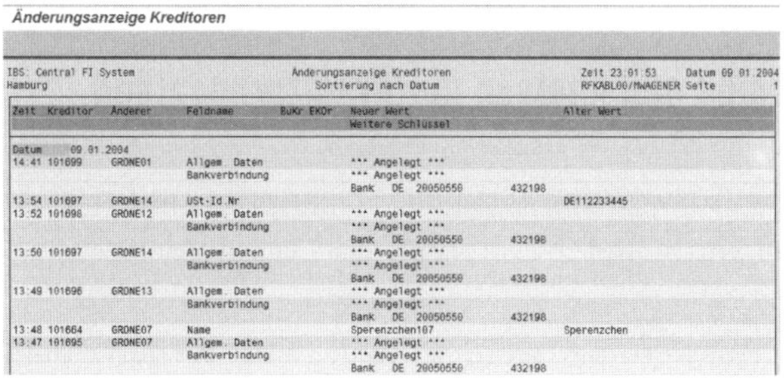
Änderungsanzeige Kreditoren

IBS: Central FI System — Änderungsanzeige Kreditoren — Zeit 23:01:53 Datum 09.01.2004
Hamburg — Sortierung nach Datum — RFKABL00/MWAGENER Seite 1

Zeit	Kreditor	Änderer	Feldname	BuKr	EKOr	Neuer Wert / Weitere Schlüssel	Alter Wert
Datum 09.01.2004							
14:41	101699	GRONE01	Allgem. Daten			*** Angelegt ***	
			Bankverbindung			*** Angelegt ***	
						Bank DE 20050550 432198	
13:54	101697	GRONE14	USt-Id.Nr				DE112233445
13:52	101698	GRONE12	Allgem. Daten			*** Angelegt ***	
			Bankverbindung			*** Angelegt ***	
						Bank DE 20050550 432198	
13:50	101697	GRONE14	Allgem. Daten			*** Angelegt ***	
			Bankverbindung			*** Angelegt ***	
						Bank DE 20050550 432198	
13:49	101696	GRONE13	Allgem. Daten			*** Angelegt ***	
			Bankverbindung			*** Angelegt ***	
						Bank DE 20050550 432198	
13:48	101664	GRONE07	Name			Sperenzchen107	Sperenzchen
13:47	101695	GRONE07	Allgem. Daten			*** Angelegt ***	
			Bankverbindung			*** Angelegt ***	
						Bank DE 20050550 432198	

Abb. 5.11: Liste von Kreditorenstammsatzänderungsbelegen

5.5 Dolose Aktivitäten

Zum Aufspüren doloser Aktivitäten können Sie sich Änderungen von Bankdaten (Debitoren und Kreditoren) mit Protokoll und Schnittstelle zu den Stammdaten mittels des Reports **RFPNSL00** anzeigen lassen, den Sie über die Transaktion **SA38** aufrufen (beachten Sie bitte die Hinweise der zugehörigen Information).

Die Eintragung von Kontonummernabgrenzungen ist obligat.

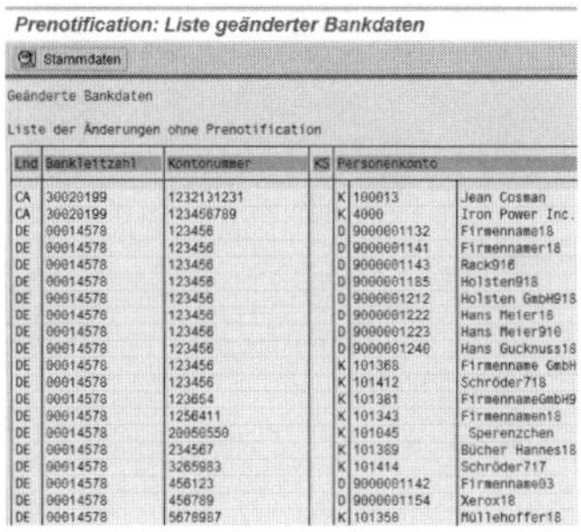
Prenotification: Liste geänderter Bankdaten

Stammdaten

Geänderte Bankdaten

Liste der Änderungen ohne Prenotification

Lnd	Bankleitzahl	Kontonummer	KS	Personenkonto		
CA	30020199	1232131231		K	100013	Jean Cosman
CA	30020199	123456789		K	4000	Iron Power Inc.
DE	00014578	123456		D	9000001132	Firmenname18
DE	00014578	123456		D	9000001141	Firmennamer18
DE	00014578	123456		D	9000001143	Rack916
DE	00014578	123456		D	9000001185	Holsten918
DE	00014578	123456		D	9000001212	Holsten GmbH918
DE	00014578	123456		D	9000001222	Hans Meier18
DE	00014578	123456		D	9000001223	Hans Meier910
DE	00014578	123456		D	9000001240	Hans Gucknuss18
DE	00014578	123456		K	101368	Firmenname GmbH
DE	00014578	123456		K	101412	Schröder718
DE	00014578	123654		K	101381	FirmennameGmbH9
DE	00014578	1256411		K	101343	Firmennamen18
DE	00014578	20050550		K	101045	Sperenzchen
DE	00014578	234567		K	101369	Bücher Hannes18
DE	00014578	3265983		K	101414	Schröder717
DE	00014578	456123		D	9000001142	Firmenname03
DE	00014578	456789		D	9000001154	Xerox18
DE	00014578	5678987		K	101358	Müllehoffer18

Abb. 5.12: Liste geänderter Bankdaten in Stammsätzen

Diese Liste können Sie mit den anonymisierten Mitarbeiterbankverbindungen abgleichen. Dies gilt natürlich nur für Mitarbeiter, die nicht als Kreditoren im System geführt werden.

5.6 Anzeige und Analyse der Kreditorensalden

Unter einer Auswertung wird ein selektierter und nach vorgegebenen Regeln verdichteter Datenbestand verstanden.

Für jede Auswertung werden in einem Generierungslauf den Datenbanken die relevanten Informationen entnommen und entweder als Übersichtsliste oder als Rangliste in einer Tabelle abgelegt. Bei der späteren Anzeige wird nur noch auf diese Tabelle zugegriffen.

Entweder rufen Sie die **Transaktion F.42** auf oder wählen im Menü den Weg *Infosystem - Rechnungswesen - Finanzwesen - Kreditoren - Saldenliste*.

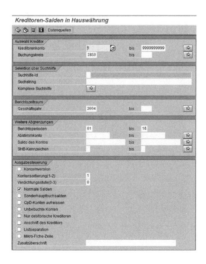

Abb. 5.13: Kreditoren Saldenliste

Neben den üblichen Einträgen möchte ich Ihr Augenmerk auf nachstehende Option lenken ☐ CpD-Konten aufreissen . Nur wenn Sie dort Ihr Auswahlhäkchen setzen, werden Ihnen auch explizit die Salden der Einmalkunden aufgelistet.

Die Liste, die Sie mit der Taste *F8* erhalten, sieht aus wie folgt:

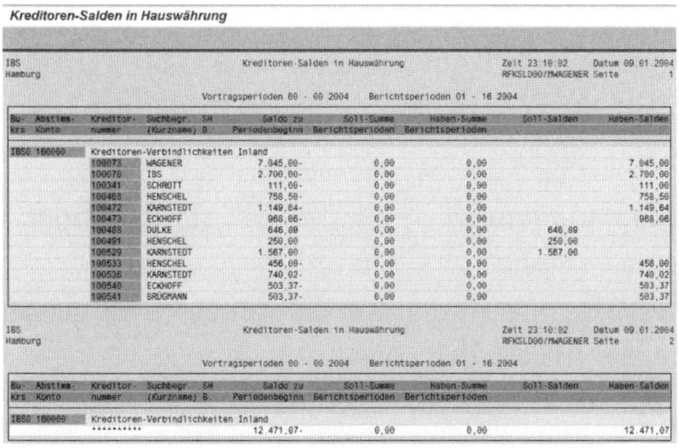

Kreditoren-Salden in Hauswährung

IBS — Kreditoren-Salden in Hauswährung — Zeit 23:10:02 Datum 09.01.2004
Hamburg — RFKSLD00/MWAGENER Seite 1

Vortragsperioden 00 - 00 2004 Berichtsperioden 01 - 16 2004

Bu-Krs	Abstimm-Konto	Kreditor-nummer	Suchbegr. (Kurzname)	SH B.	Saldo zu Periodenbeginn	Soll-Summe Berichtsperioden	Haben-Summe Berichtsperioden	Soll-Salden	Haben-Salden
IBS0	160000	Kreditoren-Verbindlichkeiten Inland							
		100073	WAGENER		7.045,00-	0,00	0,00		7.045,00
		100078	IBS		2.700,00-	0,00	0,00		2.700,00
		100341	SCHROTT		111,00-	0,00	0,00		111,00
		100468	HENSCHEL		758,50-	0,00	0,00		758,50
		100472	KARNSTEDT		1.149,64-	0,00	0,00		1.149,64
		100473	ECKHOFF		968,06-	0,00	0,00		968,06
		100488	DULKE		646,89	0,00	0,00	646,89	
		100491	HENSCHEL		250,00	0,00	0,00	250,00	
		100529	KARNSTEDT		1.567,00	0,00	0,00	1.567,00	
		100533	HENSCHEL		456,00-	0,00	0,00		456,00
		100536	KARNSTEDT		740,02-	0,00	0,00		740,02
		100540	ECKHOFF		503,37-	0,00	0,00		503,37
		100541	BRÜGMANN		503,37-	0,00	0,00		503,37

IBS — Kreditoren-Salden in Hauswährung — Zeit 23:10:02 Datum 09.01.2004
Hamburg — RFKSLD00/MWAGENER Seite 2

Vortragsperioden 00 - 00 2004 Berichtsperioden 01 - 16 2004

Bu-Krs	Abstimm-Konto	Kreditor-nummer	Suchbegr. (Kurzname)	SH B.	Saldo zu Periodenbeginn	Soll-Summe Berichtsperioden	Haben-Summe Berichtsperioden	Soll-Salden	Haben-Salden
IBS0	160000	Kreditoren-Verbindlichkeiten Inland							
		**********			12.471,07-	0,00	0,00		12.471,07

Abb. 5.14: Ergebnis Saldenliste

Die CpD Kunden werden immer ans Ende der Liste gesetzt.

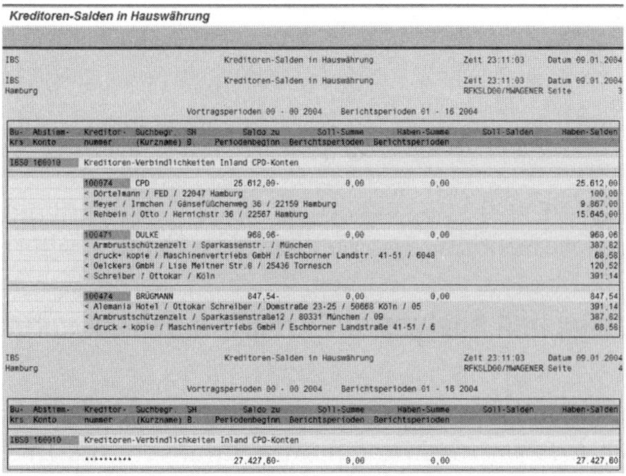

Kreditoren-Salden in Hauswährung

IBS — Kreditoren-Salden in Hauswährung — Zeit 23:11:03 Datum 09.01.2004

IBS — Kreditoren-Salden in Hauswährung — Zeit 23:11:03 Datum 09.01.2004
Hamburg — RFKSLD00/MWAGENER Seite 3

Vortragsperioden 00 - 00 2004 Berichtsperioden 01 - 16 2004

Bu-Krs	Abstimm-Konto	Kreditor-nummer	Suchbegr. (Kurzname)	SH B.	Saldo zu Periodenbeginn	Soll-Summe Berichtsperioden	Haben-Summe Berichtsperioden	Soll-Salden	Haben-Salden
IBS0	160010	Kreditoren-Verbindlichkeiten Inland CPD-Konten							
		100074	CPD		25.612,00-	0,00	0,00		25.612,00
		< Dörtelmann / FED / 22047 Hamburg							100,00
		< Meyer / Irmchen / Gänsefüßchenweg 36 / 22159 Hamburg							9.867,00
		< Rehbein / Otto / Hernichstr 36 / 22567 Hamburg							15.645,00
		100471	DULKE		968,06-	0,00	0,00		968,06
		< Armbrustschützenzelt / Sparkassenstr. / München							387,82
		< druck+ kopie / Maschinenvertriebs GmbH / Eschborner Landstr. 41-51 / 6048							68,58
		< Oelckers GmbH / Lise Meitner Str.8 / 25436 Tornesch							120,52
		< Schreiber / Ottokar / Köln							391,14
		100474	BRÜGMANN		847,54-	0,00	0,00		847,54
		< Alemania Hotel / Ottokar Schreiber / Domstraße 23-25 / 50668 Köln / 05							391,14
		< Armbrustschützenzelt / Sparkassenstraße12 / 80331 München / 09							387,82
		< druck + kopie / Maschinenvertriebs GmbH / Eschborner Landstraße 41-51 / 6							68,58

IBS — Kreditoren-Salden in Hauswährung — Zeit 23:11:03 Datum 09.01.2004
Hamburg — RFKSLD00/MWAGENER Seite 4

Vortragsperioden 00 - 00 2004 Berichtsperioden 01 - 16 2004

Bu-Krs	Abstimm-Konto	Kreditor-nummer	Suchbegr. (Kurzname)	SH B.	Saldo zu Periodenbeginn	Soll-Summe Berichtsperioden	Haben-Summe Berichtsperioden	Soll-Salden	Haben-Salden
IBS0	160010	Kreditoren-Verbindlichkeiten Inland CPD-Konten							
		**********			27.427,60-	0,00	0,00		27.427,60

Abb. 5.15: CpD Aufriss

Kreditorenstammdaten

Dasselbe gilt für die Aufsummierungen.

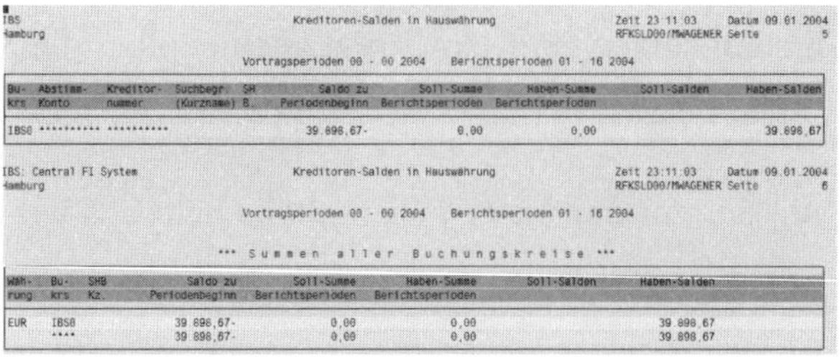

Abb. 5.16: Aufsummierungen

Diese Anwendung entspricht dem Report **RFKSLD00**.

Ein weiterer Weg, um zu den Kreditorensalden zu gelangen, ist im Menübaum wie folgt angelegt:

Abb. 5.17: Menüpfad zur Kreditoren Salden Auswertung

Hier können Sie sich Umsätze, Kontostände und weiteres anzeigen lassen. Jeder Anwendung ist eine Selektion vorgeschaltet.

5.7 Anzeige und Analyse der Kreditoreneinzelposten

Direkt im Menübaum unter den Kreditorensalden finden Sie das Verzeichnis *Kreditoren Posten*, mit Anwendungen, die Ihnen diverse Auswertungsmöglichkeiten an die Hand geben.

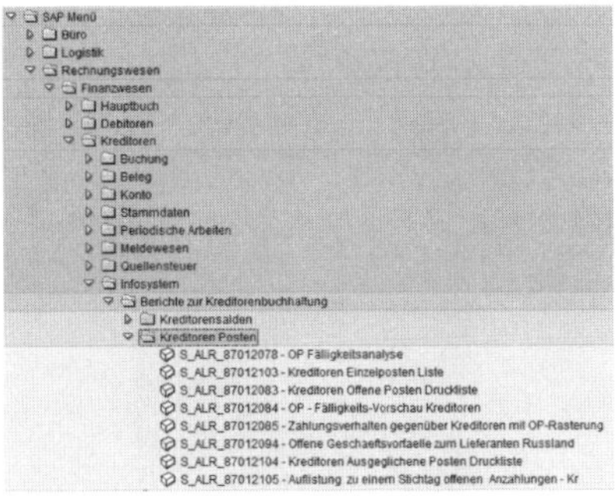

Abb. 5.18: Menüpfad zur Auswertung der Kreditoren Einzelposten

Für einige Auswertungen werden Übersichtslisten nach Gruppierungskriterien (z.B. Land, Buchungskreis, Konzernschlüssel) erstellt.

Entsprechend dem Gruppierungskriterium werden die Daten bei den Auswertungen verdichtet. Mit Hilfe der Gruppierungskriterien bestimmen Sie den Aufriss, der erzeugt wird.

Bei der *OP Fälligkeitsanalyse* handelt es sich um eine integrierte Recherche:

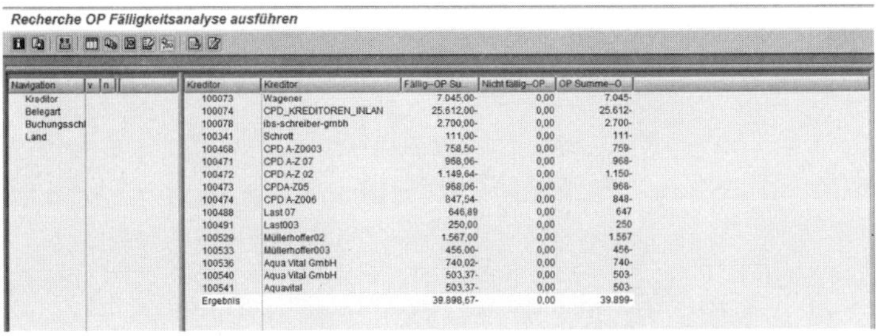

Kreditor	Kreditor	Fällig--OP Su	Nicht fällig--OP	OP Summe--O
100073	Wagener	7.045,00-	0,00	7.045-
100074	CPD_KREDITOREN_INLAN	25.612,00-	0,00	25.612-
100078	ibs-schreiber-gmbh	2.700,00-	0,00	2.700-
100341	Schrott	111,00-	0,00	111-
100468	CPD A-Z0003	758,50-	0,00	759-
100471	CPD A-Z 07	968,06-	0,00	968-
100472	CPD A-Z 02	1.149,64-	0,00	1.150-
100473	CPDA-Z05	968,06-	0,00	968-
100474	CPD A-Z006	847,54-	0,00	848-
100488	Last 07	646,89	0,00	647
100491	Last003	250,00	0,00	250
100529	Müllerhoffer02	1.567,00	0,00	1.567
100533	Müllerhoffer003	456,00-	0,00	456-
100536	Aqua Vital GmbH	740,02-	0,00	740-
100540	Aqua Vital GmbH	503,37-	0,00	503-
100541	Aquavital	503,37-	0,00	503-
Ergebnis		39.898,67-	0,00	39.899-

Abb. 5.19: Anzeige der Kreditoren OP Fälligkeitsanalyse

Über die gleichnamige Drucktaste haben Sie die Möglichkeit, eine ABC-Analyse aufbereiten zu lassen:

Abb. 5.20: Selektion der Analysekategorisierung

Abb. 5.21: Definition der Segmentgrößen

Die Segmentgrößen können als Vorschlagswerte überschrieben werden.

Abb. 5.22: Grafische Datenaufbereitung

Fast alle Anwendungen haben ihre Entsprechung in einem Report.

Anwendung	Report
Kreditoren Informationssystem	RFKRRANZ
Kreditoren Salden in Hauswährung	RFKSLD00
Kreditoren Umsätze	RFKUML00
Kreditoren Offene Posten	RFKOPO00
OP Fälligkeitsvorschau Kreditoren	RFKOFW00
Zahlungsverhalten gegenüber Kreditoren mit OP Rasterung	RFKOPR00
Kreditoren Einzelposten Liste	RFKEPL00
Kreditoren Ausgeglichene Posten	RFKAPO00
Saldenanzeige Kreditoren	RFAPBALANCE

5.8 CpD-Kreditoren

Für Kreditoren, die Ihre Unternehmung nur einmal oder selten beliefern, können Sie einen speziellen Kreditorenstammsatz anlegen, den Stammsatz für CpD-Konten.

Im Gegensatz zur Anlage herkömmlicher Stammsätze werden im Stammsatz für CpD-Konten keine kundenspezifischen Daten gespeichert, da das Konto für mehrere Kunden benutzt wird.

Es handelt sich um ein Sammelkonto (CpD = Conto pro Diverse).

Die kundenspezifischen Angaben, wie etwa die Anschrift oder die Bankverbindung, geben Sie direkt bei der Belegerfassung ein.

Beim Buchen auf ein CpD-Konto verzweigt das System automatisch auf eine Stammdatenmaske. Dort erfolgt die Eingabe der kundenspezifischen Daten, wie Name, Adresse, Bankverbindung usw. Diese Eingaben werden gesondert innerhalb des Belegs gespeichert und in einer eigenen Tabelle abgelegt.

Die Stammsatzbearbeitung eines CpD-Kontos erfolgt analog zur üblichen Stammsatzbearbeitung. Offene Posten können genauso mit dem Mahnprogramm gemahnt und Zahlungen unter Einbindung des Zahlprogramms angewiesen werden.

Eine Einschränkung besteht dahingehend, dass Sie zum Beispiel keine Verrechnung mit einem Debitorenkonto vornehmen können.

Die Kreditorenstammsätze werden mit eigenen Kontengruppen angelegt, bei Aufruf dieser Kontengruppe werden die kreditorenspezifischen Felder in der Regel gar nicht erst mit eingeblendet.

Häufig werden für den CpD-Kontenbereich andere Abstimmkonten angelegt als für den regulären Stammsatzbereich. Des Weiteren kann auch hier noch eine zusätzliche Differenzierung angelegt sein hinsichtlich Verbindlichkeiten Inland oder Ausland. Bei der Prüfung gilt es, diese Aspekte zu berücksichtigen.

5.8.1 Anzeige eines CpD Kreditors

Die Anzeige erfolgt bezüglich des Procederes wie bereits bei der regulären Stammsatzanzeige beschrieben. Die Informationen, die Sie in diesem Stammsatz finden, enthalten jedoch keine kreditorenspezifischen Anteile, sondern lediglich Informationen zur Kontosteuerung.

Abb. 5.23: Einstiegsmaske der Transaktion FK03

Abb. 5.24: Anzeige eines CpD Kreditorenstammsatzes

Navigieren Sie über die integrierten Blättertasten durch den Stammsatz wie in Abschnitt 5.3 beschrieben.

5.8.2 Anzeige aller Kreditoren CpD Konten

Eine Anzeige aller CpD-Kreditoren-Konten erhalten Sie über den Aufruf des Kreditorenverzeichnisses (Transaktion **SA38** - Report **RFKKVZ00**). Dort wählen Sie bitte im CpD-Feld die Option nur CpD-Konten aus.

Abb. 5.25: Selektion nach CpD-Konten

Nach Betätigung der Drucktaste *Ausführen - F8* erhalten Sie nachstehende Übersicht:

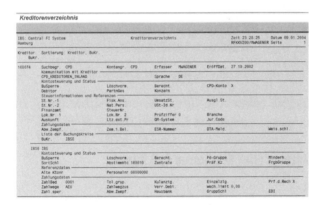

Abb. 5.26: CpD Kontenverzeichnis

Je nach den von Ihnen ausgewählten Abgrenzungen werden Zusatzinformationen mit gelistet.

5.8.3 Anzeige kreditorenspezifischer Daten

Die Anzeige der kreditorenspezifischen Daten erhalten Sie über die Beleganzeige. Rufen Sie die Beleganzeige über die Transaktion **FB03** auf.

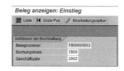

Abb. 5.27: Einstiegsmaske Beleganzeige

Sollte Ihnen die Nummer bekannt sein, tragen Sie diese in das Belegnummernfeld und drücken die Entertaste.

Wenn Ihnen die Belegnummer nicht bekannt ist, wählen Sie die Drucktaste . Tragen Sie dort in die Auswahlmaske Ihre Selektionskriterien ein.

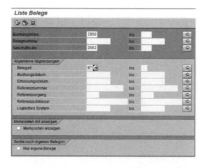

Abb. 5.28: Selektionsmaske zur Belegauswahl

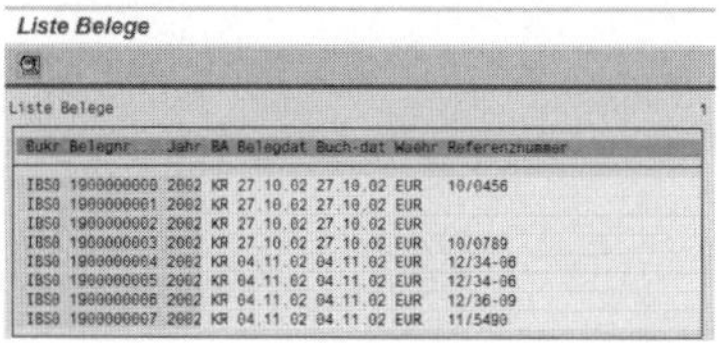

Abb. 5.29: Belegliste

Wählen Sie einen Beleg aus der Liste, und machen Sie einen Doppelklick auf die zugehörige Zeile.

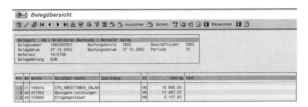

Abb. 5.30: Belegübersicht

Das vorrangige Problem liegt wohl darin, dass Sie der Ausgabe der Belegliste nicht entnehmen können, bei welchem Beleg es sich um einen CpD-Beleg handelt. Frühestens in der Belegübersicht können Sie über die Identifikation der beteiligten Konten einen derartigen Rückschluss ziehen.

In der Belegübersicht machen Sie einen Doppelklick auf die Kreditorenzeile, um zur integrierten Anzeige der spezifischen Datenanteile zu gelangen.

Abb. 5.31: CpD - Kreditorenspezifischer Datenanteil

Ihnen werden die kreditorenspezifischen Daten angezeigt, zum einen die Adressdaten und zum anderen die Bankdaten.

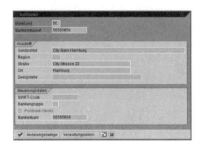

Abb. 5.32: Anzeige der Bankdaten über die gleichnamige Drucktaste

Weiterführende Analysen zu CpD-Konten werden im Kapitel 7 beschrieben.

5.9 Debitorische Kreditoren

Debitoren- und Kreditorenstammsätze können in der Finanzbuchhaltung miteinander vernetzt werden.

Eine Übersicht der debitorischen Kreditoren erhalten Sie wie folgt:

Rufen Sie über die Transaktion **SE16N** die Tabelle **KLPA** auf. Tragen Sie im Feld "Partnerrolle" den Wert **KD** ein (Partnerrollentyp aus der Tabelle **FTYP**).

Es werden die Datensätze selektiert, bei denen in der Tabelle **LFA1** (Allgemeiner Datenanteil Debitoren) ein Eintrag im Feld "Debitor" vorgenommen wurde.

Kreditorenstammdaten

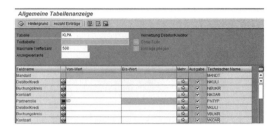

Abb. 5.33: Selektion debitorische Kreditoren

Sie erhalten eine Liste der debitorischen Kreditoren.

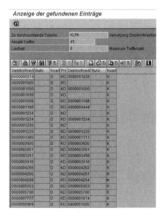

Abb. 5.34: Anzeige debitorischer Kreditoren

Alternativ haben Sie selbstverständlich die Möglichkeit, über die Transaktion **SE16N** eine ähnliche Abfrage vorzunehmen, indem Sie über das Feld *Debitor* "ungleich leer" abfragen.

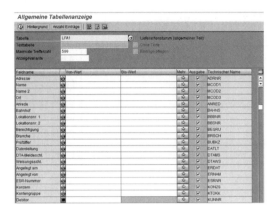

Abb. 5.35: Selektion debitorischer Kreditoren über die Transaktion SE16N

Letztere Abfrage ist auf Grund des erheblich größeren Datenvolumens jedoch wesentlich aufwendiger in der Aufbereitung.

5.10 Eine Monitoringsystematik für den praktischen Einsatz:

Report / Tabelle	Zyklus	Analysen
Kreditorenverzeichnis (RFKKVZ00)	Monatlich	Doublettensuche, Bankverbindung Doublettensuche, phonetisch etc.
Kreditoreneinzelposten (RFKEPL00)	Wöchentlich	Debitorische Kreditoren Zahlungshäufungen Betragshäufungen Häufungen nach Benfords-Law (s. Kapitel 14) CpD-Konten Häufungen Beträge außerhalb von Grenzwerten" Besondere" Belegarten etc.
Tabelle Belegköpfe BKPF Kreditoren Belegarten	Täglich	Häufungen nach Erfassern "außergewöhnliche" Erfassungszeiten etc.

5.11 Reports zu Kreditoren

Name	Bezeichnung	Prüfeinsatz
RFKABL00	Änderungsanzeige Kreditoren	Überwachung auf dolose Aktivitäten
RFKANZ00	Auflistung zu einem Stichtag offene Anzahlungen - Kreditoren	Überwachung der Verbindlichkeiten
RFKAPO00	Kreditoren Ausgeglichene Posten Liste	Überwachung der Verbindlichkeiten und Kreditorengeschäftsfälle
RFKCON00	Kritische Kreditorenänderungen anzeigen/bestätigen	Überwachung aus dolose Aktivitäten

Name	Bezeichnung	Prüfeinsatz
RFKEPL00	Kreditoren Einzelposten Liste	Verbindlichkeits- und Kreditorenanalyse
RFKFXN20	Auslandszahlung Kreditoren SWIFT-Protokoll	Kreditorenanalyse - Auslandsgeschäfte
RFKKAG00	Stammdatenabgleich Kreditoren	Überprüfung der Stammsatzanlage auf Vollständigkeit
RFKKVZ00	Kreditorenverzeichnis	Kreditorenübersicht - und Analyse, ergänzende Selektionsmölichkeit der CpD-Konten, Doublettensuche
RFKOFW00	OP - Fälligkeits-Vorschau Kreditoren	Überwachung der Verbindlichkeiten
RFKOPO00	Kreditoren Offene Posten Liste	Überwachung der Verbindlichkeiten
RFKOPR00	Zahlungsverhalten gegenüber Kreditoren mit OP-Rasterung	Überwachung der Verbindlichkeiten
RFKORS10	Kreditor: Serienbriefe	Überwachung der Kreditorenkorrespondenz
RFKQST60	Quellensteuermeldung an den Kreditor	Kreditorenanalyse
RFKRRANZ	Kreditoren-Informationssystem	Überwachung der Verbindlichkeiten und Kreditorenanalyse
RFKRRGEN	Auswertungen für Kreditoren-Informationssystem erstellen	Überwachung der Verbindlichkeiten und Kreditorenanalyse
RFKRRSEL	Auswertungen für Kreditoren-Informationssystem erstellen	Überwachung der Verbindlichkeiten und Kreditorenanalyse
RFKSLD00	Kreditoren-Salden in Hauswährung	Überwachung der Verbindlichkeiten und Kreditorenanalyse
RFKUML00	Kreditoren-Umsätze	Überwachung der Verbindlichkeiten und Kreditorenanalyse
RFKUZI00	Überfälligkeitsverzinsung	Überwachung der Verbindlichkeiten und Kreditorenanalyse
RFKZIS00	Zinsstaffel-Kreditoren	Überwachung der Verbindlichkeiten und Kreditorenanalyse

5.12 Prüfhinweise zu Kreditorenstammdaten

Bei der Prüfung der Kreditorstammdaten geht es zum einen um die Vollständigkeit der erfassten Datenanteile und zum anderen um das Vermeiden der Anlage redundanter Stammsätze.

Unvollständige Stammsatzhaltung führt zu einer unnötigen Belastung des Systems. Das Vorhalten von Doubletten erschwert eine adäquate Kreditorenanalyse und die Nachvollziehbarkeit des Buchungsstoffes.

Ergänzend ist auch der wirksame Schutz vor dolosen Aktivitäten zu überprüfen, um Ihre Unternehmung vor einem wirtschaftlichen Schaden zu bewahren.

Prüfschritte
1. Prüfen Sie, ob es eine Verfahrensanweisung und einen Prozessablaufplan zur Anlage von Kreditorenstammdaten gibt. Lassen Sie sich zugehörige Dokumentationen aushändigen und ggf. erläutern.
2. Nehmen Sie eine Quantifizierung der Kreditorenstammsatz-Datenanteile vor, und gleichen Sie die allgemeinen Datenanteile mit den buchungskreisspezifischen Datenanteilen ab (**RFAUDI02** mit Transaktion **SA38**).
3. Prüfen Sie auf vorhandene Doubletten über die Merkmalsfindung z.B. mit Hilfe des Kreditorenverzeichnisses (**RFKKVZ00**), das Sie einer Auswertung in assoziierte Analyseprogramme übergeben können.
4. Prüfen Sie die Änderungsbelege zu den Bankverbindungen der Kreditorstammdaten, evtl. unter Einbeziehung eines Abgleichs mit den Bankverbindungen der Mitarbeiter (Report **RFPNSL00** über Transaktion **SA38**).
5. Überprüfen Sie, ob es Verfahrensanweisungen zur Einrichtung und Bebuchung von CpD-Kreditorenkonten gibt. Lassen Sie sich diese aushändigen und ggfs. erläutern.

6. Prüfen Sie die eingerichteten Dokumentationen und Maßnahmen des Internen Kontrollsystems.

5.13 Checkliste Kreditorenstammdaten

Nr	Frage	Ordnungsmäßigkeitsvorgabe
1	Gibt es eine Verfahrensanweisung zur Anlage von Kreditorenstammsätzen?	Es sollte eine Verfahrensanweisung geben.
2	Wird regelmäßig auf die Konsistenz der Datenanteile von Stammsätzen verprobt?	Die Verprobung der Datenanteile von Stammsätzen sollte regelmäßig erfolgen.
3	Wird regelmäßig auf Änderungen von Bankdaten in den Stammsätzen verprobt?	Die Verprobung auf Änderungen von Bankdaten in den Stammsätzen sollte regelmäßig erfolgen.
4	Werden Änderungen an Bankdaten regelmäßig mit den Personaldaten abgeglichen?	Änderungen an Bankdaten sollten regelmäßig mit den Personaldaten abgeglichen werden.
5	Gibt es eine Verfahrensanweisung zum Einsatz der CpD-Konten?	Es sollte eine Verfahrensanweisung zum Einsatz von CpD-Konten geben.
6	Gibt es ein IKS zur CpD-Kontenverwaltung?	Es sollte IKS Richtlinien zur CpD-Kontenverwaltung geben.
7	Wird regelmäßig auf die Einhaltung der IKS Richtlinien zu CpD-Konten verprobt?	Es sollte regelmäßig auf die Einhaltung der IKS Richtlinien zu CpD-Konten verprobt werden.

6 Debitorenstammdaten

Der Aufbau des Debitorenstammsatzes ist identisch mit dem Aufbau des Kreditorenstammsatzes, lediglich die Maskenführung variiert.

6.1 Aufbau der Stammdaten

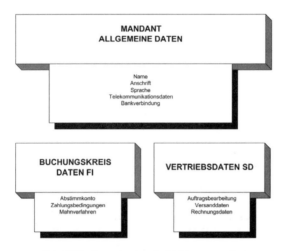

Abb. 6.01: Organisation der Debitorstammdaten

Wie Sie dieser Skizze entnehmen können, ist die Organisation der Stammsätze für den Debitorenstammsatz dem Kreditorenstammsatz sehr ähnlich.

Unterschiedlich sind die Schnittstellen.

Während im Kreditorenstammsatz eine Datenintegration zum Einkauf Anwendung finden kann, ist die Schnittstelle für den Debitorenbereich der Vertrieb.

6.2 Die Quantifizierung der Datenanteile

Für die Quantifizierung der debitorspezifischen Stammsatzanteile rufen Sie via Transaktion **SA38** den Report **RFAUDI01** auf.

Er liefert Ihnen die exakte Anzahl.

Abb. 6.02: Quantifizierung der Debitoren Stammsatz Anteile

In Anlehnung an die Datenspeicherung eines Debitorenstammsatzes werden die Einträge aus den referenzierenden Tabellen gezählt. Es handelt sich hierbei um die Tabellen **KNA1**, **KNB1** und **KNC1**.

In der Tabelle **KNA1** ist der allgemeine Datenanteil des Stammsatzes abgelegt, in der Tabelle **KNB1** der buchungskreisspezifische Datenanteil und in der Tabelle **KNC1** die Verkehrszahlen.

Sofern Sie keine Berechtigung zum Ausführen des Reports **RFAUDI01** haben, können Sie alternativ über die Transaktion **SE16N** für die entsprechenden Tabellen die Einträge auszählen lassen über die gleichnamige Drucktaste.

Beachten Sie beim Aufruf der Tabelle **KNB1** die jeweiligen Buchungskreise als Selektionskriterien mit anzugeben.

Neben der reinen Zählung der Datensätze gibt Ihnen dieser Report eine Auskunft über die durchgeführte Stammsatzanlage.

Es sollten regelhaft nicht mehr Einträge in der Tabelle **KNA1** als in der Tabelle **KNB1** sein.

Die eigentliche Ausprägung der Geschäftsbeziehung erfolgt in der Stammsatzanlage durch den buchungskreisspezifischen Datenanteil. Allgemeine Datenanteile ohne buchungskreisspezifische Datenanteile sind ein Indiz für überflüssige Datenhaltung.

6.3 Anzeige der Stammdaten

Es stehen Ihnen ebenfalls zwei Möglichkeiten zur Verfügung, die Stammsätze zur Anzeige zu bringen.

Entweder Sie wählen über die Baumstruktur den Menüpfad *Rechnungswesen - Finanzwesen - Debitoren - Stammdaten - Anzeigen*:

Abb. 6.03: Menüpfad zur Debitorenstammsatzanzeige

Oder Sie rufen via Transaktion **FD03** direkt die Einstiegsanzeigemaske auf:

Abb. 6.04: Einstiegsmaske Debitoren Stammsatzanzeige

Obwohl das Verfahrensprinzip identisch zur Kreditorenanzeige ist, treffen Sie auf eine etwas andere optische Aufmachung.

Sie haben in der Einstiegsmaske die Möglichkeit:
- direkte Eingabe der Debitorenkontonummer und Bestätigung mit Return.
- Drücken der *Druckwertehilfetaste* und über die umfangreiche Matchcodesuche den gewünschten Debitor ausmachen.

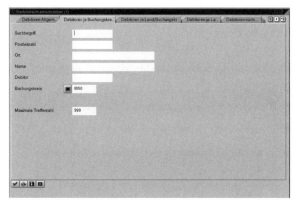

Abb. 6.05: Matchcodesuche Debitorenstammsätze

Ihnen stehen diverse Suchoptionen zur Verfügung, die Sie über das Symbol aufrufen können:

Abb. 6.06: Übersicht der Matchcodesuchoptionen

Treffen Sie Ihre Auswahl, und nutzen Sie die dazugehörigen Suchoptionen. Bei der Matchcodesuche wird nach einem Prinzip der

Übereinstimmungen verfahren.

- Oder Sie drücken die Taste ▣ und geben in der Suchmaske nach Adressattributen Ihre Selektion ein:

Abb. 6.07: Debitoren Stammsatzsuche über Adressattribute

Ihren Eintrag bestätigen Sie mit der Returntaste oder ▣ .

Übereinstimmend wird Ihnen das Suchergebnis in einer speziellen Maske ausgegeben:

Abb. 6.08: Suchergebnis

Machen Sie einen Doppelklick auf die gewünschte Zeile oder markieren Sie diese und drücken die grüne Häkchen-Taste. Der Eintrag wird in die Einstiegsmaske übernommen, und dort drücken Sie abschließend die Entertaste.

Die Anzeige ist auf Registerkartenbasis gestaltet:

Debitorenstammdaten

Abb. 6.09: Anzeige eines Debitorenstammsatzes

In Anlehnung an die Organisationsstruktur haben Sie erst die Anzeige der Allgemeinen Daten mit den Registerkarten:
- Adresse
- Steuerungsdaten
- Zahlungsverkehr

In der Drucktastenleiste haben Sie die Taste Buchungskreisdaten , die Ihnen einen direkten Übergang zu den benannten Daten bietet.

Hier haben Sie die Registerkarten:
- Kontoführung
- Zahlungsverkehr
- Korrespondenz
- Versicherung

Durch Anklicken der Kartenreiter gelangen Sie in die zugehörigen Datenansichtsfelder.

145

Sofern eine Schnittstelle zum Vertrieb aktiv ist, bietet Ihnen die Drucktaste [Vertriebsbereichsdaten] einen direkten Übergang dorthin, so wie Sie es eben am Beispiel der Buchungskreisdaten nachvollzogen haben.

Möchten Sie sich mehr als nur einen Stammsatz anschauen, haben Sie die Möglichkeit, das Debitorenverzeichnis aufzurufen. Wählen Sie den Menüpfad *Finanzwesen - Rechnungswesen - Debitoren - Infosystem - Berichte zur Debitorenbuchhaltung - Stammdaten - Debitorenverzeichnis*.

Abb. 6.10: Menüpfad zum Debitorenverzeichnis

Die Einstiegsmaske ist gleich der Kreditorenverzeichnismaske:

Abb. 6.11: Selektionsmaske Debitorenverzeichnis (RFDKVZ00)

Auch diese Anwendung können Sie über die Transaktion **SA38** aufrufen, tragen Sie den Reportnamen **RFDKVZ00** ein.

6.4 Stammdatenänderungen Debitoren

Natürlich haben Sie die Möglichkeit, sich mittels der Transaktion **FD04** für ausgewählte Debitoren Änderungen anzeigen zu lassen.

Wesentlich komfortabler für die Prüfung gestaltet sich jedoch der Report **RFDABL00**. Dieser Report gibt Ihnen eine Komplettanzeige - in Anlehnung an die selektierten Bedingungen - aller durchgeführten Stammsatzänderungen.

Die Eintragung eines Kontos ist obligat.

Abb. 6.12: Report zur Änderungsanzeige von Debitorstammsätzen (RFDABL00)

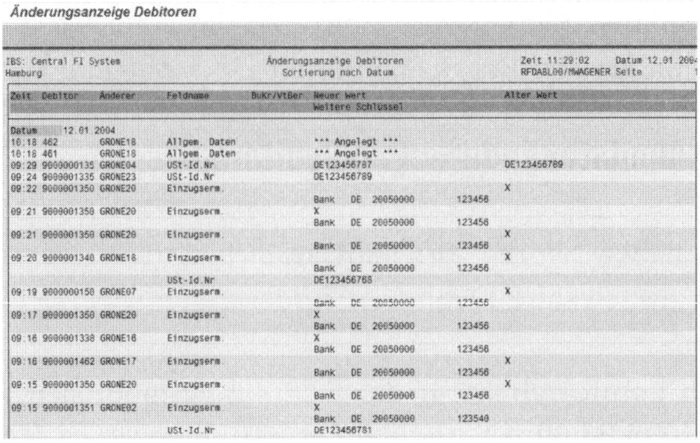

Debitorenstammdaten

Abb. 6.13: Anzeige der Debitorenänderungen

6.5 Dolose Aktivitäten

Zum Aufspüren doloser Aktivitäten können Sie sich Änderungen von Bankdaten (Debitoren und Kreditoren) mit Protokoll und Schnittstelle zu den Stammdaten mittels des Reports **RFPNSL00** anzeigen lassen, den Sie über die Transaktion **SA38** aufrufen (beachten Sie bitte die Hinweise der zugehörigen Information).

Abb. 6.14: Selektionsmaske für die Änderung von Bankdaten

Die Eintragung von Kontonummern zur Abgrenzung ist obligat.

Debitorenstammdaten

Abb. 6.15: Anzeige geänderter Bankverbindungen

! Diese Liste können Sie gegen die Mitarbeiterbankverbindungen abgleichen. Dies gilt natürlich nur für Mitarbeiter, die nicht als Debitoren im System geführt werden.

6.6 Anzeige und Analyse der Debitorensalden

Entweder beschreiben Sie den Menüpfad *Infosysteme - Rechnungswesen - Finanzwesen - Debitoren - Saldenliste*

oder rufen direkt die Transaktion **F.23** auf.

Nehmen Sie in der Selektionsmaske Ihre Einträge vor und starten dann die Ausführung.

149

Debitorenstammdaten

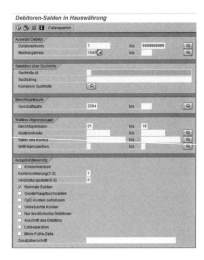

Abb. 6.17: Selektionsmaske der Debitoren Saldenliste

Die Listausgabe sieht aus wie folgt:

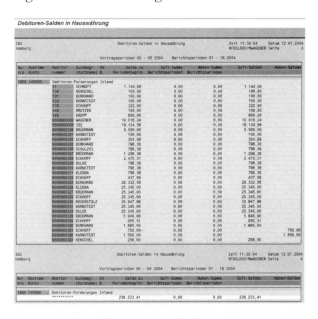

Abb. 6.18: Anzeige der Debitoren Salden

Weitere Auswertungen zu den Debitoren finden Sie im Menübaum im Pfad *Infosysteme - Rechnungswesen - Finanzwesen - Debitoren - Berichte zur Debitorenbuchhaltung - Debitorensalden*:

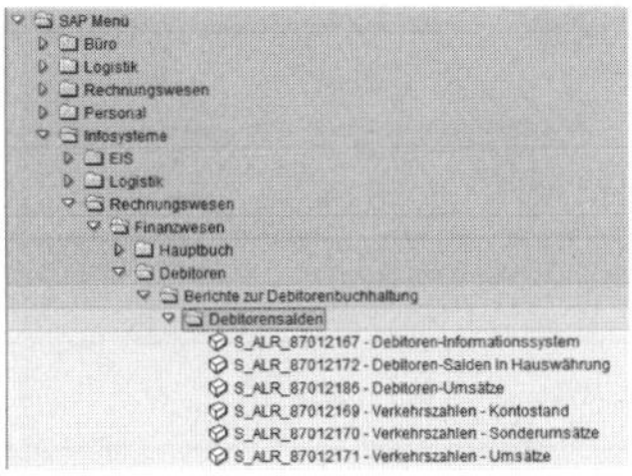

Abb. 6.19: Menüpfad zu Debitorensalden Auswertungen

6.7 Anzeige und Analyse der Debitoreneinzelposten

In der Baumstruktur finden Sie die Auswertungsmöglichkeit für Debitorenposten über den Menüpfad *Infosysteme - Rechnungswesen - Finanzwesen - Debitoren - Berichte zur Debitorenbuchhaltung - Debitoren Posten*:

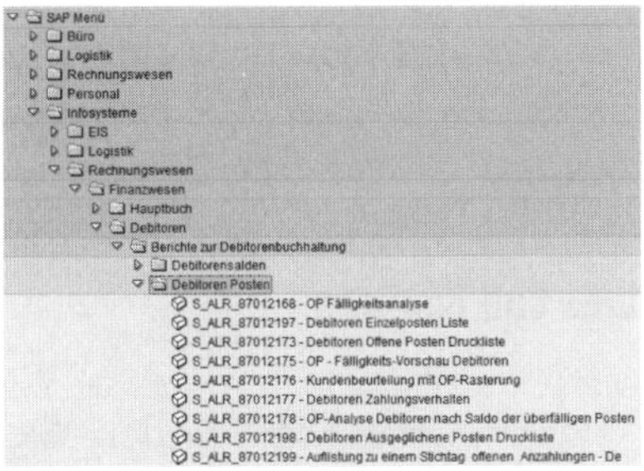

Abb. 6.20: Menüpfad zur Auswertung von Debitoren Posten

Fast alle diese Anwendungen haben ebenfalls ihre Entsprechung in einem Report.

Anwendung	Report
Debitoren Informationssystem	RFDRRANZ
Debitoren Salden in Hauswährung	RFDSLD00
Debitoren Umsätze	RFDUML00
Debitoren Offene Posten	RFDOPO00
OP Fälligkeitsvorschau Debitoren	RFDOFW00
Kundenbeurteilung mit OP Rasterung	RFDOPR00
Debitoren Einzelposten Liste	RFDEPL00
Debitoren Ausgeglichene Posten	RFDAPO00
Saldenanzeige Debitoren	RFARBALANCE

6.8 CpD-Debitoren

Analog zur Erläuterung CpD-Kreditoren gelten die grundsätzlichen Anwendungsregelmäßigkeiten für die CpD-Debitoren.

Es handelt sich ebenfalls um Sammelkonten für den Einmalkundenbereich, und die kundenspezifische Erfassung erfolgt bei der Geschäftsfallbearbeitung.

6.8.1 Anzeige eines CpD Debitors

In der regulären Stammsatzanzeige finden Sie lediglich wieder Steuerungsinformationen hinterlegt.

Rufen Sie über die Transaktion **FD03** die Debitorenanzeigemaske auf, und wählen Sie ein CpD Konto aus, indem Sie in der Matchcodesuche die referenzierende Kontengruppe abfragen.

Debitorenstammdaten

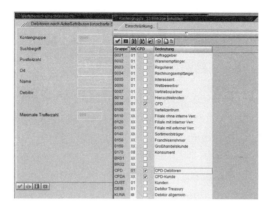

Abb. 6.21: Selektion nach CpD Konten in der Matchcodesuche

Wählen Sie aus der Trefferliste das zu betrachtende CpD Debitorenkonto aus.

Die Anzeigemaske ist regulär deutlich im Umfang verringert:

Abb. 6.22: CpD Kontenanzeige

HINWEIS:
Bei dem Bildaufbau handelt es sich um eine Customizingaktivität. Über diese Aktivitäten können Sie den Bildaufbau definieren.

Die Allgemeinen Daten geben lediglich die CpD Konten Namensbezeichnung und eine Länderkennung wieder, neben dem gängigen Suchbegriff.

Die Buchungskreisdaten geben Ihnen einen Überblick über die allgemeinen Kontosteuerungsinformationen hinsichtlich Abstimmkonten und Zuordnungen:

Die Maskensteuerung ist, im Unterschied zur Kreditorenanzeige, im Registerkartenstil umgesetzt.

Eine Übersicht über alle CpD Konten erhalten Sie über das Debitorenverzeichnis. Wählen Sie den Menüpfad *Infosysteme - Rechnungswesen - Finanzwesen - Debitoren - Berichte zur Debitorenbuchhaltung - Stammdaten - Debitorenverzeichnis*.

Abb. 6.23: Menüpfad zum Debitorenverzeichnis

Starten Sie die Anwendung via Doppelklick.

In der Einstiegsmaske wählen Sie bitte unter den Allgemeinen Abgrenzungen aus:

Debitorenstammdaten

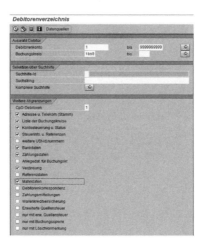

Abb. 6.24: Selektionsmaske Debitorenverzeichnis

Positionieren Sie den Cursor im Feld CpD-Debitoren und betätigen Sie die *Druckwertehilfetaste*. In der nachstehenden Liste wählen Sie den ersten Eintrag per Doppelklick und in den weiteren Abgrenzungen die Einträge, die Sie sich anzeigen lassen möchten.

Abb. 6.25: Selektion nach CpD Debitoren

Danach bringen Sie die Anwendung zur Ausführung, z.B. mit der Funktionstaste *F8*.

155

Debitorenstammdaten

Abb. 6.26: Übersicht der CpD Debitorenkonten

Nun haben Sie, entsprechend der vorgenommenen Auswahl, eine Übersicht über die gewünschten Daten.

Diese Anwendung basiert auf dem Report **RFDKVZ00**.

6.8.2 Anzeige debitorenspezifischer Daten

Die Beleganzeige ist auch hier das Instrument, sich die kundenspezifischen Daten anzeigen zu lassen.

Über die Transaktion **FB03** gelangen Sie in die bereits bekannte Einstiegsmaske.

Abb. 6.27: Einstiegsmaske der Transaktion zur Beleganzeige (FB03)

Betätigen Sie die Drucktaste *Liste*, sofern Sie keine Kenntnis zu einem CpD Debitorengeschäftsfall haben.

In der folgenden Selektionsmaske nehmen Sie Ihre Einträge vor:

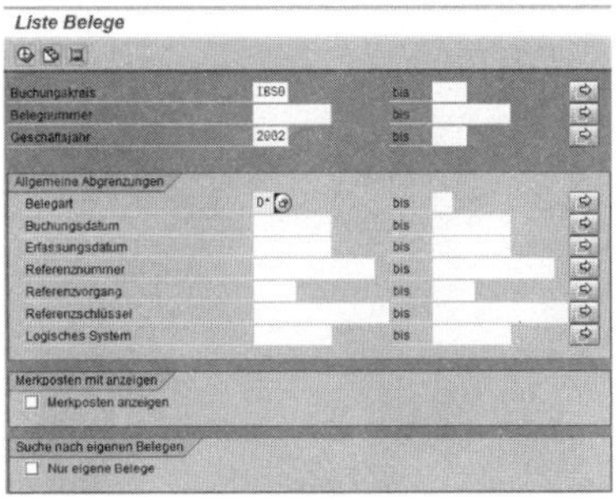

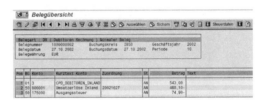

Abb. 6.28: Selektionsmaske zur Belegsuche

Unter Zuhilfenahme der Schreibkonvention *D** werden Ihnen alle Debitorenbelege angezeigt.

Wählen Sie aus der Liste einen entsprechenden Eintrag per Doppelklick aus, und klicken Sie in der Belegübersicht doppelt auf die Debitorenkontenzeile:

Abb. 6.29: Belegübersicht

Die kundenspezifischen Daten zu diesem Geschäftsfall werden Ihnen angezeigt:

Debitorenstammdaten

Abb. 6.30: Kundenspezifischer Datenanteil eines CpD Geschäftsfalles

Ebenso erhalten Sie eine Ansicht der geführten Bankverbindung :

Abb. 6.31: Ansicht der CpD Bankdaten

6.9 Kreditorische Debitoren

Debitoren- und Kreditorenstammsätze können in der Finanzbuchhaltung miteinander vernetzt werden.

Eine Übersicht der kreditorischen Debitoren erhalten Sie wie folgt:

Rufen Sie über die Transaktion **SE16N** die Tabelle **KLPA** auf. Tragen Sie im Feld "Partnerrolle" den Wert **DK** (Partnerrollentyp aus der Tabelle **FTYP**) ein.

Es werden die Datensätze selektiert, bei denen in der Tabelle **KNA1** (Allgemeiner Datenanteil Debitoren) ein Eintrag im Feld "Kreditor" vorgenommen wurde.

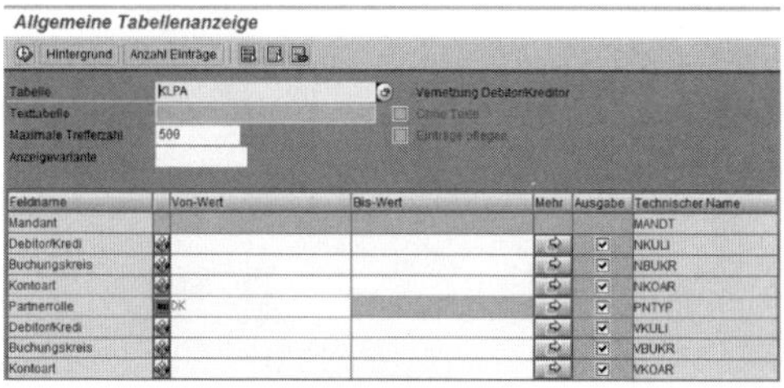

Abb. 6.32: Selektion nach kreditorischen Debitoren über die Tabelle KLPA

Sie erhalten eine Liste der kreditorischen Debitoren.

Abb. 6.33: Liste kreditorischer Debitoren

Alternativ haben Sie selbstverständlich die Möglichkeit, über die Transaktion **SE16N** eine ähnliche Abfrage vorzunehmen, indem Sie über das Feld *Lieferant* "ungleich leer" abfragen.

Abb. 6.34: Selektion kreditorischer Debitoren über die Tabelle SE16N

Letztere Abfrage ist auf Grund des erheblich größeren Datenvolumens jedoch wesentlich aufwendiger in der Aufbereitung als die Übersicht aus der Abfrage zur Tabelle **KLPA**.

6.10 Reports zu Debitoren

Name	Bezeichnung	Prüfeinsatz
RFDABL00	Änderungsanzeige Debitoren	Überwachung auf dolose Aktivitäten
RFDANZ00	Auflistung zu einem Stichtag offenen Anzahlungen - Debitoren	Überwachung der Forderungen und Debitorenanalyse
RFDAPO00	Debitoren Ausgeglichene Posten Liste	Überwachung der Forderungen und Debitorenanalyse
RFDCON00	Kritische Debitorenänderungen anzeigen/bestätigen	Überwachung auf dolose Aktivitäten
RFDEPL00	Debitoren Einzelposten Liste	Überwachung der Forderungen und Debitorenanalyse

Name	Bezeichnung	Prüfeinsatz
RFDFILZE	Kreditmanagement: Abstimmreport Filialie/Zentrale	Überwachung der Forderungen und Debitorenanalyse
RFDKAG00	Stammdatenabgleich Debitoren	Überprüfung der Stammsatzanlage auf Vollständigkeit
RFDKLI10	Debitoren mit fehlenden Kreditdaten	Überprüfung der Stammsatzanlage auf Vollständigkeit
RFDKLI20	Neuaufbau des Kreditlimits für Debitoren (nur Testlauf!)	Überprüfung der Kreditmanagementpflege
RFDKLI30	Kurzübersicht Kreditlimit	Debitorenanalyse - Überwachung des unternehmenseigenen Kreditmanagements
RFDKLI40	Kreditübersicht	Debitorenanalyse - Überwachung des unternehmenseigenen Kreditmanagements
RFDKLI41	Kreditstammblatt	Debitorenanalyse - Überwachung des unternehmenseigenen Kreditmanagements
RFDKLI42	Kreditmanagement: Frühwarnliste	Debitorenanalyse - Überwachung des unternehmenseigenen Kreditmanagements
RFDKLI43	Kreditmanagement: Stammdatenliste	Debitorenanalyse - Überwachung des unternehmenseigenen Kreditmanagements
RFDKLI50	Massenänderung Kreditlimitdaten	Debitorenanalyse - Überwachung des unternehmenseigenen Kreditmanagements
RFDKLIAB	Änderungsanzeige Kreditmanagement	Debitorenanalyse - Überwachung des unternehmenseigenen Kreditmanagements

Debitorenstammdaten

Name	Bezeichnung	Prüfeinsatz
RFDKVZ00	Debitorenverzeichnis	Debitorenübersicht - und Analyse, ergänzende Selektionsmöglichkeit der CpD-Konten, Doublettensuche
RFDOFW00	OP-Fälligkeits-Vorschau Debitoren	Überwachung der Forderungen, Debitorenanalyse
RFDOPO00	Debitoren Offene Posten Liste	Überwachung der Forderungen, Debitorenanalyse
RFDOPO10	Debitoren Offene Posten Liste	Überwachung der Forderungen, Debitorenanalyse
RFDOPR00	Kundenbeurteilung mit OP-Rasterung	Überwachung der Forderungen, Debitorenanalyse
RFDOPR10	OP-Analyse Debitoren nach Saldo der überfälligen Posten	Überwachung der Forderungen, Debitorenanalyse
RFDOPR20	Debitoren Zahlungsverhalten	Überwachung der Forderungen, Debitorenanalyse
RFDRRANZ	Debitoren-Informationssystem	Überwachung der Forderungen, Debitorenanalyse
RFDRRGEN	Auswertungen für Debitoren-Informationssystem erstellen	Überwachung der Forderungen, Debitorenanalyse
RFDRRSEL	Auswertungen für Debitoren-Informationssystem erstellen	Überwachung der Forderungen, Debitorenanalyse
RFDSLD00	Debitoren-Salden in Hauswährung	Überwachung der Forderungen, Debitorenanalyse

Name	Bezeichnung	Prüfeinsatz
RFDUML00	Debitoren-Umsätze	Überwachung der Forderungen, Debitorenanalyse
RFDUZI00	Überfälligkeits-verzinsung	Überwachung der Forderungen, Debitorenanalyse
RFDZIS00	Zinsstaffel Debitoren	Überwachung der Forderungen, Debitorenanalyse

6.11 Prüfhinweise zu Debitorstammdaten

Bei der Prüfung der Debitorstammdaten geht es zum einen um die Vollständigkeit der erfassten Datenanteile und zum anderen um das Vermeiden der Anlage redundanter Stammsätze.

Unvollständige Stammsatzhaltung führt zu einer unnötigen Belastung des Systems. Das Vorhalten von Doubletten erschwert eine adäquate Debitorenanalyse und die Nachvollziehbarkeit des Buchungsstoffes.

Ergänzend ist auch der wirksame Schutz vor dolosen Aktivitäten zu überprüfen, um Ihre Unternehmung vor einem wirtschaftlichen Schaden zu bewahren.

Prüfschritte:
1. Prüfen Sie, ob es eine Verfahrensanweisung und einen Prozessablaufplan zur Anlage von Debitorenstammdaten gibt. Lassen Sie sich zugehörige Dokumentationen aushändigen und ggf. erläutern.
2. Nehmen Sie eine Quantifizierung der Debitorenstammsatz-Datenanteile vor, und gleichen Sie die allgemeinen Datenanteile mit den buchungskreisspezifischen Datenanteilen ab (**RFAUDI01** über Transaktion **SA38**).
3. Prüfen Sie auf vorhandene Doubletten über die Merkmalsfindung z.B. mit Hilfe des Debitorenverzeichnisses (**RFDKVZ00**),

das Sie einer Auswertung in assoziierte Analyseprogramme übergeben können.
4. Prüfen Sie die Änderungsbelege zu den Bankverbindungen der Debitorenstammdaten, evtl. unter Einbeziehung eines Abgleichs mit den Bankverbindungen der Mitarbeiter (**RFPNSL00** über Transaktion **SA38**) .
5. Überprüfen Sie, ob es Verfahrensanweisungen zur Einrichtung und Bebuchung von CpD Debitorenkonten gibt. Lassen Sie sich diese aushändigen und ggf. erläutern.
6. Prüfen Sie die eingerichteten Dokumentationen und Maßnahmen des Internen Kontrollsystems.

6.12 Checkliste Debitorstammdaten

Nr.	Frage	Ordnungsmäßigkeitsvorgabe
1	Gibt es eine Verfahrensanweisung zur Anlage von Debitorstammsätzen	Es sollte eine Verfahrensanweisung geben
2	Wir regelmäßig auf die Konsistenz der Datenanteile von Stammsätzen verprobt?	Die Verprobung der Datenanteile von Stammsätzen sollte regelmäßig erfolgen.
3	Wir regelmäßig auf Änderungen von Bankdaten in den Stammsätzen verprobt?	Die Verprobung auf Änderungen von Bankdaten in den Stammsätzen sollte regelmäßig erfolgen.
4	Werden Änderungen an Bankdaten regelmäßig mit den Personaldaten abgeglichen?	Änderungen an Bankdaten sollten regelmäßig mit den Personaldaten abgeglichen werden.
5	Gibt es eine Verfahrensanweisung zum Einsatz der CpD Konten?	Es sollte eine Verfahrensanweisung zum Einsatz von CpD Konten geben
6	Gibt es ein IKS zu CpD Kontenverwaltung?	Es sollte IKS Richtlinien zur CpD Kontenverwaltung geben.
7	Wird regelmäßig auf die Einhaltung der IKS-Richtlinien zu CpD Konten verprobt?	Es sollte regelmäßig auf die Einhaltung der IKS-Richtlinien zu CpD Konten verprobt werden.

7 Das CpD - Prüfprocedere

In den vorangegangen Abschnitten haben Sie die regulären Ablageauswertungen der kunden- oder lieferantenspezifischen Datenanteile eruiert. In diesem Abschnitt möchte ich Ihnen für dieses wichtige Themengebiet einen Ablaufplan zur Analyse der CpD Geschäftsfälle aufzeigen.

Diese Prozedur greift sowohl für den Debitoren (zum Beispiel Auszahlung von Gutschriften) als auch für den Kreditorenbereich - wobei wir den Hauptfokus, resultierend aus dem Geschäftsfallaufkommen, auf die CpD Kreditoren richten.

7.1 Auflistung aller CpD Konten

Zuerst verschaffen Sie sich einen Überblick über sämtliche vorhandene CpD-Konten. Dafür haben Sie zwei mögliche Verfahren.

1. Wählen Sie die Transaktion **SA38** und führen den Report **RFKKVZ00** (Kreditorenverzeichnis) aus.

Das Pendant bei den Debitoren ist der **RFDKVZ00** (Debitorenverzeichnis). In der Selektionsmaske wählen Sie "nur CpD Kreditoren" Kontenanzeige aus:

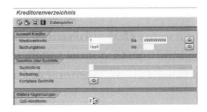

Abb. 7.01: Selektion nach CpD Kreditoren Konten

Das CpD - Prüfprocedere

So erhalten Sie eine Auflistung aller CpD Konten Ihres Unternehmens.

2. Rufen Sie die Transaktion **F.1A** auf.

Nehmen Sie folgende Einträge in der Selektionsmaske vor:

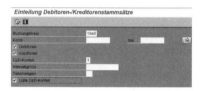

Abb. 7.02: Selektion sämtlicher CpD Konten des Buchungskreises IBS0

Lassen Sie die Daten aufbereiten. Sie erhalten die Quantifizierung sowie die Einzelkontenbezeichnungen.

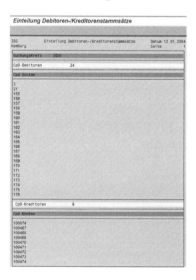

Abb. 7.03: Liste sämtlicher CpD Konten eines Buchungskreises

7.2 Kontoanalyse

Im nächsten Schritt betrachten Sie die Salden der entsprechenden Konten.

Tragen Sie jedes einzelne Konto in die Transaktion **FK10N** (für Kreditoren) und Transaktion **FD11** (für Debitoren) ein.

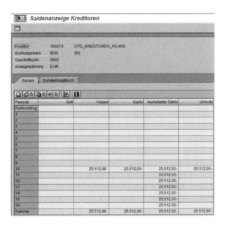

Abb. 7.04: Saldenanzeige eines CpD Kreditorenkontos

Über Doppelklick auf einen Zeileneintrag können Sie in die nachfolgenden Detailansichten verzweigen.

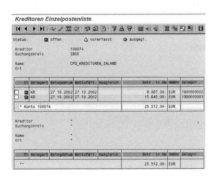

Abb. 7.05: Detailansicht

167

Das CpD - Prüfprocedere

Per Doppelklick auf einen Beleg können Sie in die kunden- oder lieferantenspezifischen Datenanteile verzweigen.

Abb. 7.06: Lieferantenspezifischer Datenanteil

Primär ist von Interesse, welche Summen und welche Einzelbeträge über diese Konten abgewickelt werden. Sämtliche Geschäftsfälle finden Sie hinsichtlich der Betragsabwicklung wie in Abb. 7.05 abgebildet.

Auf diesem Wege können Sie prüfen, ob Richtlinien hinsichtlich der Betragshöhe im Rahmen des IKS eingehalten werden.

! Für CpD-Geschäftsfälle sollte es ein Buchungsbetragslimit im IKS geben, das jedem Sachbearbeiter der Finanzbuchhaltung verbindlich bekannt ist.

CpD bedeutet per definitione *Sammelkonto für Einmalkunden*. Im nächsten Prüfschritt sehen Sie, ob es sich bei den Geschäftsfällen tatsächlich um Einmalkunden handelt.

7.3 Quantifizierung des kunden- oder lieferantenspezifischen Datenanteils

Über die belegweise Betrachtung der besagten Datenanteile ist eine Transparenz nur mit maximalem Aufwand zu erreichen.

Für diesen Fall können Sie sich die Datenablage in den beteiligten Tabellen zu Nutze machen.

Rufen Sie die Transaktion **SE16N** auf, und tragen Sie dort die Tabelle **BSEC** ein. Hierbei handelt es sich um die Tabelle, in der die Belegsegmentdaten von CpD Geschäftsfällen abgelegt werden, also auch die personifizierten Datenanteile. Vorerfasste CpD Geschäftsfälle erreichen Sie über die Tabelle **VBSEC**.

Selektieren Sie den Datenbestand zumindest nach Buchungskreisen und Geschäftsjahren.

Abb. 7.07: Selektionsmaske der Tabelle BSEC

Sortieren Sie die Tabelle nach Namen - nun können Sie sehen, ob es sich bei diesen Geschäftsfällen tatsächlich um Einmalkunden handelt.

Abb. 7.08: Einträge der BSEC nach Namen sortiert

Beachten Sie bitte, dass für jede referenzierende Buchungszeile eines Beleges ein Eintrag geführt wird.

In der Regel finden Sie dort Namenseinträge mehrfach redundant vor. Dies ist darauf zurückzuführen, dass buchende Sachbearbeiter keine reguläre Abfrage danach vornehmen können, ob der personifizierte Datenanteil bereits über ein CpD-Konto erfasst wurde.

Damit nun ein IKS hinsichtlich nachvollziehbarer Geschäftsfälle greift, ist es zu empfehlen, die Hauptregulation über die Betragshöhe vorzunehmen.

Ergänzend sollten die Einträge der **BSEC** regelmäßig verprobt werden. Für redundant geführte Datensätze ist dann ein regulärer Stammsatz anzulegen.

7.4 Prüfen auf dolose Aktivitäten

Durch die Ablage personifizierter Daten im Beleg, ist es ungleich schwerer dolose Aktivitäten im CpD Bereich aufzuspüren als über eine reguläre Stammsatz-Kontenanalyse. Mittels der bereits benannten Tabelle **BSEC** haben Sie jedoch erleichterten Zugriff zur Aufdeckung.

Rufen Sie die **BSEC** abermals über die Transaktion **SE16N** auf. Nun lassen Sie sich die kompletten Bankverbindungsdaten zur Anzeige bringen.

Aus der Personalabteilung lassen Sie sich die Bankverbindungsdaten Ihrer Mitarbeiter ausgeben. Dies kann ohne jegliche Personenkennung erfolgen.

Prüfen Sie, ob in der Abbildung der CpD Geschäftsfälle unzulässigerweise Bankverbindungen von Mitarbeitern gelistet sind.

Das CpD - Prüfprocedere

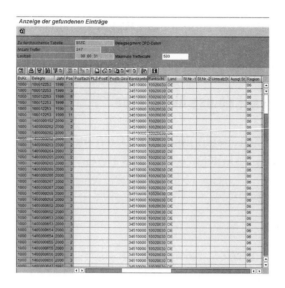

Abb. 7.09: Ausweisung der Bankverbindungen

Des Weiteren prüfen Sie auf phonetische Namensähnlichkeiten der CpD Namen, Betragswiederholungen, ungewöhnliche Buchungszeiten (Wochenende usw.), Erfasserhäufungen.

7.5 Empfehlungen für das IKS

Es gilt das Prinzip der Risikominimierung.

Ad 1: Für Beträge, die ein bestimmtes Limit überschreiten, z.B. € 500,00, bietet es sich an, einen eigenen Stammsatz anzulegen. So reduzieren Sie in erheblichem Umfang das Potential signifikanter doloser Aktivitäten.

Ad 2: Für Einmalkunden oder -lieferanten, die mehr als z.B. zweimal mit Geschäftsfällen abgebildet werden, ist prinzipiell ein kompletter Stammsatz zu erfassen. Diese beiden Richtlinien sollten als logische "ODER"-Verknüpfung in der Praxis

Anwendung finden. Bedenkt man den Aufwand, der bei der Auswertung der Konten zu betreiben ist, und das umfangreiche Gefahrenpotential, das diesen Konten zu eigen ist, muss das IKS eine klare Verfahrensrichtlinie für die erfassenden Mitarbeiter ausweisen. Die Anlage eines regulären Stammsatzes selbst ist nur unerheblich umfangreicher als die Erfassung kundenspezifischer Daten während der Belegerfassung.

Ad 3: Ein anderer Aspekt, den es zu berücksichtigen gilt, ist die Funktionstrennung. Die Anlage und das Bebuchen eines angelegten Stammsatzes ist als kritische Berechtigung zu werten. Das IKS muss eine Trennung dieser Aufgabenbereiche gewährleisten, oder aber unter Einbindung eines Vier-Augen-Prinzips entsprechende Sicherheitsvorkehrungen beinhalten. Sollte eine Umsetzung durch eine personell defizitäre Situation gefährdet sein, ist dringlich zumindest eine Definition sensibler Felder anzuraten. Eine Möglichkeit bietet Ihnen der explizite Schutz einzelner Felder vor Änderungen, wie z.B. Bankdaten. Alternativ ist die Umsetzung des Vier-Augen-Prinzips über den Schutz betriebswirtschaftlicher Felder im Bereich der asymmetrischen Berechtigungsvergabe gängige Praxis.

8 Sachkontenstammdaten

8.1 Aufbau der Stammdaten

Bei Sachkontenstammdaten handelt es sich um Daten, die eine entsprechende Funktion innerhalb des Hauptbuchs definieren.

Die Sachkontenstammdaten steuern sowohl das Buchen von Geschäftsfällen auf das Sachkonto selbst als auch die Verarbeitung der Buchungsdaten.

In Abhängigkeit des eingesetzten Kontenplans erfolgt die Anlage der Stammdaten im System.

Damit Buchungskreise, die denselben Kontenplan verwenden, auch auf dieselben Sachkonten zugreifen können, ist folgende Organisationsstruktur erforderlich:

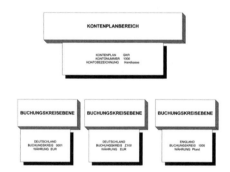

Abb. 8.01: Organisation der Sachkontenstammdaten

- Kontenplanbereich
Hier sind die Daten enthalten, die buchungskreisübergreifend Gültigkeit haben, wie z.B. die Kontonummer und die Bezeichnung.
- Buchungskreisebene
In diesem Bereich werden die Kontoinformationen geführt, die von

Buchungskreis zu Buchungskreis variieren können, wie z.B. die Währung.

Integration

Grundsätzlich werden alle Geschäftsfälle, die auf Sachkonten gebucht werden, im Hauptbuch fortgeschrieben. Zur Definition weiterer Bücher, auf denen parallel mitgebucht werden soll, müssen Sie das Special Ledger (FI-SL) einsetzen.

Das Spezielle Ledger ist ein ausschließliches Datenempfangssystem aus anderen Anwendungen. Es ist kein Versandsystem in andere SAP® Anwendungen.

Mittels des Reports **RFSKPL00** haben Sie die Möglichkeit, sich einen Überblick über die Sachkonten eines Kontenplans zu verschaffen.

8.2 Anzeige der Stammdaten

Die Sachkontenanzeige erfolgt in Anlehnung an die oben erläuterte Struktur. Demnach gibt es also die Möglichkeit, ein Sachkonto sowohl auf Kontenplanebene als auch auf Buchungskreisebene anzeigen zu lassen. Der Aufruf der Anzeige erfolgt jedoch im Pflegemodus.

Wählen Sie den Menüpfad *Rechnungswesen - Finanzwesen - Hauptbuch - Stammdaten - Einzelbearbeitung - Zentral*:

Abb. 8.02: Menüpfad zur Sachkontenstammdatenanzeige

Alternativ setzen Sie die Transaktion in der Befehlszeile ein. Die Transaktion **FS00** gibt Ihnen einen Überblick über die zentralen Daten des ausgewählten Sachkontos, sie beinhaltet sowohl die Kontenplandaten Transaktion **FSP0** als auch die Buchungskreisdaten Transaktion **FSS0**.

Abb. 8.03: Zentrale Anzeige eines Sachkontenstammsatzes über FS00

Die integrierte Schnittstelle zu [Bilanz/GuV-Struktur bearbeiten] erreichen Sie über diese Drucktaste.

Natürlich könnten Sie Änderungen in diesem Bereich vornehmen, in diesem Fall jedoch dient dieser Bereich ausschließlich der Anzeige.

Nach der Auswahl der referenzierenden Bilanz/GuV-Struktur verzweigen Sie in die nachstehende Ansicht.

Sachkontenstammdaten

Abb. 8.04: Bilanz / GuV Struktur

Mittels dieser Drucktaste können Sie sich ausgewählte Änderungsbelege eines bestimmten Sachkontos anzeigen lassen. Änderungsbelege gibt es sowohl für die Kontenplan- als auch die Buchungskreisebene.

Abb. 8.05: Schnittstelle zu Sachkontenstammdatenänderungsbelegen

8.3 Stammdatenänderungen Sachkonten

Neben der eben angezeigten Möglichkeit, auf Änderungsbelege zuzugreifen, gibt es noch weitere.

177

Stammdatenänderungen dürfen nur von speziell autorisierten Personen vorgenommen werden. Die Verzweigungen und Bezüge sind derart vielschichtig, dass Sachkontenänderungen, fehlerhaft ausgeführt, zu einer Verschiebung der Bilanz führen können.

Daraus resultierend ist den zugehörigen Änderungsbelegen besondere Aufmerksamkeit zu widmen.

Entweder gelangen Sie über den Menüpfad *Rechnungswesen - Finanzwesen - Hauptbuch - Stammdaten - Änderungen anzeigen* oder direkt über die vor geschalteten Transaktionen in die Änderungsübersicht.

Abb. 8.06: Änderungsanzeige von Sachkontenstammdaten

8.3.1 Stammdatenänderungen zentral

Einen Überblick verschaffen Sie sich zunächst über die Transaktion **FS04**. Wählen Sie ein Sachkonto, und tragen Sie den zu betrachtenden Änderungszeitraum ein:

Abb. 8.07: Einstiegsmaske der Transaktion FS04

Abschließend betätigen Sie bitte die *Enter* Taste.

Die erste Änderungsinformation betrifft die Felder:

Abb. 8.08: Anzeige Übersicht geänderte Felder

Mit der Drucktaste   gelangen Sie in die Komplettansicht:

Abb. 8.09: Anzeige aller Änderungen

Per Doppelklick auf einen ausgewählten Eintrag erhalten Sie die Detailansicht zur Änderung:

Abb. 8.10: Details zu Änderungen

Hier sehen Sie auch die Benutzer, die die Änderungen durchgeführt haben.

8.3.2 Stammdatenänderungen im Kontenplan

Rufen Sie die Transaktion **FSP4** auf, und tragen Sie das Sachkonto ein, das Sie gerne hinsichtlich eventuell vorhandener Änderungsbelege verproben möchten. Verfahren Sie wie im Abschnitt 8.3.1 beschrieben.

8.3.3 Stammdatenänderung auf Buchungskreisebene

Über die Transaktion **FSS4** erreichen Sie die Änderungsbelege eines Sachkontos auf der Buchungskreisebene. Tragen Sie das Sachkonto ein, das Sie gerne hinsichtlich eventuell vorhandener Änderungsbelege verproben möchten. Verfahren Sie wie im Abschnitt 8.3.1 beschrieben.

8.3.4 Sammelanzeige Stammdatenänderungen

Eine weitere Möglichkeit der Änderungsanzeige bietet Ihnen der Report **RFSABL00**, den Sie über die Transaktion **SA38** aufrufen können.

Abb. 8.11: Selektionsmaske des Reports RSABL00

Hier können Sie sich auch ganze Listen ausgeben lassen.

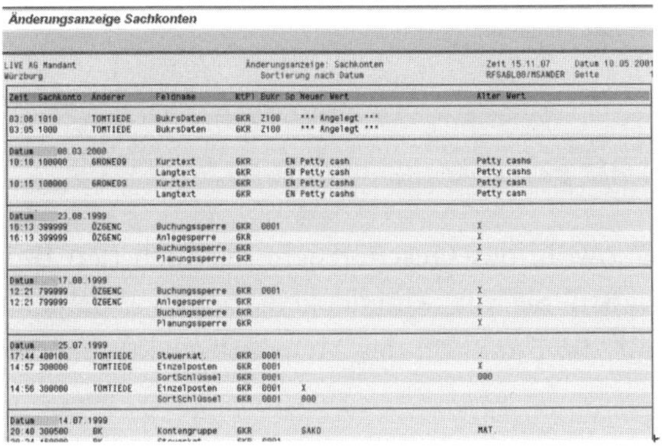

Sachkontenstammdaten

Abb. 8.12: Anzeige der Sachkontenänderungen

Diese Aufbereitung gibt Ihnen einen dezidierten Überblick über die Änderungen hinsichtlich ihrer Ausprägung, Durchführung und dem Änderer. Die Sortierung erfolgte nach Datum.

HINWEIS: Dieser Report ist bestens geeignet für Prüfungszwecke. Die Selektionsvariablen ermöglichen Ihnen abermals diverse Betrachtungswinkel.

8.4 Anzeige und Analyse der Sachkontensalden

Mittels der Transaktion **FS10N** rufen Sie die Anwendung zur Saldenanzeige auf. Alternativ wählen Sie den Menüpfad *Rechnungswesen - Finanzwesen - Hauptbuch - Konto - Salden anzeigen*.

Abb. 8.13: Menüpfad zur Sachkonten Saldenanzeige

Nehmen Sie die benötigten Einträge in der Selektionsmaske vor:

Abb. 8.14: Einstiegsmaske der Sachkonten Saldenanzeige

Dies betrifft sowohl das Geschäftsjahr als auch den Buchungskreis. Zusätzlich haben Sie die Möglichkeit, neben einem ausgewählten Sachkonto auf die Funktion der Mehrfachselektion zurückzugreifen .

Geben Sie Einzelwerte oder ganze Intervalle ein.

Abb. 8.15: Mehrfachselektion zur Sachkontenauswahl

Alternativ können Sie auch das Ausschlussverfahren wählen. Übernehmen Sie die Einträge, und bringen Sie die Anwendung zur Ausführung.

Sachkontenstammdaten

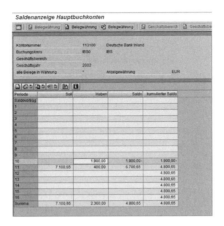

Abb. 8.16: Sachkonten - Saldenanzeige

Gemäß den Buchungsperioden erhalten Sie eine Übersicht. Per Doppelklick verzweigen Sie in die jeweiligen Detailansichten bis auf die Belegpositionsebene hinunter, wie im Abschnitt 8.5 beschrieben.

8.5 Anzeige und Analyse der Sachkonteneinzelposten

Aus der in Abschnitt 8.4 beschriebenen Kontenanzeige haben Sie die Möglichkeit, über eine Schnittstelle direkt in die Einzelpostenanzeige zu wechseln.

Markieren Sie eine werteführende Zelle, und betätigen Sie die Drucktaste ▪. In nachfolgender Ausgabe stehen Ihnen die Belege zur Verfügung.

Sachkontenstammdaten

Abb. 8.17: Sachkonten Einzelpostenliste

Per Doppelklick auf eine Zeile gelangen Sie in die Beleganzeige und von dort in die Übersicht:

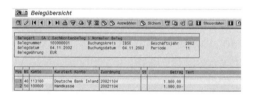

Abb. 8.18: Belegübersicht

Eine weitere Möglichkeit der Einzelpostenanzeige bietet die Transaktion **FBL3N**.

Abb. 8.19: Selektionsmaske zur Sachkonten Einzelpostenliste

Wählen Sie ein Konto aus unter Einbeziehung der für Sie relevanten Selektionskriterien, und bringen Sie das Programm zur Ausführung.

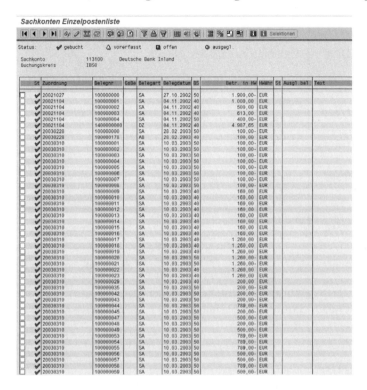

Abb. 8.21: Sachkonten Einzelpostenliste

Auch hier gelangen Sie via Doppelklick auf einen Eintrag in die jeweilige Detailansicht.

HINWEIS: Dieser Bearbeitungsweg bietet sich durch seine Spezifikationsmöglichkeiten vorrangig an.

Unter Nutzung der Selektionsbedingungen können Sie Ihre Individualsicht zur Datenauswertung aus unterschiedlichsten Perspektiven schaffen.

8.6 Reports zu Sachkonten

Name	Bezeichnung	Prüfeinsatz
RFSABL00	Änderungsanzeige Sachkonten	Überwachung von Stammdatenänderungen auf Ordnungsmäßigkeit, Anforderung und Dokumentation
RFSBEW00	Bewertung der in Fw geführten Sachkonten zum Stichtag	Sachkontenanalysen
RFSBEWFX	Sachkonten Saldenbewertung zum Stichtag	Sachkontenanalysen
RFSBSA00	Bilanz/GuV Strukturanzeige	Bilanzanalysen
RFSBWA00	Strukturierte Saldenliste	Sachkontenanalysen
RFSEPA01	Aufbau der Einzelpostenanzeige nach Stammsatzänderung	Sachkontenanalysen
RFSEPA02	Aufbau der Verwaltung offener Posten nach Stammsatzänderung	Sachkontenanalysen
RFSEPA03	Abbau der Verwaltung offener Posten nach Stammsatzänderung	Sachkontenanalysen
RFSKPL00	Kontenplan	Überwachung der Sachkontenpflege auf Ordnungsmäßigkeit, Anforderung und Dokumentation
RFSKTH00	Kontierungshandbuch	Überwachung der Sachkontenpflege auf Ordnungsmäßigkeit, Anforderung und Dokumentation
RFSKVZ00	Sachkontenverzeichnis	Überwachung der Sachkontenpflege auf Ordnungsmäßigkeit, Anforderung und Dokumentation
RFSOPO00	Hauptbuch Einzelposten	Sachkontenanalysen

Name	Bezeichnung	Prüfeinsatz
RFSOPO00	Hauptbuch Einzelposten	Sachkontenanalysen
RFSSLD00	Sachkontensalden	Sachkontenanalysen
RFSUSA00	Sachkontensalden	Sachkontenanalysen
RFSZI000	Zinsstaffel	Sachkontenanalysen
RFSZIS00	Zinsstaffel Sachkonten	Sachkontenanalysen

8.7 Prüfhinweise zu Sachkontenstammdaten

Die Anlage und Pflege von Sachkontenstammdaten ist eine sicherheitssensible Tätigkeit, da Fehler zu einer Verschiebung der Bilanz und GuV führen können.

Für die bessere Nachvollziehbarkeit sollten sämtliche Anforderungen für Anlagen und Änderungen ergänzend schriftlich dokumentiert werden.

Prüfschritte
1. Prüfen Sie, ob es eine Verfahrensanweisung zur Anlage und Pflege von Sachkontenstammsätzen gibt. Lassen Sie sich diese aushändigen und ggf. erläutern.
2. Nehmen Sie eine stichprobenartige Überprüfung von Anforderungen und Änderungsbelegen (Report **RFSABL00** über Transaktion **SA38**) vor, und gleichen Sie diese inhaltlich ab.
3. Lassen Sie sich die Anforderungs- und Änderungsformulare für die Sachkontenstammdatenpflege zeigen und ggfs. erläutern. Prüfen Sie, ob alle relevanten Informationen der Dokumentation zugeführt werden.

8.8 Checkliste Sachkontenstammdaten

Nr.	Frage	Ordnungsmäßigkeitsvorgabe
1	Gibt es eine Verfahrensanweisung zur Anlage von Sachkontenstammsätzen?	Es sollte eine Verfahrensanweisung geben.
2	Wird regelmäßig auf kritische Änderungen von Stammsätzen verprobt?	Die Verprobung auf kritische Änderungen von Stammsätzen sollte regelmäßig erfolgen.
3	Erfolgt die Anlage eines Sachkontos nur auf schriftliche Anforderung?	Die Anlage eines Sachkontos sollte nur auf schriftliche Anforderung erfolgen.
4	Wird die Anlage eines Sachkontos separat dokumentiert durch die ausführende Abteilung?	Die Sachkontenanlage sollte immer durch die ausführende Abteilung schriftlich dokumentiert werden.

9 Buchhaltungsbelege

Bei einem Buchhaltungsbeleg handelt es sich um den Nachweis einer Buchung in der Finanzbuchhaltung. Man unterscheidet Originalbelege und EDV-Belege.

Originalbelege sind zum Beispiel:
- Quittungen
- Rechnungen
- Schecks
- Bankauszüge

EDV-Belege sind zum Beispiel:
- Buchhaltungsbelege
- Musterbelege
- Dauerbuchungsbelege

Der Buchhaltungsbeleg bildet den Originalbeleg im System ab. Alle weiteren EDV-Belege dienen als Erfassungshilfen. Bis zur Archivierung verbleibt der Beleg als zusammenhängende Einheit im System.

Alle Geschäftsfälle werden als Beleg erfasst, somit stellen sie das Bindeglied zwischen Geschäftsvorfall und Buchung dar. Ein Beleg wiederum wird in SAP R/3® als Einheit behandelt. Belege können in den diversen Anwendungskomponenten eingegeben werden. Die Erfassung kann automatisch oder manuell erfolgen. Die Erfassung erfolgt stets nach demselben Prinzip.

9.1 Das Belegprinzip

Es können ausschließlich vollständige Belege gebucht werden. Dies bedeutet hinsichtlich der praktischen Umsetzung, dass der Saldo aus Soll und Haben exakt 0 ergeben muss.

Bereits in der Systemkonfiguration legt man sogenannte Mindestkontierungsfelder fest; hierbei handelt es sich um Felder, die ausgefüllt werden müssen. Demnach ist ein vollständiger Beleg ein Beleg, in dem diese Felder ausgefüllt sind.

Beispiele für Mindestkontierungsfelder sind Belegdatum, Buchungsdatum, Belegart, Kontonummer, Beträge u.s.w.

Des Weiteren legt man sogenannte Optionalfelder an; diese Felder können ausgefüllt werden. Die Verbuchung erfolgt jedoch auch dann, wenn keine Einträge vorgenommen werden.

Die Richtigkeit der Buchungen im Grund- und Hauptbuch kann nur anhand von Belegen geprüft werden. Allein schon deshalb muss jeder Buchung ein Beleg zugrunde liegen.

9.2 Der Aufbau eines Beleges

Ein Beleg besteht aus einem Belegkopf und mindestens zwei bis maximal 999 Belegpositionen.

Im Folgenden werde ich Ihnen exemplarisch eine Belegverbuchung abbilden.

Nachdem Sie eine Buchungsfunktion gewählt haben, beginnen Sie damit, den Belegkopf auszufüllen.

Erforderliche Mindestangaben sind:
- Belegdatum
- Buchungsdatum
- Belegart
- Buchungskreis
- Währung

Zusätzlich besteht die Möglichkeit, Referenzdaten und Texte einzupflegen. Belegkopfdaten gelten für den gesamten Beleg.

Dies wird nachstehend abgebildet anhand der Erfassung einer Debitorenrechnung mit der Transaktion **FB70**:

Abb. 9.01: Erfassung einer Debitorenrechnung über die Transaktion FB70

Wenn alle Buchungszeilen erfasst sind, ist der Beleg zu überprüfen.

Oder es ist eine Simulation durchzuführen; mit dieser Funktion werden auch automatische Buchungen so dargestellt, als seien Sie bereits original verbucht.

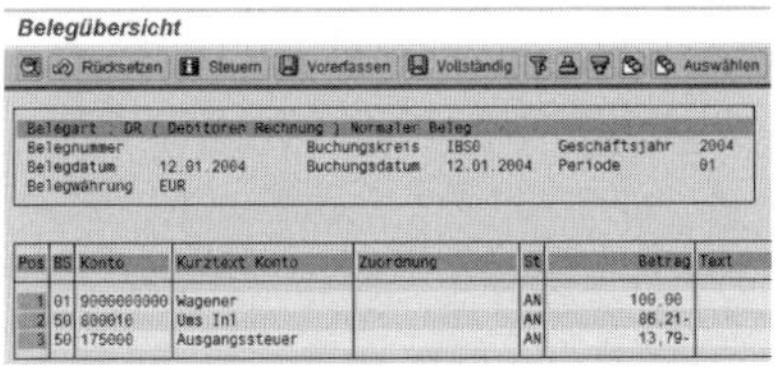

Abb. 9.02: Belegübersicht

Nach Prüfung der getätigten Eingaben wird der Beleg verbucht, entweder über  oder die Tastenkombination *STRG+S*.

Eine erfolgreiche Verbuchung wird Ihnen in der Statuszeile unter Angabe der vergebenen Belegnummer angezeigt:

Abb. 9.03: Bestätigungsmeldung

9.3 Die Quantifizierung des Belegaufkommens

Analog zur Quantifizierung der Stammsätze ist es zu empfehlen, sich einen mengenmäßigen Überblick über die vorhandenen Belege im System zu verschaffen. Diesen erhalten Sie mit dem Report **RFAUDI07** über die Transaktion **SA38**.

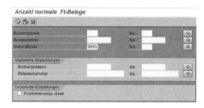

Abb. 9.04: Selektionsmaske für die Belegquanitifizierung mit dem Report RFAUDI07

Nehmen Sie Ihre Selektionen vor, und bringen Sie den Report zur Ausführung.

Buchhaltungsbelege

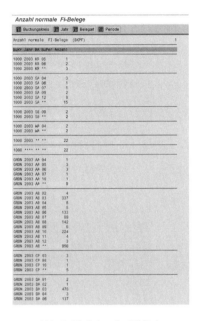

Abb. 9.05: Liste der FI-Belege

Sie können die Liste in diversen Auswertungssichten anzeigen lassen über die dazugehörigen Drucktaste: 🔲 Buchungskreis :

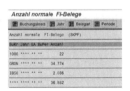

Abb. 9.06: Sortierung nach Buchungskreisen

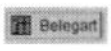

Buchhaltungsbelege

Belegart:

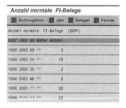

Abb. 9.07: Sortierung nach Belegarten

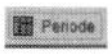

Periode:

Abb. 9.08: Sortierung nach Buchungsperioden

9.4 Anzeige und Analyse einzelner Belege

Wie am Beispiel des Nebenbuches Debitoren erläutert, lautet ein möglicher Pfad *Rechnungswesen - Finanzwesen - Debitoren - Beleg*:

Abb. 9.09: Menüpfad zur Beleganzeige

Jedes Arbeitsgebiet im Modul FI hat unterhalb seines Verzeichnisses "Buchung" ein Verzeichnis "Belege".

Die Transaktionen zur Belegbearbeitung sind immer identisch, aus welcher Anwendung heraus sie auch gestartet werden.

- **FB02**   Belegänderung
- **FB03**   Beleganzeige
- **FB09**   Änderung von Belegpositionen
- **FB04**   Anzeige von Belegänderungen
- **FBRA**   Belegausgleich zurücknehmen.

Folglich handelt es sich beim Aufruf dieser Transaktionen immer um dieselbe Maskenführung.

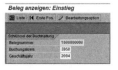

Abb. 9.10: Einstiegsmaske der Beleganzeige

Für die Stichprobenanalyse wählen Sie eine Belegnummer, und tragen Sie diese in das erste Feld ein. Nach Abschluss der Eingabe betätigen Sie die *Enter-Taste*. Sie gelangen direkt in die Belegübersicht:

Abb. 9.11: Anzeige der Belegübersicht

Per Doppelklick auf eine Zeilenauswahl gelangen Sie in die Detailansicht der dazugehörigen Belegposition:

Abb. 9.12: Anzeige der Belegpositionen

Nun haben Sie die Möglichkeit, sich durch die angelegten Belegposition zu navigieren unter Einsatz der Tasten .

Des Weiteren können Sie in die Belegkopfdaten wechseln via .

Eine Informationsmaske gibt Ihnen die Daten aus:

Abb. 9.13: Anzeige der Belegkopfdaten

Die Ansicht wird über das wieder verlassen.

Über die integrierte Schnittstelle ☒ können Sie vom Anzeigemodus in den Bearbeitungsmodus "Änderungen" wechseln.

In Anlehnung an die Anforderungen des Radierverbotes (§ 239 HGB) werden Ihnen die Felder freigeschaltet, deren Änderungen juristisch unbedenklich sind.

In diesem Fall gibt es für die erfasste Rechnung noch keinen Zahlungseingang und der Umfang möglicher Änderungen ist somit größer:

Abb. 9.14: Anzeige des Belegänderungsmodus

Grau verbliebene Felder können und dürfen nicht geändert werden. Sofern die erforderlichen Änderungen im angebotenen Umfang nicht enthalten sind, müssen Sie eine Belegstornierung vornehmen und dann die korrekten Daten neu erfassen. Über die Drucktaste ⌂ Weitere Daten wird Ihnen eine Infomaske geöffnet:

Buchhaltungsbelege

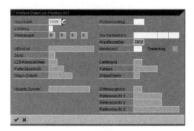

Abb. 9.15: Weitere Belegdaten

Zur Belegübersicht gelangen Sie per Drucktaste zurück. Detaillierte Angaben zur Steuerverbuchung erhalten Sie über die Drucktaste .

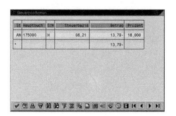

Abb. 9.16: Anzeige der Steuerinformationen

Sofern Ihnen die Belegnummer nicht geläufig ist, haben Sie die Möglichkeit, nach Aufruf der Transaktion **FB03** in das Feld *Belegnummer* keinen Eintrag vorzunehmen um stattdessen zur Belegsuche zu verzweigen.

Abb. 9.17: Selektionsmaske der Beleganzeige

Dafür betätigen Sie die Drucktaste .

In der nachfolgenden Selektionsmaske nehmen Sie die erforderlichen Einträge vor und bringen die Anwendung abschließend zur Ausführung.

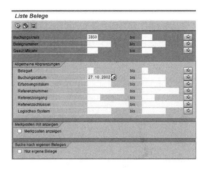

Abb. 9.18: Selektionsmaske der Belegsuche

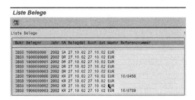

Abb. 9.19: Liste der Belege

Aus der Liste der Belege nehmen Sie Ihre Auswahl vor und klicken den entsprechenden Eintrag doppelt an. Sie verzweigen in die Belegübersicht.

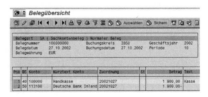

Abb. 9.20: Belegübersicht

In dieser Übersicht navigieren Sie, wie vorab beschrieben.

199

Belegkompaktjournal

Eine weitere Alternative bietet das Belegkompaktjournal.

Über die Transaktion **SA38** rufen Sie den Report **RFBELJ00** auf, tragen die Selektionswerte ein und führen das Programm aus.

Abb. 9.21: Selektionsmaske des Belegkompaktjournals

Diese Liste bietet Ihnen eine Übersicht über die Beleganteile.

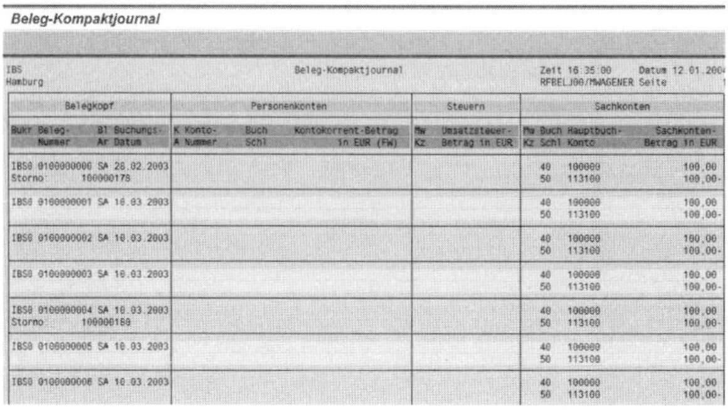

Abb. 9.22: Liste des Belegkompaktjournals

Einzelpostenjournal

Eine weitere Möglichkeit der Belegbetrachtung ist das Einzelpostenjournal. Sie gelangen in diese Anwendung über die Transaktion **SA38** mit dem Report **RFEPOJ00**.

Abb. 9.23: Selektionsmaske des Einzelpostenjournals

Treffen Sie bitte Ihre Auswahl.

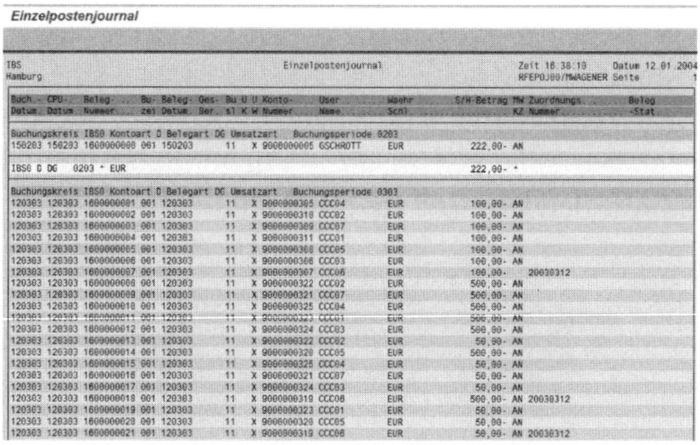

```
Einzelpostenjournal

IBS                              Einzelpostenjournal                    Zeit 16:38:10      Datum 12.01.2004
Hamburg                                                                 RFEPOJ00/MWAGENER Seite           1

Buch.- CPU-    Beleg-      Bu- Beleg- Ges- Bu U U Konto-     User       Waehr      S/H-Betrag MW Zuordnungs         Beleg
Datum  Datum   Nummer      zei Datum  Ber  sl K W Nummer     Name       Schl                  KZ Nummer             -Stat

Buchungskreis IBS0 Kontoart D Belegart DG Umsatzart   Buchungsperiode 0203
150203 150203 1600000000 001 150203        11   X 9000000005 GSCHROTT    EUR           222,00- AN

IBS0 D DG   0203 * EUR                                                222,00- *

Buchungskreis IBS0 Kontoart D Belegart DG Umsatzart   Buchungsperiode 0303
120303 120303 1600000001 001 120303        11   X 9000000305 CCC04       EUR           100,00- AN
120303 120303 1600000002 001 120303        11   X 9000000310 CCC02       EUR           100,00- AN
120303 120303 1600000003 001 120303        11   X 9000000309 CCC07       EUR           100,00- AN
120303 120303 1600000004 001 120303        11   X 9000000311 CCC01       EUR           100,00- AN
120303 120303 1600000005 001 120303        11   X 9000000308 CCC05       EUR           100,00- AN
120303 120303 1600000006 001 120303        11   X 9000000306 CCC03       EUR           100,00- AN
120303 120303 1600000007 001 120303        11   X 9000000307 CCC06       EUR           100,00-    20030312
120303 120303 1600000008 001 120303        11   X 9000000322 CCC02       EUR           500,00- AN
120303 120303 1600000009 001 120303        11   X 9000000321 CCC07       EUR           500,00- AN
120303 120303 1600000010 001 120303        11   X 9000000325 CCC04       EUR           500,00- AN
120303 120303 1600000011 001 120303        11   X 9000000323 CCC01       EUR           500,00- AN
120303 120303 1600000012 001 120303        11   X 9000000324 CCC03       EUR           500,00- AN
120303 120303 1600000013 001 120303        11   X 9000000322 CCC02       EUR            50,00- AN
120303 120303 1600000014 001 120303        11   X 9000000320 CCC05       EUR           500,00- AN
120303 120303 1600000015 001 120303        11   X 9000000325 CCC04       EUR            50,00- AN
120303 120303 1600000016 001 120303        11   X 9000000321 CCC07       EUR            50,00- AN
120303 120303 1600000017 001 120303        11   X 9000000324 CCC03       EUR            50,00- AN
120303 120303 1600000018 001 120303        11   X 9000000319 CCC06       EUR           500,00- AN 20030312
120303 120303 1600000019 001 120303        11   X 9000000323 CCC01       EUR            50,00- AN
120303 120303 1600000020 001 120303        11   X 9000000320 CCC05       EUR            50,00- AN
120303 120303 1600000021 001 120303        11   X 9000000319 CCC06       EUR            50,00- AN 20030312
```

Abb. 9.24: Liste des Einzelpostenjournals

Hierbei handelt es sich um eine Übersicht der ausgewählten Buchungsbelege mit den Werten zu Buchungsdatum, Belegnummer, Buchungskreis, Belegdatum, Steuerkennzeichen, Buchungsschlüssel, Kontonummer und Beträge.

9.5 Weitere prüfrelevante Belegarten

9.5.1 Vorerfasste Belege

Das Prinzip der Vorerfassung greift im Rahmen der Einsetzung eines Vier-Augen-Prinzips bei der Belegerfassung. Die Belegdaten werden durch einen ersten Sachbearbeiter erfasst, aber es findet noch keine Fortschreibung auf den beteiligten Konten statt. Ein zweiter Sachbearbeiter kontrolliert in einem zweiten Schritt die vorerfassten Belege und verbucht sie abschließend im System.

Vorerfasste Belege erreichen Sie über die Transaktion **FBV3** (wählen Sie die Drucktaste *Liste* aus und nehmen Sie die gewünschte Selektion in der nachfolgenden Maske vor); eine Liste vorerfasster Belege erhalten Sie ebenfalls mit dem Report **RFPUEB00** über die Transaktion **SA38**.

Neben der Vorerfassung gibt es noch die Möglichkeit, Belege vom System merken (vorläufig erfassen) zu lassen. Diese Belege können auch unvollständig abgelegt werden. Der Anwender nutzt diese Funktion zum Beispiel dann, wenn hinsichtlich der Verbuchung eines Geschäftsfalls noch Klärungsbedarf besteht.

Eine Übersicht der gemerkten Belege erhalten Sie mit dem Report **RFTMPBEL**. Geben Sie in der Selektionsmaske für den Erfasser einen Stern "*" ein.

Eine Übersicht zu Verbindlichkeiten aus vorerfassten Belegen erhalten Sie mit dem Report **RFPKDB00**, sofern es sich um Belege mit einer Kreditorenzeile handelt.

Es gilt sicherzustellen, dass eine Verarbeitung dieser Belege zeitnah erfolgt. Über Monatsabschlusstätigkeiten oder gar Jahresabschlusstätigkeiten hinaus sollten keine vorerfassten Belege im System vorgefunden werden. Im Rahmen von Abschlussarbeiten sollten diese Belege vollständig abgearbeitet sein.

9.5.2 Dauerbuchungsurbelege

Dauerbuchungen werden für periodisch wiederkehrende Buchungen angelegt. Diesen Daueraufträgen wird ein Gültigkeitszeitraum sowie ein Frequenzplan übergeben. Die Gültigkeit dieser Parameter ist regelmäßig zu überprüfen. Dafür muss es im Rahmen des IKS ein definiertes Verfahren geben. Eine Übersicht erhalten Sie mit dem Report **RFDAUB00** über die Transaktion **SA38** oder über die Transaktion **FBD3** (wählen Sie die Drucktaste *Liste* aus und nehmen Sie die gewünschte Selektion in der nachfolgenden Maske vor).

Nicht mehr benötigte Belege können gelöscht werden.

HINWEIS:
Sämtliche Beleganteile sind in Tabellen abgelegt.
Beteiligte Tabellen sind:

Tabelle	Inhalt
KNC1	Kundenstamm Verkehrszahlen
KNC3	Kundenstamm Verkehrszahlen Sonderhauptbuchvorgänge
LFC1	Lieferantenstamm Verkehrszahlen
LFC3	Lieferantenstamm Verkehrszahlen Sonderhauptbuchvorgänge
GLT0	Sachkontenstamm Verkehrszahlen
BKPF	Belegkopf Buchhaltung
BSEG	Belegsegment Buchhaltung
BSEC	Belegsegment CpD Buchhaltung

9.6 Sonderhauptbuchvorgänge

Bei Sonderhauptbuchvorgängen handelt es sich um spezielle Vorgänge der Debitoren- und Kreditorenbuchhaltung, die in den Nebenbüchern und dem Hauptbuch gesondert ausgewiesen werden sollen oder sogar müssen.

Diese Ausweisung erfolgt auf, speziell für diesen Zweck definierten, Abstimmkonten, den sogenannten Sonderhauptbuchkonten.

Jedem Sonderhauptbuchvorgang kann ein eigenes Sachkonto zugeordnet werden.

Die Steuerung zur Verbindung erfolgt über ein Sonderhauptbuchkennzeichen, das dem Buchungsvorgang zugewiesen wird.

Standardmäßig sind im R/3® System Sonderhauptbuchvorgänge für folgende Geschäftsfälle angelegt:
- Anzahlungen
- Sicherheitseinbehalte
- Bürgschaften
- Bankwechsel
- Besitz- und Schuldwechsel
- Umkehrwechsel
- Einzelwertberichtigungen

Zusammenfassend handelt es sich um drei Kategorien von betriebswirtschaftlichen Vorgängen:
- Anzahlungen
- Wechsel
- sonstige Sonderhauptbuchvorgänge

Die Realisierung erfolgt über diese Buchungstechniken:
- Buchung ohne Gegenbuchung (Merkposten)
- Buchung mit fester Gegenbuchung (Statistische Buchung)
- Buchung mit frei wählbarer Gegenbuchung

Die wichtigsten Sonderhauptbuchvorgänge sind Anzahlungen und Wechsel. Wird ein solcher Vorgang erfasst, dann werden nicht die normalen Abstimmkonten, sondern die Sonderhauptbuchkonten automatisch bebucht.

Sonderhauptbuchvorgänge werden - mit Ausnahme der Merkposten - auf den Kontokorrentkonten fortgeschrieben, aber getrennt in der Kontostandsanzeige aufgeführt. Dies gilt ebenfalls für die Einzelpostenanzeige.

Diese speziellen Vorgänge sind entweder aus juristischen Gründen separat in der Bilanz auszuweisen (z.B. Anzahlungen § 268 HGB) oder aber aus operativen Kontrollgründen (z.B. erhaltene Bürgschaften).

Für jeden Sonderhauptbuchvorgang ist ein eigenes Konto anzulegen - so ist eine dezidierte Ausweisung in der Bilanz ohne Umbuchungen möglich.

Eine Übersichtsliste der Sonderhauptbuchkonten erhalten Sie mittels der Transaktion **SA38**. Der Report heißt **SAPUFKB2** Variante *SAPAudit*.

Eine Fehlerübersichtsliste hinsichtlich der Konfiguration erhalten Sie beim Ausführen des Reports ohne Variante (dokumentationsgeeignet).

Eine Übersicht der Sonderhauptbuchkennzeichen erhalten Sie in der Tabelle **TBSL**, die Buchungsschlüssel für diese Vorgänge sind als Sonderhauptbuchkennzeichen gekennzeichnet ("X").

9.7 Belegänderungsregeln

In diesem Abschnitt geht es um die Umsetzung von § 239 HGB im R/3® System.

Gebuchte Belege können nachträglich geändert werden.

Art und Umfang dieser Änderungen sind, wie oben angeführt, juristisch reglementiert.

Im System werden standardmäßig drei verschiedene Arten von Feldern definiert:

- **Generell nicht änderbare Felder**
  Belegkopfdaten (außer Belegtext und Referenznummer) können generell nicht geändert werden, des Weiteren die Felder Buchungsbetrag, Konto, Schlüssel, Buchungsschlüssel und Steuerbetrag in den zugehörigen Belegpositionen.
- **Felder, die je nach Anwendung nicht änderbar sind**
  Sofern die Komponente Controlling eingesetzt wird, können die Kostenstellen im Beleg nicht mehr geändert werden.
- **Änderbare Felder**
  Diese Felder werden mit definierten Änderungsregeln verknüpft.

Diese Änderungsregeln werden in der Tabelle **TBAER** eingetragen.

Belegänderungsregeln können für drei Bereiche festgelegt werden:
- Kontoart
- Vorgangsklasse (nur für Sonderhauptbuchvorgänge zugelassen)
- Buchungskreis

Wird für ein Feld eine Belegänderungsregel eingetragen, kann diese von weiteren Voraussetzungen abhängig gemacht werden:
- Die Buchungsperiode ist noch nicht abgeschlossen.
- Der Ausgleich der Belegposition (bei OP Verwaltung) ist noch nicht erfolgt.
- Eine Gutschrift darf nicht rechnungsbezogen sein.
- Eine Gutschrift darf keine Gutschrift für eine Anzahlung sein.
- Es muss eine Sollbuchung auf Debitoren oder eine Habenbuchung auf Kreditoren vorliegen.

Die Tabelle **TBAER** erreichen Sie über die Transaktion **SE16N** (alternativ kann die Transaktion **OB32** verwendet werden - sie ist Bestandteil des AIS).

Buchhaltungsbelege

Abb. 9.25: Einträge der Tabelle TBAER

Die Ansicht der Belegänderungsregeln mittels der Transaktion **OB32** stellt sich etwas anwenderfreundlicher dar.

Abb. 9.26: Einstiegsmaske der Transaktion OB32

Aktivieren Sie einen zu betrachtenden Zeileneintrag für die Detailansicht per Doppelklick.

Buchhaltungsbelege

Abb. 9.27: Detailansicht der Belegänderungsregeln

❗ Ein Feld ist dann änderbar, wenn die Eigenschaft *Änderbarkeit* zugewiesen ist und hinsichtlich der Ausprägung ergänzender Voraussetzungen alle Bedingungen erfüllt sind.

Ist ein Feld änderbar, aber keine der o.a. Voraussetzungen erfüllt, dann ist es tatsächlich nicht änderbar.

Überprüfen Sie, ob die Tabellenprotokollierung aktiviert ist (Abschnitt 4.1.1) und überprüfen Sie dann, ob die Tabelle **TBAER** vom System protokolliert wird.

Rufen Sie die Transaktion **SE13** auf, und tragen Sie als Tabellennamen **TBAER** ein.

Abb. 9.28: Einstiegsmaske der Transaktion SE13

Betätigen Sie die Drucktaste *Anzeigen*.

Buchhaltungsbelege

Abb. 9.29: Technische Eigenschaften der Tabelle TBAER

In der Checkbox "Datenänderungen protokollieren" muss ein Haken gesetzt sein.

9.8 Änderungsbelege

Falls Änderungen an einem Beleg vorgenommen wurden, erstellt das System wiederum einen Änderungsbeleg.

Dieser Änderungsbeleg basiert immer auf einem Verbuchungsbeleg und ist aufrufbar über die Transaktion **FB04**.

Tragen Sie in der Einstiegsmaske die Belegnummer ein, und betätigen Sie die Enter-Taste.

Abb. 9.30: Einstiegsmaske der Transaktion FB04

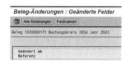

Abb. 9.31: Anzeige der Belegänderungen

Über die Drucktaste Alle Änderungen verzweigen Sie in die Übersicht.

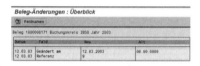

Abb. 9.32: Alle Änderungen im Überblick

Per Doppelklick auf die einzelnen Einträge verzweigen Sie in die Detailansicht der einzelnen Änderungen.

Abb. 9.33: Anzeige der Detailansicht

Es ist - angesichts eines hohen Belegaufkommens - recht müßig, jeden einzelnen Beleg nach Änderungen zu durchsuchen.

Eine sehr effektive Möglichkeit der Anzeige von Belegänderungen haben Sie über den Report **RFBABL00**.

Buchhaltungsbelege

Abb. 9.34: Selektionsmaske des Reports RFBABL00

Nehmen Sie wie gewohnt die gewünschten Selektionseinträge vor, und bringen Sie den Report via *F8* zur Ausführung.

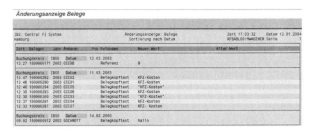

Abb. 9.35: Liste der selektierten Änderungsbelege

HINWEIS:
Ein einmal gebuchter Beleg kann nicht mehr gelöscht werden.

Fehlbelege werden storniert, was zu einer Umkehrbuchung des Originalbeleges führt.

Dabei bucht das System automatisch in diejenige Buchungsperiode, in welcher der zu stornierende Beleg erfasst wurde.

Falls das so nicht erwünscht ist, muss explizit eine andere Buchungsperiode gewählt werden. Mit der Umkehrbuchung werden ebenfalls zugehörige OP´s ausgeglichen.

Für Stornobuchungen wird ausschließlich die interne Nummernvergabe verwandt.

9.9 Reports zu Belegauswertungen

Name	Bezeichnung	Prüfeinsatz
RFBABL00	Änderungsanzeige Belege	Ergänzende Überwachung der Einhaltung des Radierverbotes bei deaktivierter Tabellenprotokollierung
RFBELJ00	Beleg-Kompaktjournal	Überwachung und Analyse des Buchungsstoffes
RFBELJ10	Beleg-Journal	Überwachung und Analyse des Buchungsstoffes
RFBIBL00	Batch Input Belege	Überwachung der Belegbearbeitung
RFBIBL01	Batch Input Belege	Überwachung der Belegbearbeitung
RFBNUM00	Lücken in der Belegnummernvergabe	Überwachung der Belegbearbeitung
RFBNUM00N	Lücken in der Belegnummernvergabe	Überwachung der Belegbearbeitung

213

Name	Bezeichnung	Prüfeinsatz
RFBNUM10	Doppelt vergebene Rechnungsnummern	Überwachung der Belegbearbeitung
RFBPET00	Belegpositionen-Extrakt	Überwachung und Analyse des Buchungsstoffes
RFBUEB00	Liste Belege	Überwachung und Analyse des Buchungsstoffes
RFBUEB01	Liste Belege	Überwachung und Analyse des Buchungsstoffes
RFBUSU00	Buchungssummen	Überwachung und Analyse des Buchungsstoffes

9.10 Prüfhinweise zu Buchhaltungsbelegen

In Anlehnung an die gesetzlichen Anforderungen aus §§ 238 Abs.2, 239 Abs. 4, 257 und 261 HGB muss der Buchungsstoff zeitnah, vollständig und sachlich korrekt abgebildet werden. Des Weiteren müssen sie in ihrer Entstehung und Entwicklung nachvollziehbar sein. Ergänzend dürfen keine Änderungen vorgenommen werden, bei denen der ursprüngliche Inhalt nachträglich nicht mehr darstellbar ist.

Prüfschritte:
1. Quantifizieren Sie das Belegaufkommen mit Hilfe des Reports **RFAUDI07** über die Transaktion **SA38**. Die Ergebnisse dienen Ihnen nachträglich als Grundlage für Stichprobenanalysen. Achten Sie ergänzend auf produktive Buchungskreise, die eventuell nicht zeitnah bebucht werden (keine oder ungewöhnlich wenige Belege im Prüfzeitraum).
2. Prüfen Sie, ob Funktionstrennungen im Rahmen der Belegerfassung eingesetzt und ggf. eingehalten werden (Einsatz der Vorer-

fassung). Lassen Sie sich Verfahrensdokumentationen zur Belegerfassung aushändigen und ggf. erläutern.
3. Prüfen Sie ungeachtet einer möglichen Funktionstrennung, ob vorerfasste Belege aus abgeschlossenen Buchungszeiträumen im System geführt werden (**RFPUEB00** über die Transaktion **SA38**).
4. Prüfen Sie das Vorhandensein von IKS Richtlinien, die sicherstellen, dass regelhaft auf das Vorhandensein von vorerfassten Belegen verprobt wird.
5. Prüfen Sie, ob im Rahmen des IKS ein Verfahren zur Überprüfung der Gültigkeitsparameter von Dauerbuchungsurbelegen implementiert ist und eine entsprechende Umsetzung erfährt (**RFDAUB00** über die Transaktion **SA38**).
6. Überprüfen Sie die Konfiguration der Sonderhauptbuchkonten (**SAPUFKB2** mittels Transaktion **SA38**).
7. Überprüfen Sie, ob die eingesetzten Sonderhauptbuchkennzeichen mit den Unternehmensrichtlinien übereinstimmen (Tabelle **TBSL** über die Transaktion **SE16N**).
8. Prüfen Sie, ob die Tabelle der Belegänderungsregeln (**TBAER**) der Protokollierung zugeführt ist (mit Hilfe der Transaktion **SE13)**. Prüfen Sie auf eventuell vorhandene Änderungsbelege mit dem Report **RSTBHIST** über die Transaktion **SA38**. Bei Abweichung der geforderten Einstellungen sind die Änderungsbelege zu Buchhaltungsbelegen auf verbotene Änderungen hin zu überprüfen (Report **RFBABL00** über Transaktion **SA38**).

9.11 Checkliste Buchhaltungsbelege

Nr.	Frage	Ordnungsmäßigkeitsvorgabe
1	Findet im Rahmen der Abschlussarbeiten eine Überprüfung auf eventuell vorhandene und noch nicht gebuchte vorerfasste oder geparkte Belege statt?	Eine Überprüfung auf vorerfasste oder geparkte Belege sollte mindestens einmal monatlich durchgeführt werden.
2	Gibt es im Rahmen des IKS ein definiertes Verfahren zur Überprüfung von Dauerbuchungsurbelegen?	Es sollte im Rahmen des IKS ein definiertes Verfahren zur Überprüfung von Dauerbuchungsurbelegen geben.
3	Wird die Konfiguration der Sonderhauptbuchkonten regelmäßig überprüft?	Die Konfiguration der Sonderhauptbuchkonten sollte regelmäßig überprüft werden.
4	Entsprechen die eingesetzten Sonderhauptbuchkennzeichen den Unternehmensrichtlinien?	Die eingesetzten Sonderhauptbuchkennzeichen müssen den Unternehmensrichtlinien entsprechen.
5	Ist die Tabellenprotokollierung über den rec/client aktiviert?	Die Tabellenprotokollierung ist zu aktivieren.
6	Werden Änderungen an der Tabelle TBAER protokolliert?	Die Tabelle TBAER ist zu protokollieren.

10 Automatische Abläufe

10.1 Zahlen

Neben der manuellen Erfassung der Zahlungsvorgänge gibt es die Möglichkeit, auf das maschinelle Zahlungsprogramm zurückzugreifen.

Das Zahlungsprogramm ermöglicht Ihnen die Abwicklung des internationalen Zahlungsverkehrs mit Debitoren und Kreditoren.

Unabdingbare Voraussetzung für den Einsatz ist die Definition der an den Geschäftsfällen beteiligten Banken.

Mittels des Zahlungsprogramms können Sie sowohl Eingangs- als auch Ausgangszahlungen abwickeln.

Das Standardsystem wird mit üblichen Zahlwegen und den zugehörigen Formularen ausgeliefert, die länderspezifisch definiert sind.

Alle nationalen Besonderheiten wie zum Beispiel Festlegungen zu Zahlwegen, Zahlungsformularen oder auch Datenträgern sind frei definierbar.

Als Standardzahlwege wurden beispielsweise Schecks, Überweisungen und Einzüge eingerichtet. Eine länderspezifische Einstellung wäre dann die Wechselanforderung.

Das Zahlprogramm hat zusätzlich ein paar Besonderheiten:
- Verrechnung der OP´s zwischen Debitoren und Kreditoren
- Ausgleich oder Verrechnung beliebiger OP´s, wie beispielsweise die Anzahlungsverrechnung
- Buchungskreisübergreifender Ausgleich: ein Buchungskreis reguliert zentral alle Buchungskreise
- Reglementierung der Zahlläufe via Berechtigungskonzeption

Wollen Sie die Zahlläufe prüfen, wählen Sie bitte die Transaktion
F110 aus, alternativ den Pfad *Rechnungswesen - Finanzwesen - Debitoren
- Periodisches Arbeiten - Zahlen*:

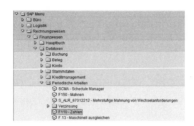

Abb. 10.01: Menüpfad zum Zahlprogramm

Die Einstiegsmaske dient einerseits zur Erfassung, andererseits
auch zur Prüfung der Zahlläufe:

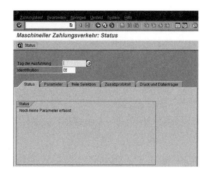

Abb. 10.02: Einstiegsmaske des Zahlprogramms

Entweder geben Sie direkt die Daten eines Zahllaufes in die beiden
Erfassungsfelder ein, oder Sie gehen über die Menüleiste
Zahlungslauf - Übersicht und geben in der Maske Ihre zu prüfenden
Zeiträume ein.

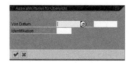

Abb. 10.03: Selektion der Zahlläufe

Automatische Abläufe

Sie erhalten eine komplette Übersicht der Zahlläufe.

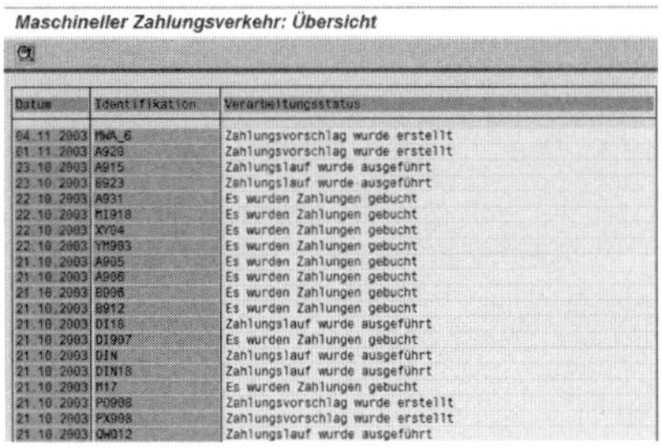

Abb. 10.04: Übersicht der Zahlläufe

Sofern Ihnen die Berechtigungen für dieses Verfahren fehlen, haben Sie alternativ die Möglichkeit, diese Übersichtsliste über die Transaktion **SA38** zu erhalten, indem Sie den Report **RFZALI20** eintragen und auf die integrierte Druckwertehilfetaste in der Selektionsmaske verzweigen.

Die für die Prüfung weitaus interessantere Fragestellung ist, wer wann Zahlläufe ausgeführt hat. Diese Arten von Protokollen werden ergänzend in der Tabelle **SMMAIN** gespeichert. Rufen Sie die Transaktion **SE16N** auf. Nehmen Sie nachstehende Selektion vor:

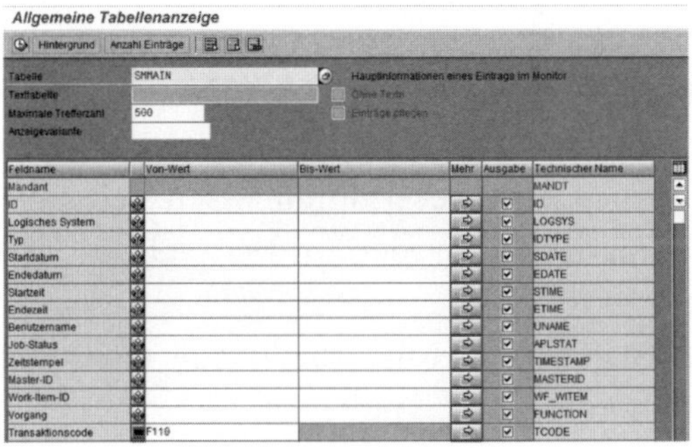

Abb. 10.05: Selektion nach Zahlläufen

219

Automatische Abläufe

Bringen Sie die Selektion mit der Funktionstaste *F8* zur Ausführung. Sie erhalten folgende Übersicht:

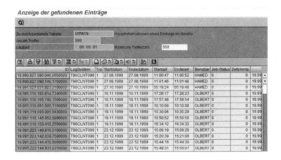

Abb. 10.06: Liste der Zahlläufe im Monitor

!Hier ist ersichtlich, wann von wem Zahlläufe ausgeführt wurden. Die vorgefundenen Einträge sollten den Unternehmensrichtlinien entsprechen. Änderungen an Zahlungsvorschlägen können Sie sich über die Tabelle **REGUA** ausgeben lassen.

Eine Zahlungsregulierungsliste eines jeden Zahllaufs erhalten Sie mit dem Report **RFZALI20** (Nachfolgereport des **RFZALI10**) über die Transaktion **SA38**. Über Abgrenzungen können Sie auch nach gesperrten Posten selektieren.

10.2 Weiterführende Zahlungsanalysen

Selbst mit einfachen Analyseverfahren lassen sich zum Teil erstaunliche Ergebnisse erzielen (wieder am Beispiel der Kreditorenbuchhaltung):
- eine Sortierung nach höchster, niedrigster Kreditorenrechnung
- eine Summation nach Lieferant
- eine Verhältnisbildung von Bestell- und Rechnungspreisen
- eine Differenzbildung letzter Einkaufspreis und durchschnittlicher Preis

- eine ABC-Analyse nach Lieferanten
- eine Analyse des Bestellvolumens nach Buchungsperioden
- eine Analyse des Zeitraums von Bestellung zum Wareneingang oder der Reklamations- und Stornoquote
- Höchste / Niedrigste Zahlungen pro Beleg / Lieferant / Einkäufer
- Höchste / Niedrigste Salden pro Beleg / Lieferant / Einkäufer
- Zahlungsvolumen nach KW / Lieferant / Einkäufer
- Betragswiederholungen
- Splittung von Beträgen
- Benford`s Law (2-Ziffern und Nachkomma)
- Stichprobe Benfordanomalien
- Altersstruktur der Verbindlichkeiten

10.2.1 Hilfestellungen aus dem Audit Info System

Über die integrierte Suchfunktion im AIS können Sie direkt zu den einzelnen Einträgen verzweigen.

10.2.1.1 Kreditoren

Bezeichnung	Beschreibung
Query G /SAPQUERY/AU OK	Gegenkontoanalyse Kreditoren
Query G /SAPQUERY/AU EK	Beleganalyse Kreditoren
BSIK	Belegdatenbank Kreditoren
Query G /SAPQUERY/AU DK	Abweichungsanalyse Zahlungsausgang
Query G /SAPQUERY/AU PK	Abgleich Zahlungsbedingungen Beleg / Stammsatz
Query G /SAPQUERY/AU EKReport RSQUEU01Report RSAQSHQU	Export Kreditorenbelegdaten
Report RFKOPR00 Variante SAP&AUDIT_INL bzw. SAP&AUDIT_AUSL	Kreditorenanalyse mit OP Rasterung (Skonto)

Automatische Abläufe

Bezeichnung	Beschreibung
Report RFKOFW00 SAP&AUDIT_INL bzw. SAP&AUDIT_AUSL	Fälligkeitsanalyse Kreditoren mit Rasterung
Recherche FBRK01RFRRK20 0SAPDUEAN-01	OP Fälligkeitsanalyse
Recherche FBRK01RFRRK10 0SAPFK10-01	Verkehrszahlen - Kontostand
Recherche umsetzen FBRK01RFRRK10 0SAPFK10-02	Verkehrszahlen - Sonderumsätze
Recherche FBRK01RFRRK10 0SAPFK10-03	Verkehrszahlen - Umsätze
Report RFKUML00 SAP&AUDIT_INL	Umsatzauswahl nach Betrag Kreditoren Ausland
Report RFKUML00 SAP&AUDIT_INL	Umsatzauswahl nach Betrag - Kreditoren Ausland

10.2.1.2 Debitoren

Bezeichnung	Beschreibung
Query G /SAPQUERY/AU OD	Gegenkontoanalyse Debitoren
Query G /SAPQUERY/AU ED	Beleganalyse Debitoren
BSID	Belgedatenbank Debitoren
Query G /SAPQUERY/AU PD	Abgleich Zahlungsbedingungen Belege / Stammsatz
Query G /SAPQUERY/AU ED AQZZ/SAPQUERY/AUEDRepo rt RSQUEU01Report RSAQSH-QU SAP&AUDIT_DD	Export Debitorenbelege
Report RFDOFW00SAP&AUDIT_IL	Fälligkeitsvorschau Debitoren Inland
Report RFDOFW00SAP&AUDIT_AL	Fälligkeitsvorschau Debitoren Ausland

Bezeichnung	Beschreibung
Report RFDOPR10 SAP&AUDIT_ÜAIL	Überfälligkeitsanalysen Debitoren Inland
Report RFDOPR10 SAP&AUDIT_ÜAAL	Überfälligkeitsanalysen Debitoren Ausland
Recherche FBRD01RFRRD20 0SAPDUEAN-01	OP Fälligkeitsanalyse Debitoren
Recherche FBRD01RFRRD10 0SAPFD10-01	Verkehrszahlen Kontostand
Recherche FBRD01RFRRD10 0SAPFD10-02	Verkehrszahlen - Sonderumsätze
Recherche FBRD01RFRRD10 0SAPFD10-03	Verkehrszahlen - Umsätze
Report RFDUML00 SAP&AUDIT_IL	Umsatzauswahl nach Betrag Debitoren Inland
Report RFDUML00 SAP&AUDIT_AL	Umsatzauswahl nach Betrag Debitoren Ausland

10.3 Mahnen

Ebenso wie das Zahlen kann auch das Mahnen automatisch erfolgen.

Mit dem Mahnprogramm können Sie sowohl Debitoren als auch Kreditoren mahnen.

Letzteres kann in der Praxis zur Anwendung kommen, wenn der Kreditor zum Beispiel auf Grund einer Gutschrift einen Saldo aufweist.

Ist ein Debitor gleichzeitig Kreditor, können Sie auch die Salden der Konten gegeneinander verrechnen.

Mittels des Mahnprogramms werden die OP´s der Partnergeschäftskonten gemahnt, deren überfällige Posten ein Soll aufweisen.

Das Programm selektiert die fälligen OP´s, ermittelt die zugehörige Mahnstufe und erstellt einen hinterlegten Mahnbrief. Die Mahndaten werden nun für die betroffenen Posten und Konten gespeichert.

In Anlehnung an die juristische Praxis obliegt die Modifikation der eingesetzten Mahnverfahren, im Rahmen des kaufmännischen Mahnverfahrens, ausschließlich der Unternehmung. Jedem Geschäftspartner kann auf Stammsatzebene ein vordefiniertes Mahnverfahren zugeordnet werden.

Die Mahnverfahren können hinsichtlich
- der Anzahl der zugeordneten Mahnstufen,
- der Intervalle zwischen den einzelnen Mahnstufen,
- der zugeordneten Mahntexte,

völlig unterschiedlich sein.

Die Grundparameter sowohl für den Zahllauf als auch den Mahnlauf werden im Customizing eingepflegt.

Dies betrifft zum Beispiel:
- Intervalle
- Stufen
- Kulanzzeiträume
- Zahlwege

Die zugehörigen Tabellen können Sie sich mittels Data Browser (Transaktion **SE16**) oder Transaktion **SE16N** anzeigen lassen. Zur Auswertung und Prüfungsvorbereitung empfiehlt es sich, einen Überblick über die entsprechenden Tabelleninhalte zu gewinnen.

Tabelle	Bedeutung
T040	Mahnschlüssel
T040A	Bezeichnungen für Mahnschlüssel
T047B	Mahnstufensteuerung
T047C	Mahngebühren
T047H	Betragsgrenzen
T047M	Mahnbereiche
T047T	Bezeichnung der Mahnverfahren
T042	Parameter zum Zahlungsverkehr
T042A	Bankenauswahl für Zahlungsprogramm
TFAGS	Definition der FI-Ausgleichsregeln
TFAGT	Texte zu den Ausgleichsregeln
MAHNS	Durch Mahnselektion gesperrte Konten
MHNK	Mahndaten (Kontoeinträge)
KNB5	Kundenstamm Mahndaten

Einen Überblick über alle beteiligten Tabellen erhalten Sie im Data Browser über ⬛ SAP Anwendungen Abschnitt Zahlen / Mahnen.

Wer in Ihrem Unternehmen Mahnläufe ausführt, können Sie über den Protokollcheck in der Tabelle **SMMAIN** sehen. Selektieren Sie diesmal nach dem Report *SAPF150S2*.

Eine Übersicht der Mahnungen erhalten Sie mit dem Report **RFMAHN01**.

Ergänzend können Sie sich mit dem Report **RFMAHN02** einen Überblick über die gesperrten Posten zur Mahnung anzeigen lassen.

Nicht einbringbare Forderungen können zum einen die Liquidität negativ beeinflussen und zum anderen erhebliche betriebswirtschaftliche Verluste nach sich ziehen.

Automatische Abläufe

Alternativ können Sie über die Tabelle **BSEG**, die Sie über die Transaktion **SE16N** erreichen, in der Selektionsmaske nach Belegpositionen und ihren zugehörigen Mahnsperren selektieren.

Ergänzende Einschränkungen nach Buchungskreis und Geschäftsjahr sind zu empfehlen.

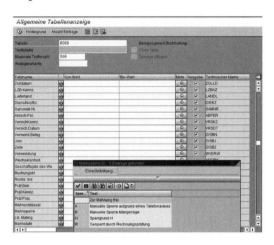

Abb. 10.07: Selektion nach Posten, die zur Mahnung gesperrt sind

Die Tabelle **MHNK**, die Sie über die Transaktion **SE16N** aufrufen können, gibt Ihnen eine komplette Übersicht über die durchgeführten Mahnläufe und den zugehörigen Status.

Anzeige der gefundenen Einträge

Zu durchsuchende Tabelle MHNK Mahndaten (Kontoeinträge)
Anzahl Treffer 500
Laufzeit 00:00:01 Maximale Trefferzahl 500

Ausführ am	Identif	Koart	BuKr	Debitor	Kreditor	Sortierf. CPD	Zentrale	Bereich	Mahnstuf	Sachb	Mahndatum	Gebucht bis	Mahne
15.04.1996	91011	D	1000	91011	91011						15.04.1996	15.04.1996	
15.04.1996	91011	D	1000	91011	91011				1		15.04.1996	15.04.1996	
15.04.1996	91011	D	1000	91011	91011				2		15.04.1996	15.04.1996	
06.06.1996	FRE1	D	1000	1033	1033						06.06.1996	06.06.1996	
20.06.1996	FRE1	D	1000	1033	1033						20.06.1996	20.06.1996	
20.06.1996	FRE1	D	1000	1033	1033				1		20.06.1996	20.06.1996	
23.02.1998	T1	D	1000	1175					1		23.02.1998	23.02.1998	
23.02.1998	T2	D	1000	1175					1		23.02.1998	23.02.1998	
21.12.1998	DE1	D	1000	1001					1		21.12.1998	21.12.1998	
21.12.1998	DE1	D	1000	1175					1		21.12.1998	21.12.1998	
21.12.1998	DE1	D	1000	1390					1		21.12.1998	21.12.1998	
21.12.1998	DE1	D	1000	3450		0002.0001...			1		21.12.1998	21.12.1998	
21.12.1998	DE1	D	1000	7777					1		21.12.1998	21.12.1998	
15.01.2001	RE15	D	1000	3460		0002.0011...			1		15.01.2001	15.01.2001	
15.01.2001	RE5	D	3000	3504		0100.1205...			1		15.01.2001	15.01.2001	
15.01.2001	RE5	D	3000	3507		0100.1301...			1		15.01.2001	15.01.2001	
15.01.2001	RE5	D	3000	3574		0100.1001...			1		15.01.2001	15.01.2001	
15.01.2001	RE5	D	3000	3574		0100.1203...			1		15.01.2001	15.01.2001	
15.01.2001	RE5	D	3000	3690		0100.1201...			1		15.01.2001	15.01.2001	
15.01.2001	RE9	D	1000	3477		0002.0008...			1		15.01.2001	15.01.2001	
30.01.2001	RE6	D	3000	3574		0100.1001...			2		30.01.2001	30.01.2001	
30.01.2001	RE6	D	3000	3574		0100.1203...			2		30.01.2001	30.01.2001	
30.01.2001	RE6	D	3000	3690		0100.1201...			2		30.01.2001	30.01.2001	
30.01.2001	RE9	D	1000	3477		0002.0008...			2		30.01.2001	30.01.2001	
25.02.2003	G25	D	GRON	90000...					1		25.03.2003	25.03.2003	
12.03.2003	TEST1	D	GRON	90000...					1		12.03.2003	12.03.2003	
15.03.2003	GS-1	D	GRON	90000...					1	D1	15.03.2003	15.03.2003	
15.03.2003	GS-3	D	GRON	90000...					1	D1	15.03.2003	15.03.2003	
19.03.2003	GS-2	D	GRON	90000...					1	D1	19.03.2003	19.03.2003	
20.03.2003		D	GRON	90000...					1		20.03.2003	20.03.2003	

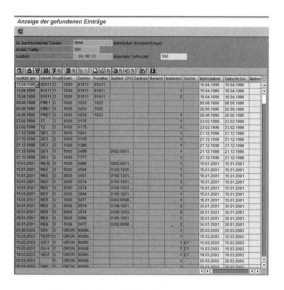

Abb. 10.08: Details durchgeführter Mahnläufe

Eine Übersicht der durch Mahnselektion gesperrten Konten gibt die Tabelle **MAHNS**.

Anzeige der gefundenen Einträge

Zu durchsuchende Tabelle MAHNS Durch Mahnselektion gesperrte Konten
Anzahl Treffer 99
Laufzeit 0 Maximale Trefferzahl 500

Koart	BuKr	Konto	Bereich	Ausführ am	Identif
D	GRON	9000000016		11.08.2003	718-12
D	GRON	9000000020		12.08.2003	713-2
D	GRON	9000000022		11.08.2003	707-3
D	GRON	9000000162		16.06.2003	GR01X
D	GRON	9000000163		30.04.2003	MGR202
D	GRON	9000000245		30.03.2003	MGR262
D	GRON	9000000258		20.03.2003	GRM032
D	GRON	9000000297		12.03.2003	TEST1
D	GRON	9000000445		21.03.2003	GR219
D	GRON	9000000467		21.03.2003	GR239
D	GRON	9000000506		25.03.2003	G20
D	GRON	9000000508		25.03.2003	G21
D	GRON	9000000512		25.03.2003	GR12XX
D	GRON	9000000513		25.03.2003	G02
D	GRON	9000000514		25.03.2003	MGR13
D	GRON	9000000515		25.03.2003	G03
D	GRON	9000000516		25.03.2003	G27

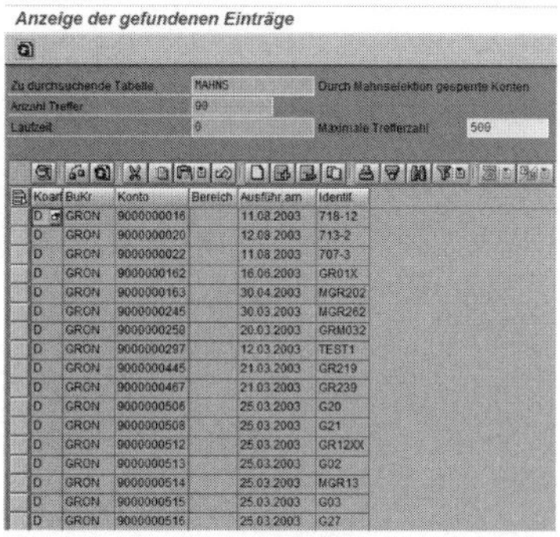

Abb. 10.09: Durch Mahnselektion gesperrte Konten

Über die Anzeige der Tabelle **KNB5** können Sie u.a. prüfen, welche Debitorenkonten zur Mahnung gesperrt sind. Selektieren Sie nach den vorhandenen Mahnsperren über die integrierte *Druckwertehilfetaste*.

Automatische Abläufe

Abb. 10.10: Liste zur Mahnung gesperrter Debitorenkonten

10.4 Batch-Input Mappen

Diverse Verarbeitungsabläufe werden über den Einsatz von Batch-Input Mappen realisiert. Hinsichtlich der Prüfung müssen Sie sich also mit diesen beschäftigen.

Es handelt sich hierbei um das Prinzip der Stapelverarbeitung, am Beispiel des Mahnens erklärt.

Sie rufen das Mahnprogramm auf und legen fest, für welchen Zeitraum es für welche Debitoren ausgeführt werden soll.

Dieser Mahnlauf wird eingeplant und nach Prüfung zur Ausführung gebracht. Die Ausführung erfolgt stets zu einem vom Anwender fest definierten Zeitpunkt.

Diese Daten werden in die "Stapel-Mappe" übergeben. Und zum jeweiligen Ausführungstermin werden durch das Programm die zugehörigen Belege erzeugt.

Diese Mappen liegen im System vor. Via Transaktion **SM35** oder den Report **RSBDCANA** über die Transaktion **SA38** gelangen Sie zur Auswertung dieser Mappen. Sie gelangen zum Batch-Input-Monitoring in die Mappenübersicht:

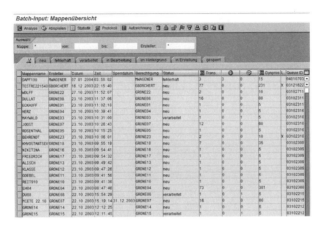

Abb. 10.11: Batch-Input Mappenübersicht mit der Transaktion SM35

Diese Übersicht gibt Ihnen einen Einblick in alle vom System geführten Batch-Input Mappen.

Im zweiten Schritt sollten Sie Ihr Augenmerk auf die noch zu verarbeitenden Mappen richten, im Hinblick auf die zeitnahe Buchung. Ob zum Beispiel ältere Mappen, die noch nicht abgespielt wurden, vorliegen.

Ein weiteres Interesse gilt den Mappen, die fehlerhaft abgespielt wurden. Hier könnten sich fehlgeschlagene Buchungsvorgänge befinden.

Die Registerkarten ermöglichen Ihnen die vereinfachte Selektion durch vorbereitete Zuordnungen.

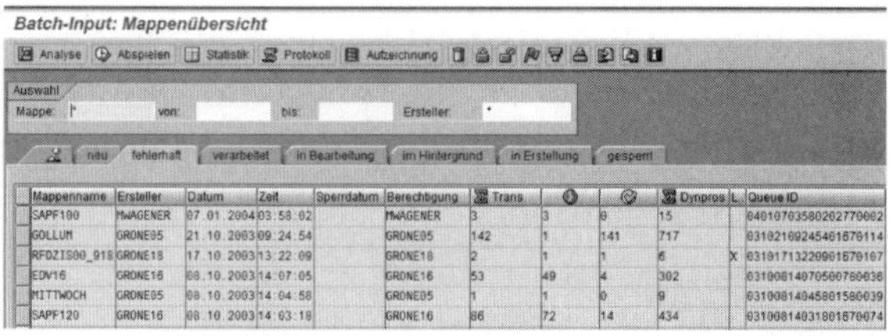

Automatische Abläufe

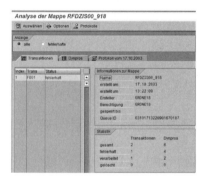

Abb. 10.12: Übersicht fehlerhafter Batch-Input Mappen

Markieren Sie Ihre Auswahl, klicken Sie dann auf die Schaltfläche Analyse.

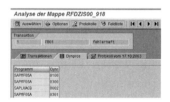

Abb. 10.13: Mappenanalyse - Transaktionsübersicht

Es werden alle Transaktionen angezeigt, die sich in der ausgewählten Mappe befinden. Bei *DynPros* handelt es sich um Bildschirmmasken.

Abb. 10.14: Mappenanalyse - DynPros

Per Doppelklick auf einen ausgewählten Eintrag gelangen Sie in die *DynPro Simulation* und erhalten eine Übersicht über den konkreten Mappeninhalt:

Abb. 10.15: Dynprosimulation

Die Protokollkarte gibt Ihnen eine Analyse der Aufzeichnung, die grundsätzlich beim Abspielen gestartet wird:

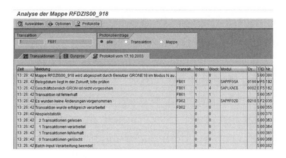

Abb. 10.16: Anzeige des Fehlerprotokolls

!Grundsätzlich sollten Verfahrensanweisungen vorliegen und eingehalten werden, die folgende Aspekte klar reglementieren:
- Die Zuständigkeit für Mappen (wer - wofür).
- Regelmäßiges Überprüfen auf fehlerhafte Mappen.
- Verfahren zur Abarbeitung/Erledigung fehlerhafter Mappen.

231

Diese Regelungen sind wichtig, um eine Zeitnähe der Verbuchung und eine korrekte Umsetzung des Buchungsstoffes zu gewährleisten.

10.5 Jobs

Bei Jobs handelt es sich um eine in sich geschlossene Abfolge von Programmen, die chronologisch definiert ablaufen.

Ziele der Job-Dokumentation sind:
1. Sicherstellung reibungsloser Abläufe
2. Unabhängigkeit von Detailkenntnissen bestimmter Personen
3. Überprüfbarkeit der EDV-technischen Abwicklung durch einen sachverständigen Dritten in angemessener Zeit

Bei Jobs, die vom SAP® System generiert werden, wird ebenfalls eine Job-Dokumentation erzeugt.

Nativ generierte Jobs (vom Anwender generierte Jobs) benötigen eine Dokumentation durch den Anwender.

Das wesentliche hierbei ist, dass Jobprotokolle einer Aufbewahrungsfrist von 10 Jahren unterliegen. Dieser Hinweis wurde von SAP in das AIS integriert. Sie können ihn über die Transaktion **SECR** erhalten, wenn Sie dem nachfolgenden Pfad folgen und den Eintrag *Hintergrundverarbeitung* mit Doppelklick aktivieren. Der Hinweis ist im Abschnitt 2.2 hinterlegt.

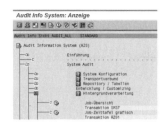

Abb. 10.17: Menüpfad zur Job-Protokoll Dokumentation im AIS

Überprüfen Sie, ob es diesbezüglich eine Verfahrensanweisung in Ihrem Unternehmen gibt. Dies sollte obligat sein.

Eine Prüfung der Jobübersicht können Sie via Transaktion **SM37** vornehmen - dort verzweigen Sie in die Job-Logs.

Regelhaft verfügen Sie nicht über die benötigten Berechtigungen. Bitten Sie die Administration um entsprechende Unterstützung.

10.6 Prüfhinweise Automatische Abläufe

10.6.1 Zahlen

Sofern Zahlläufe nicht in Anlehnung an optimierte Arbeitsprozesse zeitgerecht umgesetzt werden, kann es ggf. zu Skontoverlusten führen.

Prüfschritte
1. Prüfen Sie, ob die Unternehmensrichtlinien hinsichtlich der Durchführung des Zahlprogramms Umsetzung gefunden haben (**RFZALI20** über Transaktion **SA38**).
2. Prüfen Sie, ob die zur Zahlung gesperrten Posten mit den IKS Richtlinien konform sind (**RFZALI10** über Transaktion **SA38**.)
3. Überprüfen Sie die Altersstruktur der Verbindlichkeiten (**RFKOFW00** über Transaktion **SA38**).

10.6.2 Mahnen

Kunden, die nicht regelhaft gemahnt werden, bemühen sich häufig nicht um einen Ausgleich der Forderung.

Des Weiteren besteht das Risiko in dem Ablauf der Verjährungsfrist.

Beide Faktoren können die Liquidität des Unternehmens negativ beeinflussen.

Prüfschritte
1. Prüfen Sie, ob die Customizingeinstellungen zum Mahnverfahren mit den Unternehmensrichtlinien übereinstimmen (Tabellen aus Abschnitt 10.3 mit der Transaktion **SE16N**).
2. Prüfen Sie, ob die Unternehmensrichtlinien hinsichtlich der Durchführung des Mahnprogramms Umsetzung gefunden haben (**RFMAHN01** über Transaktion **SA38** und Tabelle **MHNK** über Transaktion **SE16N**).
3. Prüfen Sie, ob die zur Mahnung gesperrten Posten mit den IKS Richtlinien konform sind (**RFMAHN02** über Transaktion **SA38** und Tabelle **MAHNS** über Transaktion **SE16N**).
4. Prüfen Sie, welche Debitorenkonten seit wann und warum zur Mahnung gesperrt sind (Tabelle **KNB5** über Transaktion **SE16N** - Feld *Mahnsperre*).

10.6.3 Batch-Input Mappen

Batch-Input Mappen, die nicht ordnungsmäßig verarbeitet werden, können zu einer inhaltlichen Inkonsistenz des Buchungsstoffes führen. Bei nicht zeitgerechter Abarbeitung fehlerhafter Mappen ist die Zeitnähe der Verbuchung nicht mehr gewährleistet.

Prüfschritte
1. Prüfen Sie über die Transaktion **SM35** die Altersstruktur fehlerhafter Batch-Input Mappen.
2. Prüfen Sie die Verfahrensanweisung zur Verarbeitung fehlerhafter Mappen und den zugehörigen Buchungsstoff.

10.6.4 Job Protokolle

Wenn Job-Protokolle als Bestandteil der Verfahrensdokumentation nicht 10 Jahre aufbewahrt werden, liegt ein Verstoß gegen die gesetzlichen Anforderungen vor.

Prüfschritte
1. Überprüfen Sie, ob es zur Verwaltung von Job-Protokollen eine Verfahrensanweisung in Ihrem Unternehmen gibt.
2. Lassen Sie sich stichprobenartig Job-Protokolle aus den verschiedenen Zeiträumen seit Produktivstart (höchstens aus den letzten 10 Jahren) aushändigen und ggf. erläutern.

10.7 Checkliste Automatische Abläufe

Nr.	Frage	Ordnungsmäßigkeitsvorgabe
1	Gibt es eine Verfahrensanweisung zu Zahlläufen?	Es sollte eine Verfahrensanweisung zur Konfiguration, Prüfung und Durchführung von Zahlläufen geben.
2	Werden die Zahlläufe in Anlehnung an die Unternehmensrichtlinie durchgeführt?	Die Zahlläufe sollten übereinstimmend mit der Unternehmensrichtlinie durchgeführt werden.
3	Stimmen die Customizingeinstellungen zu den Zahlläufen mit den Unternehmensrichtlinien überein?	Die Customizingeinstellungen sollten mit den Unternehmensrichtlinien übereinstimmen.

Nr.	Frage	Ordnungsmäßigkeitsvorgabe
4	Gibt es eine Verfahrensanweisung zu Mahnläufen?	Es sollte eine Verfahrensanweisung zur Konfiguration, Prüfung und Durchführung von Mahnläufen geben.
5	Werden die Mahnläufe in Anlehnung an die Unternehmensrichtlinie durchgeführt?	Die Mahnläufe sollten übereinstimmend mit der Unternehmensrichtlinie durchgeführt werden.
6	Stimmen die Customizingeinstellungen zu den Mahnläufen mit den Unternehmensrichtlinien überein?	Die Customizingeinstellungen sollten mit den Unternehmensrichtlinien übereinstimmen.
7	Wird regelmäßig auf Konten, die zur Mahnung gesperrt sind, verprobt?	Konten, die zur Mahnung gesperrt sind, sollten regelmäßig überprüft werden.
8	Wird regelmäßig auf Posten, die zur Mahnung gesperrt sind, verprobt?	Posten, die zur Mahnung gesperrt sind, sollten regelmäßig überprüft werden.
9	Gibt es eine Verfahrensanweisung zur Ausführung und Überprüfung der Mappen des Batch-Input Verfahrens?	Es sollte eine Verfahrensanweisung zur Ausführung und Überprüfung der Mappen des Batch-Input Verfahrens geben.
10	Gibt es eine Verfahrensanweisung zum Umgang mit fehlerhaften Mappen des Batch-Input Verfahrens?	Es sollte eine Verfahrensanweisung zur Ausführung und Überprüfung von fehlerhaften Mappen des Batch-Input Verfahrens geben.
11	Gibt es eine Verfahrensanweisung zum Umgang mit Job Protokollen?	Es sollte eine Verfahrensanweisung zum Umgang mit Job Protokollen geben, die den Anforderungen zur Umsetzung der Aufbewahrungspflichten Rechnung trägt.

11 Der Verbuchungsprozess in SAP R/3®

Ganz grundsätzlich bedeutet "verbuchen" im R/3® Umfeld erst einmal nur, dass Daten in die Datenbank geschrieben werden.

11.1 Die Verbuchungsarten

Für diesen Vorgang gibt es in SAP® zwei mögliche Verfahren. Zum einen die synchrone Verbuchung und zum anderen die asynchrone Verbuchung.

11.1.1 Synchrone Verbuchung

Synchrone Verbuchung bedeutet, dass Daten direkt in die Datenbank geschrieben werden. Beim Ändern, Löschen oder bei der Neuanlage eines Datensatzes durch einen Benutzer findet die Umsetzung ohne Umwege in der Datenbank statt. Dieses Verfahren wird mittels des Dialogprozesses realisiert. Für den Benutzer hat dies zur Folge, dass er erst die Abarbeitung seines Verbuchungsvorganges abwarten muss, bevor er neue Vorgänge starten kann. Aus Sicht der Performance, bedingt durch potentiell lange Wartezeiten, ist dies nicht die zu wählende Methode.

Daher wird dieses Verbuchungsprinzip in SAP® tendenziell selten eingesetzt.

Die bevorzugte Methode ist die sogenannte asynchrone Verbuchung.

11.1.2 Asynchrone Verbuchung

Die asynchrone Verbuchung wird nicht mittels eines Dialogprozesses realisiert, sondern mittels eines eigenen Verbuchungsprozesses.

Der Verbuchungsprozess in SAP R/3®

Das Procedere ergibt sich wie folgt:
1. Der Benutzer gibt Daten in das System ein und sichert diese.
2. Der Dialogprozess nimmt diese Daten zunächst einmal entgegen. Da er an diesem Schritt beteiligt ist, kann er die Daten nicht direkt an das Verbuchungsprogramm übergeben, da dann die beschriebene Performanceproblematik nur verlagert wäre.
3. Demzufolge schreibt der Dialogprozess die Daten in eine Tabelle zur Zwischenspeicherung. Diese Tabelle heißt **VBLOG**. Der Benutzer erhält lediglich die Nachricht, dass die Daten nun gesichert sind. Finanzbuchhalterische Belege gelten zu diesem Zeitpunkt als ordnungsgemäß verbucht, da diese durch die Eingabeplausibilitätsprüfung als verarbeitungsfähig identifiziert sind. De facto sind die Daten noch nicht in die Datenbank geschrieben.
4. Die Tabelle **VBLOG** wird kontinuierlich vom Verbuchungsprozess ausgelesen. Und selbiger schreibt die Daten nach dem "First in" - "First out" Prinzip (FIFO) nun in die Datenbank. Abschließend wird der Eintrag aus der **VBLOG** gelöscht.

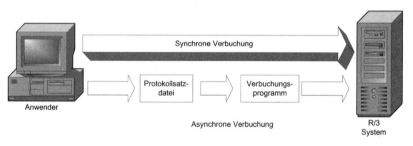

Abb. 11.01: Die Verbuchungsprinzipien

11.1.3 Die Verbuchungskomponenten

Innerhalb der Verbuchung unterscheidet man in SAP® wiederum nach zwei verschiedenen Verbuchungskomponenten.

Das eine sind die
- **V1-Vorgänge**:
Hierbei handelt es sich um primäre, zeitkritische Vorgänge, anzusiedeln im Bereich betriebswirtschaftlicher Verbuchungen, wie zum Beispiel Belegbuchung, Stammdatenerfassung. Diese Vorgänge dulden keine Zeitverzögerung.

Das andere sind die
- **V2-Vorgänge**:
Hierbei handelt es sich entsprechend um sekundäre, unkritische Vorgänge. Ihr Einsatz ist vornehmlich im Bereich der statistischen Auswertung angesiedelt, wie zum Beispiel Ergebnisrechnung.

Für diese beiden Vorgänge gibt es entsprechende Verbuchungsprozesse im R/3® System: Den V1-Verbuchungsprozess UPD und den V2-Verbuchungsprozess UP2. Der UPD Verbuchungsprozess ist in der Lage sowohl V1- als auch V2-Vorgänge abzuwickeln. Jedoch haben V1-Vorgänge stets die höhere Priorität. Ein V2-Vorgang wird erst dann verarbeitet, wenn alle V1-Vorgänge abgearbeitet sind. Ein UP2-Verbuchungsprozess hingegen kann nur V2-Vorgänge abarbeiten.

Von beiden Verbuchungsprozessen können gleichzeitig mehrere gestartet werden. Voraussetzung dafür ist, dass alle Verbuchungsprozesse auf demselben Server laufen.

11.1.4 Verbuchungsparameter

Auf welchem Server wie viele Verbuchungsprozesse laufen, kann über die zugehörige Parametrisierung geprüft werden.

Parameter	Definiert im	Beschreibung
rdisp/vbname	Defaultprofil	Angabe, auf welchem Server die Verbuchungsprozesse laufen.
rdisp/wp_no_vb	Instanzprofil der jeweiligen Instanz	Angabe, wie viele Verbuchungsprozesse für V1-Vorgänge gestartet wurden.
rdisp/wp_no_vb2	Instanzprofil der jeweiligen Instanz	Angabe, wie viele Verbuchungsprozesse für V2-Vorgänge gestartet wurden.
rdisp/vbdelete	50	Angabe, Anzahl der Tage, nachdem Einträge in VBLOG gelöscht werden.Empfehlung>= 365
rdisp/vbmail	1	Angabe, ob ein Benutzer bei Verbuchungsabbruch via Expressmail informiert wird. Mit Wert 1 wird er informiert.
rdisp/vb_mail_user_list	$ACTUSER(auslösender Benutzer)	Angabe der Benutzer, die bei Verbuchungsabbruch (wenn Wert 1) per Expressmail informiert werden sollen. Tragen Sie dort den verantwortlichen Verbuchungsadministrator mit ein.

Rufen Sie zur Parameterüberprüfung über die Transaktion **SA38** den Report **RSPFPAR** auf.

Abb. 11.02: Einstiegsmaske des Reports RSPFPAR

Tragen Sie die zu betrachtenden Parameter der vorangestellten Tabelle einzeln ein, und bringen Sie diese zur Ausführung über die Funktionstaste *F8*.

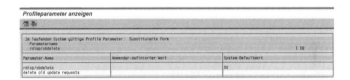

Abb. 11.03: Anzeige eines Profilparameters

Sofern in der Spalte "Anwender-definierter Wert" kein Eintrag steht, greift der Eintrag der Spalte "System-Defaultwert".

Sofern in der Spalte "Anwender-definierter Wert" ein Eintrag steht, greift dieser Eintrag. Der Eintrag in der Spalte "System-Defaultwert" findet dann keine Berücksichtigung.

Eine lokale Prozessübersicht können Sie sich über Transaktion **SM50** anzeigen lassen (Alternativ Report: **RSMON000_ALV** über die Transaktion **SA38**).

11.2 Abgebrochene Verbuchungen

Beim Schreiben der Buchungen aus der Protokollsatzdatei in die Datenbank kann es zu technischen Verarbeitungsfehlern kommen.

Der Verbuchungsprozess in SAP R/3®

Dies hat zur Folge, dass Buchungen nicht ordnungsgemäß verarbeitet werden und, mit einer entsprechenden Kennung versehen, in der **VBLOG** verbleiben. Wie bereits unter asynchroner Verbuchung beschrieben, handelt es sich hierbei um den Zwischenspeicher in Tabellenform. Einmal täglich mindestens sollten die Einträge in der **VBLOG** überprüft werden, denn für Datenverarbeitungsfehler gilt:

- Datensätze, die einen Verarbeitungsfehler führen, verbleiben in der **VBLOG**.
- Fehlerhafte Datensätze müssen nachbereitet werden.

Der Administrator hat die Möglichkeit, sich Verbuchungsabbrüche ergänzend über einen Alert Monitor Transaktion **RZ20** anzeigen zu lassen.

11.2.1 Weiterverarbeitung von abgebrochenen Verbuchungssätzen (SM13)

Datensätze, die nicht verarbeitet werden können, verbleiben in der **VBLOG**. Diese Datensätze können über die Transaktion **SM13** geprüft werden.

Wählen Sie bitte aus: Abgebrochen oder Alle .

Abb. 11.04: Einstiegsmaske der Transaktion SM13

HINWEIS:
Im Feld *Benutzer* sollte ein "*" eingetragen sein. Das Datum ist zu adaptieren.

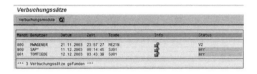

Abb. 11.05: Einträge in der VBLOG

Statusfeldanzeige:
- init   Datensatz wartet auf Verbuchung.
- auto   Datensatz wird automatisch verbucht.
- run   Datensatz ist gerade in Verarbeitung.
- err   Ein Fehler ist aufgetreten, die Verbuchung wurde abgebrochen.

Abgebrochene Verbuchungssätze können von der Administration manuell nachbereitet werden, indem der Menüpfad *Verbuchungssätze - Nachbuchen - Einzeln* gewählt wird.

Zu beachten ist der integrierte Warnhinweis:

Abb. 11.06: SAP Hinweis zum Nachverbuchen

Bei eventuell resultierender Inkonsistenz müssen die Verbuchungsdaten manuell extrahiert und manuell nachgebucht werden.

243

11.2.2 Auflistung unverarbeiteter Verbuchungssätze (Report RFVBER00)

Dieser Report ist für jeden Produktivmandanten Ihres Systems auszuführen. Er gibt Auskunft über abgebrochene Verbuchungen, die aus der Anwendung FI resultieren.

So dient der Report nachweislich der Kontrolle der lückenlosen Belegnummernvergabe und dokumentiert die wesentlichen Informationen hinsichtlich der Verbuchungsabbrüche.

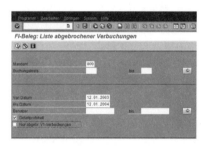

Abb. 10.07: Selektionsmaske des Reports RFVBER00

Ihnen stehen oben angezeigte Auswahlkriterien zur Verfügung:
- Mandant
- Buchungskreis
- Von- und Bis-Datum
- Benutzer

Wird eine dieser Selektionsoptionen leer gelassen, werden für diesen Punkt alle möglichen Werte genommen.

Die Ausführung erfolgt über die Funktionstaste *F8*.

Der Report **RFVBER00** gliedert sich in drei Abschnitte:
- Die **Informationen pro Beleg** (werden nur angezeigt wenn *Detailprotokoll* aktiviert ist)

Zeigt die Belegkopffelder, die Felder für die Belegzeilen und auszugleichende Posten an.
- **Statistik**
Zeigt die Anzahl der abgebrochenen Verbuchungen pro Benutzer pro Buchungskreis an.
- **Chronologie**
Die zeitliche Auflistung der Verarbeitungsabbrüche.

HINWEIS:
Dieser Report weist neben den reinen FI Verbuchungsabbrüchen auch Verbuchungsabbrüche aus anderen Anwendungen nach FI aus.

Prüfen Sie nicht nur den Zustand der **VBLOG**, sondern ergänzend auch bitte die Vorgaben zur Verwaltung von Verbuchungsvorgängen.

11.3 Prüfhinweise zur Verbuchung

Abgebrochene Verbuchungen, die weder dokumentiert noch nachgearbeitet werden, können Beleglücken erzeugen, da sie standardmäßig nach 50 Tagen aus dem System gelöscht werden.

Sowohl die Vollständigkeit des Buchungsstoffes als auch die Zeitnähe der Verbuchung sind jedoch gesetzliche Anforderungen, so dass sämtliche Maßnahmen zu treffen sind, die dies sicherstellen.

Prüfschritte:
1. Überprüfen Sie die Einstellung der Verbuchungsparameter aus dem Abschnitt 11.1.4 mit Hilfe des Reports **RSPFPAR** (über Transaktion **SA38**).
2. Prüfen Sie das Vorhandensein von Verfahrensdokumentationen zum Prozedere abgebrochener Verbuchungssätze und welche

Maßnahmen und Richtlinien das IKS vorsieht. Lassen Sie sich die Unterlagen aushändigen und ggf. erläutern.
3. Prüfen Sie, ob abgebrochene Verbuchungen im System geführt werden (Report **RFVBER00** über Transaktion **SA38**).

11.4 Checkliste Verbuchung

Nr	Fragestellung	Ordnungsmäßigkeitsvorgabe
1	Wird die VBLOG regelmäßig überprüft?	Die VBLOG sollte mindestens einmal täglich auf Einträge überprüft werden.
2	Gibt es nicht verarbeitete Buchungssätze im System (VBLOG)?	Es darf keine geben.
3	Wer ist dafür verantwortlich?	Es muss einen Verantwortlichen geben.
4	Entspricht die Parametrisierung der Verbuchung den Unternehmensrichtlinien?	Die Parametrisierung sollte den Unternehmensrichtlinien entsprechen.
5	Gibt es eine Verfahrensanweisung zur Überprüfung auf abgebrochene Verbuchungen?	Eine Verfahrensanweisung ist obligat.
6	Gibt es eine Verfahrensanweisung zur Weiterverarbeitung von abgebrochenen Verbuchungen?	Eine Verfahrensanweisung ist obligat.
7	Wird regelmäßig auf abgebrochene Verbuchungssätze geprüft (RFVBER00), und gibt es einen Verantwortlichen?	Es sollte einen Verantwortlichen geben, und der Report sollte täglich ausgeführt werden.

12 Die Belegnummernvergabe

Abgebrochene Verbuchungen, die nicht adäquat aus der **VBLOG** weiterverarbeitet wurden, sind ein wesentlicher Faktor bei der Eruierung von Lücken in der Belegnummernvergabe.

Ein weiterer Aspekt, der maßgeblich ursächlich für Lücken in der Belegnummernvergabe wirken kann, ist die fehlerhafte Pufferung von Nummernkreisobjekten.

Jeder Beleg in R/3® erhält eine eigene Nummer, die durch Ergänzungsdaten wie Buchungskreis und Geschäftsjahr eindeutig ist. Belegnummern dürfen maximal 10-stellig sein. Die Belegnummernvergabe kann sowohl intern als auch extern erfolgen.

12.1 Externe / Interne Belegnummernvergabe

Jeder Beleg in R/3® erhält eine eigene Nummer, die durch Ergänzungsdaten wie Buchungskreis und Geschäftsjahr eindeutig ist.

Belegnummern dürfen maximal 10-stellig sein.

Die Belegnummernvergabe kann sowohl extern als auch intern erfolgen.

12.1.1 Externe Belegnummernvergabe

Die externe Belegnummernvergabe findet dort Anwendung, wo Belegnummern von einem Vorsystem oder von anderen SAP® Modulen vergeben wurden.

Diese Belege werden dann z.B. mittels des Batch-Input Verfahrens in das System eingeführt, und die bereits vergebenen Belegnummern werden im SAP®-System weitergeführt.

Die Belegnummernvergabe

R/3® überprüft ausschließlich bei Einsatz dieses Verfahrens, ob die Belegnummern in dem für die Belegart zugewiesenen Belegnummernintervall liegen und ob es zu einer doppelten Belegnummernvergabe gekommen ist.

Dieser Vergabemodus erlaubt demnach auch das Einlesen von nicht fortlaufend vergebenen Belegnummern. Praktisch bedeutet dies, dass es zu Lücken in der Belegnummernvergabe gekommen sein kann.

Die Überprüfung auf eventuell vorhandene Lücken sollte unbedingt schon im Vorsystem vorgenommen werden.

12.1.2 Interne Belegnummernvergabe

Bei der internen Belegnummernvergabe handelt es sich um ein systemeigenes Verfahren. Die Vergabe wird direkt durch das R/3®-System selbst vorgenommen. Die Belegnummern werden so lückenlos und fortlaufend durchnummeriert.

Dieses Verfahren erlaubt keine manuelle Vergabe von Belegnummern.

12.2 Pufferung von Belegnummern

Die einzelnen Belegnummern liest R/3® bei der Belegnummernvergabe aus der Datenbank. Es kann jeweils nur eine Nummer pro Nummernkreisintervall gelesen werden. Für den Fall, dass mehrere Benutzer parallel eine Belegart bebuchen, kann es zu gewissen Engpässen kommen, in dessen Rahmen die Anwender Wartezeiten erdulden müssten.

Zur Steigerung der Systemleistung gibt es im R/3®-System eine Funktionalität, die wiederum die Pufferung von Belegnummern ermöglicht. Dies bedeutet, das System liest die Nummern nicht mehr einzeln ein, sondern gleich einen Nummernblock pro Instanz. Für viele Belegarten liegt die Voreinstellung der Blockgröße bei 5, kann aber beliebig variiert werden.

Diese Nummern werden im Hauptspeicher zwischengelagert und bei der nächsten Belegbuchung vergeben. Lokalisation ist die Tabelle **NRIV**. Dieser Tabelle können Sie zusätzlich den aktuellen Nummernstand entnehmen.

Ist der Puffer leer, wird ein neuer Block aus der Datenbank eingelesen.

Bereits beim Einlesen in den Puffer gelten diese Belegnummern aus Sicht des SAP®-Systems als vergeben, selbst wenn sie sich nur im Hauptspeicher einer Instanz befinden.

Daraus resultiert eine Problematik.

Wird diese Instanz nun heruntergefahren, und es befinden sich noch Belegnummern im Puffer, gehen diese unwiederbringlich verloren. Beim Neustart einer Instanz werden neue Nummern in den Hauptspeicher geladen.

Bedingt durch Einsatz dieses Verfahrens kann es zu Lücken in der Belegnummernvergabe kommen.

Der Gesetzgeber duldet deshalb dieses Verfahren nur eingeschränkt.

Zusammenfassend kann man die Entstehung von Lücken in der Belegnummernvergabe herleiten durch:
- Belegnummernpufferung
- abgebrochene Buchungssätze
- externe Belegnummernvergabe

Das HGB schreibt die Lückenlosigkeit finanzbuchhalterischer Belege vor. Demnach gilt für alle rechnungslegungsrelevanten Nummernintervalle, für die maschinell der Vollständigkeitsnachweis erbracht werden muss, dass zur Wahrung der Nachvollziehbarkeit der Einsatz der Belegnummernpufferung kontraindiziert ist. Denn keine Administration kann eine lückenlose Darstellung bei dieser Form der Pufferung gewährleisten.

Finanzbuchhaltungsbelege dürfen also nicht gepuffert werden. Die gilt es zu prüfen. Drei Möglichkeiten will ich Ihnen vorstellen.

1. Möglichkeit
Dafür müssen Sie sich zuerst einen Überblick über die Nummernkreisobjekte und ihren Pufferungsstatus verschaffen.

Lassen Sie sich über Transaktion **SE16N** die Tabelle **TNRO** anzeigen. Selektieren Sie nach dem Objekt **RF_BELEG**, wie nachstehend abgebildet, und führen Sie die Abfrage mit der Funktionstaste *F8* aus:

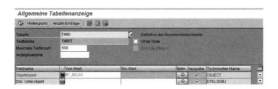

Abb. 12.01: Selektionsmaske der Tabelle TNRO über die Transaktion SE16N

HINWEIS:
Tragen Sie unter *Pufferung* in der Selektionsmaske ein **X** ein, werden Ihnen all die Nummernkreisobjekte ausgegeben, für die eine Pufferung aktiviert ist.

Nehmen Sie dort keinen Eintrag vor, werden Ihnen alle Nummernkreisobjekte angezeigt. Die Objekte, die ein **X** in der Tabellenspalte

Die Belegnummernvergabe

Pufferung geführt haben, werden folglich gepuffert. Es darf keine generelle Pufferung für die Objekte **RF_BELEG** (Finanzbuchhaltungsbeleg) und **RV_BELEG** (Vertriebsbeleg) aktiviert sein.

Abb. 12.02: Anzeige des Nummernkreisobjektes RF_BELEG

2. Möglichkeit
Alternativ können Sie sich via Transaktion **SA38** den Report **RSNRODSP** zur Anzeige bringen lassen:

Abb. 12.03: Anzeige der Pufferungsinformationen zu Nummernkreisobjekten

251

Die Belegnummernvergabe

3. Möglichkeit
Rufen Sie die Transaktion **SNRO** auf.

Tragen Sie das Objekt **RF_BELEG** ein, und wählen Sie den Anzeigemodus :

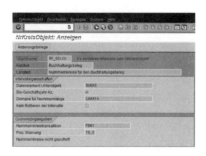

Abb. 12.04: Anzeige des Nummernkreisobjektes RF_BELEG

Änderungsbelege zu Nummernkreisobjekten

Des Weiteren können Sie hier unmittelbar zugehörige Änderungsbelege aufrufen .

Abb. 12.05: Änderungsbelege zum Nummernkreisobjekt

12.3 Sonderfall Lokale Pufferung

Eine andere Möglichkeit der Pufferung ist die sogenannte Lokale Pufferung. Man bezeichnet sie auch als erweiterte oder indirekte Pufferung. Bei diesem Verfahren werden Nummernintervalle der **NRIV** entnommen und in der Tabelle **NRIV_LOKAL** verwaltet und gespeichert (Einsatz z.B. bei Pufferung pro R/3® Instanz). Bei

Einsatz der **NRIV_LOKAL** sind hinsichtlich der Einstellungen administrative Vorgaben zu berücksichtigen. Achten Sie auf regelmäßige Ausführung des Reports **RSSNR0A1** (Auswertung nicht vergebener Belegnummern bei **NRIV** Split - für das Nummernkreisobjekt **RF_BELEG** unter Berücksichtigung der relevanten Unterobjekte). Diese Reports sind der Dokumentation hinzuzufügen.

OSS - Hinweise: 175047
23835
37844

12.4 Prüfen auf Lücken in der Belegnummernvergabe

Es gibt zwei Reports zur Überprüfung auf Lücken in den Belegnummern.

12.4.1 RFBNUM00

Mit Hilfe des Reports **RFBNUM00** können Sie eben diese benannte Lückenlosigkeit über die allgemeine Belegdatei überprüfen.

Diese Abfrage ist so gestaltet, dass entweder nach Nummernkreis oder nach Belegart aufbereitet wird. Eine Übersicht eben dieser beiden Komponenten erhalten Sie durch Auswertung der Tabelle **T003** via **SE16N**.

Die Belegnummernvergabe

Abb. 12.06: Anzeige der Tabelle T003

Hier ist deutlich ersichtlich, dass einem Nummernkreis mehrere Belegarten zugeordnet sein können.

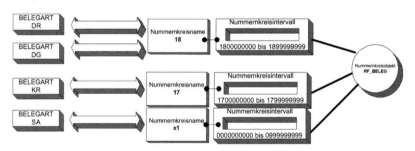

Abb. 12.07: Die Referenzierungen des Nummernkreisobjektes

Demzufolge ist eine Abfrage in **RFBNUM00** nach Nummernkreisen indiziert.

Die Belegnummernvergabe

Abb. 12.08: Selektionsmaske des RFBNUM00

Setzen Sie Ihre Auswahlkriterien, und bringen Sie das Programm mittels der Funktionstaste *F8* zur Ausführung.

Abb. 12.09: Ergebnisliste des RFBNUM00

Eine Abgrenzung des Geschäftsjahres ist dann zu empfehlen, wenn das Nummernkreisintervall jahresabhängig gepflegt wird. Nehmen Sie bei jahresabhängiger Führung keine Abgrenzung des Geschäftsjahres vor, erhalten Sie eine Übersicht mehrfach vergebener Belegnummern, da diese Nummern für die diversen Geschäftsjahre jeweils vergeben wurden.

Es gibt die Möglichkeit, Belegnummernkreise über mehrere Jahre fortlaufen zu lassen oder jedes Jahr neu zu initialisieren (auf "0" zu setzen). Beide Verfahren sind legitim. Zugunsten der Übersichtlichkeit ist das Verfahren der jährlichen Initialisierung zu empfehlen.

HINWEIS:
Reorganisierte Belege im abgefragten Zeitraum werden als Lücke geführt.

255

Dieser Report ist in regelmäßigen Abständen aufzurufen. Berücksichtigen Sie hierbei bitte Ihre unternehmenseigenen Archivierungsrichtlinien. Ein archivierter Beleg ist über diesen Report nicht mehr zu erreichen.

12.4.2 RFBNUM00N

Der Report **RFBNUM00** wurde überarbeitet und das Ergebnis im Report **RFBNUM00N** umgesetzt.

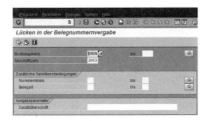

Abb. 12.10: Selektionsmaske des RFBNUM00N

Die Eingabe eines Geschäftsjahres ist obligat, die Selektion nach Buchungskreisen zu empfehlen.

Eine zusätzliche Selektion nach Belegart oder Nummernkreis ist nicht mehr zwingend nötig und kann somit freigelassen werden.

Die Spaltenüberschriftsgestaltung wurde zu Gunsten der Übersichtlichkeit überarbeitet.

Die Bewertung ist analog dem **RFBNUM00**.

Der aktuelle Nummernstand wird in der Spaltenüberschrift separat ausgewiesen.

Für die praktische Prüfungstätigkeit ist dieser Report vorzuziehen.

Abb. 12.11: Ergebnisliste des RFBNUM00N

HINWEIS:
Reorganisierte Belege im abgefragten Zeitraum werden als Lücke geführt.

Dieser Report ist in regelmäßigen Abständen aufzurufen. Berücksichtigen Sie hierbei bitte Ihre unternehmenseigenen Archivierungsrichtlinien. Ein archivierter Beleg ist über diesen Report nicht mehr zu erreichen.

12.5 Kontrollanforderung für die Verbuchung

12.5.1 Die Abstimmanalyse

Die Abstimmanalyse, auch Große Umsatzprobe genannt, vergleicht die gebuchten Einzelbelege eines Kontos mit den Verkehrszahlen eines Kontos auf Monatsebene.

Diese Abstimmung erfolgt für die Kontenbereiche:
- Sachkonten
- Debitorkonten
- Kreditorkonten

Im Rahmen dieses Abstimmreports werden nachstehend gelistete Konsistenzprüfungen durchgeführt:
- Soll- und Haben-Verkehrszahlen der Debitoren-, Kreditoren- und Sachkonten mit den Soll- und Haben-Salden der gebuchten Belege eines gewünschten Zeitraums. Entsprechen sich die Summen der Konten und Belege, ist gewährleistet, dass für den angegebenen Zeitraum die Kontensalden durch die Belege geklärt werden können.
- Soll- und Haben-Verkehrszahlen der Debitoren-, Kreditoren- und Sachkonten mit den Soll- und Haben-Salden der Sekundärindizes. Hier werden bestimmte Beleginformationen, die wichtig für die Kontokorrent-Verwaltung sind, redundant gehalten. Entsprechen die Summen der Konten denen der Sekundärindizes, ist gewährleistet, dass die Kontensalden durch die Informationen in den Indizes geklärt werden können.

Die Abstimmung kann sowohl in Buchungskreiswährung als auch in den parallel geführten Währungen (Indexwährung, Konzernwährung etc.) erfolgen.

Zusätzlich steht eine Historienverwaltung zur Verfügung, die Auskunft darüber gibt, wann die letzte "Große Umsatzprobe" durchgeführt wurde und ob dabei Differenzen aufgetreten sind.

! Bei der Prüfung geht es der Revision ausschließlich um die Zeitsystematik der Durchführung. Die Durchführung selbst ist nicht Aufgabe der Revision und führt zu erheblichen Systembelastungen. Die Ausführung ist durch die beteiligten Fachabteilungen vorzunehmen und in Zeiträumen zu planen, in denen keine aktive Verbuchung im System stattfindet.

Rufen Sie zum Verproben der Abstimmanalyse die Transaktion **F.03** oder den Menüpfad *Rechnungswesen - Finanzwesen - Hauptbuch - Period.Arbeiten - Abschluss - Prüfen/Zählen - Abstimmung* auf oder alternativ den Report **SAPF190**, (mögliche Variante: **SAP&AUDIT_HIST**) über die Transaktion **SA38**. Entscheidend ist das Setzen des Historienkennzeichens.

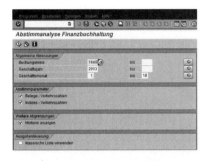

Abb. 12.12: Selektionsmaske der Abstimmanalyse (Report SAPF190)

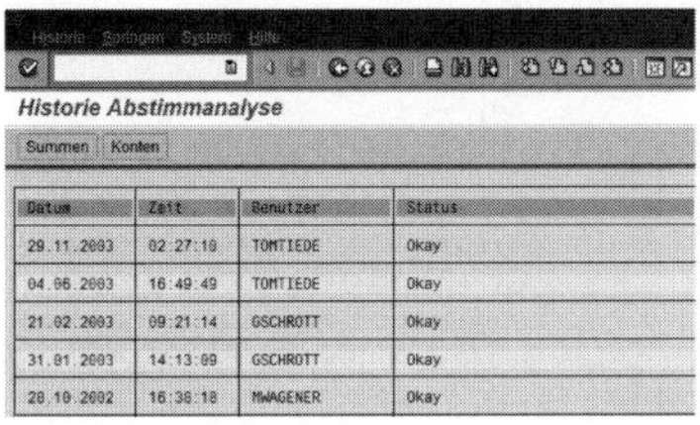

Abb. 12.13: Historienanzeige der Abstimmanalyse

Relevant sind die Einträge, die mit dem Status "Fehler" versehen sind. Markieren Sie diese Zeilen, und betätigen Sie jeweils die nachfolgenden Drucktasten, um detailliertere Informationen zu erhalten.

Betätigen Sie die Drucktaste [Konten], erhalten Sie die Information, zu welchen Konten Differenzen vorliegen.

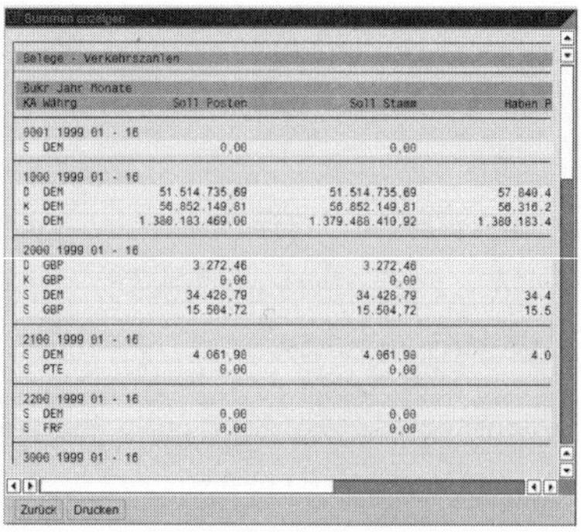

Abb. 12.14: Anzeige der Differenz Konten

Die Drucktaste [Summen] gibt Ihnen eine Liste der Gesamtsummen aus. Die Summenanzeige steht Ihnen für jede durchgeführte Abstimmanalyse zur Verfügung.

Abb. 12.15: Anzeige der jeweiligen Summen

! Die Abstimmanalyse sollte laut Empfehlung durch die SAP® AG einmal monatlich durchgeführt werden.

Eine ergänzende Verprobung der reinen Durchführung kann mittels der Tabelle **SMMAIN** über die Transaktion **SE16N** vorgenommen werden. Übergeben Sie im Feld **REPID** den Wert *SAPF190*, und generieren Sie die Selektion mit der Funktionstaste *F8*.

Die Abstimmanalyse setzt sich aus diversen Auswertungen zusammen, die Sie mittels der nachgelisteten Reports auch separat ausführen können:
- **RFDSLD00**:   Debitorensaldenliste
- **RFKSLD00**:   Kreditorensaldenliste
- **RFSDSLD00**:   Sachkontensaldenliste
- **RFBELJ00**:   Belegjournal
- **RFAUSZ00**   Debitoren-/ Kreditoren-/ Sachkontenauszüge

Die Abstimmanalyse selbst sollte zu Zeiten der systemreduzierten Belastungen durchgeführt werden. In dieser Zeit dürfen keine Verbuchungsvorgänge stattfinden.

12.5.2 Abstimmung Belege / Verkehrszahlen

Als Alternative zur Großen Umsatzprobe ist der Vorgängerreport **SAPF070** vorgesehen. Dieser Report führt neben den Abstimmungen der Großen Umsatzprobe ergänzend einen Vergleich der Umsatzsummen für Debitoren- und Kreditorenkonten durch. Für Sonderhauptbuchvorgänge erfolgt kein gesonderter Vergleich.

Wenn während der Reportausführung eine Buchung in die Auswertungsmenge erfolgt, wird dieser sofort abgebrochen, da mit keinem inhaltlich konsistenten Ergebnis mehr gerechnet werden kann.

Die Belegnummernvergabe

Abb. 12.16: Selektionsmaske des Reports SAPF070

!Bei der Prüfung geht es der Revision ausschließlich um die Zeitsystematik der Durchführung. Die Durchführung selbst ist nicht Aufgabe der Revision und führt zu erheblichen Systembelastungen. Die Ausführung ist durch die beteiligten Fachabteilungen vorzunehmen und in Zeiträumen zu planen, in denen keine aktive Verbuchung im System stattfindet.

Die Überprüfung der Durchführung können Sie über die Tabelle **SMMAIN** vornehmen, indem Sie im Feld *REPID* den Wert *SAPF070* übergeben und die Selektion mit der Funktionstaste *F8* zur Aufbereitung bringen.

12.6 Prüfhinweise zur Belegnummernvergabe

Der Buchungsstoff muss vollständig vorgehalten werden. Hierbei handelt es sich um eine gesetzliche Anforderung.

Informieren Sie sich über die Verfahren zur Belegnummernvergabe. Bei Einsatz der externen Belegnummernvergabe ist sicherzustellen, dass der Buchungsstoff vollständig in das SAP R/3® System portiert wird.

Eine generelle Pufferung der Nummernkreisobjekte RF_BELEG und RV_BELEG erfüllt systemseitig nicht die gesetzlichen Anforderungen, da es sich bei der generellen Pufferung um eine volatile Speicherung handelt. Nur die lokale Pufferung unter Berücksichtigung der benannten OSS-Hinweise kann den gesetzlichen Anforderungen nachkommen.

Prüfschritte:
1. Prüfen Sie, ob Belege aus Vorsystemen in FI importiert werden und ob geeignete Prüfroutinen vorgesehen sind, die sicherstellen, dass nur Importe vollzogen werden, für die eine Lückenlosigkeit der Belege nachgewiesen ist.
2. Prüfen Sie, ob die generelle Pufferung für die Nummernkreisobjekte RF_BELEG und RV_BELEG ausgeschlossen ist (Transaktion **SNRO**).
3. Überprüfen Sie, ob zu diesen Nummernkreisobjekten Änderungsbelege vorliegen (Transaktion **SNRO**).
4. Prüfen Sie, ob in Ihrem Unternehmen das Verfahren der lokalen Pufferung eingesetzt wird (Transaktion **SA38** - Report **RSNRODSP**) und ggf. die referenzierenden OSS-Hinweise (175047, 23835, 37844) Anwendung finden. Ergänzend ist auf eine regelmäßige Ausführung des Reports RSSNR0A1 zu achten. Lassen Sie sich die entsprechenden Dokumentationen aushändigen und ggf. erläutern.
5. Prüfen Sie das Vorhandensein von Lücken in den Belegnummern (Report **RFBNUM00** oder **RFBNUM00N** über Transaktion **SA38**). Beachten Sie dabei die unternehmenseigenen Archivierungsrichtlinien.
6. Prüfen Sie, ob eine regelmäßige Abstimmung des Buchungsstoffes vorgenommen wird (Report **SAPF190**, mögliche Variante **SAP&AUDIT_HIST** über die Transaktion **SA38**).

12.7 Checkliste Belegnummernvergabe

Nr.	Fragestellung	Ordnungsmäßigkeitsvorgabe
1	Wurde oder wird die externe Belegnummernvergabe eingesetzt?	
2	Ist für den Fall der externen Belegnummernvergabe gewährleistet, dass keine Lücken auftreten?	Bereits im Vorsystem muss die Lückenlosigkeit reglementiert sein.
3	Welche Nummernkreisobjekte sind im System geführt?	Nehmen Sie einen Abgleich mit den Vorgaben vor, Ergebnis muss 1:1 Übereinstimmung ergeben.
4	Welche Nummernkreisobjekte werden gepuffert?	Rechnungslegungsrelevante Nummernkreisobjekte dürfen nicht gepuffert werden.
5	Ist das Objekt RF_BELEG gepuffert?	Das Objekt RF_BELEG darf nicht gepuffert sein.
6	Gibt es Lücken in der Belegnummernvergabe?	Es darf keine Lücken geben.
7	Wie häufig wird auf Lücken in der Belegnummernvergabe geprüft?	Prüfung sollte regelmäßig in angemessenen Abständen erfolgen. Sinnvoll ist die monatliche Durchführung und eine ergänzende Durchführung vor der Archivierung.
8	Wird regelmäßig eine Abstimmanalyse vorgenommen (TA F.03)?	Die große Umsatzprobe sollte einmal im Monat durchgeführt werden.

Reports

RFBNUM00	Suchen nach Lücken in Belegnummern der Finanzbuchhaltung
RFBNUM00N	Suchen nach Lücken in Belegnummern der Finanzbuchhaltung
RFVBER00	Auswertung der abgebrochenen Verbuchungen

Tabellen

NRIV	Intervalle und Stände der Nummernkreise
NRIV_LOKAL	Intervalle und Stände der Nummernkreise pro Instanz
TNRO	Nummernkreisobjekte
VBLOG	Protokollsatzdatei

Transaktionen

SCDN	Änderungsbelege zu Nummernkreisen
SM13	Verbuchungsadministration
SNRO	Pflege der Nummernkreisobjekte

12.8 Prüfung auf doppelte Rechnung / Zahlung

Zur Vermeidung doppelter Rechnungserfassung ist das IKS gefordert, aber auch SAP bietet Ihnen eine kleine Unterstützung, sofern gewisse Rahmenbedingungen erfüllt sind.

Der Report **RFBNUM10** ist in der Lage, doppelte Rechnungsnummern bzw. Fakturanummern herauszulesen. In diesem Kapitel wurde jedoch schon erörtert, dass die Software die Belegnummern fortlaufend aufsteigend vergibt. Das ist jetzt in sich kein Widerspruch, sondern bedeutet, dass der Auswertungsfokus auf einen anderen Bereich gerichtet ist.

Die Belegnummernvergabe

In der Rechnungserfassungsmaske ist das Feld *Referenz* geführt:

Abb. 12.17: Anzeige des Feldes Referenz in der Rechnungserfassungsmaske

Dieses Feld ist dafür vorgesehen, die Originalbelegnummer des Geschäftspartners einzutragen, um einen entsprechenden Rückbezug herzustellen.

HINWEIS: Die Schreibweise sollte 1:1 dem Originalbeleg entsprechen. Dies ist jedem Sachbearbeiter verbindlich bekannt zu machen.

Der nachstehend aufgeführte Report verprobt genau das Feld *Referenz*:

Abb. 12.18: Selektionsmaske des Reports RFBNUM10

Es werden in Abhängigkeit weiterer Selektionen genau die Belege aus dem System gefiltert, deren Eingaben im Feld *Referenz* übereinstimmend geführt wurden.

Nur wenn Rechnungen doppelt im System erfasst wurden, kann auch eine Zahlung "doppelt" erfolgen. Der eigentliche Zahllauf erlaubt keine doppelte Zahlung einer einmalig vorhandenen Rechnung, da ausgeglichene Posten nicht dem Zahllauf zugeführt werden.

Wenn das Feld Referenz anderweitig verwendet wird, gibt dieser Report ggf. Listen doppelt vergebener Nummern heraus, die eigentlich keine sind. Dies ist dann der Fall, wenn der Sachbearbeiter sich dort namentlich selbst hinterlegt, oder aber Materialien dort geführt werden.

Beachten Sie, dass bei Aktivierung des Feldes "gleicher Betrag" in der Selektionsmaske eventuelle Erfassungsdifferenzen nicht mit erfasst werden.

Abb. 12.19: Ergebnisliste der doppelt vergebenen Rechnungsnummern

! Sorgen Sie für eine vereinheitlichte Anwendung des Feldes *Referenz* in der Rechnung- und Gutschrifterfassung.

Führen Sie danach regelmäßig diesen Report aus. Ergänzend kann bei der Kreditorenstammsatzanlage das Feld "Prüfen auf doppelte Rechnung" als Muss-Feld eingerichtet werden. Bei der Erfassung

Die Belegnummernvergabe

einer Rechnung wird dann ebenfalls auf die Referenznummer verprobt, so dass ggf. im Vorwege schon doppelte Erfassungen verhindert werden können.

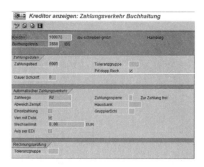

Abb. 12.20: Anzeige des Feldes "Prf.dopp.Rech." über die Transaktion FK03

Zur Überprüfung, wie viele und welche Stammsätze den Eintrag aktiviert haben, rufen Sie die Transaktion **SE16N** auf und tragen die Tabelle **LFB1** ein.

Im Feld "**Prf.dopp.Rech.**" wählen Sie über die Druckwertehilfetaste "Ja" aus.

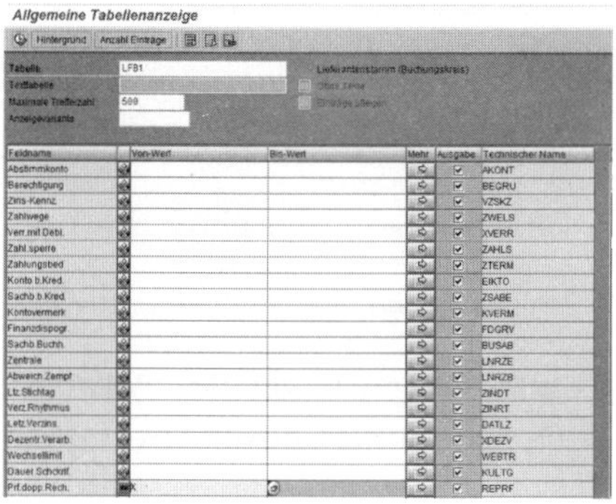

Abb. 12.21: Selektionsmaske der Tabelle LFB1

Diese Selektion können Sie zuerst über die Drucktaste "Anzahl Einträge" zählen und ggf. danach über die Funktionstaste *F8* aufbereiten lassen.

Die Anzahl sollte mit den Anforderungen gemäß Unternehmensrichtlinie übereinstimmen.

12.9 Prüfhinweise zur doppelten Zahlung

Rechnungen, die mehrfach erfasst werden, können genauso häufig bezahlt werden. Dies kann zu monetären Verlusten führen.

Ein Internes Kontrollsystem muss sicherstellen, dass alle möglichen Maßnahmen hinsichtlich einer Risikominimierung getroffen werden.

Prüfschritte:
1. Prüfen Sie, ob es IKS Richtlinien zur Vermeidung doppelter Zahlungen (u.a. Nutzung des Feldes Referenz) gibt. Lassen Sie sich diese aushändigen und ggf. erläutern.
2. Prüfen Sie, wie viele Kreditorenstammdaten mit der Eigenschaft zur *Prüfung auf doppelte Rechnung* versehen sind (Tabelle **LFB1** über Transaktion **SE16N** - Feld "Prf.dopp.Rech." mit Eigenschaft "Ja" zählen lassen). Überprüfen Sie, ob die Anzahl mit den Anforderungen gem. Unternehmensrichtlinie übereinstimmen.
3. Prüfen Sie, ob eine regelmäßige Verprobung auf doppelte Rechnungsnummern erfolgt (Report **RFBNUM10** über Transaktion **SA38**).

12.10 Checkliste Doppelte Zahlung

Nr.	Frage	Ordnungsmäßigkeitsvorgabe
1	Gibt es eine Verfahrensanweisung zur Erfassung von Kreditorenstammsätzen?	Es sollte eine Verfahrensanweisung geben.
2	Ist das Feld "Prf. Dopp.Rech." im Customizing als Muss-Feld definiert?	Das Feld "Prf. Dopp.Rech." sollte im Customizing als Muss-Feld definiert sein.
3	Ist die Verwendung des Feldes "Referenz" bei der Kreditorenrechnung für den Einsatz reglementiert?	Das Feld "Referenz" sollte bei Kreditorenrechnungen für den Einsatz klar reglementiert sein.
4	Wird der Report RFBNUM10 regelmäßig durchgeführt?	Der Report RFBNUM10 sollte regelmäßig durchgeführt werden.

13 Das Customizing in der Finanzbuchhaltung

13.1 Einführung

Beim Customizing geht es um die Softwareanpassung an Kundenbedürfnisse. Das bedeutet, dass die erworbene Anwendung auf den Kunden zugeschnitten wird.

Das Customizing ist vor Inbetriebnahme eines R/3® Systems erforderlich und wird über den Einführungsleitfaden realisiert. Der Einführungsleitfaden wird auch IMG abgekürzt, für Implementation Guide.

Im Rahmen des Customizings können Sie alle unternehmensneutral implementierten Funktionalitäten an die betriebsspezifischen Anforderungen anpassen und stets auch SAP®-Funktionalitäten erweitern und pflegen.

Den Zugang zum Customizing erhalten Sie über die Transaktion SPRO oder über den Pfad *Werkzeuge - Accelerated SAP - Customizing - Projektbearbeitung*.

Abb. 13.01: Menüpfad zum Einführungsleitfaden

Das Customizing in der Finanzbuchhaltung

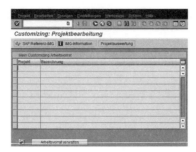

Abb. 13.02: Einstiegsmaske der Transaktion SPRO

Hier betätigen Sie die Drucktaste ![SAP Referenz-IMG] .

Von dort aus gelangen Sie in den Einführungsleitfaden.

Abb. 13.03: Übersicht des IMG

Der IMG ist nach Anwendungsbereichen strukturiert, und innerhalb dieser sind die Arbeitsschritte in der Reihenfolge ihrer Bearbeitung angelegt.

13.2 Prüfbeispiel

Regulär hat ein Prüfer keine Berührungspunkte zu den aktiven Adaptionsprozessen. Eine Berechtigung zur Anzeige des Einführungsleitfadens ist in jedem Fall sinnvoll.

Fast sämtliche Daten werden in Tabellen vorgehalten. Während des Customizings werden die Tabellen des Systems mit Daten gefüllt. Beim Prüfen des Customzings sind also oft die Einträge der Tabellen zu prüfen. Dies haben Sie zum Beispiel im Rahmen der Prüfung der Organisationsstruktur im Kapitel 3 mit Hilfe der Transaktion **SE16N** gemacht.

Nun betrachten Sie die Prüfschritte einmal aus Sicht des IMG.

Demzufolge verschaffen Sie sich im Verzeichnis *Unternehmensstruktur* einen Überblick:

Abb. 13.04: Das Verzeichnis der Unternehmensstruktur

Das Grundprinzip hier ist stets identisch. Man beginnt mit der Definition einer Organisationseinheit, um sie anschließend zuzuordnen.

Hinter diesem Symbol ist eine thematisch zugeordnete Dokumentation angelegt, die Ihnen hilfreiche und wegweisende Erläuterungen anbietet.

Wenn Sie jetzt exemplarisch die Organisationseinheit Gesellschaft verproben wollen, dann erinnern Sie sich anhand der Eingangsprüfschritte, dass die Gesellschaften in der Tabelle **T880** eingetragen sind.

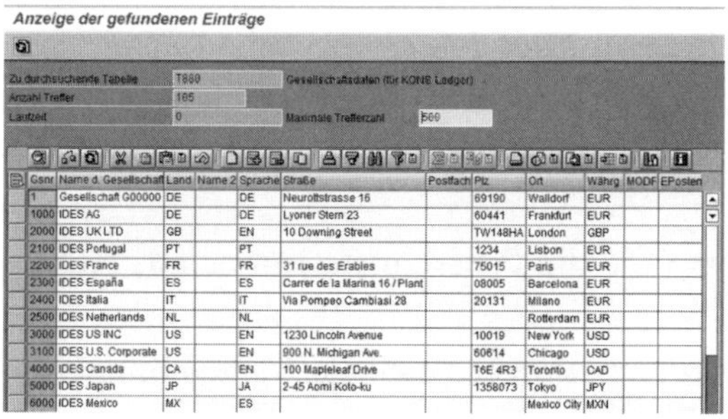

Gsnr	Name d. Gesellschaft	Land	Name 2	Sprache	Straße	Postfach	Plz	Ort	Währg	MODF	EPosten
1	Gesellschaft G00000	DE		DE	Neurottstrasse 16		69190	Walldorf	EUR		
1000	IDES AG	DE		DE	Lyoner Stern 23		60441	Frankfurt	EUR		
2000	IDES UK LTD	GB		EN	10 Downing Street		TW148HA	London	GBP		
2100	IDES Portugal	PT		PT			1234	Lisbon	EUR		
2200	IDES France	FR		FR	31 rue des Erables		75015	Paris	EUR		
2300	IDES España	ES		ES	Carrer de la Marina 16 / Plant		08005	Barcelona	EUR		
2400	IDES Italia	IT		IT	Via Pompeo Cambiasi 28		20131	Milano	EUR		
2500	IDES Netherlands	NL		NL				Rotterdam	EUR		
3000	IDES US INC	US		EN	1230 Lincoln Avenue		10019	New York	USD		
3100	IDES U.S. Corporate	US		EN	900 N. Michigan Ave.		60614	Chicago	USD		
4000	IDES Canada	CA		EN	100 Mapleleaf Drive		T6E 4R3	Toronto	CAD		
5000	IDES Japan	JP		JA	2-45 Aomi Koto-ku		1358073	Tokyo	JPY		
6000	IDES Mexico	MX		ES				Mexico City	MXN		

Abb. 13.05: Anzeige der Tabelle T880 über die Transaktion SE16N

Im IMG aktivieren Sie die Ansicht aus der Customizingperspektive, in dem Sie das Symbol vor dem Eintrag *Gesellschaft definieren* anklicken. Nach einer Informationsmeldung gelangen Sie in die nachstehende Ansicht:

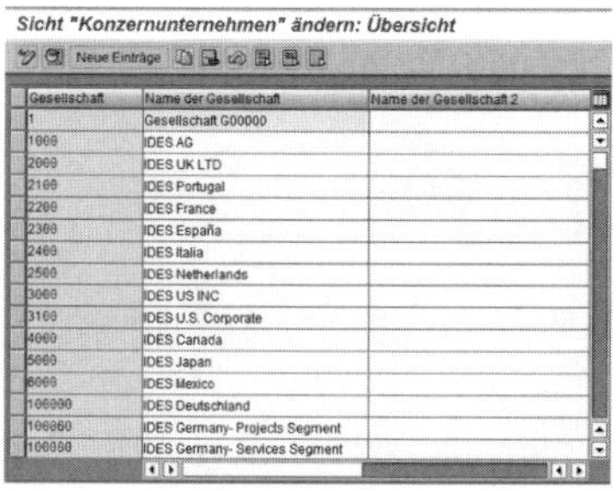

Gesellschaft	Name der Gesellschaft	Name der Gesellschaft 2
1	Gesellschaft G00000	
1000	IDES AG	
2000	IDES UK LTD	
2100	IDES Portugal	
2200	IDES France	
2300	IDES España	
2400	IDES Italia	
2500	IDES Netherlands	
3000	IDES US INC	
3100	IDES U.S. Corporate	
4000	IDES Canada	
5000	IDES Japan	
6000	IDES Mexico	
100000	IDES Deutschland	
100060	IDES Germany- Projects Segment	
100080	IDES Germany- Services Segment	

Abb. 13.06: Definition von Gesellschaften

Dies entspricht den Einträgen in der vorab benannten Tabelle. Die Zuordnung zu entsprechenden Buchungskreisen, die Sie im Abschnitt 3 über die Einträge in der Tabelle **T001** erarbeitet haben, ist hier im IMG unter dem Eintrag Buchungskreis - Gesellschaft zuordnen   über das vorgeschaltete Symbol zu generieren.

Abb. 13.07: Zuordnung der Gesellschaften zu Buchungskreisen

13.3 Prüfung des Bildaufbaus

Sie haben bereits erfahren, dass der Benutzer mit Anwendungsprogrammen konfrontiert wird, deren Gestaltung im Customizing definiert werden kann. Dies ist auch hinsichtlich ordnungsmäßiger Buchführung relevant. Im Customzing kann ich festlegen, welche Felder einer Maske eingeblendet, ausgeblendet, optional man obligat zu pflegen sind. Dies sollte natürlich in Anlehnung an die Odrnungsmäßigkeitsgrundsätze erfolgen. Zusätzlich greift hier auch der gesetzliche Anspruch aus § 239 HGB.

In mancher Fachliteratur findet sich der Hinweis, dass zur Verprobung dieser Customizingeinstellungen des Bildaufbaus auf die Tabellen **T078D**, **T078K** und **T078S** über die Transaktion **SE16N** zu schauen ist. Die Einträge in diesen Tabellen sehen folgendermaßen aus:

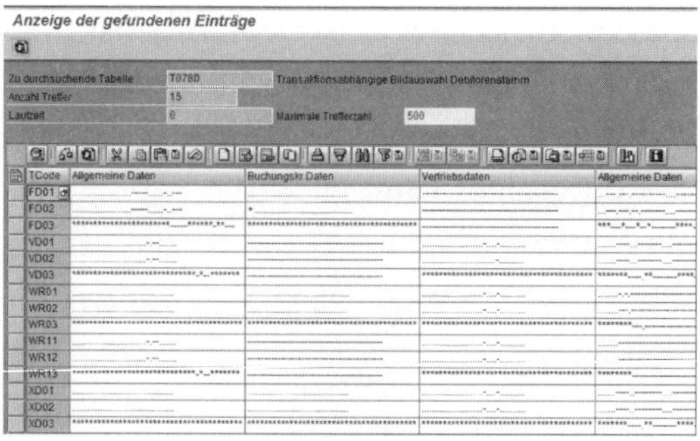

Das Customizing in der Finanzbuchhaltung

Abb. 13.08: Anzeige der Tabelle T078D über die Transaktion SE16N

Hier am Beispiel der **T078D**: Die Zeichen in den einzelnen Spalten geben wieder, welches Feld einer Maske zum Beispiel beim Anlegen eines Debitorenstammsatzes welche der vorab beschriebenen Merkmale hat. Hinsichtlich des Radierverbotes ist es natürlich auch gerade interessant, wie die Ausgestaltung der Maske bei Aufruf der Transaktion **FD02** (Änderung von Debitorstammsätzen) vorgenommen wurde. Diese Tabellen müssen zusammen mit der Tabelle **TBAER** protokolliert werden. Dies können Sie über die Tabelle **TPROT** verproben.

Geben Sie in der Selektionsmaske die entsprechenden Tabellen ein, und lassen Sie die Daten aufbereiten:

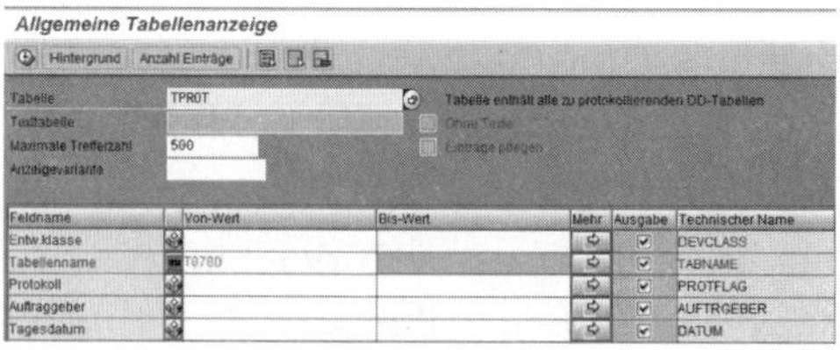

Abb. 13.09: Selektion der protokollierten DD-Tabellen

Im nachfolgenden Bild können Sie anhand des Protokollflags sehen, ob dieser Tabelle die technische Eigenschaft der Protokollierung zugewiesen wurde:

Abb. 13.10: Anzeige der Protokolleigenschaften der Tabelle T078D

Das Kennzeichen der Protokollierung ist ein "X".

Die Tabelle selbst ist für eine effiziente Bewertung nicht ausreichend.

Ergänzend dazu bietet es sich an, diese Einstellungen im Customizing selbst zu verproben.

Mittels Transaktion **SPRO** navigieren Sie im IMG zu diesem Eintrag über den Pfad *Finanzwesen - Debitoren- und Kreditorenbuchhaltung - Debitorenkonten - Stammdaten - Bildaufbau pro Aktivität definieren (Debitoren)*.

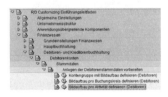

Abb. 13.11: Menüpfad zum transaktionsabhängigen Bildaufbau für Debitoren

Sie bringen den Eintrag zur Ausführung und gelangen hierher:

Abb. 13.12: Übersicht Transaktionsabhängiger Bildaufbau (Debitoren)

Per Doppelklick auf den zweiten Eintrag erreichen Sie die nachstehende Ansicht.

Abb. 13.13: Detailansicht der Transaktion FK02

Führen Sie einen Doppelklick auf den Eintrag "Allgemeine Daten" aus.

Abb. 13.14: Übersicht der Feldstatusgruppen

Führen Sie einen Doppelklick auf den Eintrag "Anschrift" aus.

Das Customizing in der Finanzbuchhaltung

Abb. 13.15: Anzeige der definierten Felder

Genau hier wird entschieden, welche Eigenschaften ein Feld in einer Maske beim Aufruf einer bestimmten Transaktion erhalten soll. Die inhaltliche Beurteilung fällt aus dieser Perspektive etwas leichter.

Das Vorgehen für die weiteren Datenanteile ist identisch.

HINWEIS:
Die Empfehlung lautet, den Bildaufbau in Abhängigkeit der Kontengruppe zu gestalten. Man kann den Bildaufbau aber zusätzlich mit der Buchungskreis- oder Transaktionsabhängigkeit kombinieren. Dabei nehmen die Felder dann den Status mit der höchsten Priorität an:
1. höchste Priorität: Ausblenden
2. zweithöchste Priorität: Anzeige

3. dritthöchste Priorität: Muss
4. niedrigste Priorität: Kann

Diese Modifikation sind nicht nur hinsichtlich der Ordnungsmäßigkeit der Buchführung interessant, sondern auch im Hinblick auf die Anwenderfreundlichkeit der Maskenführung.

Felder, die in Ihrem Unternehmen nicht benötigt werden, kann man ausblenden. Dies erhöht die Übersichtlichkeit während der Maskenbearbeitung, spart Bearbeitungszeit und reduziert potentielle Fehlerquellen.

14 Anwendungsmöglichkeiten nach Benford`s Law (Digitale Ziffernanalyse)

Simon Newcomb (1881) und Frank Benford (1938) fanden heraus, dass die ersten Seiten der Logarithmentafeln wesentlich abgegriffener sind als die hinteren (1er und 2er kommen als Anfangsziffern wesentlich häufiger vor als 5er oder 9er).

Eckdaten zu Benford:
- Geboren am 10. Juli 1883 in Johnstown, Pennsylvania
- 1910 Abschluss des Elektrotechnikstudiums mit dem Bachelor of Science an der Universität von Michigan
- 1910 - 1928 Lichttechnisches Labor von General Electric
- 1928 - 1948 Zentrales Forschungslabor von General Electric
- 1938 Publikation der Arbeit:
  "The Law of Anomalous Numbers"
- Weitere Arbeiten über das nach ihm benannte Gesetz, Sammlung von über 20.000 Datensätzen
- Gestorben am 4. Dezember 1948 in Schenectady, New York

Frank Benford fand heraus: *Es gibt im Universum mehr kleine als große Dinge.*

Daraufhin überprüfte Benford die Häufigkeit der Anfangsziffern von zwanzig unterschiedlichen Listen mit über 20.229 Einträgen. Er verwertete u.a. Zahlen auf der Titelseite von Zeitungen, Statistiken der amerikanischen Baseball-Liga, Atomgewicht der Elemente, Stromrechnungen der pazifischen Salomon-Inseln oder sämtliche Zahlen in einer Ausgabe von Reader's Digest.

Nach Benford ist z.B. die Wahrscheinlichkeit, dass die erste Ziffer einer Zahl "1" ist, größer, als dass die erste Ziffer einer Zahl "2" ist.

Anwendungsmöglichkeiten nach Benford's Law (Digitale Ziffernanalyse)

(In die "Klasse" der Ziffer "1" fallen sowohl 100, als auch 1000, als auch 17,5 oder 1999).

Er kam zu folgender Verteilung:
1 → 30,6%   9 → 4,7%

Hinsichtlich der Anwendungsbereiche sind ein paar Einschränkungen zu beachten:
- Anwendungsbereich: alle Zahlen, die natürlichem Wachstum unterliegen, z.B.: Bevölkerung, Aktienkurse, Umsatzerlöse etc. Kein Einsatz bei: Sozialversicherungsnummern, Kontenzahlen ("Kontonummern"), da hier lediglich eine Zuordnung zu Identifikationszwecken erfolgt.
- Es sollten keine festgelegten Grenzwerte innerhalb des Wertebereichs existieren (inhärente Grenzen). Anderenfalls ist mit einer Häufung der Werte um diese definierten Minimum- bzw. Maximum-Grenzen zu rechnen.

Die Auftritts-Wahrscheinlichkeiten der Ziffern "1" bis "9" stehen in einem festen Verhältnis.

Die Benford-Verteilung

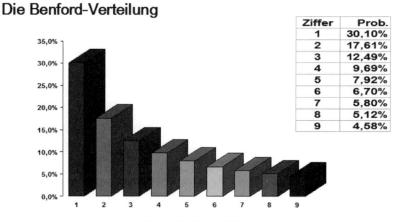

Abb. 14.01: Die Benford Verteilung

Zusatzinfo:
Für Interessierte nachstehend die recherchierte Formel:

$$P(D_1 = d_1) = \log(1+1/d_1) \quad P(D_2 = d_2) = \sum_{i=1}^{9} \log(1+1/d_i d_2)$$

$P(D_1 D_2 = d_1 d_2) = \log(1+1/d_1 d_2) \quad P(D_1 D_2 D_3 = d_1 d_2 d_3) = \log(1+1/d_1 d_2 d_3)$. Das Konfidenzniveau liegt bei etwa 95%.

Warum und wie ist der Einsatz von Benford's Law im Rahmen einer Prüfung relevant?

Beim Einsatz der digitalen Ziffernanalyse geht es primär darum, sogenannte Ausreißer zu entdecken. Demnach sollen signifikante Abweichungen hinsichtlich der Verteilung z.B. der ersten Ziffer primär zu weiteren Prüfungshandlungen anregen.

Diese wiederum sollten darauf abgestimmt sein, herauszufinden, ob diesen Ausreißern bestimmte strukturelle Merkmale zu Grunde liegen. Daraus resultieren Fragestellungen danach, ob sich die Abweichungen z.B. auf eine bestimmte Person (Erfasser), eine Firma (Lieferant) oder auf ein Produkt konzentrieren. Ein Indiz für manuelle Manipulationen (beispielsweise im Rahmen doloser Aktivitäten) liegt verstärkt dann vor, wenn hinsichtlich der Benford-Verteilung eine *Hill* Abweichung auftritt.

Der Mensch bevorzugt bei freier Auswahl die Zahlen "5" und "6", dies findet entsprechend auch in seiner dolosen Aktivität Ausdruck.

Nachstehend ein Beispiel der amerikanischen Steuerprüfung.

(Quelle: T.P. Hill, The First Digit Phenomenon, American Scientist 86 (1998) Fig. 5)

Anwendungsmöglichkeiten nach Benford's Law (Digitale Ziffernanalyse)

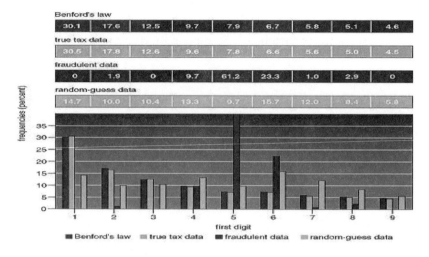

Abb. 14.02: Verteilung im Rahmen einer Steuerprüfung

In der direkten Gegenüberstellung Benford / Hill resultiert das Ergebnis dieses praktischen Beispiels wie folgt:

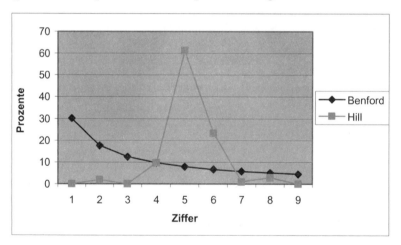

Abb. 14.03: Gegenüberstellung Benford / Hill

Ganz nach der Maßgabe "Garbage In - Garbage Out" muss die Qualität der Daten sichergestellt werden.

Dies betrifft die
- Validität
(sind die Daten gültig und belastbar),
- Integrität
(ist der Datenkontext gewahrt, sind die Daten vollständig),
- Relevanz
(sind die Daten die richtigen für die durchzuführende Untersuchung)

der Daten.

14.1 Forensic Accounting

Der praktische Einsatz zur Digitalen Ziffernanalyse nach Benford fällt in die Kategorie des "Forensic Accounting" (kriminelle Wirtschaftsdelikte). Mögliche Anwendungsbereiche sind demnach:
- Überprüfen der Materialwirtschaftsbelege
(ggf. Schichtung nach Groß- und Kleinlieferanten)
- Überprüfen der Wareneingangsbeträge

HINWEIS:
Eine sehr typische Analyse aus der Unterschlagungsprüfung ist die Überprüfung auf mögliche Ausreißer bei Beträgen von Eingangsrechnungen eines Lieferanten.

Der Grund für mögliche Ausreißer kann in Absprachen zwischen Einkäufer und Lieferant liegen, die wiederum möglicherweise zu Fantasiepreisen führen.

Eine weitere Möglichkeit warum es zu Ausreißern kommen kann liegt im Einsatz von Betragsbegrenzungen mit Zustimmungsreglementierung. Um die Zustimmungspflicht zu unterminieren werden ggf. diese Rechnungsbeträge bis unter das entsprechende Zustimmungsniveau gesplittet.

Anwendungsmöglichkeiten nach Benford´s Law (Digitale Ziffernanalyse)

Die nachstehend aufgeführten Handlungsschritte sollten im Rahmen der "Forensic Accounting"-Analyse durchgeführt werden:
- Überprüfung gezahlter Rechnungen
- Überprüfung ausgebuchter Beträge
- Überprüfung von Spesenabrechnungen
- Überprüfung von Betriebsausgaben. Suche nach gefälschten Belegen. Die amerikanischen Steuerbehörden arbeiten bereits seit 1998 nach dieser Systematik.

14.2 Durchführung einer Digitalen Ziffernanalyse

14.2.1 Auswahl des Gesamtdatenbestandes

Einige vordefinierte Abfragen, die man für dieses Auswertungsverfahren nutzen kann, sind bereits im AIS angelegt und können problemlos in assoziierte Anwendungen wie z.B. IDEA oder ACL importiert werden.

Für IDEA besonders gut geeignet sind die integrierten Batch-Auswertungen.

14.2.2 Import IDEA

In Abhängigkeit des Dateiformates erfolgt der Datenimport.

Anwendungsmöglichkeiten nach Benford´s Law (Digitale Ziffernanalyse)

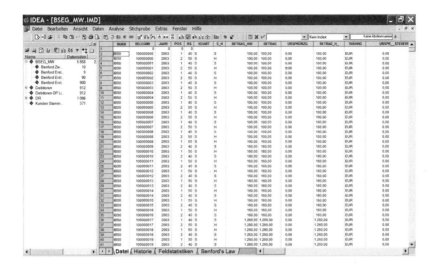

Abb. 14.04: Datenimport nach IDEA

14.2.3 Benford`s Law in IDEA 2002

In IDEA ist bereits die Implementation der mathematischen Funktionalität zur Ziffernanalyse erfolgt.

Demzufolge können Sie den Menüpfad *Daten - Benford´s Law* direkt aufrufen:

Abb. 14.05: Menüpfad Benford`s Law

Im nachfolgenden Dialogfenster können Sie Ihre Selektion vornehmen:

Anwendungsmöglichkeiten nach Benford´s Law (Digitale Ziffernanalyse)

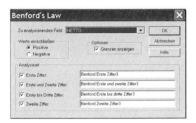

Abb. 14.06: Selektionsmaske zu Benford´s Law

Im Pull-Down-Menü für das zu analysierende Feld haben Sie die Möglichkeit, jedes der numerischen Felder Ihrer Datendatei einer Auswertung nach Benford zuzuführen.

Sie können entscheiden, welche Werte eingeschlossen sein sollen.

Die Anzeige der Grenzen gilt für das Konfidenzniveau.

Bei der Analyseart können Sie wählen, wie viele der Analysen Sie durchführen möchten.

Bei der nachstehenden Bezeichnung "Benford Erste Ziffer2" handelt es sich nicht um die Ziffer selbst, sondern um den Vorschlag für die Dateinamensspeicherung.

Nachdem Sie Ihre Auswahl getroffen haben, bestätigen Sie diese mit der Drucktaste "OK".

Zu Ihrer Datendatei werden gemäß Ihrer Auswahl die Auswertungen hierarchisch in die Baumanzeige integriert:

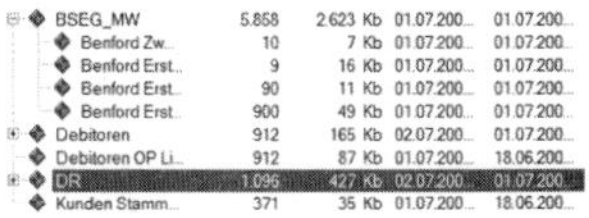

Abb. 14.07: Benford´s Analyse im Menübaum

Ausgehend vom Gesamtdatenbestand erhalten Sie sofort eine grafische Aufbereitung.

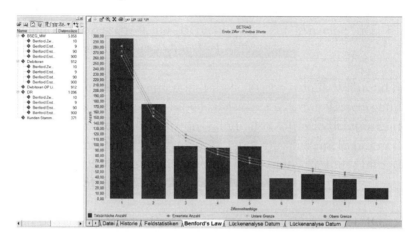

Abb. 14.08: Integrierte graphische Datenaufbereitung

Im Grafikbereich können Sie auf der integrierten Symbolleiste auswählen, welche der Analysen Ihnen grafisch angezeigt werden soll.

Zu den referenzierenden Daten der Balken in der Verteilung können Sie über den nachfolgend beschriebenen Weg gelangen.

Markieren Sie einen Balken, und betätigen Sie danach das ausgewiesene Symbol:

Anwendungsmöglichkeiten nach Benford´s Law (Digitale Ziffernanalyse)

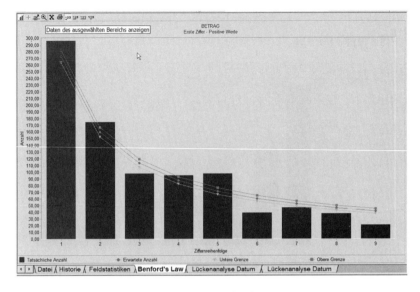

Abb. 14.09: Datendetailanzeige

Es handelt sich hierbei um einen ausgewähltes Datenextrakt, den Sie ergänzend der weiteren Verarbeitung (Druck, Speicherung) zuführen können.

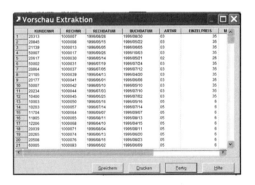

Abb. 14.10: Datenextrakt

In der grafischen Ansicht selbst 🔲 können Sie zwischen Linien- und Balkendiagramm wählen.

Neben der grafischen Aufbereitung besteht die Möglichkeit, sich eine numerische Ausgabe der Daten erstellen zu lassen.

Wählen Sie die gewünschte Analyse in der hierarchischen Baumstruktur im linken Fenster aus.

Abb. 14.11: Menübaum

Per Doppelklick auf einen Baumeintrag erhalten Sie die nachstehende Ansicht:

ZIFFERN	ERWARTET	UNTERGRENZE	OBERGRENZE	TATSÄCHLICH	DIFFERENZ
1	273,03	263,58	282,49	296	-22,97
2	159,71	152,48	166,95	175	-15,29
3	113,32	107,23	119,41	95	15,32
4	87,90	82,53	93,26	95	-7,10
5	71,82	66,97	76,67	98	-26,18
6	60,72	56,26	55,18	39	21,72
7	52,60	48,45	56,75	47	5,60
8	46,40	42,50	50,29	38	8,40
9	41,50	37,82	45,19	21	20,50

Abb. 14.12: Anzeige des zahlenmäßigen Analyseergebnisses

Wie bereits eingangs erwähnt sind Ausreißer der Systematik ein Indiz für potentielle Manipulationen. Sie sind als Ansatz für weiterführendes - auch inhaltliches - Auditing zu bewerten.

15 Abschlüsse

15.1 Tagesabschluss

Weder systemseitig noch juristisch vorgeschrieben ist der Tagesabschluss, aber für eine kontinuierliche Interne-Kontrollsystem-Sicht können nachstehende Auswertungen erstellt werden:

Belegjournal	**RFBELJ00**
Buchungssummen	**RFBUSU00**
Anzeige von Änderungsbelegen	**RSSCD150**
Korrespondenz	**SAPF140**

Alle diese Auswertungen rufen Sie über die Transaktion **SA38** auf.

15.2 Monatsabschluss

Im Rahmen des Monatsabschlusses gibt es ein paar Tätigkeiten, die mit Ihren Verfahrensrichtlinien innerhalb der Unternehmung abgestimmt werden müssen.

- Schließen der vorangegangenen Buchungsperiode über die Transaktion **SE16N** in der Tabelle **T001B**

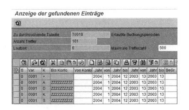

Abb. 15.01: Anzeige der Tabelle T001B mit der Transaktion SE16N

Ein Geschäftsjahr wird in Buchungsperioden gegliedert. Jede Buchungsperiode wird durch ein Anfangs- und ein Enddatum definiert. Darüber hinaus können Sonderperioden definiert werden.

Wir lesen von links nach rechts.
Für die Variante **0001** heißt es demnach, dass für alle Kontoarten, für die nichts weiteres definiert ist (Spalte **K** = Kontoart, Eintrag **+**) ohne weitere Kontoeinschränkungen (Spalte **Bis Konto** und Spalte **Von Konto**) für das **Jahr 2004** von der Buchungsperiode 1 (Spalte Von, Eintrag 1) bis zum Jahr 2004 der ersten Buchungsperiode (Spalte **bis**, Eintrag **1**) und im Jahr **2003** von der dreizehnten Buchungsperiode bis zum Jahr 2003 der dreizehnten Buchungsperiode gebucht werden kann.

Für einzelne Kontoarten (A = Anlagen, D = Debitoren, K = Kreditoren, S = Sachkonten) können spezifizierte Modifikationen vorgenommen werden, die unter anderem bestimmte Kontenbereiche abdecken (**Bis Konto - Von Konto**).

Das System speichert im Hauptbuch die Verkehrszahlen aller Konten für jede Buchungsperiode und jede Sonderperiode getrennt nach Soll und Haben. Beim Buchen eines Belegs prüft das System, ob die ermittelte Buchungsperiode geöffnet ist und somit bebucht werden kann. Es können theoretisch beliebig viele Perioden gleichzeitig zum Buchen geöffnet sein.

Nach einem Monatsabschluss (bzw. Quartalsabschluss bei kleineren Unternehmen) sind die Buchungsperioden zu schließen, damit es nicht zu einer Verfälschung der Abschlüsse kommen kann.

Dadurch wird sichergestellt, dass nach Erstellung der gewünschten Abschlüsse keine Buchungen in die geschlossenen Perioden mehr vorgenommen werden können.

!Es müssen klare Regelungen zum Öffnen und Schließen von Buchungsperioden existieren. Prüfen Sie, wie die rechtzeitige Öffnung und Schließung von Buchungsperioden umgesetzt und organisatorisch und/oder systemseitig sichergestellt wird.

Wenn die Zeitnähe von Buchungsvorgängen nicht gewährleistet ist, kann das Unternehmen nicht sicher sein, ob implementierte Abläufe reibungslos funktionieren und ob die in Abschlüssen präsentierten Zahlen des Unternehmens tatsächlich den Realitäten entsprechen. Ob Rückbuchungen in mehr als eine offene Periode möglich sind, kann geschäftsvorfallsabhängig festgelegt werden.

In diesem Zusammenhang ist auch zu klären, wer in Ihrem Unternehmen Berechtigungen zu diesen kritischen Tätigkeiten hat.

Zusatzinfos
Die Geschäftsjahresvarianten sind in der Tabelle **T009**, die Perioden in der Tabelle **T009B** und die Bezeichnungen in der Tabelle **T009T** hinterlegt.

Weitere Tätigkeiten:
- Abstimmung von Belegen und Verkehrszahlen
- Erstellung der Umsatzsteuervoranmeldung
- Durchführung der Großen Umsatzprobe
- ggf. Belegarchivierung
- ggf. Abstimmung offener Posten mit Salden zum Stichtag (Periodenende)
  SAPF070 / RFCORR10.
  Diese beiden Reports liefern Aussagen über die Datenintegrität im System und gelten als Ausgangspunkt für das Feststellen von Differenzen zwischen Haupt- und Nebenbüchern. Überprüfung auf vorerfasste oder gemerkte Belege (**RFPUEB00** und **RFTMPBEL**). Eine Übersicht über die Verbindlichkeiten aus

Abschlüsse

vorerfassten Belegen gibt der Report **RFPKDB00** (Kreditorenzeile aus vorerfassten Belegen).
- Zahlungseingänge

Eine Übersicht über Debitoren-Zahlungseingänge erhalten Sie mit dem Report **RFVDAZE0**.

Über die Drucktaste ▣ (Freie Abgrenzungen) können Sie den Buchungszeitraum ergänzend auswählen.

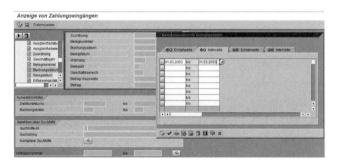

Abb. 15.02: Selektionsmaske des Reports RFVDAZE0

Sie erhalten eine dezidierte Monatsübersicht.

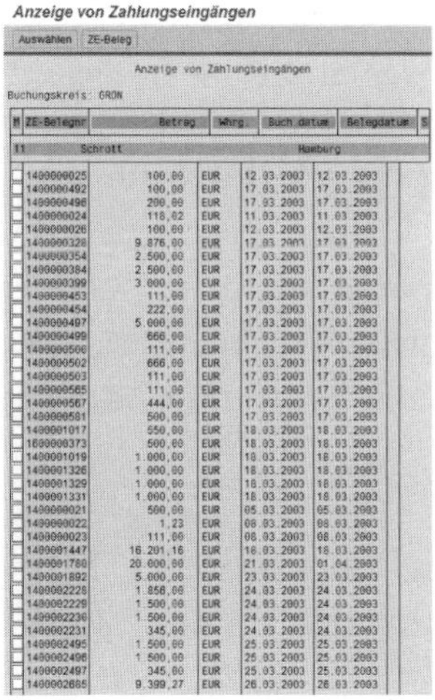

Abb. 15.03: Anzeige von selektierten Zahlungseingängen

295

Indem Sie einen Eintrag mit Häkchen auswählen und die Drucktaste *ZE-Beleg* betätigen, gelangen Sie in die bereits bekannte Belegübersicht.

15.3 Jahresabschluss

Die Anforderungen an den Jahresabschluss sind immer gleichlautend.

Er muss:
- vollständig,
- korrekt bewertet,
- periodengerecht,
- korrekt kontiert,
- korrekt summiert und
- korrekt gebucht

sein.

15.3.1 Saldovortragsabstimmung

Es muss geprüft werden, ob der Saldovortrag auf das neue Geschäftsjahr durchgeführt wurde. Für das Hauptbuch handelt es sich dabei um den Report **SAPF011**, für das Kontokorrent um den Report **SAPF010**; das Öffnen einer neuen Buchungsperiode erfolgt durch die erste Buchung ins neue Geschäftsjahr. Wurden die Vortragsbuchungen nicht durchgeführt, resultiert daraus ein falscher Abschluss, weil die Eröffnungsbilanz nicht aufgelöst werden konnte.

Prüfen Sie die Vorträge mit Hilfe der Transaktion **SE16N** in der Tabelle **SMMAIN** durch den Eintrag obiger Reportnamen im Feld *REPID*.

15.3.2 Maximale Kursabweichung

Bei Buchungen in Fremdwährung kann der Umrechnungskurs im Belegkopf vorgegeben werden. In diesem Fall wird ein Vergleich mit den im System hinterlegten Kursen durchgeführt. Wird dabei eine Abweichung festgestellt, die den im Customizing angegebenen Prozentsatz übersteigt, erfolgt eine Warnung. Auf diese Weise können Fehleingaben rechtzeitig erkannt und korrigiert werden.

Prüfen Sie in den globalen Einstellungen zum Buchungskreis, wie hoch die maximale Kursabweichung ist und ob diese in Übereinstimmung mit den Unternehmensrichtlinien und/oder Konzernrichtlinien steht.

Die maximale Kursabweichung sollte einen Wert von *10%* nicht übersteigen. Dies können wir mit der Transaktion **SE16N** in der Tabelle **T001** im Feld **Max.Kursabweichg./ WAABW** überprüfen.

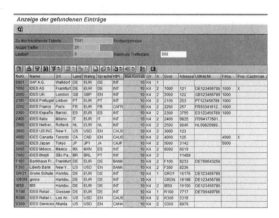

Abb. 15.04: Anzeige der Tabelle T001 - Maximale Kursabweichung

HINWEIS:
Ist die maximale Kursabweichung zu hoch eingestellt, greifen systeminterne Kontrollmechanismen nicht und erlauben dadurch

Fehleingaben, durch die ggf. fehlerhafte Bewertungen erzeugt werden können.

15.3.3 Fremdwährungsbewertung

Beim Buchen in Fremdwährung muss ein Umrechnungskurs angegeben werden oder hinterlegt sein. Die Währungskurse sind in der Tabelle **TCURR** hinterlegt. Diese Kurse müssen den amtlichen Mittelkursen entsprechen.

Prüfen Sie zuerst, ob die Einträge in der **TCURR** über die Transaktion **SE16N** den amtlichen Mittelkursen entsprechen. Beachten Sie dabei bitte die Entsprechung des Gültigkeitsdatums mit dem Bilanzstichtag.

Zusätzlich sind die Tabellenprotokolle via Transaktion **SA38** über den Report **RSTBHIST** hinzuzuziehen.

Einen Überblick über die Bewertungsmethoden erhalten Sie aus den Tabellen **T044A** (Bewertungsmethoden) und **T044B** (Beschreibung zu **T044A**). Prüfen Sie, welche Bewertungsmethoden zum Einsatz kommen - hinsichtlich des Umlaufvermögens ist nach dem strengen Niederstwertprinzip zu verfahren.

Aufgrund des Imparitätsprinzips im deutschen Handelsrecht sind die Einstellungen "grundsätzlich bewerten" und "nur Aufwertung" nicht zulässig, da diese Einstellungen zum Ausweis von nicht realisierten Kursgewinnen führen. Eine solche Vorgehensweise verstößt gegen § 252 Abs. 1 Nr. 4 HGB.

Die Bewertung offener Posten in Fremdwährung wird mit dem Report **SAPF100** durchgeführt. In der Tabelle **SMMAIN** können Sie mit Hilfe der Transaktion **SE16N** auf diesen Reportnamen (Feld *REPID*) die Durchführung verproben.

15.3.4 Reports zur Bilanzerstellung

Name	Bezeichnung
RFBELJ00	Beleg-Kompaktjournal
RFBELJ10	Beleg-Journal
RFBILA00	Bilanz/GuV
RFBUSU00	Buchungssummen

15.4 Prüfhinweise zu Abschlüssen

Einige der Abschlusstätigkeiten sind optional, andere obligat, also durch den Gesetzgeber vorgeschrieben.

Die Integrität von vorgehaltenen Daten im System muss gewährleistet sein, so dass keine Differenzen zwischen Haupt- und Nebenbüchern auftreten.

Wenn z.B. die Zeitnähe von Buchungsvorgängen nicht gewährleistet ist, kann das Unternehmen nicht sicher sein, ob implementierte Abläufe reibungslos funktionieren und ob die in Abschlüssen präsentierten Zahlen des Unternehmens tatsächlich den Realitäten entsprechen.

Prüfschritte:
1. Prüfen Sie, welche Verfahrensrichtlinien innerhalb der Unternehmung zu Abschlusstätigkeiten vorliegen. Lassen Sie sich diese aushändigen und ggf. erläutern.
2. Prüfen Sie, ob es klare Regelungen zum Öffnen und Schließen von Buchungsperioden gibt. Ergänzend ist die Einhaltung dieser Richtlinien zu überprüfen (Transaktion **SE16N** - Tabelle **T001B**).

3. Prüfen Sie, ob die unternehmenseigenen Belegarchivierungsrichtlinien Anwendung finden und durch Maßnahmen des IKS abgesichert sind.
4. Prüfen Sie, ob eine Abstimmung des Saldovortrags auf das jeweils neue Geschäftsjahr durchgeführt wird (Transaktion **SE16N** in der Tabelle **SMMAIN** im Feld *REPID* **SAPF011** und **SAPF010**).
5. Prüfen Sie, ob die maximalen Kursabweichungen mit den Unternehmensrichtlinien konform sind und einen Wert von 10% nicht übersteigen (Transaktion **SE16N** in der Tabelle **T001** das Feld *Max.Kursabweichg./ WAABW*)
6. Prüfen Sie, ob die Einträge der Umrechnungskurse den amtlichen Mittelkursen entsprechen (Transaktion **SE16N** - Tabelle **TCURR**). Ein Abgleich erfolgt mit Dokumentation oder mit einer vertrauenswürdigen Quelle im Internet. Ergänzend ist die referenzierende Änderungshistorie über den Report **RSTBHIST** (Transaktion **SA38**) zu verproben.
7. Prüfen Sie, ob und wann Fremdwährungsbewertungen offener Posten vorgenommen werden (Tabelle **SMMAIN** mit der Transaktion **SE16N** im Feld *REPID* **SAPF100**).

15.5 Checkliste Abschlüsse

Nr.	Frage	Ordnungsmäßigkeitsvorgabe
1	Gibt es unternehmensspezifische Verfahrensrichtlinien zu Abschlusstätigkeiten?	Es sollte unternehmensspezifische Verfahrensrichtlinien zu Abschlusstätigkeiten geben.
2	Gibt es Regelungen zum Öffnen und Schließen von Buchungsperioden?	Es sollte klare Regelungen zum Öffnen und Schließen von Buchungsperioden geben.
3	Ist sichergestellt, dass keine Verbuchungen in abgeschlossene und durch Bilanz ausgewiesene Geschäftsjahre vorgenommen werden können?	Abgeschlossene Geschäftsjahre dürfen nicht mehr bebucht werden können.
4	Werden Abstimmungen der Saldovorträge auf das neue Geschäftsjahr vorgenommen?	Saldovortragsabstimmungen auf die jeweils neuen Geschäftsjahre sollten durchgeführt werden.
5	Gibt es Unternehmensrichtlinien, die sicherstellen, dass die maximale Kursabweichung einen Wert von 10% nicht übersteigt?	Es sollte über Unternehmensrichtlinien sichergestellt sein, dass die maximale Kursabweichung einen Wert von 10% nicht übersteigt.
6	Entsprechen die Umrechnungskurse für die Fremdwährungsbewertung den amtlichen Mittelkursen?	Die Umrechnungskurse müssen den amtlichen Mittelkursen entsprechen.

16 Berechtigungsprüfung der Finanzbuchhaltung

16.1 Einführung

Bei der Berechtigungskonzeption handelt es sich um das "Herzstück" der Zugriffssicherheit.

Da es sich bei der SAP-Software um eine erweiterte betriebswirtschaftliche Anwendung handelt, kommt der Zugriffssicherheit rund um die Finanzbuchhaltung eine besondere Bedeutung zu.

Nach dem KonTraG und sukzessive dem AktG § 91 (2) hat der Vorstand geeignete Maßnahmen zu treffen, insbesondere ein Überwachungssystem einzurichten, damit den Fortbestand der Gesellschaft gefährdende Entwicklungen früh erkannt werden.

Dies ist vom Abschlussprüfer im Rahmen seiner Jahresabschlussprüfung zu testieren. Im Prüfungsstandard (PS) 340 des IDW "Die Prüfung des Risikofrüherkennungssystems" heißt es dazu: Der Abschlussprüfer hat nach § 317 Abs. 4 HGB bei Aktiengesellschaften im Rahmen der Abschlussprüfung zu beurteilen, ob der Vorstand die nach § 91 AktG erforderlichen Maßnahmen in einer geeigneten Form getroffen hat und ob das danach einzurichtende Überwachungssystem seine Aufgaben erfüllen kann.

Welche Szenarien, die die ordnungsmäßige Abbildung unserer Geschäftsprozesse gefährden, sind denkbar?

Radierverbot § 239 Abs. III HGB

Dieser Paragraph reglementiert, dass Aufzeichnungen nicht so verändert werden dürfen, dass der ursprüngliche Inhalt nicht mehr feststellbar ist. Bei Einsatz eines SAP-Systems handelt es sich bei diesen Aufzeichnungen um z.B. Stammdaten (Debitor / Kreditor) und Bewegungsdaten (Buchhaltungsbelege der Finanzbuchhaltung).

Hinsichtlich der technischen Umsetzung gilt, dass sämtliche Aufzeichnungen in SAP R/3® in Tabellen gespeichert werden. Manuelle Manipulationen an diesen Tabellen stellen somit einen Verstoß gegen den § 239 HGB dar. Derartige Manipulationen werden auch als "elektronisches Radieren" bezeichnet.

Die Möglichkeiten zum elektronischen Radieren innerhalb von SAP R/3® sind vielfältig:
1. Durch die Zuordnung falscher Zugriffsrechte ist es z.B. möglich, Programme zu debuggen mit der Möglichkeit, Hauptspeicherinhalte zu verändern (Berechtigungsobjekt S_DEVELOP).
2. Durch das Zulassen von Entwicklerschlüsseln (Tabelle DEVACCESS) im Produktivsystem kann es zu Anwendungsentwicklungen im produktiven R/3® System kommen.
3. Durch direkte Zugriffe auf die Datenbank, in der die R/3® Daten vorgehalten werden, können die Tabellen ohne Nachvollziehbarkeit manipuliert werden.

Aufbewahrungsfristen § 257 HGB

Gemäß § 257 HGB müssen Unterlagen wie Bilanzen, Buchhaltungsbelege, Jahresabschlüsse usw. 10 Jahre aufbewahrt werden. Hierzu zählen auch sämtliche Änderungen an den Stamm- und Bewegungsdaten der Finanzbuchhaltung sowie die dazugehörige Verfahrensdokumentation. All diese Angaben werden in SAP R/3® Tabellen gespeichert. Somit unterliegen nicht nur die Stamm- und Bewegungsdaten selbst der Aufbewahrungspflicht, sondern auch die referenzierenden Änderungsbelege sowie die Customizingeinstellungen und deren Änderungen (als Bestandteil der Verfahrensdokumentation).

Verstöße hiergegen sind in SAP R/3® wieder auf diverse Weisen möglich:
1. Durch die Zuordnung des Zugriffsrechtes zum Löschen von Änderungsbelegen mit dem Report **RSCDOK99**.
2. Durch die Zuordnung des Zugriffsrechtes zum Löschen von Tabellenänderungsbelegen mit dem Report **RSTBPDEL** oder der Transaktion **SCU3**.
3. Durch die Möglichkeit zur Anwendungsentwicklung im Produktivsystem. Unter Zuhilfenahme der Programmiersprache ABAP/4 können Protokolle gelöscht werden.
4. Durch direkte Zugriffe auf die Datenbank, in der die Protokolle manuell in den Tabellen gelöscht werden können.

Die Problematik bei der Umsetzung sowohl der gesetzlichen als auch der unternehmensinternen Richtlinien besteht darin, dass sie jederzeit durch die Zuordnung von Zugriffsrechten wieder umgangen werden können. Daher kann es sich nicht um einen einmaligen Prozess handeln, die Einhaltung der Auflagen zu überprüfen. Vielmehr ist im Rahmen eines Risikofrüherkennungssystems eine kontinuierliche Kontrolle zu implementieren, durch die sichergestellt ist, dass diese Auflagen nicht umgangen werden können.

Für die Implementation eines Kontrollsystems ist das Eruieren der beteiligten Faktoren unerlässlich.

In der folgenden Übersicht habe ich Ihnen eine graphische Aufbereitung der beteiligten Elemente beigefügt:

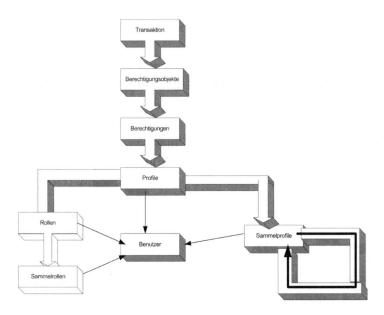

Abb. 16.01: Elemente des Berechtigungskonzeptes

Im folgenden Kapitel werde ich Ihnen einführend die relevantesten Berechtigungsobjekte aus der Finanzbuchhaltung vorstellen. Jedes Berechtigungsobjekt ist hinsichtlich seiner Struktur und Ausgestaltung erläutert.

Nachfolgend finden Sie eine Übersicht der zugehörigen Transaktionen und Tabellen.

Ab Kapitel 16.30 ist ein praktischer Prüfleitfaden zur Berechtigungsprüfung hinterlegt, in dem Ihnen unter anderem kritische Berechtigungen hinsichtlich ihrer Ausprägung aufgelistet werden.

Im Kapitel 16.32 finden Sie die dezidierten Handlungsanweisungen zur praktischen Verprobung am SAP R/3® System.

Zu Beginn verschaffen Sie sich einen Überblick über die Berechtigungsobjekte der Finanzbuchhaltung.

16.2 Die Berechtigungsobjekte der Finanzbuchhaltung

Im Releasestand 4.6C werden Sie insgesamt mit ca. 947 Berechtigungsobjekten konfrontiert. Der Objektklasse FI sind 85 Berechtigungsobjekte zugeordnet, die ich Ihnen in der nachstehenden Tabelle extrahiert habe:

Berechtigungsprüfung der Finanzbuchhaltung

Objekt	Text	Feldname	Feldname	Feldname	Feldname	Feldname	Feldname	Feldname	Feldname	Klasse
F_AVIK_AVA	Zahlungsavis: Berechtigung für Avisarten	BRGRU	ACTVT							FI
F_AVIK_BUK	Zahlungsavis: Berechtigung für Buchungskreise	BUKRS	ACTVT							FI
F_BKPF_BED	Buchhaltungsbeleg: Kontenberechtigung für Debitoren	BRGRU	ACTVT							FI
F_BKPF_BEK	Buchhaltungsbeleg: Kontenberechtigung für Kreditoren	BRGRU	ACTVT							FI
F_BKPF_BES	Buchhaltungsbeleg: Berechtigung für Sachkonten	BRGRU	ACTVT							FI
F_BKPF_BLA	Buchhaltungsbeleg: Berechtigung für Belegarten	BRGRU	ACTVT							FI
F_BKPF_BUK	Buchhaltungsbeleg: Berechtigung für Buchungskreise	BUKRS	ACTVT							FI
F_BKPF_BUP	Buchhaltungsbeleg: Berechtigung für Buchungsperioden	BRGRU								FI
F_BKPF_GSB	Buchhaltungsbeleg: Berechtigung für Geschäftsbereiche	GSBER	ACTVT							FI
F_BKPF_KOA	Buchhaltungsbeleg: Berechtigung für Kontoarten	KOART	ACTVT							FI
F_BKPF_VW	Buchhaltungsbeleg: Vorschlagswerte Belegart/Bschl ändern	ACTVT								FI
F_BL_BANK	Berechtigung für Hausbanken und Zahlwege	BUKRS	HBKID	ZLSCH	ACTVT					FI
F_BNKA_BUK	Banken: Berechtigung für Buchungskreise	BUKRS	ACTVT							FI
F_BCJ	Kassenbuch: Generelle Berechtigung	BEGRU	ACTVT							FI
F_FICA_CCT	Haushaltsmanagement Finanzstellenübergreifend	FM_AUTHACT	FM_FIKRS							FI
F_FICA_CTR	Haushaltsmanagement Finanzstelle	FM_AUTHACT	FM_FIKRS							FI
F_FICA_FCD	Haushaltsmanagement Fonds	FM_AUTHACT	FM_FIKRS	FM_FINCODE						FI
F_FICA_FMC	Zuordnung HHM- CO-Kontierung: Kostenrechnungskreis	FM_AUTHACT	KOKRS							FI
F_FICA_FTR	Haushaltsmanagement Finanzbudgetkonto	FM_AUTHACT	FM_FIKRS	FM_FINCODE	FM_FICTR	FM_FIPOS	FM_AUTHDAY			FI
F_FICA_WCT	Haushaltsmanagement Finanzstellenintern	FM_AUTHACT	FM_FIKRS	FM_FICTR						FI

Berechtigungsprüfung der Finanzbuchhaltung

Objekt	Text	Feldname	Feldname	Feldname	Feldname	Feldname	Feldname	Feldname	Feldname	Feldname	Klasse
F_FICB_FKR	Finanzmittelrechnung/Haushaltsmanagement Finanzkreis	CT	FM_AUTHA	FM_FIKRS							FI
F_FICB_FPS	Finanzmittelrechnung/Haushaltsmanagement Finanzposition	CT	FM_AUTHA	FM_FIKRS	FM_FIPOS						FI
F_FICB_VER	Finanzmittelrechnung/Haushaltsmanagement Version	CT	FM_AUTHA	FM_FIKRS	FM_VERSN						FI
F_FUNDSRES	Mittelvormerkung: Mittelumbuchung, Einzelpostenanzeige: Ändern und Sichern von Layouts	BUKRS	FMRE_BLTYP	FMRE_BLART	FMRE_AUTH	FM_AUTHDAY					FI
F_IT_ALV	Kontierungsmuster: Berechtigung zur Pflege und Verwendung	ACTVT									FI
F_KMT_MGMT	Debitor: Änderungsberechtigung für bestimmte Felder	BEGRU	ACTVT								FI
F_KNA1_AEN	Debitor: Anwendungsberechtigung	VGRUP									FI
F_KNA1_APP	Debitor: Kontenberechtigung	ACTVT	APPKZ								FI
F_KNA1_BED	Debitor: Berechtigung für Buchungskreise	BRGRU	ACTVT								FI
F_KNA1_BUK	Debitor: Zentrale Daten	BUKRS	ACTVT								FI
F_KNA1_GEN	Debitor: Kontengruppenberechtigung	ACTVT									FI
F_KNA1_GRP	Debitor: Änderungsberechtigung für Kontengruppen	KTOKD	ACTVT								FI
F_KNA1_KGD	Debitor: Berechtigung für Kontoanalyse	ACTVT									FI
F_KNB1_ANA	Kreditmanagement: Änderungsberechtigung für bestimmte Felder	BUKRS									FI
F_KNKA_AEN	Kreditmanagement: Berechtigung für Kreditkontrollbereich	VGRUP									FI
F_KNKA_KKB	Kreditmanagement: Generelle Pflegeberechtigung	ACTVT	KKBER								FI
F_KNKK_BED	Kreditmanagement: Kontenberechtigung	BRGRU	ACTVT								FI
F_LC_AUS	Konsolidierung: Auswertungsberechtigung	FK_AUS	ACTVT								FI
F_LC_COM	Konsolidierung: Gesellschaftsberechtigung	RCOMP									FI
F_LC_ERH	Erhebungsbogenberechtigung	FK_ERH									FI
F_LC_LDNR	Konsolidierung: Ledgerberechtigung	GLRLDNR									FI
F_LC_SUBD	Konsolidierung: Teilkonzernberechtigung	RSUBD									FI
F_LC_URUN	Konsolidierung: Updatebereichtigung	ACTVT									FI

Berechtigungsprüfung der Finanzbuchhaltung

Objekt	Text	Feldname	Feldname	Feldname	Feldname	Feldname	Feldname	Feldname	Feldname	Klasse
F_LC_VERS	Konsolidierung: Versionsberechtigung	GLRVERS								FI
F_LFA1_AEN	Kreditor: Änderungsberechtigung für bestimmte Felder	VGRUP								FI
F_LFA1_APP	Kreditor: Anwendungsberechtigung	ACTVT	APPKZ							FI
F_LFA1_BEK	Kreditor: Kontenberechtigung	BRGRU	ACTVT							FI
F_LFA1_BUK	Kreditor: Berechtigung für Buchungskreise	BUKRS	ACTVT							FI
F_LFA1_GEN	Kreditor: Zentrale Daten	ACTVT								FI
F_LFA1_GRP	Kreditor: Kontengruppenberechtigung	KTOKK	ACTVT							FI
F_MAHN_BUK	Maschinelles Mahnen: Berechtigung für Buchungskreise	BUKRS	FBTCH							FI
F_MAHN_KOA	Maschinelles Mahnen: Berechtigung für Kontoarten	KOART	FBTCH							FI
F_PAYRQ	Berechtigungsobjekt für Zahlungsanordnungen	BUKRS	ORIGIN	ACTVT						FI
F_PAYR_BUK	Scheckmanagement: Aktionsberechtigung für Buchungskreise	BUKRS	ACTVT							FI
F_REGU_BUK	Automatische Zahlung: Aktionsberechtigung für Buchungskreise	BUKRS	FBTCH							FI
F_REGU_KOA	Automatische Zahlung: Aktionsberechtigung für Kontoarten	KOART	FBTCH							FI
F_RQRSVIEW	Bank Ledger: Viewer für Request-Response-Nachrichten	ACTVT	BUSPROC	DESTINATIO						FI
F_SKA1_AEN	Sachkonto: Änderungsberechtigung für bestimmte Felder	VGRUP								FI
F_SKA1_BES	Sachkonto: Kontenberechtigung	BRGRU	ACTVT							FI
F_SKA1_BUK	Sachkonto: Berechtigung für Buchungskreise	BUKRS	ACTVT							FI
F_SKA1_KTP	Sachkonto: Berechtigung für Kontenpläne	KTOPL	ACTVT							FI
T011	Bilanz: Generelle Pflegeberechtigung	VERSN	ACTVT							FI
T011E	Berechtigung für Finanzkalender	VEREH	ACTVT							FI
F_T011_BUK	Planung: Berechtigung für Buchungskreise	BUKRS	ACTVT							FI
F_T042_BUK	Customizing Zahlprogramm: Berechtigung für Buchungskreise	BUKRS	FBTCH							FI
F_T060_ACT	Infosystem: Kontenart/Aktivität für Auswertungssicht	OWNER	KOART	ACTVT						FI
F_TRAVL	Reiseplanung	AUTHP	PERSA	KOSTL	PERSG	PERSK	VDSK1	PTZUO	AUTHC	FI
F_TRAVL_RW	Reisekosten: Buchungslaufverwaltung	TV_EVSIM	ACTVT	TV_CREAT						FI

309

Berechtigungsprüfung der Finanzbuchhaltung

Objekt	Text	Feldname	Feldname	Feldname	Feldname	Feldname	Feldname	Feldname	Feldname	Klasse
F_WTMG	Quellensteuerumstellung	ACTVT								FI
G_022_GACT	Spezielle Ledger - Customizing: Vorgänge	ACTVT	GLACTIVITY							FI
G_800S_GSE	Spezielle Ledger - Sets: Set	BRGRU	ACTVT							FI
G_802G_GSV	Spezielle Ledger - Sets: Variable	BRGRU	ACTVT							FI
G_806H_GRJ	Spezielle Ledger - Rollup	BRGRU	ACTVT							FI
G_820_GPL	Spezielle Ledger - Planung: Planparameter	BRGRU	ACTVT							FI
G_821S_GSP	Spezielle Ledger - Planung: Verteilungsschlüssel	BRGRU	ACTVT							FI
G_880_GRMP	Spezielle Ledger - Customizing: Gesellschaften	RCOMP	ACTVT							FI
G_881_GRLD	Spezielle Ledger - Customizing: Ledger	GLRLDNR	ACTVT							FI
G_888_GFGC	Spezielle Ledger - Customizing: Feldübertragungen	GLFIELDG RP	ACTVT							FI
G_ADMI_CUS	Spezielle Ledger - Zentrale administrative Werkzeuge	GLCENTA CTY								FI
G_ALLOCTN	Spezielle Ledger - Umlage/Verteilung	GLRLDNR	GLCYCLE	ACTVT						FI
G_GLTP	Spezielle Ledger - Datenbank (Ledger,Satzart,Version)	GLRLDNR	GLRRCTY	GLRVERS	ACTVT					FI
G_REPO_GLO	Spezielle Ledger - Berichtswesen global (Gesellschaft)	ACTVT	GLRLDNR	GLRRCTY	GLRVERS	RCOMP				FI
G_REPO_LOC	Spezielle Ledger - Berichtswesen lokal (Buchungskreis)	ACTVT	GLRLDNR	GLRRCTY	GLRVERS	BUKRS				FI
P_TRAVL	Reiseabrechnung	AUTHP	BUKRS	PERSA	KOSTL	PERSG	PERSK	VDSK1	PTZUO	AUTHF	AUTHS	FI

310

Einen eigenen Auszug dieser Tabelle erhalten Sie über die Transaktion **SE16N**. Wählen Sie folgende Selektionskriterien für die Tabelle **TOBJ** (Objektklasse = FI), und bringen Sie die Selektion nachfolgend zur Ausführung mit der Funktionstaste *F8*.

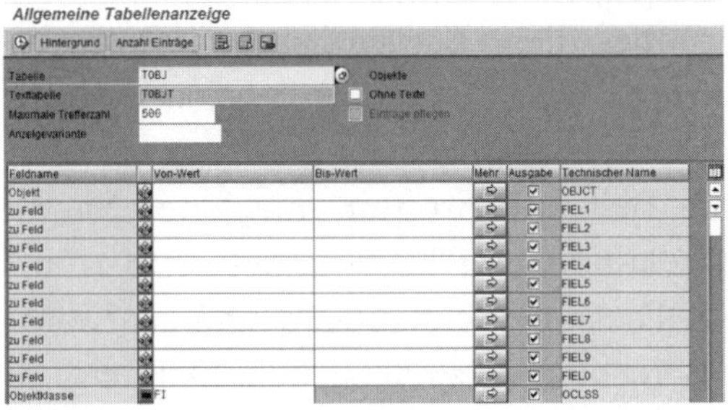

Abb. 16.02: Selektion der FI Berechtigungsobjekte aus der Tabelle TOBJ

Eine reine Übersicht der Berechtigungsobjekte nach Objektklassen erhalten Sie ebenfalls über die Transaktion **SU03**. Dort haben Sie die Möglichkeit, auf zugehörige Dokumentationen zuzugreifen.

Neben diesen Berechtigungsobjekten gibt es natürlich noch weitere, die für die Berechtigungsprüfung innerhalb der Finanzbuchhaltung relevant sind. Deren Relevanz resultiert aus dem Zusammenspiel der modularen Konzeption. Diese lernen Sie später noch kennen.

16.3 Spezifikation der Berechtigungskonzeption für die Finanzbuchhaltung

Die Definition von Berechtigungen

Die Berechtigungsvergabe lässt sich in drei Gruppen einteilen:
- **generelle Berechtigungen**, mit denen Sie festlegen, welche Funktionen ein Mitarbeiter ausführen darf, z.B. die Funktion zum Buchen von Belegen. Mit den organisatorischen und funktionalen Berechtigungen schränken Sie diese generelle Berechtigung weiter ein.

- **organisatorische Berechtigungen** auf der Ebene der Organisationseinheiten, mit denen Sie entscheiden, welche Aktivitäten in welchen Organisationseinheiten erlaubt sind. Diese Berechtigungen sind als Einschränkung der generellen Berechtigung zu verstehen. Darf ein Mitarbeiter zum Beispiel Belege buchen, können Sie über diese Berechtigungen festlegen, in welchen Buchungskreisen oder Geschäftsbereichen dies möglich sein wird.
- **funktionale Berechtigungen**, mit denen Sie die Aktivitäten einschränken können auf bestimmte Kontoarten, Konten oder Stammsätze. Diese Berechtigungen sind als Einschränkung der generellen Berechtigung zu verstehen. Darf ein Mitarbeiter z.B. Belege buchen, können Sie über diese Berechtigungen festlegen, mit welcher Belegart oder auf welche Konten dies erlaubt sein soll.

In den folgenden Abschnitten habe ich Ihnen die wichtigsten Berechtigungsobjekte mitsamt ihrer Definitionen und Felder für FI zusammengestellt. Die Ausführungen erfolgten in Anlehnung an die SAP® Dokumentation.

16.4 Kreditorenbuchhaltung

16.4.1 F_LFA1_APP - Anwendungsberechtigung

Erläuterung:
Dieses Berechtigungsobjekt legt fest, welche Aktivitäten im Rahmen der Kreditorenstammsatzbearbeitung erlaubt sind. Man kann separat jeweils eine Berechtigung für die Anwendungen "Finanzbuchhaltung" und "Einkauf" definieren. Wenn ein Mitarbeiter die Stammdaten für beide Anwendungen bearbeiten können soll, benötigt er die Berechtigung für beide Anwendungen.

Folgende Felder sind für dieses Berechtigungsobjekt definiert:
1. **Aktivität**
Mit Definition der Aktivitäten wird festgelegt, welche Tätigkeiten im Rahmen der Bearbeitung erlaubt sind.

Mögliche Werte:
01 = Anlegen
02 = Ändern
03 = Anzeigen
05 = Sperren/Entsperren
06 = Löschvormerkung setzen
08 = Änderungsbelege anzeigen
C8 = Änderung bestätigen (4-Augen-Prinzip)
* = Alle Aktivitäten

2. **Anwendungsberechtigung**
Hiermit wird festgelegt, für welche Anwendungen die oben aufgeführten Aktivitäten erlaubt sind.

Berechtigungsprüfung der Finanzbuchhaltung

Mögliche Werte:
F = Finanzbuchhaltung
M = Einkauf
* = Beide Anwendungen

16.4.2 F_LFA1_BUK - Buchungskreis

Erläuterung:
Dieses Berechtigungsobjekt legt fest, welche Tätigkeiten bei der Bearbeitung des buchungskreisabhängigen Kreditorenstammsatzanteils ausgeführt werden dürfen und für welchen Buchungskreis die jeweiligen Tätigkeiten gelten. Bei den buchungskreisabhängigen Stammsatzanteilen handelt es sich um die Felder, die zur Ausprägung der Geschäftsbeziehung dienen (siehe auch Kapitel 5.1).

Folgende Felder sind für dieses Berechtigungsobjekt definiert:
1. **Aktivität**
   Mit Definition der Aktivitäten wird festgelegt, welche Tätigkeiten im Rahmen der Bearbeitung erlaubt sind.

Mögliche Werte:
01 = Anlegen
02 = Ändern
03 = Anzeigen
05 = Sperren/Entsperren
06 = Löschvormerkung setzen
08 = Änderungsbelege anzeigen
C8 = Änderung bestätigen (4-Augen-Prinzip)
* = Alle Aktivitäten

2. Buchungskreis

Hiermit wird festgelegt, für welche Buchungskreise die oben aufgeführten Aktivitäten erlaubt sind.

Eine Übersicht der in Ihrem Unternehmen vorliegenden Buchungskreise erhalten Sie mittels Transaktion **SE16N** Tabelle **T001**.

16.4.3   F_LFA1_GEN - Zentrale Daten

Erläuterung:
Dieses Berechtigungsobjekt legt fest, welche Tätigkeiten bei der Bearbeitung des *Allgemeinen Datenanteils* der Kreditorenstammsätze ausgeführt werden dürfen. Bei dem *Allgemeinen Datenanteil* handelt sich um die Felder, die mandantenweit zur Verfügung stehen (siehe auch Kapitel 5.1).

Folgendes Feld ist für dieses Berechtigungsobjekt definiert:
1. **Aktivität**
    Mit Definition der Aktivitäten wird festgelegt, welche Tätigkeiten im Rahmen der Bearbeitung erlaubt sind.

Mögliche Werte:
01 = Anlegen
02 = Ändern
03 = Anzeigen
05 = Sperren/Entsperren
06 = Löschvormerkung setzen
08 = Änderungsbelege anzeigen
C8 = Änderung bestätigen (4-Augen-Prinzip)
* = Alle Aktivitäten

16.4.4 F_LFA1_GRP - Kontengruppenberechtigung

Erläuterung:
Kreditoren kann man in sogenannte Kontengruppen unterteilen. Hierbei handelt es sich um eine Klassifikation der Stammsätze. Die Kreditorenkontenberechtigung legt fest, welche Tätigkeiten für welche Kontengruppen ausgeführt werden dürfen.

Folgende Felder sind für dieses Berechtigungsobjekt definiert:
1. **Aktivität**

    Mit Definition der Aktivitäten wird festgelegt, welche Tätigkeiten im Rahmen der Bearbeitung erlaubt sind.

Mögliche Werte:
01 = Anlegen
02 = Ändern
03 = Anzeigen
05 = Sperren/Entsperren
06 = Löschvormerkung setzen
08 = Änderungsbelege anzeigen
C8 = Änderung bestätigen (4-Augen-Prinzip)
* = Alle Aktivitäten

2. **Kontengruppe**

    Hiermit wird festgelegt, wer auf welche Kontengruppe zugreifen darf.

Eine Übersicht der Kontengruppen erhalten Sie mittels der Transaktion **SE16N** bei Anzeige der Tabelle **T077K**.

16.4.5 F_LFA1_BEK - Kontenberechtigung

Erläuterung

Es besteht ergänzend die Möglichkeit, Kreditorenstammsätze über Berechtigungsgruppen zu schützen. Dieses Berechtigungsobjekt legt dann fest, welche Kreditorenstammsätze bearbeitet werden dürfen.

Diese spezielle Berechtigung ist optional. Diese Berechtigung muss nicht vergeben werden, wenn kein zusätzlicher Schutz für die Stammsätze gefordert ist.

Sofern der Einsatz von Berechtigungsgruppen in Ihrem Unternehmen zum Tragen kommt, ist zu beachten, dass die Berechtigungsgruppe nicht nur bei der Bearbeitung von Stammsätzen greift, sondern gleichzeitig bei der Bearbeitung der referenzierenden Konten.

Sofern eine solche Berechtigung für das Arbeiten mit Stammsätzen vergeben wird, ist auch zu prüfen, ob eine Berechtigung für die entsprechende Berechtigungsgruppe für die Bearbeitung der Konten vergeben werden soll oder vergeben wurde. Diese Berechtigung wird ausgestaltet mit Hilfe des Berechtigungsobjektes F_BKPF_BEK.

Folgende Felder sind für dieses Berechtigungsobjekt definiert:
1. **Aktivität**
    Mit Definition der Aktivitäten wird festgelegt, welche Tätigkeiten im Rahmen der Bearbeitung erlaubt sind.

Mögliche Werte:
01 = Anlegen
02 = Ändern
03 = Anzeigen
05 = Sperren/Entsperren

06 = Löschvormerkung setzen
08 = Änderungsbelege anzeigen
C8 = Änderung bestätigen (4-Augen-Prinzip)
* = Alle Aktivitäten

2. **Berechtigungsgruppe**
   Hiermit wird festgelegt, für welche Gruppen von Kreditoren die oben aufgeführten Tätigkeiten erlaubt sind.

16.4.6 Das Konzept der Berechtigungsgruppen für Kreditorenstammsätze

Zum zusätzlichen Schutz der Kreditorenstammsätze können diese sogenannten Berechtigungsgruppen zugeordnet werden. Benutzern kann dann das Recht zugeordnet werden, bestimmte Berechtigungsgruppen zu bearbeiten. Sie erhalten dadurch das Recht, die in dieser Berechtigungsgruppe enthaltenen Kreditoren zu bearbeiten.

Es gilt:
- Diese Berechtigung ist optional und zusätzlich zu den anderen notwendigen Berechtigungen für die Stammsätze zu vergeben.
- Die zentralen und die buchungskreisabhängigen Daten werden getrennt geschützt. Für beide Teile muss bei der Nutzung der Berechtigungsgruppen die Gruppe getrennt angegeben werden.

So funktioniert es:
- Das Berechtigungsobjekt F_LFA1_BEK regelt den Zugriff auf die Berechtigungsgruppen. Es besteht aus den Feldern:
  o Aktivität: Hier wird angegeben, was mit den Stammsätzen möglich ist (Anlegen, Ändern, Anzeigen, ...)
  o Berechtigungsgruppe: Hier wird die Berechtigungsgruppe angegeben, für die dieser Schutz gelten soll.
- Die Berechtigungsgruppen können hinterlegt werden in der Tabelle TBRG, die Sie sich mittels der Transaktion **SE16N** zur Anzeige bringen lassen können. Die Eintragung in die Tabelle ist optional!

Es ist nicht zwingend notwendig, die Berechtigungsgruppen hier zu definieren, erleichtert jedoch erheblich den Überblick.

- Berechtigungsgruppen werden in dieser Tabelle so definiert, dass erst das Berechtigungsobjekt F_LFA1_BEK angegeben wird und dann die max. 4-stellige Berechtigungsgruppe. Z.B.:
Objekt Berechtigungsgruppe
F_LFA1_BEK ZFI1
F_LFA1_BEK ZFI2
- Bei den Kreditoren, die geschützt werden sollen, werden die Berechtigungsgruppen in den Stammsätzen eingetragen, getrennt nach zentralen und buchungskreisabhängigen Daten. Greift ein Benutzer auf solch einen Stammsatz zu, wird automatisch geprüft, ob der Benutzer über das Berechtigungsobjekt F_LFA1_BEK eine Berechtigung für die Berechtigungsgruppe bekommen hat. Nur dann hat er Zugriff auf die zentralen Daten des Stammsatzes.

16.4.7 F_LFA1_AEN - Änderungsberechtigung für best. Felder

Erläuterung:
Mit diesem Berechtigungsobjekt kann für ausgewählte Felder eines Kreditorenstammsatzes festgelegt werden, ob für eine Änderung der entsprechenden Daten eine zusätzliche Berechtigung benötigt wird.

Der Einsatz dieses Berechtigungsobjektes ist optional. Diese Berechtigung muss nicht vergeben werden, wenn kein zusätzlicher Schutz vor Änderungen an Stammsätzen gefordert ist. Die Anzeigemöglichkeit der geschützten Felder bleibt uneingeschränkt bestehen.

Bei der Stammsatzanlage findet keine Verprobung auf Änderungsberechtigungen statt. Die jeweilige Berechtigung gilt für alle Buchungskreise.

Folgendes Feld ist für dieses Berechtigungsobjekt definiert:
1. Veränderungsgruppe
Eine Übersicht über die Felder, die vor Änderungen geschützt sein sollen, können Sie mit Hilfe der Transaktion **SE16N** zur Anzeige bringen lassen, indem Sie dort die Tabelle **T055G** wählen.

16.4.8 Überprüfung der Änderungsberechtigung auf bestimmte Felder

Einzelne Felder der Stammdaten können über Feldgruppen gesondert geschützt werden. Dies bedeutet, dass zum Ändern der geschützten Felder eine zusätzliche Berechtigung notwendig ist. Der symmetrische Schutz funktioniert folgendermaßen:

- Die zu schützenden Felder werden zu Gruppen, sog. Feldgruppen, zusammengefasst. Sinnvoll ist es, zusammengehörige Felder in einer Gruppe zu hinterlegen, z.B. die Felder für die Bankverbindung (Bankleitzahl, Kontonummer, ...).
- Die Gruppen bekommen ein zweistelliges Kürzel (z.B. 11) und werden in die Tabelle **T055G** eingetragen.
- Die technischen Namen der Felder werden, mit Angabe des Gruppenkürzels, in die Tabelle **T055** eingetragen.
- Zum Ändern dieser Felder benötigt ein Benutzer nun die Berechtigung zum Ändern der Feldgruppe, denen die Felder zugeordnet sind. Diese wird für Kreditoren vergeben über das Berechtigungsobjekt F_LFA1_AEN. Im einzigen Feld dieses Objektes wird die Feldgruppe eingetragen, die der Benutzer ändern darf. Zusätzlich benötigt er natürlich die eigentliche Berechtigung zum Ändern von Kreditoren über die anderen Berechtigungsobjekte.

Um zu überprüfen, ob Feldgruppen genutzt werden, lassen Sie sich die Tabelle **T055G** (Definierte Feldgruppen) via Transaktion **SE16N** anzeigen.

Ist die Tabelle leer, so sind keine Feldgruppen definiert. Die dazugehörigen Felder können Sie sich in der Tabelle **T055** anzeigen lassen.

Folgendes Beispiel:
LFBK-BANKL
Der Bezeichner vor dem Bindestrich ist die Tabelle, aus der das Feld stammt, der Bezeichner nach dem Bindestrich ist das Feld selbst. In dem Beispiel ist somit das Feld **BANKL** aus der Tabelle **LFBK** angesprochen.

Um zu überprüfen, wer bestimmte Feldgruppen (und damit bestimmte Felder) ändern darf, gehen Sie folgendermaßen vor:
- Ermitteln Sie via **SE16N** Tabelle **T055G** und **T055**, welche Felder durch welche Feldgruppe geschützt werden.
- Erstellen Sie eine neue kritische Berechtigung, in der Sie die Berechtigung auf diese Feldgruppen überprüfen, indem Sie eine Berechtigung zum Berechtigungsobjekt F_LFA1_AEN erstellen und als Feldwert die Berechtigungsgruppe angeben.

16.4.9 Das Vier-Augen-Prinzip - Generelle Erläuterung

Bei dem Vier-Augen-Prinzip handelt es sich um eine asymmetrische Berechtigungsvergabe.

Dieses Prinzip greift zur ergänzenden Sicherung bei Stammdatenänderungen.

In der Ausprägung bedeutet dies, dass Sie die Möglichkeit haben, Stammdatenfelder im Customizing als sensibel zu definieren. In der Praxis wendet man dieses Verfahren sehr häufig an bei Änderungen von Bankverbindungen. Die Einträge erfolgen in der Tabelle **T055F** (Transaktion **SE16N**) über die *Plegeview* **V_T055F** (Transaktion **SM30**).

Die Felder, die in dieser Tabelle eingetragen sind, können von den Mitarbeitern geändert werden, die eine Stammsatzänderungsberechtigung haben. Nachdem die Änderung des beteiligten Feldes erfolgt ist, wird das Konto gesperrt (es kann z.B. nicht mehr am automatischen Zahllauf teilnehmen). Die Sperrung bleibt so lange erhalten, bis ein zweiter verantwortlicher Mitarbeiter die Änderungen bestätigt. (Weitere Änderungen an einem gesperrten Konto sind möglich.) Können die Änderungen nicht bestätigt werden durch einen zweiten Verantwortlichen, wird das Stammdatenobjekt an den Änderer zurückgegeben mit z.B. einem erklärenden Text zu abweichenden Änderungen oder aber der Aufforderung, die Änderungen zurückzusetzen.

Änderungen und Änderungsbestätigung können so niemals von ein und derselben Person durchgeführt werden.

Dieses Verfahren gilt als erweiterter Schutz vor internen dolosen Aktivitäten.

16.4.10 Das Vier-Augen-Prinzip beim Ändern von Kreditorenstammdaten

Ab dem R/3®-Release 4.5 ist es möglich, Änderungen an bestimmten Feldern durch ein asymmetrisches Vier-Augen-Prinzip abzusichern. Dies funktioniert folgendermaßen:

- In der Tabelle **T055F** werden die Felder des Kreditorenstammsatzes eingetragen, die über ein Vier-Augen-Prinzip geschützt werden sollen, z.B. die der Bankverbindung.
- Die Änderungen müssen nun bestätigt werden (Transaktionen **FK08** und **FK09**). Hierfür benötigt ein Anwender auf den Berechtigungsobjekten zum Schutz des Stammsatzes die Aktivität **C8**.

Um zu prüfen, ob ein Vier-Augen-Prinzip umgesetzt wurde, gehen Sie folgendermaßen vor:
- Lassen Sie sich mittels der Transaktion **SE16N** die Tabelle **T055F** anzeigen. Hier sind die Felder hinterlegt, die durch ein Vier-Augen-Prinzip geschützt sind.
- Hier werden nur die technischen Feldnamen angezeigt. Möchten Sie ermitteln, welche Feldinhalte sich hinter den technischen Namen verbergen, gehen Sie folgendermaßen vor:
- Die Felder werden so angezeigt, dass zuerst der Tabellenname, dann ein Bindestrich und dann der Feldname erscheint, z.B:
LFBK-BANKL (=Tabelle LFBK, Feld BANKL)
LFBK-BANKN (= Tabelle LFBK, Feld BANKN)
- Mit der Transaktion **SE11** können Sie sich die Felder der Tabellen anzeigen lassen und bekommen auch die Feldbeschreibungen angezeigt. Rufen Sie diese Transaktion auf, tragen Sie den Namen der Tabelle ein (ohne Feldnamen), und lassen Sie sich die Tabelle anzeigen (im obigen Beispiel müsste hier der Tabellenname **LFBK** eingetragen werden). Angezeigt wird der Aufbau der Tabelle, nicht der Inhalt. Alternativ kann auch der Report **RSSDOCTB** (Tabellenhandbuch) genutzt werden. Hier bekommen Sie für die obigen beiden Felder folgende Bezeichnung:
BANKL = Bankschlüssel
BANKN = Bankkontonummer

16.5 Debitorenbuchhaltung

16.5.1 F_KNA1_APP - Anwendungsberechtigung

Erläuterung:
Dieses Berechtigungsobjekt legt fest, welche Aktivitäten im Rahmen der Debitorenstammsatzbearbeitung erlaubt sind. Man kann separat jeweils eine Berechtigung für die Anwendungen *Finanzbuchhaltung* und *Vertrieb* (SD) definieren. Wenn ein Mitarbeiter die Stammdaten für beide Anwendungen bearbeiten können soll, benötigt er die Berechtigung für beide Anwendungen.

Folgende Felder sind für dieses Berechtigungsobjekt definiert:
1. **Aktivität**
   Mit Definition der Aktivitäten wird festgelegt, welche Tätigkeiten im Rahmen der Bearbeitung erlaubt sind.

Mögliche Werte:
01 = Anlegen
02 = Ändern
03 = Anzeigen
05 = Sperren/Entsperren
06 = Löschvormerkung setzen
08 = Änderungsbelege anzeigen
C1 = Pflege von Zahlungskarten
C2 = Anzeige von Zahlungskarten
C8 = Änderung bestätigen (4-Augen-Prinzip)
* = Alle Aktivitäten

2. **Anwendungsberechtigung**
   Hiermit wird festgelegt, für welche Anwendungen die oben aufgeführten Aktivitäten erlaubt sind.

Mögliche Werte:
F = Finanzbuchhaltung oder V = Vertrieb
* = Beide Anwendungen

16.5.2 F_KNA1_BUK - Buchungskreis

Erläuterung:
Dieses Berechtigungsobjekt legt fest, welche Tätigkeiten bei der Bearbeitung des buchungskreisabhängigen Debitorenstammsatzanteils ausgeführt werden dürfen und für welchen Buchungskreis die jeweiligen Tätigkeiten gelten. Bei den buchungskreisabhängigen Stammsatzanteilen handelt es sich um die Felder, die zur Ausprägung der Geschäftsbeziehung dienen (siehe auch Kapitel 6.1).

Folgende Felder sind für dieses Berechtigungsobjekt definiert:
1. **Aktivität**
   Mit Definition der Aktivitäten wird festgelegt, welche Tätigkeiten im Rahmen der Bearbeitung erlaubt sind.

Mögliche Werte:
01 = Anlegen
02 = Ändern
03 = Anzeigen
05 = Sperren/Entsperren
06 = Löschvormerkung setzen
08 = Änderungsbelege anzeigen
C8 = Änderung bestätigen (4-Augen-Prinzip)
* = Alle Aktivitäten

2. **Buchungskreis**
   Hiermit wird festgelegt, für welche Buchungskreise die oben aufgeführten Aktivitäten erlaubt sind.

Berechtigungsprüfung der Finanzbuchhaltung

Eine Übersicht der in Ihrem Unternehmen vorliegenden Buchungskreise erhalten Sie mittels Transaktion **SE16N** Tabelle **T001**.

16.5.3 F_KNA1_GEN - Zentrale Daten

Erläuterung:
Dieses Berechtigungsobjekt legt fest, welche Tätigkeiten bei der Bearbeitung des *Allgemeinen Datenanteils* der Debitorenstammsätze ausgeführt werden dürfen. Bei dem *Allgemeinen Datenanteil* handelt sich um die Felder, die mandantenweit zur Verfügung stehen (siehe auch Kapitel 6.1).

Folgendes Feld ist für dieses Berechtigungsobjekt definiert:
1. **Aktivität**
    Mit Festlegung der Aktivitäten legen Sie fest, welche Tätigkeiten im Rahmen der Bearbeitung erlaubt sind.

Mögliche Werte:
01 = Anlegen
02 = Ändern
03 = Anzeigen
05 = Sperren/Entsperren
06 = Löschvormerkung setzen
08 = Änderungsbelege anzeigen
C8 = Änderung bestätigen (4-Augen-Prinzip)
* = Alle Aktivitäten

16.5.4 F_KNA1_GRP - Kontengruppenberechtigung

Erläuterung:
Debitoren kann man in sogenannte Kontengruppen unterteilen. Hierbei handelt es sich um eine Klassifikation der Stammsätze. Die

Debitorenkontenberechtigung legt fest, welche Tätigkeiten für welche Kontengruppen ausgeführt werden dürfen.

Folgende Felder sind für dieses Berechtigungsobjekt definiert:
1. **Aktivität**
   Mit Festlegung der Aktivitäten legen Sie fest, welche Tätigkeiten im Rahmen der Bearbeitung erlaubt sind.

Mögliche Werte:
01 = Anlegen
02 = Ändern
03 = Anzeigen
05 = Sperren/Entsperren
06 = Löschvormerkung setzen
08 = Änderungsbelege anzeigen
C8 = Änderung bestätigen (4-Augen-Prinzip)
* = Alle Aktivitäten

2. **Kontengruppe**
   Hiermit wird festgelegt, wer auf welche Kontengruppe zugreifen darf.

Eine Übersicht der Kontengruppen erhalten Sie mittels der Transaktion **SE16N** bei Anzeige der Tabelle **T077D**.

16.5.5 F_KNA1_BED - Kontenberechtigung

Erläuterung:
Es besteht ergänzend die Möglichkeit, Debitorenstammsätze über Berechtigungsgruppen zu schützen. Dieses Berechtigungsobjekt legt dann fest, welche Debitorenstammsätze bearbeitet werden dürfen.

Diese spezielle Berechtigung ist optional. Sie muss nicht vergeben werden, wenn kein zusätzlicher Schutz für die Stammsätze gefordert ist.

Sofern der Einsatz von Berechtigungsgruppen in Ihrem Unternehmen zum Tragen kommt, ist zu beachten, dass die Berechtigungsgruppe nicht nur bei der Bearbeitung von Stammsätzen greift, sondern gleichzeitig bei der Bearbeitung der referenzierenden Konten.

Sofern eine solche Berechtigung für das Arbeiten mit Stammsätzen vergeben wird, ist auch zu prüfen, ob eine Berechtigung für die entsprechende Berechtigungsgruppe für die Bearbeitung der Konten vergeben werden soll oder vergeben wurde. Diese Berechtigung wird ausgestaltet mit Hilfe des Berechtigungsobjektes F_BKPF_BED.

Folgende Felder sind für dieses Berechtigungsobjekt definiert:
1. **Aktivität**
   Mit Festlegung der Aktivitäten definieren Sie, welche Tätigkeiten im Rahmen der Bearbeitung erlaubt sind.

Mögliche Werte:
01 = Anlegen
02 = Ändern
03 = Anzeigen
05 = Sperren/Entsperren
06 = Löschvormerkung setzen
08 = Änderungsbelege anzeigen
C8 = Änderung bestätigen (4-Augen-Prinzip)
* = Alle Aktivitäten

2. **Berechtigungsgruppe**
Hiermit wird festgelegt, für welche Gruppen von Debitoren die oben aufgeführten Tätigkeiten erlaubt sind.

16.5.6 Das Konzept der Berechtigungsgruppen für Debitorenstammsätze

Zum zusätzlichen Schutz der Debitorenstammsätze können diese sogenannten Berechtigungsgruppen zugeordnet werden. Benutzern kann dann das Recht zugeordnet werden, bestimmte Berechtigungsgruppen zu bearbeiten. Sie erhalten dadurch das Recht, die in dieser Berechtigungsgruppe enthaltenen Debitoren zu bearbeiten.

Es gilt:
- Diese Berechtigung ist optional und zusätzlich zu den anderen notwendigen Berechtigungen für die Stammsätze vergeben.
- Die zentralen und die buchungskreisabhängigen Daten werden getrennt geschützt. Für beide Teile muss bei der Nutzung der Berechtigungsgruppen die Gruppe getrennt angegeben werden.

So funktioniert es:
- Das Berechtigungsobjekt F_KNA1_BED regelt den Zugriff auf die Berechtigungsgruppen. Es besteht aus den Feldern:
- Aktivität: Hier wird angegeben, was mit den Stammsätzen möglich ist (Anlegen, Ändern, Anzeigen, ...).
- Berechtigungsgruppe: Hier wird die Berechtigungsgruppe angegeben, für die dieser Schutz gelten soll.
- Die Berechtigungsgruppen können hinterlegt werden in der Tabelle **TBRG**. Dies ist optional! Es ist nicht zwingend notwendig, die Berechtigungsgruppen hier zu definieren, erleichtert aber den Überblick.
- Berechtigungsgruppen werden in dieser Tabelle so definiert, dass

erst das Berechtigungsobjekt, F_KNA1_BED, angegeben wird und dann die max. 4-stellige Berechtigungsgruppe. Z.B.:

Objekt   Berechtigungsgruppe
F_KNA1_BED   ZFI1
F_KNA1_BED   ZFI2

- Bei den Debitoren, die geschützt werden sollen, werden die Berechtigungsgruppen in den Stammsätzen eingetragen, getrennt nach zentralen und buchungskreisabhängigen Daten. Greift ein Benutzer auf solch einen Stammsatz zu, wird automatisch geprüft, ob der Benutzer über das Berechtigungsobjekt F_KNA1_BED eine Berechtigung für die Berechtigungsgruppe bekommen hat. Nur dann hat er Zugriff auf die zentralen Daten des Stammsatzes.

16.5.7   F_KNA1_KGD - Kontengruppe

Erläuterung
Mit diesem Berechtigungsobjekt wird festgelegt, ob Änderungen an den Kontengruppen eines Debitors durchgeführt werden dürfen.

Diese Berechtigung ist unabhängig von allen anderen Berechtigungen im Rahmen der Debitorenbearbeitung zu betrachten. Eine Unterscheidung hinsichtlich der Einschränkung auf Anwendungen ist nicht möglich, da sich Änderungen an den Kontengruppen generell auf sämtliche Anwendungen erstrecken.

Folgendes Feld ist für dieses Berechtigungsobjekt definiert:
1. **Aktivität**
   Mit Festlegung der Aktivitäten definieren Sie, welche Tätigkeiten im Rahmen der Bearbeitung erlaubt sind.

Mögliche Werte:
26= Kontengruppe Debitor ändern
* = Alle Aktivitäten

HINWEIS:
Die Änderung an den Kontengruppen der Debitoren erfolgt über die Transaktion **XD07**.

16.5.8 F_KNA1_AEN - Änderungsberechtigung für best. Felder

Erläuterung
Mit diesem Berechtigungsobjekt kann für ausgewählte Felder eines Debitorenstammsatzes festgelegt werden, ob für eine Änderung der entsprechenden Daten eine zusätzliche Berechtigung benötigt wird.

Der Einsatz dieses Berechtigungsobjektes ist optional. Diese Berechtigung muss nicht vergeben werden, wenn kein zusätzlicher Schutz vor Änderungen an Stammsätzen gefordert ist. Die Anzeigemöglichkeit der geschützten Felder bleibt uneingeschränkt bestehen.

Bei der Stammsatzanlage findet keine Verprobung auf Änderungsberechtigungen statt. Die jeweilige Berechtigung gilt für alle Buchungskreise.

Folgendes Feld ist für dieses Berechtigungsobjekt definiert:
1. Veränderungsgruppe
    Eine Übersicht über die Felder, die vor Änderungen geschützt sein sollen, können Sie mit Hilfe der Transaktion **SE16N** zur Anzeige bringen lassen, indem Sie dort die Tabelle **T055G** wählen.

16.5.9 Überprüfen der Änderungsberechtigung auf geschützte Felder

Einzelne Felder der Stammdaten können über Feldgruppen gesondert geschützt werden. Dies bedeutet, dass zum Ändern der geschützten Felder eine zusätzliche Berechtigung notwendig ist. Der symmetrische Schutz funktioniert folgendermaßen:
- Die zu schützenden Felder werden zu Gruppen, sog. Feldgruppen, zusammengefasst. Sinnvoll ist es, zusammengehörige Felder in einer Gruppe zu hinterlegen, z.B. die Felder für die Bankverbindung (Bankleitzahl, Kontonummer, ...).
- Die Gruppen bekommen ein zweistelliges Kürzel (z.B. 11) und werden in die Tabelle **T055G** eingetragen.
- Die technischen Namen der Felder werden, mit Angabe des Gruppenkürzels, in die Tabelle **T055** eingetragen.
- Zum Ändern dieser Felder benötigt ein Benutzer nun die Berechtigung zum Ändern der Feldgruppe, denen die Felder zugeordnet sind. Diese wird für Debitoren vergeben über das Berechtigungsobjekt F_KNA1_AEN. Im einzigen Feld dieses Objektes wird die Feldgruppe eingetragen, die der Benutzer ändern darf. Zusätzlich benötigt er natürlich die eigentliche Berechtigung zum Ändern von Kreditoren über die anderen Berechtigungsobjekte.

Um zu überprüfen, ob Feldgruppen genutzt werden, klicken Sie doppelt auf den nachfolgenden Tabelleneintrag *Definierte Feldgruppen für Debitoren*. Ist die Tabelle leer so sind keine Feldgruppen definiert. Sind Feldgruppen definiert, so können Sie sich mit einem Doppelklick auf eine Gruppe die Felder der Gruppe anzeigen lassen. Die Felder haben folgenden Aufbau:
z.B.: KNBK-BANKL
Der Bezeichner vor dem Bindestrich ist die Tabelle, aus der das Feld stammt, der Bezeichner nach dem Bindestrich ist das Feld selbst. In dem Beispiel ist somit das Feld BANKL aus der Tabelle KNBK angesprochen.

Um zu überprüfen, wer bestimmte Feldgruppen (und damit bestimmte Felder) ändern darf, gehen Sie folgendermaßen vor:
- Ermitteln Sie, welche Felder durch welche Feldgruppe geschützt werden. Rufen Sie via Transaktion **SE16N** die Tabelle **T055G** und die **T055** auf.
- Erstellen Sie eine neue kritische Berechtigung, in der Sie die Berechtigung auf diese Feldgruppen überprüfen, indem Sie eine Berechtigung zum Berechtigungsobjekt F_KNA1_AEN erstellen und als Feldwert die Berechtigungsgruppe angeben.

16.5.10 Das Vier-Augen-Prinzip beim Ändern von Debitorenstammdaten

Ab R/3®-Release 4.5 ist es möglich, Änderungen an bestimmten Feldern durch ein asymmetrisches Vier-Augen-Prinzip abzusichern. Dies funktioniert folgendermaßen:
- In der Tabelle **T055F** werden die Felder des Debitorenstammsatzes eingetragen, die über ein Vier-Augen-Prinzip geschützt werden sollen, z.B. die der Bankverbindung.
- Die Änderungen müssen nun bestätigt werden (Transaktionen **FK08** und **FK09**). Hierfür benötigt ein Anwender auf den Berechtigungsobjekten zum Schutz des Stammsatzes die Aktivität **C8**.

Um zu prüfen, ob ein Vier-Augen-Prinzip umgesetzt wurde, gehen Sie folgendermaßen vor:
- Lassen Sie sich via Transaktion **SE16N** die Tabelle **T055F** anzeigen. Hier sind die Felder hinterlegt, die durch ein Vier-Augen-Prinzip geschützt sind.
- Hier werden nur die technischen Feldnamen angezeigt. Möchten Sie ermitteln, welche Feldinhalte sich hinter den technischen Namen verbergen, gehen Sie folgendermaßen vor:
- Die Felder werden so angezeigt, dass erst der Tabellenname, dann ein Bindestrich und dann der Feldname erscheint, z.B:

KNBK-BANKL (=Tabelle KNBK, Feld BANKL)
KNBK-BANKN (= Tabelle KNBK, Feld BANKN)
- Mit der Transaktion **SE11** können Sie sich die Felder der Tabellen anzeigen lassen und bekommen auch die Feldbeschreibungen angezeigt. Rufen Sie diese Transaktion auf, tragen Sie den Namen der Tabelle ein (ohne Feldnamen), und lassen Sie sich die Tabelle anzeigen (im obigen Beispiel müsste hier der Tabellenname **KNBK** eingetragen werden). Angezeigt wird der Aufbau der Tabelle, nicht der Inhalt. Alternativ kann auch der Report **RSSDOCTB** (Tabellenhandbuch) genutzt werden. Hier bekommen Sie für die obigen beiden Felder folgende Bezeichnung:
BANKL = Bankschlüssel
BANKN = Bankkontonummer

16.6 Sachkontenbuchhaltung

16.6.1 F_SKA1_BUK - Buchungskreis

Erläuterung:
Dieses Berechtigungsobjekt legt fest, welche Tätigkeiten bei der Bearbeitung des buchungskreisabhängigen Sachkontenstammsatzanteils ausgeführt werden dürfen und für welchen Buchungskreis die jeweiligen Tätigkeiten gelten. Bei den buchungskreisabhängigen Stammsatzanteilen handelt es sich um die Felder, die zur Ausprägung der Geschäftsspezifika dienen (siehe auch Kapitel 8.1).

Folgende Felder sind für dieses Berechtigungsobjekt definiert:
1. **Aktivität**
   Mit Definition der Aktivitäten wird festgelegt, welche Tätigkeiten im Rahmen der Bearbeitung erlaubt sind.

Mögliche Werte:
01 = Anlegen
02 = Ändern
03 = Anzeigen
05 = Sperren/Entsperren
06 = Löschen
08 = Änderungsbelege anzeigen
* = Alle Aktivitäten

2. **Buchungskreis**
   Hiermit wird festgelegt, für welche Buchungskreise die oben aufgeführten Aktivitäten erlaubt sind.

Eine Übersicht der in Ihrem Unternehmen vorliegenden Buchungskreise erhalten Sie mittels Transaktion **SE16N** über die Tabelle **T001**.

16.6.2 F_SKA1_KTP - Kontenplan

Erläuterung:
Dieses Berechtigungsobjekt legt fest, welche Tätigkeiten bei der Bearbeitung des kontenplanabhängigen Sachkontenstammsatzanteils ausgeführt werden dürfen Die Bearbeitung von Musterkonten wird über dieses Berechtigungsobjekt mit abgedeckt.

Folgende Felder sind für dieses Berechtigungsobjekt definiert:
1. **Aktivität**
   Mit Definition der Aktivitäten wird festgelegt, welche Tätigkeiten im Rahmen der Bearbeitung erlaubt sind.

Mögliche Werte:
01 = Anlegen

02 = Ändern
03 = Anzeigen
05 = Sperren/Entsperren
06 = Löschen
08 = Änderungsbelege anzeigen
* = Alle Aktivitäten

2. **Kontenplan**
Hiermit wird festgelegt, für welche Kontenpläne die oben aufgeführten Aktivitäten erlaubt sind.

Eine Übersicht der in Ihrem Unternehmen vorliegenden Kontenpläne erhalten Sie mittels Transaktion **SE16N** Tabelle **T004**.

16.6.3 F_SKA1_BES - Kontenberechtigung

Erläuterung:

Es besteht ergänzend die Möglichkeit, Sachkontenstammsätze über Berechtigungsgruppen zu schützen. Dieses Berechtigungsobjekt legt dann fest, welche Sachkontenstammsätze bearbeitet werden dürfen.

Diese spezielle Berechtigung ist optional. Diese Berechtigung muss nicht vergeben werden, wenn kein zusätzlicher Schutz für die Stammsätze gefordert ist.

Sofern der Einsatz von Berechtigungsgruppen in Ihrem Unternehmen zum Tragen kommt, ist zu beachten, dass die Berechtigungsgruppe nicht nur bei der Bearbeitung von Stammsätzen greift, sondern gleichzeitig bei der Bearbeitung der referenzierenden Konten.

Sofern eine solche Berechtigung für das Arbeiten mit Stammsätzen vergeben wird, ist auch zu prüfen, ob eine Berechtigung für die entsprechende Berechtigungsgruppe für die Bearbeitung der Konten vergeben werden soll oder vergeben wurde. Diese Berechtigung wird ausgestaltet mit Hilfe des Berechtigungsobjektes F_BKPF_BES.

Folgende Felder sind für dieses Berechtigungsobjekt definiert:
1. **Aktivität**
   Mit Definition der Aktivitäten wird festgelegt, welche Tätigkeiten im Rahmen der Bearbeitung erlaubt sind.

Mögliche Werte:
01 = Anlegen
02 = Ändern
03 = Anzeigen
05 = Sperren/Entsperren
06 = Löschvormerkung setzen
08 = Änderungsbelege anzeigen
C8 = Änderung bestätigen (4-Augen-Prinzip)
* = Alle Aktivitäten

2. **Berechtigungsgruppe**
   Hiermit wird festgelegt, für welche Gruppen von Sachkonten die oben aufgeführten Tätigkeiten erlaubt sind.

HINWEIS:
Die Zuordnung der Kontengruppen zu den Sachkonten können Sie sich mit der Transaktion **SE16N** über die Tabelle **TZB27** anzeigen lassen.

16.6.4 Das Konzept der Berechtigungsgruppen für Sachkontenstammsätze

Zum zusätzlichen Schutz der Sachkontenstammsätze können diese sogenannten Berechtigungsgruppen zugeordnet werden. Benutzern kann dann das Recht zugeordnet werden, bestimmte Berechtigungsgruppen zu bearbeiten. Sie erhalten dadurch das Recht, die in dieser Berechtigungsgruppe enthaltenen Sachkonten zu bearbeiten.

Es gilt:
- Diese Berechtigung ist optional und zusätzlich zu den anderen notwendigen Berechtigungen für die Stammsätze vergeben.
- Der Schutz ist nur für die buchungskreisabhängigen Daten der Sachkonten möglich, nicht für die kontenplanabhängigen.

So funktioniert es:
- Das Berechtigungsobjekt F_SKA1_BES regelt den Zugriff auf die Berechtigungsgruppen. Es besteht aus den Feldern:
- Aktivität: Hier wird angegeben, was mit den Stammsätzen möglich ist (Anlegen, Ändern, Anzeigen, ...).
- Berechtigungsgruppe: Hier wird die Berechtigungsgruppe angegeben, für die dieser Schutz gelten soll.
- Die Berechtigungsgruppen können hinterlegt werden in der Tabelle **TBRG**. Dies ist optional! Es ist nicht zwingend notwendig, die Berechtigungsgruppen hier zu definieren, erleichtert aber den Überblick.
- Berechtigungsgruppen werden in dieser Tabelle so definiert, dass erst das Berechtigungsobjekt, F_SKA1_BES, angegeben wird und dann die max. 4-stellige Berechtigungsgruppe. Z.B.:

Objekt	Berechtigungsgruppe
F_SKA1_BES	ZFI1
F_SKA1_BES	ZFI2

- Bei den Sachkonten, die geschützt werden sollen, werden die Berechtigungsgruppen in den Stammsätzen eingetragen. Greift ein Benutzer auf solch einen Stammsatz zu, wird automatisch geprüft, ob der Benutzer über das Berechtigungsobjekt F_SKA1_BES eine Berechtigung für die Berechtigungsgruppe bekommen hat. Nur dann hat er Zugriff auf die kontenplanbezogenen Daten des Stammsatzes.

16.6.5 F_SKA1_AEN - Änderungsberechtigung für best. Felder

Erläuterung:
Mit diesem Berechtigungsobjekt kann für ausgewählte Felder eines Sachkontenstammsatzes festgelegt werden, ob für eine Änderung der entsprechenden Daten eine zusätzliche Berechtigung benötigt wird.

Der Einsatz dieses Berechtigungsobjektes ist optional. Diese Berechtigung muss nicht vergeben werden, wenn kein zusätzlicher Schutz vor Änderungen an Stammsätzen gefordert ist. Die Anzeigemöglichkeit der geschützten Felder bleibt uneingeschränkt bestehen.

Bei der Stammsatzanlage findet keine Verprobung auf Änderungsberechtigungen statt. Die jeweilige Berechtigung gilt für alle Buchungskreise.

Folgendes Feld ist für dieses Berechtigungsobjekt definiert:
1. **Veränderungsgruppe**
   Eine Übersicht über die Felder, die vor Änderungen geschützt sein sollen, können Sie mit Hilfe der Transaktion **SE16N** zur Anzeige bringen lassen, indem Sie dort die Tabelle **T055G** wählen.

16.6.6 Überprüfen der Änderungsberechtigung auf geschützte Felder

Einzelne Felder der Stammdaten können über Feldgruppen gesondert geschützt werden. Dies bedeutet, dass zum Ändern der geschützten Felder eine zusätzliche Berechtigung notwendig ist. Der symmetrische Schutz funktioniert folgendermaßen:
- Die zu schützenden Felder werden zu Gruppen, sog. Feldgruppen, zusammengefasst. Sinnvoll ist es, zusammengehörige Felder in einer Gruppe zu hinterlegen, z.B. die Felder für die Bankverbindung (Bankleitzahl, Kontonummer, ...).
- Die Gruppen bekommen ein zweistelliges Kürzel (z.B. 11) und werden in die Tabelle **T055G** eingetragen.
- Die technischen Namen der Felder werden, mit Angabe des Gruppenkürzels, in die Tabelle **T055** eingetragen.
- Zum Ändern dieser Felder benötigt ein Benutzer nun die Berechtigung zum Ändern der Feldgruppe, denen die Felder zugeordnet sind. Diese wird für Kreditoren vergeben über das Berechtigungsobjekt F_SKA1_AEN. Im einzigen Feld dieses Objektes wird die Feldgruppe eingetragen, die der Benutzer ändern darf. Zusätzlich benötigt er natürlich die eigentliche Berechtigung zum Ändern von Kreditoren über die anderen Berechtigungsobjekte.

Um zu überprüfen, ob Feldgruppen genutzt werden, lassen Sie sich via Transaktion **SE16N** die Tabelle **T055G** anzeigen. Ist die Tabelle leer, so sind keine Feldgruppen definiert. Sind Feldgruppen definiert, so können Sie sich via **SE16N** in der Tabelle **T055** die Felder der Gruppe anzeigen lassen. Die Felder haben folgenden Aufbau: z.B.: SKB1-HBKID

Der Bezeichner vor dem Bindestrich ist die Tabelle, aus der das Feld stammt, der Bezeichner nach dem Bindestrich ist das Feld selbst. In dem Beispiel ist somit das Feld HBKID aus der Tabelle SKB1 angesprochen.

Um zu überprüfen, wer bestimmte Feldgruppen (und damit bestimmte Felder) ändern darf, gehen Sie folgendermaßen vor:
- Ermitteln Sie über die Transaktion **SE16N** Tabellen **T055G** und **T055**, welche Felder durch welche Feldgruppe geschützt werden.
- Erstellen Sie eine neue kritische Berechtigung, in der Sie die Berechtigung auf diese Feldgruppen überprüfen, indem Sie eine Berechtigung zum Berechtigungsobjekt F_SKA1_AEN erstellen und als Feldwert die Berechtigungsgruppe angeben.

16.7 Banken

16.7.1 F_BNKA_MAN - Generelle Pflegeberechtigung

Erläuterung:
Mit diesem Berechtigungsobjekt kann man die Tätigkeiten festlegen, die im Rahmen der Pflege von Bankenstammdaten erlaubt sein sollen.

HINWEIS:
Dieses Berechtigungsobjekt wurde der Klasse der *Anwendungsübergreifenden Objekte - AAAB* zugeordnet.

Folgendes Feld ist für dieses Berechtigungsobjekt definiert:
1. Aktivität

Mit Definition der Aktivitäten wird festgelegt, welche Tätigkeiten im Rahmen der Bearbeitung erlaubt sind.

Mögliche Werte:
01 = Anlegen
02 = Ändern
03 = Anzeigen
08 = Änderungen anzeigen
11 = Nummernkreisstand ändern

16.7.2 F_BNKA_BUK - Buchungskreis

Erläuterung
Dieses Berechtigungsobjekt legt fest, welche Tätigkeiten bei der Bearbeitung des der Bankenstammsätze (Hausbanken und Bankkonten) in einem Buchungskreis ausgeführt werden dürfen und für welchen Buchungskreis die jeweiligen Tätigkeiten gelten.

Folgende Felder sind für dieses Berechtigungsobjekt definiert:
1. **Aktivität**
   Mit Definition der Aktivitäten wird festgelegt, welche Tätigkeiten im Rahmen der Bearbeitung erlaubt sind.

Mögliche Werte:
02 = Pflegen (Hinzufügen und Ändern)
03 = Anzeigen
* = Alle Aktivitäten

2. **Buchungskreis**
   Hiermit wird festgelegt, für welche Buchungskreise die oben aufgeführten Aktivitäten erlaubt sind.
Eine Übersicht der in Ihrem Unternehmen vorliegenden Buchungskreise erhalten Sie mittels Transaktion **SE16N** Tabelle **T001**.

16.7.3 F_BL_BANK - Hausbanken und Zahlwege

Erläuterung
Mit diesem Berechtigungsobjekt wird die Steuerung für Hausbanken und Zahlwege festgelegt.

Folgende Felder sind für dieses Berechtigungsobjekt definiert:

1. **Aktivität**

   Mit Definition der Aktivitäten wird festgelegt, welche Tätigkeiten im Rahmen der Bearbeitung erlaubt sind.

Mögliche Werte:
01 = Hinzufügen oder Erzeugen
02 = Ändern
03 = Anzeigen
06 = Löschen
08 = Änderungsbelege Löschen
* = Alle Aktivitäten

2. **Buchungskreis**

   Hiermit wird festgelegt, für welche Buchungskreise die oben aufgeführten Aktivitäten erlaubt sind.

   Eine Übersicht der in Ihrem Unternehmen vorliegenden Buchungskreise erhalten Sie mittels Transaktion **SE16N** Tabelle **T001**.

3. **Kurzschlüssel für eine Hausbank**

   Hiermit wird festgelegt, für welche Hausbanken die oben aufgeführten Tätigkeiten erlaubt sind.

   Eine Übersicht der in Ihrem Unternehmen eingesetzten Hausbanken erhalten Sie mittels Transaktion **SE16N** über die Tabelle **T012**.

4. **Kurzschlüssel für eine Kontenverbindung**

   Hiermit wird festgelegt, für welche Kontenverbindungen die oben aufgeführten Tätigkeiten erlaubt sind.

   Eine Übersicht der eingesetzten Kontenverbindung erhalten Sie mittels der Transaktion **SE16N** über die Tabelle **T012K**.

5. Zahlweg

Hiermit wird festgelegt, für welche Zahlwege die oben aufgeführten Tätigkeiten erlaubt sind.

Eine Übersicht der eingesetzten Zahlwege erhalten Sie mittels Transaktion **SE16N** über die Tabelle **T042Z**.

HINWEIS:
Für die Erstellung von Zahlungsanordnungen, bei denen bestimmte Hausbanken, Hausbankkonten oder Zahlwege vorgegeben werden sollen, ist eine entsprechende Berechtigung für die referenzierenden Einheiten Buchungskreis, Hausbank, Hausbankkonto und Zahlweg unabdingbar.

16.8 Kreditmanagement

16.8.1 F_KNKA_KKB - Kreditkontrollbereich

Erläuterung:
Mit diesem Berechtigungsobjekt werden die Berechtigungen zur Berabeitung der kreditkontrollbereichsbezogenen Daten für das Kreditlimit eines Debitors festgelegt.

Folgende Felder sind für dieses Berechtigungsobjekt definiert:
Das Objekt besteht aus den Feldern "Kreditkontrollbereich" und "Aktivität".

1. Aktivität

Mit Definition der Aktivitäten wird festgelegt, welche Tätigkeiten im Rahmen der Bearbeitung erlaubt sind.

Mögliche Werte:
02 = Pflegen (Hinzufügen und Ändern)
03 = Anzeigen

08 = Änderungsbelege anzeigen
* = Alle Aktivitäten

2. **Kreditkontrollbereich**
Hiermit wird festgelegt, für welche Kreditkontrollbereiche die oben aufgeführten Aktivitäten erlaubt sind.

Eine Übersicht der Kreditkontrollbereiche erhalten Sie mittels Transaktion **SE16N** über die Tabelle **T014**.

16.8.2   F_KNKA_MAN - generelle Pflegeberechtigung

Erläuterung:
Mit diesem Berechtigungsobjekt wird die Bearbeitung von kreditkontrollbereichsübergreifenden Daten für das Kreditlimit eines Debitors ausgeprägt.

Folgendes Feld ist für dieses Berechtigungsobjekt definiert:
1. **Aktivität**
Mit Definition der Aktivitäten wird festgelegt, welche Tätigkeiten im Rahmen der Bearbeitung erlaubt sind.

Mögliche Werte:
02 = Pflegen (Hinzufügen und Ändern)
03 = Anzeigen
08 = Änderungsbelege anzeigen
* = Alle Aktivitäten

16.8.3 F_KNKA_BED - Kontenberechtigung

Erläuterung:
Mit diesem Berechtigungsobjekt wird festgelegt, welche Debitorenstammsätze im Kreditmanagement bearbeitet werden dürfen.

Diese spezielle Berechtigung ist optional. Diese Berechtigung muss nicht vergeben werden, wenn kein zusätzlicher Schutz für die Stammsätze gefordert ist.

Folgende Felder sind für dieses Berechtigungsobjekt definiert:
1. **Aktivität**
   Mit Festlegung der Aktivitäten definieren Sie, welche Tätigkeiten im Rahmen der Bearbeitung erlaubt sind.

Mögliche Werte:
02 = Anlegen und Ändern
03 = Anzeigen
08 = Änderungsbelege anzeigen
* = Alle Aktivitäten

2. **Berechtigungsgruppe**
   Hiermit wird festgelegt, für welche Gruppen von Debitoren die oben aufgeführten Tätigkeiten erlaubt sind.

HINWEIS:
Die Stammdaten des Kreditmanagements haben selbst keine Berechtigungsgruppe.

16.8.4 F_KNKA_AEN - Änderungsberechtigung für best. Felder

Erläuterung:
Mit diesem Berechtigungsobjekt kann für ausgewählte Felder eines Kreditmanagementstammsatzes festgelegt werden, ob für eine Änderung der entsprechenden Daten eine zusätzliche Berechtigung benötigt wird.

Der Einsatz dieses Berechtigungsobjektes ist optional. Diese Berechtigung muss nicht vergeben werden, wenn kein zusätzlicher Schutz vor Änderungen an Stammsätzen gefordert ist. Die Anzeigemöglichkeit der geschützten Felder bleibt uneingeschränkt bestehen. Bei der Stammsatzanlage findet keine Verprobung auf Änderungsberechtigungen statt. Die jeweilige Berechtigung gilt für alle Kreditkontrollbereiche.

Folgendes Feld ist für dieses Berechtigungsobjekt definiert:
1. Veränderungsgruppe

Eine Übersicht über die Felder, die vor Änderungen geschützt sein sollen, können Sie mit Hilfe der Transaktion **SE16N** zur Anzeige bringen lassen, indem Sie dort die Tabelle **T055G** wählen.

16.9 Kontoanalyse für Debitoren

16.9.1 F_KNB1_ANA - Kontoanalyse

Erläuterung:
Mit diesem Berechtigungsobjekt können die Analysefunktionen der Debitorenkonten für einzelne Buchungskreise gezielt reglementiert werden.

Folgendes Feld ist für dieses Berechtigungsobjekt definiert:
1. **Buchungskreis**
   Hiermit wird festgelegt für welche Buchungskreise die Analysefunktionen erlaubt sein sollen.

Eine Übersicht der in Ihrem Unternehmen vorliegenden Buchungskreise erhalten Sie mittels Transaktion **SE16N** über die Tabelle **T001**.

16.10 Buchhaltungsbelege

16.10.1 F_BKPF_BLA - Belegart

Erläuterung:
Mit diesem Berechtigungsobjekt wird festgelegt, für welche Belegarten, erfasste Belegpositionen verbucht und bearbeitet werden können.

Zusätzlich wird über dieses Berechtigungsobjekt die Anzeigeberechtigung für einzelne Belegarten ausgeprägt. Beim Aufruf der Beleganzeige, der Einzelpostenanzeige sowie der Saldenanzeige und der Reportnutzung wird dann auf die entsprechende Ausgestaltung der benötigten Berechtigung verprobt.

Diese spezielle Berechtigung ist optional. Diese Berechtigung muss nicht vergeben werden, wenn kein zusätzlicher Schutz für die Belegarten gefordert ist.

Folgende Felder sind für dieses Berechtigungsobjekt definiert:
1. **Aktivität**
   Mit Definition der Aktivitäten wird festgelegt, welche Tätigkeiten im Rahmen der Bearbeitung erlaubt sind.

Mögliche Werte:
01 = Hinzufügen oder Erzeugen
02 = Ändern
03 = Anzeigen
08 = Änderungsbelege anzeigen
77 = Vorerfassen
* = Alle Aktivitäten

2. **Berechtigungsgruppe**
   Hiermit wird festgelegt, für welche Gruppen von Belegarten die oben aufgeführten Tätigkeiten erlaubt sind.

Eine Übersicht der eingesetzten Berechtigungsgruppen für Belegarten erhalten Sie mittels Transaktion **SE16N** über die Tabelle **T003**.

16.10.2   F_BKPF_BUK - Buchungskreis

Erläuterung:
Mit diesem Berechtigungsobjekt wird festgelegt, in welchen Buchungskreisen eine Bearbeitung von Belegen erfolgen darf. Die Buchungsfunktion kann nur dann erfolgreich aufgerufen werden, wenn mindestens für einen Buchungskreis eine entsprechende Berechtigung ausgeprägt ist.

Folgende Felder sind für dieses Berechtigungsobjekt definiert:
1. **Aktivität**
   Mit Definition der Aktivitäten wird festgelegt, welche Tätigkeiten im Rahmen der Bearbeitung erlaubt sind.

Mögliche Werte:
01 = Hinzufügen oder Erzeugen

02 = Pflegen (Hinzufügen und Ändern)
03 = Anzeigen
06 = Löschen
07 = Aktivieren, Generieren
08 = Änderungsbelege anzeigen
77 = Vorerfassen
* = Alle Aktivitäten

2. Buchungskreis
Hiermit wird festgelegt, für welche Buchungskreise die oben aufgeführten Aktivitäten erlaubt sind.

Eine Übersicht der in Ihrem Unternehmen vorliegenden Buchungskreise erhalten Sie mittels Transaktion **SE16N** über die Tabelle **T001**.

16.10.3 F_BKPF_BUP - Buchungsperiode

Erläuterung:
Mit diesem Berechtigungsobjekt kann ergänzend festgelegt werden, in welchen offenen Buchungsperioden Buchungen durchgeführt werden dürfen.

Diese spezielle Berechtigung ist optional. Diese Berechtigung muss nicht vergeben werden, wenn kein zusätzlicher Schutz für die Buchungsperioden gefordert ist.

Folgendes Feld ist für dieses Berechtigungsobjekt definiert:
1. Berechtigungsgruppe
Hiermit wird festgelegt, für welche Buchungsperioden eine Bebuchung erlaubt ist.

Eine Übersicht der eingerichteten Buchungsperioden und zugeordneten Berechtigungsgruppen erhalten Sie mit Aufruf der Transaktion **SE16N** und Auswahl der Tabelle **T001B**.

16.10.4 F_BKPF_GSB - Geschäftsbereich

Erläuterung:
Mit diesem Berechtigungsobjekt wird festgelegt, für welche Geschäftsbereiche Belegbuchungen bearbeitet werden dürfen.

Folgende Felder sind für dieses Berechtigungsobjekt definiert:
1. **Aktivität**
    Mit Definition der Aktivitäten wird festgelegt, welche Tätigkeiten im Rahmen der Bearbeitung erlaubt sind.

Mögliche Werte:
01 = Hinzufügen und Erzeugen
02 = Pflegen (Hinzufügen und Ändern)
03 = Anzeigen
08 = Änderungsbelege anzeigen
77 = Vorerfassen
* = Alle Aktivitäten

2. **Geschäftsbereich**
    Hiermit wird festgelegt, für welche Geschäftsbereiche die oben aufgeführten Tätigkeiten erlaubt sind.

Eine Übersicht der Geschäftsbereiche erhalten Sie via Transaktion **SE16N** Tabelle **TGSB**.

16.10.5   F_BKPF_KOA - Kontoart

Erläuterung:
Mit diesem Berechtigungsobjekt wird festgelegt, zu welcher Kontoart, wie z. B. S (Sachkonto), D (Debitor), K (Kreditor) und A (Anlage), eine Bearbeitung der Belegpositionen erfolgen darf.

Folgende Felder sind für dieses Berechtigungsobjekt definiert:
1. **Aktivität**
   Mit Definition der Aktivitäten wird festgelegt, welche Tätigkeiten im Rahmen der Bearbeitung erlaubt sind.

Mögliche Werte:
01 = Hinzufügen und Erzeugen
02 = Pflegen (Hinzufügen und Ändern)
03 = Anzeigen
77 = Vorerfassen
* = Alle Aktivitäten

2. **Kontoart**
   Hiermit wird festgelegt, für welche Kontoarten die oben aufgeführten Aktivitäten erlaubt sind.

Eine Übersicht der Kontoarten erhalten Sie u. a. mittels Transaktion **SE16N** über die Tabelle **T003**.

16.10.6   F_BKPF_BED - Debitorkonten

Erläuterung:
Mit diesem Berechtigungsobjekt kann die Belegbearbeitung einschließlich der Erfassung auf einzelne Debitorenkonten eingeschränkt werden. Diese spezielle Berechtigung ist optional. Sie muss

nicht vergeben werden, wenn kein zusätzlicher Schutz für die Stammsätze gefordert ist.

Sofern der Einsatz von Berechtigungsgruppen in Ihrem Unternehmen zum Tragen kommt, ist zu beachten, dass die Berechtigungsgruppe nicht nur bei der Bearbeitung von Konten greift, sondern gleichzeitig bei der Bearbeitung der referenzierenden Stammdaten.

Sofern eine solche Berechtigung für das Arbeiten mit Konten vergeben wird, ist auch zu prüfen, ob eine Berechtigung für die entsprechende Berechtigungsgruppe für die Bearbeitung der Stammsätze vergeben werden soll oder vergeben wurde. Diese Berechtigung wird ausgestaltet mit Hilfe des Berechtigungsobjektes F_KNA1_BED.

Folgende Felder sind für dieses Berechtigungsobjekt definiert:
1. **Aktivität**
   Mit Definition der Aktivitäten wird festgelegt, welche Tätigkeiten im Rahmen der Bearbeitung erlaubt sind.

Mögliche Werte:
01 = Hinzufügen und Erzeugen
02 = Pflegen (Hinzufügen und Ändern)
03 = Anzeigen
77 = Vorerfassen
* = Alle Aktivitäten

2. **Berechtigungsgruppe**
   Hiermit wird festgelegt, für welche Gruppen von Debitoren die aufgeführten Tätigkeiten erlaubt sind.

16.10.7 F_BKPF_BEK - Kreditorkonten

Erläuterung:
Mit diesem Berechtigungsobjekt kann die Belegbearbeitung einschließlich der Erfassung auf einzelne Kreditorenkonten eingeschränkt werden.

Diese spezielle Berechtigung ist optional. Sie muss nicht vergeben werden, wenn kein zusätzlicher Schutz für die Stammsätze gefordert ist.

Sofern der Einsatz von Berechtigungsgruppen in Ihrem Unternehmen zum Tragen kommt, ist zu beachten, dass die Berechtigungsgruppe nicht nur bei der Bearbeitung von Konten greift, sondern gleichzeitig bei der Bearbeitung der referenzierenden Stammdaten.

Sofern eine solche Berechtigung für das Arbeiten mit Konten vergeben wird, ist auch zu prüfen, ob eine Berechtigung für die entsprechende Berechtigungsgruppe für die Bearbeitung der Stammsätze vergeben werden soll oder vergeben wurde. Diese Berechtigung wird ausgestaltet mit Hilfe des Berechtigungsobjektes F_LFA1_BEK.

Folgende Felder sind für dieses Berechtigungsobjekt definiert:
1. Aktivität
    Mit Definition der Aktivitäten wird festgelegt, welche Tätigkeiten im Rahmen der Bearbeitung erlaubt sind.

Mögliche Werte:
01 = Hinzufügen und Erzeugen
02 = Pflegen (Hinzufügen und Ändern)

03 = Anzeigen
77 = Vorerfassen
* = Alle Aktivitäten

2. Berechtigungsgruppe
Hiermit wird festgelegt, für welche Gruppen von Kreditoren die aufgeführten Tätigkeiten erlaubt sind.

16.10.8   F_BKPF_BES - Sachkonto

Erläuterung:
Mit diesem Berechtigungsobjekt kann die Belegbearbeitung einschließlich der Erfassung auf einzelne Sachkonten eingeschränkt werden.

Diese spezielle Berechtigung ist optional. Sie muss nicht vergeben werden, wenn kein zusätzlicher Schutz für die Stammsätze gefordert ist.

Sofern der Einsatz von Berechtigungsgruppen in Ihrem Unternehmen zum Tragen kommt, ist zu beachten, dass die Berechtigungsgruppe nicht nur bei der Bearbeitung von Konten greift, sondern gleichzeitig bei der Bearbeitung der referenzierenden Stammdaten.

Sofern eine solche Berechtigung für das Arbeiten mit Konten vergeben wird, ist auch zu prüfen, ob eine Berechtigung für die entsprechende Berechtigungsgruppe für die Bearbeitung der Stammsätze vergeben werden soll oder vergeben wurde. Diese Berechtigung wird ausgestaltet mit Hilfe des Berechtigungsobjektes F_SKA1_BES.

Folgende Felder sind für dieses Berechtigungsobjekt definiert:
1. **Aktivität**
   Mit Definition der Aktivitäten wird festgelegt, welche Tätigkeiten im Rahmen der Bearbeitung erlaubt sind.

Mögliche Werte:
01 = Hinzufügen und Erzeugen
02 = Pflegen (Hinzufügen und Ändern)
03 = Anzeigen
06 = Löschen
77 = Vorerfassen
* = Alle Aktivitäten
2. Berechtigungsgruppe
   Hiermit wird festgelegt, für welche Gruppen von Sachkonten die aufgeführten Tätigkeiten erlaubt sind.

16.10.9 F_BKPF_VW - Vorschlagswerte für Belegart und Buchungsschlüssel ändern

Erläuterung:
Mit diesem Berechtigungsobjekt wird festgelegt, ob eine Änderung von Vorschlagswerten für die Belegart und die Buchungsschlüssel vorgenommen werden dürfen.

Folgende Felder sind für dieses Berechtigungsobjekt definiert:
1. **Aktivität**
   Mit Definition der Aktivitäten wird festgelegt, welche Tätigkeiten im Rahmen der Bearbeitung erlaubt sind.

Mögliche Werte:
02 = Pflegen (Hinzufügen und Ändern)

16.11 Zum Kontierungsmuster

16.11.1 F_KMT_MGMT - Berechtigung zur Pflege und Verwendung

Erläuterung:
In der Finanzbuchhaltung werden Kontierungsmuster eingesetzt für die Abbildung sich wiederholender Geschäftsfälle, indem man die meist mehrere Zeilen umfassenden Belegpositionen in einem Geschäftsfall speichert. Bei der Wiederholung des Geschäftsfalles wird der gespeicherte Vorgang als Vorlage aufgerufen, adaptiert und mit dem Beleg als reguläre Belegzeile verbucht.

Folgende Felder sind für dieses Berechtigungsobjekt definiert:
1. **Aktivität**
   Mit Definition der Aktivitäten wird festgelegt, welche Tätigkeiten im Rahmen der Bearbeitung erlaubt sind.

Mögliche Werte:
02 = Pflegen (Hinzufügen und Ändern)
03 = Anzeigen
76 = Erfassen
* = Alle Aktivitäten

2. **Berechtigungsgruppe**
   Hiermit wird festgelegt, für welche Gruppen von Kontierungsmustern die aufgeführten Tätigkeiten erlaubt sind.

16.12 Zur Bilanz

16.12.1 F_T011 - Generelle Pflegeberechtigung

Erläuterung:
Mit diesem Berechtigungsobjekt wird festgelegt, welche Tätigkeiten im Rahmen der Bearbeitung mit welchen Bilanz- und GuV-Versionen durchgeführt werden dürfen.

Folgende Felder sind für dieses Berechtigungsobjekt definiert:
1. **Aktivität**
   Mit Definition der Aktivitäten wird festgelegt, welche Tätigkeiten im Rahmen der Bearbeitung erlaubt sind.

Mögliche Werte:
01 = Hinzufügen und Erzeugen
02 = Pflegen (Hinzufügen und Ändern)
03 = Anzeigen
67 = Übersetzen
* = Alle Aktivitäten

2. **Version**
   Hiermit wird festgelegt, für welche Versionen die oben aufgeführten Tätigkeiten erlaubt sind.

Eine Übersicht der Versionen erhalten Sie mittels der Transaktion **SE16N** über die Tabelle **T011**.

16.13 Zur Planung

16.13.1 F_T011_BUK - Berechtigung für Buchungskreise

Erläuterung:
Mit diesem Berechtigungsobjekt wird festgelegt, welche Tätigkeiten in welchen Buchungskreisen im Rahmen der Bearbeitung der Planung durchgeführt werden dürfen.

Folgende Felder sind für dieses Berechtigungsobjekt definiert:
1. **Aktivität**
   Mit Definition der Aktivitäten wird festgelegt, welche Tätigkeiten im Rahmen der Bearbeitung erlaubt sind.

Mögliche Werte:
02 = Pflegen (Hinzufügen und Ändern)
03 = Anzeigen
* = Alle Aktivitäten

2. **Buchungskreis**
   Hiermit wird festgelegt, für welche Buchungskreise die oben aufgeführten Aktivitäten erlaubt sind.

Eine Übersicht der in Ihrem Unternehmen vorliegenden Buchungskreise erhalten Sie mittels Transaktion **SE16N** Tabelle **T001**.

16.14 Zum Zahlungsprogramm

16.14.1 F_REGU_BUK - Buchungskreis

Erläuterung:
Mit diesem Berechtigungsobjekt wird festgelegt, welche Tätigkeiten jeweils im Rahmen der Bearbeitung des automatischen Zahlens ausgeführt werden dürfen.

Die Liste der möglichen Werte für das Feld *Aktivität* können Sie über die Transaktion F110 im Menüpfad *Umfeld - Berechtigungen* zur Anzeige bringen.

Folgende Felder sind für dieses Berechtigungsobjekt definiert:
1. Aktivität
   Mit Definition der Aktivitäten wird festgelegt, welche Tätigkeiten im Rahmen der Bearbeitung erlaubt sind.

Mögliche Werte:

Abb. 16.03: Übersicht der Aktivitäten zum Zahlprogramm

* = Alle Aktivitäten

2. Buchungskreis
Hiermit wird festgelegt, für welche Buchungskreise die oben aufgeführten Aktivitäten erlaubt sind.

Eine Übersicht der in Ihrem Unternehmen vorliegenden Buchungskreise erhalten Sie mittels Transaktion **SE16N** Tabelle **T001**.

16.14.2   F_REGU_KOA - Kontoart

Erläuterung:
Mit diesem Berechtigungsobjekt wird festgelegt, welche Tätigkeiten für welche Kontoarten (D, K und S) im Rahmen des automatischen Zahlens ausgeführt werden dürfen.

Die Liste der möglichen Werte für das Feld Aktivität können Sie über die Transaktion **F110** im Menüpfad *Umfeld - Berechtigungen* zur Anzeige bringen.

Folgende Felder sind für dieses Berechtigungsobjekt definiert:
1. Aktivität
Mit Definition der Aktivitäten wird festgelegt, welche Tätigkeiten im Rahmen der Bearbeitung erlaubt sind.

Mögliche Werte:
* = Alle Aktivitäten

2. Kontoart
Hiermit wird festgelegt, für welche Kontoarten die oben aufgeführten Aktivitäten erlaubt sind.

Eine Übersicht der Kontoarten erhalten Sie u. a. mittels Transaktion **SE16N** Tabelle **T003**.

Berechtigungsprüfung der Finanzbuchhaltung

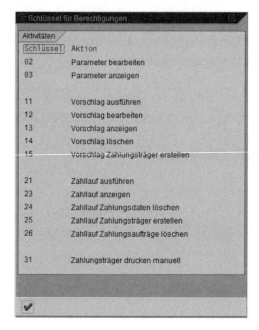

Abb. 16.04: Übersicht der Aktivitäten zum Zahlprogramm

16.15 Zum Mahnen

16.15.1 F_MAHN_BUK - Buchungskreis

Erläuterung:
Mit diesem Berechtigungsobjekt wird festgelegt, welche Tätigkeiten jeweils im Rahmen der Bearbeitung des automatischen Mahnens ausgeführt werden dürfen.

Die Liste der möglichen Werte für das Feld *Aktivität* können Sie über die Transaktion **F150** im Menüpfad *Zusätze - Berechtigungen* zur Anzeige bringen.

Folgende Felder sind für dieses Berechtigungsobjekt definiert:

1. Aktivität
Mit Definition der Aktivitäten wird festgelegt, welche Tätigkeiten im Rahmen der Bearbeitung erlaubt sind.
Mögliche Werte:

Abb. 16.05: Anzeige der Aktivitäten zum Mahnlauf

* = Alle Aktivitäten

2. Buchungskreis
Hiermit wird festgelegt, für welche Buchungskreise die oben aufgeführten Aktivitäten erlaubt sind.

Eine Übersicht der in Ihrem Unternehmen vorliegenden Buchungskreise erhalten Sie mittels Transaktion **SE16N** Tabelle **T001**.

16.15.2 F_MAHN_KOA - Kontoart

Erläuterung:
Mit diesem Berechtigungsobjekt wird festgelegt, welche Tätigkeiten für welche Kontoarten (D, K und S) im Rahmen des automatischen Mahnens ausgeführt werden dürfen.

Die Liste der möglichen Werte für das Feld *Aktivität* können Sie über die Transaktion **F150** im Menüpfad *Zusätze - Berechtigungen* zur Anzeige bringen.

Berechtigungsprüfung der Finanzbuchhaltung

Folgende Felder sind für dieses Berechtigungsobjekt definiert:

1. Aktivität

Mit Definition der Aktivitäten wird festgelegt, welche Tätigkeiten im Rahmen der Bearbeitung erlaubt sind.
Mögliche Werte:

Abb. 16.06: Anzeige der Aktivitäten zum Mahnlauf

* = Alle Aktivitäten

2. Kontoart

Hiermit wird festgelegt, für welche Kontoarten die oben aufgeführten Aktivitäten erlaubt sind.

Eine Übersicht der Kontoarten erhalten Sie u. a. mittels Transaktion **SE16N** Tabelle **T003**.

16.16 Zum Scheckmanagement

16.16.1 F_PAYR_BUK - Aktionsberechtigung für Buchungskreise

Erläuterung:
Mit diesem Berechtigungsobjekt wird die Bearbeitung im Rahmen des Scheckmanagements ausgeprägt. In Abhängigkeit der beteiligten Objektfelder kann je Buchungskreis und Aktivität (Anzeigen, Pflegen, Löschen) eine differenzierte Ausgestaltung der Berechtigungen erfolgen. Die Bearbeitungsaufrufe zum Scheckmanagement sind nur dann erfolgreich, wenn auch erforderliche Berechtigungen für die Aktivität im jeweiligen Buchungskreis ausgeprägt sind.

Folgende Felder sind für dieses Berechtigungsobjekt definiert:
1. Aktivität
   Mit Definition der Aktivitäten wird festgelegt, welche Tätigkeiten im Rahmen der Bearbeitung erlaubt sind.

Mögliche Werte:
03 = Schecknummern anzeigen
02 = Scheckinformationen ändern und hinzufügen
05 = Scheckinformationen entwerten (ausgestellte Schecks)
06 = Scheckinformationen löschen
11 = Schecknummernstand ändern
17 = Schecknummern pflegen
24 = Scheckinformation archivieren
25 = Scheckinformation aus Archiv zurückladen
43 = Schecknummern freigeben zur Wiederverwendung
84 = Maschineller und manueller Scheckrücklauf
* = Alle Aktivitäten

2. Buchungskreis

Hiermit wird festgelegt, für welche Buchungskreise die oben aufgeführten Aktivitäten erlaubt sind.

Eine Übersicht der in Ihrem Unternehmen vorliegenden Buchungskreise erhalten Sie mittels Transaktion **SE16N** Tabelle **T001**.

16.17 Zum Infosystem

16.17.1 F_T060_ACT - Kontoart/Auswertungssicht

Erläuterung:
Mit diesem Berechtigungsobjekt wird festgelegt, welche Auswertungssichten des Debitoren-/Kreditoren-Informationssystems angezeigt oder neu erstellt werden dürfen. Die Bearbeitungsaufrufe zum Anzeigen oder Erstellen einer Auswertungssicht können nur dann erfolgen, wenn mindestens für eine Auswertungssicht die entsprechende Berechtigung ausgeprägt ist.

Folgende Felder sind für dieses Berechtigungsobjekt definiert:
1. **Aktivität**
   Mit Definition der Aktivitäten wird festgelegt, welche Tätigkeiten im Rahmen der Bearbeitung erlaubt sind.

Mögliche Werte:
02 = Ändern
03 = Anzeigen
* = Alle Aktivitäten

2. **Kontoart**
   Hiermit wird festgelegt, für welche Kontoarten wie z.B. D (Debitor), K (Kreditor) oder S (Sachkonten) die oben aufgeführten Aktivitäten erlaubt sind.

   Eine Übersicht der Kontoarten erhalten Sie u. a. mittels Transaktion **SE16N** Tabelle **T003**.

3. **Auswertungssicht**
   Hiermit wird festgelegt, für welche Auswertungssicht die oben aufgeführten Aktivitäten erlaubt sind.

   Eine Übersicht der Auswertungssichten erhalten Sie mittels Transaktion **SE16N** in der Tabelle **T060**.

16.18 Zur Avisverwaltung

16.18.1 F_AVIK_BUK - Buchungskreis

Erläuterung:
Mit diesem Berechtigungsobjekt wird festgelegt, in welchem Buchungskreis jeweils die Avisbearbeitung erfolgen darf.

Folgende Felder sind für dieses Berechtigungsobjekt definiert:
1. **Aktivität**
   Mit Definition der Aktivitäten wird festgelegt, welche Tätigkeiten im Rahmen der Bearbeitung erlaubt sind.

Mögliche Werte:
01 = Anlegen
02 = Ändern
03 = Anzeigen

06 = Löschvormerkung setzen
* = Alle Aktivitäten

2. **Buchungskreis**
Hiermit wird festgelegt, für welche Buchungskreise die oben aufgeführten Aktivitäten erlaubt sind.

Eine Übersicht der in Ihrem Unternehmen vorliegenden Buchungskreise erhalten Sie mittels Transaktion **SE16N** Tabelle **T001**.

16.18.2   F_AVIK_AVA - Avisarten

Erläuterung:
Mit diesem Berechtigungsobjekt wird festgelegt, für welcher Avisart eine Avisbearbeitung erfolgen darf.

Der Einsatz dieses Berechtigungsobjektes ist optional. Diese Berechtigung muss nicht vergeben werden, wenn kein zusätzlicher Schutz für Avise gefordert ist.

Folgende Felder sind für dieses Berechtigungsobjekt definiert:
1. **Aktivität**
Mit Definition der Aktivitäten wird festgelegt, welche Tätigkeiten im Rahmen der Bearbeitung erlaubt sind.

Mögliche Werte:
01 = Anlegen
02 = Ändern
03 = Anzeigen
06 = Löschvormerkung setzen
* = Alle Aktivitäten

2. **Berechtigungsgruppe**
   Hiermit wird festgelegt, für welche Gruppen von Avisen die oben aufgeführten Tätigkeiten erlaubt sind.

Eine Übersicht der Avisarten mit Zuordnung der Berechtigungsgruppen erhalten Sie mittels Transaktion **SE16N** Tabelle **T053G**.

16.19 Finanzkalender

16.19.1 F_T011E - Terminplan

Erläuterung:
Mit diesem Berechtigungsobjekt wird festgelegt, welche Tätigkeiten im Rahmen der Bearbeitung für welche Terminpläne durchgeführt werden dürfen.

Folgende Felder sind für dieses Berechtigungsobjekt definiert:

1. **Aktivität**
   Mit Definition der Aktivitäten wird festgelegt, welche Tätigkeiten im Rahmen der Bearbeitung erlaubt sind.

Mögliche Werte:
02 = Ändern
03 = Anzeigen
* = Alle Aktivitäten

2. **Terminplan**
   Hiermit wird festgelegt, in welchem Terminplan die oben aufgeführten Tätigkeiten durchgeführt werden dürfen.

Eine Übersicht der Terminpläne erhalten Sie mittels Transaktion **SE16N** Tabelle **T011E**.

16.20 Reports

16.20.1 S_PROGRAM - ABAP : Programmablaufprüfungen

Erläuterung:
Bei diesem Berechtigungsobjekt wird festgelegt welche ABAP/4-Programme aus welchen Programmgruppen bearbeitet werden dürfen.

Folgende Felder sind für dieses Berechtigungsobjekt definiert:
1. Benutzeraktion ABAP/4-Programm (zulässige Operationen):
   Mit Definition der Benutzeraktionen wird festgelegt, welche Tätigkeiten im Rahmen der Bearbeitung erlaubt sind.

Mögliche Werte:
SUBMIT=   Programme ausführen
BTCSUBMIT=   Programme für die Hintergrundverarbeitung einplanen
VARIANT=   Varianten pflegen

HINWEIS:
Die Pflege von Varianten erfolgt über eine Programmausführung, so dass eine Berechtigung für die Benutzeraktion SUBMIT benötigt wird. (Für die Programmausführung ist zusätzlich die SUBMIT-Berechtigung nötig)

Seit dem Release 3.0 gilt die Benutzeraktion EDIT als obsolet.

2. **Berechtigungsgruppe ABAP/4-Programm**
   Hiermit wird festgelegt, für welche Gruppen von Programmen die oben aufgeführten Tätigkeiten jeweils erlaubt sind. Pro-

gramme, die nicht durch eine Berechtigungsgruppe geschützt werden, können von allen Usern mit zugehörigen Berechtigungen bearbeitet werden.

Zusatzinfo:
SAP Standard Reports sind im Gegensatz zu Tabellen regulär keiner Berechtigungsgruppe zugeordnet.

Eine Übersicht zu bereits gepflegten Zuordnungen erhalten Sie mit der Tabelle **TRDIR** über die Transaktion **SE16N**. Die jeweilige Berechtigungsgruppe ist im Feld SECU (Berechtigungsgruppe) eingetragen.

Abb. 16.07: Selektionsmaske der Tabelle TRDIR über die Transaktion SE16N

Die Pflege der Zuordnung von Reports zu Berechtigungsgruppen kann über den Report **RSCSAUTH** erfolgen.

16.21 Customizingviews für Tabellen

Transaktion SM 30	Erläuterung	Berechtigungsobjekt
V_T077K	Kontengruppen Kreditoren Bildaufbau pro Kontengruppe	F_LFA1_GRP
V_T079K	Buchungskreisabhängige Feldauswahl Kreditoren	
V_T078K	Aktivitätsabhängige Feldauswahl Kreditoren	
V_T055F	Sensible Felder VAP	
V_055G_B	Kreditoren Feldgruppen	F_LFA1_AEN
V_055_B	Felder der Kreditorenfeldgruppen	F_LFA1_AEN
V_077D	Kontengruppen Debitoren pro Kontengruppe	F_KNA1_GRP
V_T079D	Buchungskreisabhängige Feldauswahl Debitoren	
V_078D	Aktivitätsabhängige Feldauswahl Debitoren	
V_T055F	Sensible Felder VAP	
V_T055G	Debitoren Feldgruppen	F_KNA1_AEN
V_T055	Felder der Debitorenfeldgruppen	F_KNA1_AEN
V_055G_D	Sachkonten Feldgruppen	F_SKA1_AEN
V_055_D	Felder der Sachkontenfeldgruppen	F_SKA1_AEN
V_T077S	Kontengruppen der Sachkonten	Wird auf BUK-Ebene festgelegt. Musseingabe.
V_055G_C	Feldgruppen Kreditlimitstammsätze	F_KNKA_AEN

Transaktion SM 30	Erläuterung	Berechtigungsobjekt
V_055_C	Felder zu Kreditlimitfeldgruppen	F_KNKA_AEN
V_TBRG	Berechtigungsgruppen	F_LFA1_BEK F_KNA1_BEK F_SKA1_BES
TDDAT	Tabellen in Berechtigungsklassen und Berechtigungsgruppen	
RSCSAUTH	Pflege von Berechtigungsgruppen Reports	

16.22 Transaktionen nach Aktivitäten - Kreditoren

Transaktion	Bedeutung
FK01	Anlegen von Kreditorstammdaten in der FIBU Zentral und Buchungskreisabhängig
MK01	Anlegen neuer Kreditoren im Einkauf Zentral und Einkaufsorganisationsbezogen
XK01	Zentrales Anlegen von Kreditoren Anlage mit allen Eigenschaften (Zentral, Buchungskreis, Einkauf)
FK02	Ändern von Kreditorstammdaten in der FIBU Zentral und Buchungskreisabhängig
MK02	Ändern von Kreditoren im Einkauf Zentral und Einkaufsorganisationsbezogen
XK02	Zentrales Ändern von Kreditoren Ändern mit allen Eigenschaften (Zentral, Buchungskreis, Einkauf)
FK03	Anzeigen von Kreditorstammdaten in der FIBU Zentral und Buchungskreisabhängig
MK03	Anzeigen von Kreditoren im Einkauf Zentral und Einkaufs- organisationsbezogen
XK03	Anzeigen von Kreditoren Anzeigen mit allen Eigenschaften (Zentral, Buchungskreis, Einkauf)
FK05	Sperren und Entsperren von Kreditoren in der FIBU in Buchungskreisen

Transaktion	Bedeutung
MK05	Sperren und Entsperren von Kreditoren im Einkauf Einkaufsorganisation
XK05	Zentrales Sperren und Entsperren von Kreditoren, Buchungskreis und Einkaufsorganisation
FK06	Löschvermerk für Kreditoren in der Fibu einzelne Buchungskreise oder alle Daten
MK06	Löschvermerk für Kreditoren im Einkaufeinzelne Einkaufsorganisationen oder alle Daten
XK06	Löschvermerk für alle Kreditorendateneinzelne Buchungskreise oder einzelne Einkaufsorganisationen oder alle Daten
FK04	Anzeige von Änderungsbelegen in der FIBU Zentrale Daten und Buchungskreisabhängige Daten
MK04	Anzeige von Änderungsbelegen im Einkauf Zentrale Daten und Einkaufsorganisationsbezogene Daten
XK04	Zentrales Anzeigen von Änderungsbelegen mit allen Eigenschaften
FK08	Änderungen für einzelne Kreditoren bestätigen
FK09	Änderungen für mehrere Kreditoren bestätigen

Transaktion	Bedeutung
Report	Bedeutung
RFKABL00	Änderungsbelege
RSSCD100 (Objekt KRED)	Änderungsbelege anzeigen
RSSCD150 (Objekt KRED)	Änderungsbelege anzeigen

16.23 Transaktionen nach Aktivitäten - Debitoren

Transaktion	Bedeutung
FD01	Anlegen von Kreditorstammdaten in der FIBU Zentral und Buchungskreisabhängig
VD01	Anlegen neuer Debitoren im Vertrieb Zentral und Vertriebsorganisationsbezogen
XD01	Zentrales Anlegen von Debitoren Anlage mit allen Eigenschaften(Zentral, Buchungskreis, Vertrieb)
FD02	Ändern von Debitorstammdaten in der FIBU Zentral und Buchungskreisabhängig
VD02	Ändern von Debitoren im Vertrieb Zentral und Vertriebsorganisationsbezogen
XD02	Zentrales Ändern von Debitoren Ändern mit allen Eigenschaften(Zentral, Buchungskreis, Vertrieb)

Transaktion	Bedeutung
FD03	Anzeigen von Debitorstammdaten in der FIBUZentral und Buchungskreisabhängig
VD03	Anzeigen von Debitoren im Vertrieb. Zentral und Vertriebsorganisationsbezogen
XD03	Anzeigen von DebitorenAnzeigen mit allen Eigenschaften. (Zentral, Buchungskreis, Vertrieb)
FD05	Sperren und Entsperren von Debitoren in der FIBU in Buchungskreisen
VD05	Sperren und Entsperren von Debitoren im Vertrieb Vertriebsorganisation
XD05	Zentrales Sperren und Entsperren von Debitoren. Buchungskreis und Vertriebsorganisation
FD06	Löschvermerk für Debitoren in der Fibu, einzelne Buchungskreise oder alle Daten
VD06	Löschvermerk für Debitoren im Vertrieb, einzelne Vertriebsorganisationen oder alle Daten
XD06	Löschvermerk für alle Debitorendateneinzelne Buchungskreise oder einzelne Vertriebsorganisationen oder alle Daten
FD04	Anzeige von Änderungsbelegen in der FIBU. Zentrale Daten und Buchungskreisabhängige Daten

Transaktion	Bedeutung
VD04	Anzeige von Änderungsbelegen im Vertrieb. Zentrale Daten und Vertriebsorganisationsbezogene Daten
XD04	Zentrales Anzeigen von Änderungsbelegen mit allen Eigenschaften
FD08	Änderungen für einzelne Debitoren bestätigen
FD09	Änderungen für mehrere Debitoren bestätigen

Report	Bedeutung
RFDABL00	Änderungsbelege
RSSCD100 (Objekt DEB)	Änderungsbelege anzeigen
RSSCD150 (Objekt DEB)	Änderungsbelege anzeigen

16.24 Transaktionen nach Aktivitäten - Sachkonten

Transaktion	Bedeutung
FS00	Zentrale Verwaltung der Sachkontenkontenplan- und buchungskreisbezogen
FSP0	Verwaltung Kontenplanebene Sachkonten
FSS0	Verwaltung Buchungskreisebene Sachkonten

Transaktion	Bedeutung
Aktivitäten	Bedeutung
01	Anlegen
02	Ändern
03	Anzeigen
05	Sperren / Entsperren
06	Löschvermerk setzen
FS04	Anzeige von Änderungsbelegen der Sachkonten Kontenplan- und Buchungskreisbezogen
FSP4	Anzeige von Änderungsbelegen der Sachkonten Kontenplanebene
FSS4	Anzeige von Änderungsbelegen der Sachkonten Buchungskreisebene
OB_GLACC11	Massenänderungen von Sachkonten Kontenplanebene
OB_GLACC12	Massenänderungen von Sachkonten Buchungskreisebene
OB_GLACC13	Ändern der Bezeichnung von Sachkonten
RFSABL00	Änderungsbelege
RSSCD100 (Objekt SACH)	Änderungsbelege anzeigen
RSSCD150 (Objekt SACH)	Änderungsbelege anzeigen

16.25 Transaktionen nach Aktivitäten - Kreditmanagement

Transaktion	Bedeutung
FD32	Anlegen und Ändern von Kreditlimitstammsätzen (Zentral und Kreditkontrollbereichsdaten - beides mit Aktivität 02)
F.34	Massenänderung von Kreditlimitstammsätzen Report RFDKLI50 wird aufgerufen (Datum der nächsten Überprüfung kann hochgesetzt werden)
FD33	Anzeige der Kreditlimitstammdaten (Zentral und Kreditkontrollbereichsdaten)
Reports	
RFDKLI30	Kurzübersicht Kreditlimit
RDDKLI40	Kreditübersicht
RFDKLI41	Kreditstammblatt
RFDKLI42	Kreditmanagement: Frühwarnliste
RFDKLI43	Kreditmanagement: Stammdatenliste
FD24	Änderungsanzeige Kreditlimitdaten (Zentral und Kreditkontrollbereichsdaten)
Report	Bedeutung
RFDKLIAB	Änderungsbelege
RSSCD100 (Objekt KLIM)	Änderungsbelege anzeigen
RSSCD150 (Objekt KLIM)	Änderungsbelege anzeigen

16.26 Tabellen der Finanzbuchhaltung

Tabelle	Beschreibung	Berechtigungsgruppe	Protokoll	mandantenabhängig	manuelle Pflege
LFA1	Lieferantenstamm allgemeinerner Teil	FA	nein	ja	nein
LFAS	Lieferantenstamm (allgemeiner Teil EG Steuernummer)	FA	nein	ja	nein
LFAT	Lieferantenstamm (Steuergruppierung)	FA	nein	ja	nein
LFB1	Lieferantenstamm (Buchungskreis)	FA	nein	ja	nein
LFB5	Lieferantenstamm (Mahndaten)	FA	nein	ja	nein
LFBK	Lieferantenstamm (Bankverbindungen)	FA	nein	ja	nein
LFBW	Lieferantenstamm (Quellensteuertypen) X	FA	nein	ja	nein
LFC1	Lieferantenstamm (Verkehrszahlen)	FA	nein	ja	nein
LFC3	Lieferantenstamm (Verkehrszahlen Sonderhauptbuchvorgänge)	FA	nein	ja	nein

Tabelle	Beschreibung	Berechtigungsgruppe	Protokoll	mandantenabhängig	manuelle Pflege
LFZA	Zulässige abweichende Zahlungsempfänger				
KNA1	Lieferantenstamm allgemeiner Teil	VA	nein	ja	nein
KNAS	Kundenstamm (allgemeiner Teil EG Steuernummer)	FA	nein	ja	nein
KNAT	Kundenstamm (Steuergruppierung)	FA	nein	ja	nein
KNB1	Kundenstamm (Buchungskreis)	FA	nein	ja	nein
KNB5	Kundestamm (Mahndaten)	FA	nein	ja	nein
KNBK	Kundenstamm (Bankverbindungen)	FA	nein	ja	nein
KNBW	Kundenstamm (Quellensteuertypen) X	FA	nein	ja	nein
KNC1	Kundenstamm (Verkehrszahlen)	FA	nein	ja	nein
KNC3	Kundenstamm (Verkehrszahlen Sonderhauptbuchvorgänge)	FA	nein	ja	nein
KNKA	Kundenstamm Kreditmanagement: Zentraldaten	FA	nein	ja	nein
KNKK	Kundenstamm Kreditmanagement: Kreditkontrollbereichsdaten				

Tabelle	Beschreibung	Berechtigungsgruppe	Protokoll	mandantenabhängig	manuelle Pflege
KNZA	Zulässige abweichende Zahlungsempfänger	FA	nein	ja	nein
KNKK F1	Kreditmanagement: FI-Statusdaten	FA	nein	nein	nein
KNKK F2	Kreditmanagement: Offene Posten nach Verzugstagen	FA	nein	nein	nein
SKA1	Sachkontenstamm (Kontenplan)	FC	ja	ja	nein
SKAS	Sachkontenstamm (Kontenplan: Schlagwortverzeichnis)	FC	ja	ja	nein
SKAT	Sachkontenstamm (Kontenplan: Bezeichnung)	FC	ja	ja	nein
SKB1	Sachkontenstamm (Buchungskreis)	FC	ja	ja	nein
SKM1	Muster Sachkonten	FA	nein	ja	nein
SKMT	Bezeichnung der Musterkonten	FA	nein	ja	nein

16.27 Tabellen der Berechtigungskonzeption

Tabelle	Inhalt
USOBT	Zuordnung Transaktion - Berechtigung
USOBT_C	Zuordnung Transaktion - Berechtigung (Kunde)
USOBX	Checktabelle zu USOBT
USOBX_C	Checktabelle zu USOBT_C
USOBT_CD	Änderungshistorie zu Feldwerten
USOBX_CD	Änderungshistorie zu Prüfkennzeichen
USORG	Organisationsebenen für Profilgenerator
USH02	Änderungshistorie für Anmeldedaten
USH04	Änderungshistorie für Benutzer
USR01	Benutzerstammdaten
USR02	Benutzeranmeldedaten
USR03	Adressdaten der Benutzer
USR04	Benutzer mit Profilen, Sammeldarstellung
USR05	Benutzerstammsatz: Parameterwerte
USR10	Berechtigungsprofile
USR11	Texte zu Profilen
USR12	Berechtigungsobjekte mit Berechtigungen
USR13	Kurztexte zu Berechtigungen
USR40	Tabelle für verbotene Kennwörter
UST04	Benutzer mit Profilen, Einzeldarstellung
UST10C	Sammelprofile mit Einzelprofilen
UST10S	Einzelprofile mit Berechtigungen
UST12	Berechtigungen mit Feldern
TACT	Liste der zugelassenen Aktivitäten
TACTZ	Liste der zugelassenen Kombinationen von Berechtigungsobjekten und Aktivitäten
TOBJ	Liste der vorhandenen Objekte
TOBC	Klasseneinteilung der Objekte
TOBJT	Texte der Objekte

TASTC	Liste der zugelassenen Kombinationen aus Berechtigungsobjektfeldern und zugehörigen Objekten
AGR_1016B	Name des Profils zu Aktivitätsgruppen (Kunde)
AGR_1016	Name des Profils zu Aktivitätsgruppen (SAP)
AGR_1250	Berechtigungsdaten zu Aktivitätsgruppen
AGR_1251	Berechtigungsdaten zu Aktivitätsgruppen
AGR_PROF	Profilname zur Rolle
AGR_USERS	Zuordnung Benutzer zu Rollen (Kunden)
AGR_USERT	Zuordnung Benutzer zu Rollen (SAP)
AGR_DEFINE	Rollen Definition

Entscheidend für die Prüfungshandlungen, die in der Folge vorgestellt werden, ist die Aufschlüsselung der Relation der Transaktion zu den Berechtigungsobjekten.

16.28 Relation der Transaktion zum Berechtigungsobjekt

Es gibt zwei Tabellen, in denen die benannten Daten vorgefunden werden können. Die Tabelle **USOBT** enthält die Relation der Berechtigungsobjekte zu den Transaktionen, konfiguriert durch SAP. Die Tabelle **USOBT_C** enthält die besagten Relationen für Kundenkonfigurationen. Beim Einsatz des Profilgenerators werden die Daten der Tabelle **USOBT_C** für die Vorschlagswerte entnommen.

Der Abgleich zur Initialisierung des Profilgenerators oder nach Upgrades erfolgt z.B. über die Transaktion **SU26**:

Die Kombination von Transaktion und Berechtigungsobjekt wird bei einer Berechtigungsprüfung in die Tabelle **USOBX** geschrieben. Diese Tabelle wird vollständig mit sämtlichen Informationen von Seiten SAP ausgeliefert. Es handelt sich um eine sogenannte Checktabelle zur **USOBT**.

Diese Tabelleneinträge sind parametrisierbar. Das heißt, dass über das Aktivieren eines Profilparameters ergänzend sämtliche Einträge bei einer Berechtigungsprüfung hinsichtlich der Relation Berechtigungsobjekt - Transaktion vorgenommen werden, die bislang nicht vorhanden sind. Die Aktivierung dieses Parameters belastet die Systemperformance maximal und ist für den Routineeinsatz nicht zu empfehlen.

Bei dem Parameter handelt es sich um: "auth/authorization_trace"

Diesen Parameter können Sie sich über den Report **RSPFPAR** mittels der Transaktion **SA38** anzeigen lassen.

Der Default-Wert dieses Parameters ist "N." Dies bedeutet, dass das Tracing generell - entsprechend gängiger Empfehlungen - deaktiviert ist. Eine Aktivierung erfolgt mit der Übergabe des Wertes "Y".

Am Beispiel der praeselektierten Transaktion **FD03** habe ich Ihnen einen Auszug aus der Tabelle **USOBX**, die ich über die Transaktion **SE16N** zur Anzeige gebracht habe, beigefügt:

Berechtigungsprüfung der Finanzbuchhaltung

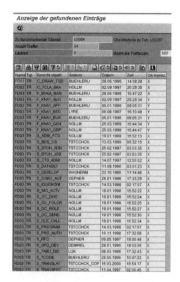

Abb. 16.08: Anzeige der Berechtigungsobjekte zur Transaktion FD03

Es gibt vier mögliche Einträge für das OK-Kennzeichen:

X = Berechtigungsprüfung findet statt.
Y = Berechtigungsprüfung findet statt, Vorschlagswerte in der Tabelle USOBT sind nicht gepflegt.
N = Keine Berechtigungsprüfung.
U = Ungepflegt.

Bei der Checktabelle **USOBX** handelt es sich um die bekannte tabellarische Darstellung der Transaktion **SU24 / SU22**, die ich Ihnen nachstehend zur Übersicht auszugsweise beigefügt habe:

Berechtigungsprüfung der Finanzbuchhaltung

Abb. 16.09: Liste der Prüfkennzeichen zur Transaktion FD03

Eine Detailansicht der o.a. Objekte mitsamt Prüfstatus erhalten Sie über die integrierte Drucktaste :

Abb. 16.10: Werteliste zur Transaktion FD03

Das Pendant zur **USOBX** stellt für die Kundenkonfiguration die Tabelle **USOBX_C** dar.

Die Änderungshistorie zu den Feldwerten wird in die Tabelle **USOBT_CD** geschrieben, die Änderungshistorie der Prüfkennzeichen wird in der Tabelle **USOBX_CD** geführt.

16.29 Verwendungsnachweiskonfiguration - Vorbereitungsübungen

Da in den meisten Systemen inzwischen mit dem Profilgenerator gearbeitet wird, recherchieren Sie die Relationen der Berechtigungsobjekte zu den Transaktionen über die Tabelle **USOBT_C**.

Sie rufen die Transaktion **SE16N** mit der Tabelle **USOBT_C** auf. Dort nehmen Sie im Selektionsfenster im Feld Name den Eintrag **FD03** vor:

Abb. 16.11: Selektionsmaske der Tabelle USOBT_C

Bringen Sie die Daten über die Funktionstaste *F8* oder die Drucktaste zur Aufbereitung.

Berechtigungsprüfung der Finanzbuchhaltung

Sie erhalten folgende Ansicht:

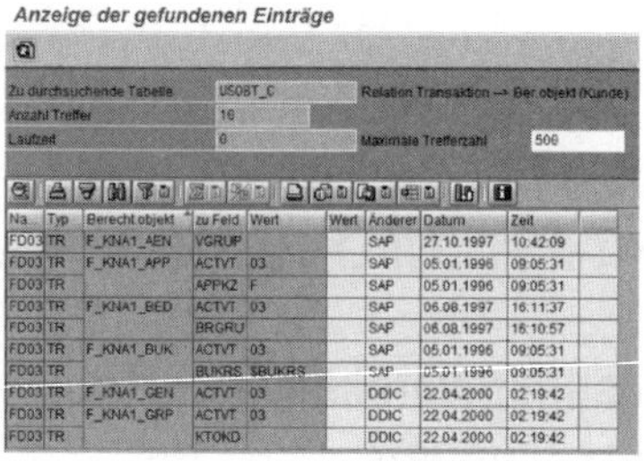

Abb. 16.12: Relation der Berechtigungsobjekte zur Transaktion FD03

Diese Ansicht lassen Sie sich über die Spalte *Objekt* sortieren, da auf Grund der Anzahl der Felder dort Mehrfacheinträge gelistet sind, was wiederum zu Lasten der Übersichtlichkeit geht.

Diese Tabelle exportieren Sie nach *Excel*.

Wählen Sie die Drucktaste zum Tabellenexport.

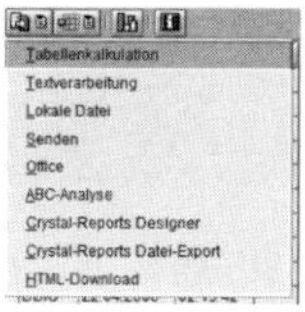

Abb. 16.13: Tabellenexportfunktionen

Wählen Sie dort den Eintrag *Tabellenkalkulation* aus. Quittieren Sie die Informationsmeldung.

Abb. 16.14: Informationsmeldung

Setzen Sie den Radio-Button auf den Eintrag *Tabelle*.

Abb. 16.15: Selektionsauswahl zur Tabellenkalkulation

Quittieren Sie den Eintrag.

Bestätigen Sie den Eintrag für das assoziierte Programm.

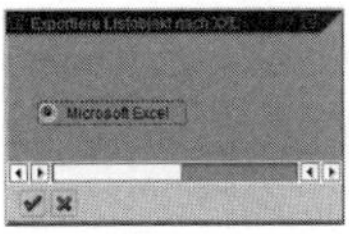

Abb. 16.16: Bestätigungsauswahl des assoziierten Programms

Sie erhalten nachstehend aufgeführte Excel-Tabelle:

Abb. 16.17: Anzeige des Tabellenexports

Diese Tabelle können Sie in einem Verzeichnis Ihrer Wahl ablegen.

Warum speichern Sie nun diese Tabelle?

Für Ihren Prüfleitfaden sollten Sie eine übersichtliche und stets nachvollziehbare Dokumentation erstellen. Darum ist es sinnvoll diese Art von Datenextrakten zur weiteren Verarbeitung zu verwenden.

Ergänzen Sie diese Tabelle um zwei Spalten.

	A	B	C	D	E	F	G	H	I	J	K	L
1	Name	Typ	Optional	Einsatz	Objekt		Zu Feld	Wert	Wert Anderer	Zeit		Datum
2	FD03	TR			F_KNA1_AEN	VGRUP			SAP	10:42:09		27.10.1997
3	FD03	TR			F_KNA1_APP	ACTVT	03		SAP	09:05:31		05.01.1996
4	FD03	TR			F_KNA1_APP	APPKZ	F		SAP	09:05:31		05.01.1996
5	FD03	TR			F_KNA1_BED	ACTVT	03		SAP	16:11:37		06.08.1997
6	FD03	TR			F_KNA1_BED	BRGRU			SAP	16:10:57		06.08.1997
7	FD03	TR			F_KNA1_BUK	ACTVT	03		SAP	09:05:31		05.01.1996
8	FD03	TR			F_KNA1_BUK	BUKRS	$BUKRS		SAP	09:05:31		05.01.1996
9	FD03	TR			F_KNA1_GEN	ACTVT	03		DDIC	02:19:42		22.04.2000
10	FD03	TR			F_KNA1_GRP	ACTVT	03		DDIC	02:19:42		22.04.2000
11	FD03	TR			F_KNA1_GRP	KTOKD			DDIC	02:19:42		22.04.2000

Abb. 16.18: Ergänzung der Tabelle um die Spalten "Optional" und "Einsatz".

Einige Berechtigungsobjekte sind hinsichtlich ihres praktischen Einsatzes im Rahmen der Berechtigungskonzeption optional.

Das heißt, dass der Einsatz optionaler Berechtigungsobjekte abhängig ist von der Berechtigungskonzeption in Ihrem Hause.

Rufen Sie die Transaktion **SU21** auf, und lesen Sie nach, für welche der extrahierten Transaktionen der Status optional eingetragen ist.

Dann nehmen Sie einen entsprechenden Eintrag in der Excel-Tabelle vor.

	A	B	C	D	E	F	G	H	I	J	K	L
1	Name	Typ	Optional	Einsatz	Objekt		Zu Feld	Wert	Wert Anderer	Zeit		Datum
2	FD03	TR	x		F_KNA1_AEN	VGRUP			SAP	10:42:09		27.10.1997
3	FD03	TR			F_KNA1_APP	ACTVT	03		SAP	09:05:31		05.01.1996
4	FD03	TR			F_KNA1_APP	APPKZ	F		SAP	09:05:31		05.01.1996
5	FD03	TR	x		F_KNA1_BED	ACTVT	03		SAP	16:11:37		06.08.1997
6	FD03	TR	x		F_KNA1_BED	BRGRU			SAP	16:10:57		06.08.1997
7	FD03	TR			F_KNA1_BUK	ACTVT	03		SAP	09:05:31		05.01.1996
8	FD03	TR			F_KNA1_BUK	BUKRS	$BUKRS		SAP	09:05:31		05.01.1996
9	FD03	TR			F_KNA1_GEN	ACTVT	03		DDIC	02:19:42		22.04.2000
10	FD03	TR			F_KNA1_GRP	ACTVT	03		DDIC	02:19:42		22.04.2000
11	FD03	TR			F_KNA1_GRP	KTOKD			DDIC	02:19:42		22.04.2000

Abb. 16.19: Ergänzung der Tabelle um Prüfungsinformationen

Im Folgenden ist zu klären, ob diese Berechtigungsobjekte in Ihrem Unternehmen eingesetzt werden.

Der zweite Verwendungsnachweis, den man antreten kann, resultiert aus der Fragestellung, mit welchen weiteren Transaktionen bestimmte Aktivitäten möglich sind.

Das bedeutet z.B., mit welcher Transaktion außer der **FK01** ist es möglich, Kreditorstammdaten auf Buchungskreisebene anzulegen. Diese Fragestellung bilden Sie über die beteiligten Objekte und deren Feldwerte ab.

Sie rufen die Transaktion **SE16N** auf und tragen dort die Tabelle **USOBT_C** ein.

Nehmen Sie die nachstehende Einträge vor:

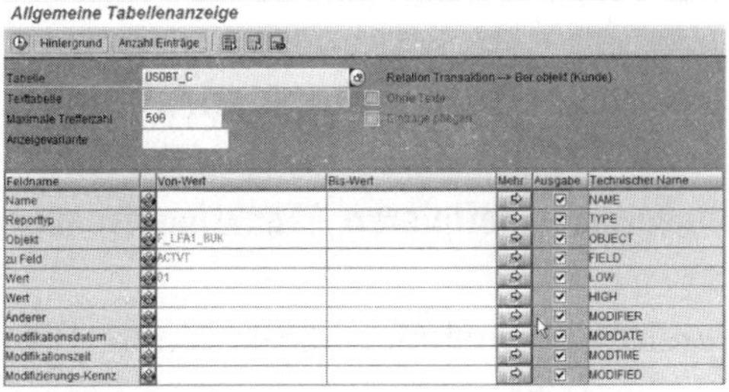

Abb. 16.20: Selektion nach Berechtigungsobjekten aus der Tabelle USOBT_C

Das Berechtigungsobjekt F_LFA1_ haben Sie bereits im Vorwege über die Erläuterung:en selektiert.

Es geht um das Anlegen von Stammsätzen, dem zu Folge wählen Sie für das Feld *ACTVT* die *Aktivität 01* aus.

Die Selektion bringen Sie via *F8* zur Aufbereitung und erhalten folgendes Ergebnis:

Berechtigungsprüfung der Finanzbuchhaltung

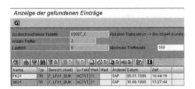

Abb. 16.21: Ergebnis der Selektion

Das Ergebnis sagt aus, dass Sie sowohl mit der Transaktion **FK01** als auch mit der Transaktion **XK01** Kreditorenstammsätze auf Buchungskreisebene anlegen können.

Ergänzend ist es selbstverständlich hilfreich, sich innerhalb des Menübaums einen Überblick über die implementierten Transaktionen zu verschaffen.

16.30 Prüfleitfaden zur Berechtigungsprüfung

16.30.1 Problembereiche definieren / Funktionstrennungen

Bevor Sie in Ihrem Unternehmen die konkrete Prüfungsprozedur beginnen, ist es dringend anzuraten, sich über das IKS (Internes Kontroll System) und seine Ausprägung in der Finanzbuchhaltung einen Überblick zu verschaffen. Dabei sind stets folgende Aspekte zu berücksichtigen:

1. Welche Module setzen Sie ein? Hierbei sind die Schnittstellen der Debitoren zum Modul SD und die Schnittstelle der Kreditoren zum Modul MM relevant.
2. Wo sind in Ihrem Unternehmen Funktionstrennungen vorgesehen? (z.B. Kreditoren anlegen - Rechnungen erfassen - Zahllauf ausführen)
3. Wo sind im Unternehmen Bearbeitungshierarchien implementiert? (z.B. Pflegen lfd. Einstellungen, wie das Öffnen und Schließen von Buchungsperioden - durch Abteilungsvorgesetzte)

4. Setzen Sie das Vier-Augen Prinzip ein und wenn ja, für welche Bereiche? (z.B. Änderungsbestätigung für Stammdatenänderungen)
5. Setzen Sie Toleranzgruppen ein und wenn ja, für welche Betragshöhen? (**T043** und **T043T**)
6. Setzen Sie Ausgleichsregeln ein? (**TFAGS** und **TFAGT**)
7. Welche Kontrollmechanismen reglementieren die CpD-Bearbeitung?

16.30.2 Kritische Berechtigungen

Was sind eigentlich kritische Berechtigungen?

Grundsätzlich gilt, dass jede Berechtigung als kritisch anzusehen ist, die einem Benutzer zugeordnet ist, für den dieses Recht weder notwendig noch vorgesehen ist.

Selbstverständlich benötigt ein Debitorenbuchhalter das Recht zur Erfassung von Debitorenbelegen - ein Revisor benötigt dieses Recht nicht. Eine Zuweisung einer derartigen Berechtigung an einen Revisor wäre als kritisch zu bewerten. Demnach ist das entscheidende Kriterium zur Bewertung, ob eine Berechtigung als kritisch einzustufen ist, die Zuordnung der Berechtigungen zu den tatsächlich auszuführenden Tätigkeiten.

Jeder Anwender in einem SAP-System sollte genau die Berechtigungen bekommen, die einen reibungslosen Ablauf seiner Tätigkeiten in der jeweiligen Unternehmung gewährleisten.

Hilfreich für diese Beurteilung ist eine Arbeitsplatzanalyse. Sie sollte in der Implementierungsphase für die jeweiligen Arbeitsbereiche gefertigt werden. Sie dient Ihnen bei der Bewertung der Berechtigungsprüfung als Soll-Vorgabe.

Berechtigungsprüfung der Finanzbuchhaltung

Zudem eignet sich eine Arbeitsplatzanalyse ausgezeichnet für weiterführende Dokumentationen auch im Hinblick auf die Nachvollziehbarkeit von Adaptionsvorgängen.

Ein Beispiel für eine Arbeitsplatzanalyse habe ich Ihnen nachstehend eingeblendet:

Abb. 16.22: Muster einer Arbeitsplatzanalyse

Diese Vorlage für eine Arbeitsplatzaufnahme wurde in Excel erstellt. Für weitere zusammenfassende Darstellungen können die jeweiligen Aufnahmen in Access übernommen werden.

Der Vorteil einer Excel-Darstellung liegt darin begründet, dass es sich bei diesem Programm um eine sehr geläufige Anwendung handelt, die in der Regel von jedem Mitarbeiter bedient werden kann.

Eine vergrößerte Darstellung ist im Anhang ergänzend beigefügt. Alternativ kann ich Ihnen die *al.xlt* der Question and Answer Database (Qadb) aus ASAP empfehlen. Ein Screenshot ist dem Anhang 1 beigefügt.

Im folgenden Abschnitt habe ich ein paar kritische Berechtigungen und Kombinationen von Berechtigungen aufgeführt.

Entscheidend für Prüfungshandlungen ist selbstverständlich die Zusammensetzung der jeweiligen Berechtigungen.

! Bedenken Sie dabei den Unterschied zwischen Transaktions- und Anwendungsberechtigung.

Damit Sie diese Berechtigungsprüfungen in Ihrer Unternehmung nachvollziehen können, müssen Sie sich einen Überblick über die vorhandene Organisationsstruktur in Ihrem Unternehmen verschaffen.

Die beteiligten Tabellen, aus denen Sie die benötigten Informationen extrahieren können, sind:

Tabelle	Information
T000	Mandanten
T001	Buchungskreise
TGSB	Geschäftsbereiche
T880	Gesellschaften
TFKB	Funktionsbereiche
T014	Kreditkontrollbereiche
FM01	Finanzkreise
T004	Kontenplan
TKA01	Kostenrechnungskreise
T003	Belegarten - Nummernkreise
NRIV	Nummernkreisintervalle
T001B	Buchungsperioden
T0100	Buchungsperioden - Varianten
T009	Geschäftsjahresvarianten
T011	Bilanz- GuV Strukturen
T012	Hausbanken
T012K	Konten bei Hausbanken
T042	Parameter zum Zahlungsverkehr
T042A	Bankenauswahl für Zahlungsprogramm

397

Berechtigungsprüfung der Finanzbuchhaltung

Jede dieser Tabellen können Sie mit der Transaktion **SE16N** zur Anzeige bringen.

Die kritischen Berechtigungen sind tabellarisch aufbereitet.

HINWEIS:
Variable sind Platzhalter, denen, in Abhängigkeit des Customizings im Unternehmen, Werte übergeben werden.

Werte, die über ein logisches UND verprobt werden müssen, sind durch ein Komma getrennt; Werte, die über ein logisches ODER verprobt werden müssen, sind durch ein / (Slash) getrennt.

Die beteiligten Tabellen sind kursiv dargestellt.

16.30.2.1 Belegbuchungen

Nr.	Berechtigung	Ausprägung	Felder
1	Wer darf generell buchen?	F_BKPF_BUK T001 F_BKPF_KOA F_BKPF_GSB TGSB S_TCODE	ACTVT = 01 BUK = Variable ACTVT = 01 KOA = Variable ACTVT = 01 GSB = Variable FB01
2	Wer darf einen Sachkontenbeleg buchen?	F_BKPF_BUK T001 F_BKPF_KOA F_BKPF_GSB TGSB S_TCODE	ACTVT = 01 BUK = Variable ACTVT = 01 KOA = S ACTVT = 01 GSB = Variable FB01 / F-02 / FB50

Nr.	Berechtigung	Ausprägung	Felder
3	Wer darf Debitorenrechnungen buchen?	F_BKPF_BUK T001 F_BKPF_KOA F_BKPF_GSB TGSB S_TCODE	ACTVT = 01 BUK = Variable ACTVT = 01 KOA = D, S ACTVT = 01 GSB = Variable FB01 / F-22 / FB70
4	Wer darf Kreditorenrechnungen buchen?	F_BKPF_BUK T001 F_BKPF_KOA F_BKPF_GSB TGSB S_TCODE	ACTVT = 01 BUK = Variable ACTVT = 01 KOA = K, S ACTVT = 01 GSB = Variable FB01 / F-43 / FB60
5	Wer darf einen Sachkontenbeleg vorerfassen?	F_BKPF_BUK T001 F_BKPF_KOA F_BKPF_GSB TGSB S_TCODE	ACTVT = 77 BUK = Variable ACTVT = 77 KOA = S ACTVT = 77 GSB = Variable FV50
6	Wer darf einen Debitorenbeleg vorerfassen?	F_BKPF_BUK T001 F_BKPF_KOA F_BKPF_GSB TGSB S_TCODE	ACTVT = 77 BUK = Variable ACTVT = 77 KOA = S, D ACTVT = 77 GSB = Variable FV70
7	Wer darf Debitorengutschriften buchen?	F_BKPF_BUK T001 F_BKPF_KOA F_BKPF_GSB TGSB S_TCODE	ACTVT = 01 BUK = Variable ACTVT = 01 KOA = D, S ACTVT = 01 GSB = Variable FB01 / F-27 / FB75

Berechtigungsprüfung der Finanzbuchhaltung

Nr.	Berechtigung	Ausprägung	Felder
8	Wer darf Kreditorengutschriften buchen?	F_BKPF_BUK T001 F_BKPF_KOA F_BKPF_GSB TGSB S_TCODE	ACTVT = 01 BUK = Variable ACTVT = 01 KOA = K, S ACTVT = 01 GSB = Variable FB01 / F-41 / FB65
9	Wer darf einen Kreditorenbeleg vorerfassen?	F_BKPF_BUK T001 F_BKPF_KOA F_BKPF_GSB TGSB S_TCODE	ACTVT = 77 BUK = Variable ACTVT = 77 KOA = K, S ACTVT = 01 GSB = Variable FB01 / F-63 / FV60

16.30.2.2 Belegänderung

Nr.	Berechtigung	Ausprägung	Felder
10	Wer darf einen Sachkontenbeleg ändern?	F_BKPF_BUK T001 F_BKPF_KOA F_BKPF_GSB TGSB S_TCODE	ACTVT = 02 BUK = Variable ACTVT = 02 KOA = S ACTVT = 02 GSB = Variable FB02
11	Wer darf einen Debitorenbeleg ändern?	F_BKPF_BUK T001 F_BKPF_KOA F_BKPF_GSB TGSB S_TCODE	ACTVT = 02 BUK = Variable ACTVT = 02 KOA = D, S ACTVT = 02 GSB = Variable FB02
12	Wer darf einen Kreditorenbeleg ändern?	F_BKPF_BUK T001 F_BKPF_KOA F_BKPF_GSB TGSB S_TCODE	ACTVT = 02 BUK = Variable ACTVT = 02 KOA = K, S ACTVT = 02 GSB = Variable FB02

16.30.2.3 Beleganzeige

Nr.	Berechtigung	Ausprägung	Felder
13	Wer darf einen Sachkontenbeleg anzeigen?	F_BKPF_BUK T001 F_BKPF_KOA F_BKPF_GSB TGSB S_TCODE	ACTVT = 03 BUK = Variable ACTVT = 03 KOA = S ACTVT = 03 GSB = Variable FB03
14	Wer darf einen Debitorenbeleg anzeigen?	F_BKPF_BUK T001 F_BKPF_KOA F_BKPF_GSB TGSB S_TCODE	ACTVT = 03 BUK = Variable ACTVT = 03 KOA = D, S ACTVT = 03 GSB = Variable FB03
15	Wer darf einen Kreditorenbeleg anzeigen?	F_BKPF_BUK T001 F_BKPF_KOA F_BKPF_GSB TGSB S_TCODE	ACTVT = 03 BUK = Variable ACTVT = 03 KOA = K, S ACTVT = 03 GSB = Variable FB03

16.30.2.4 Belegstornierung

Nr.	Berechtigung	Ausprägung	Felder
16	Wer darf einen Sachkontenbeleg stornieren (Einzelstorno)?	F_BKPF_BUK T001 F_BKPF_KOA F_BKPF_GSB TGSB S_TCODE	ACTVT = 01 BUK = Variable ACTVT = 01 KOA = S ACTVT = 01 GSB = Variable FB08
17	Wer darf einen Sachkontenbeleg stornieren (Massenstorno)?	F_BKPF_BUK T001 F_BKPF_KOAF _BKPF_GSBTG SBS_TCODE	ACTVT = 01 BUK = Variable ACTVT = 01 KOA = S ACTVT = 01 GSB = Variable F.80
18	Wer darf einen Kreditorenbeleg stornieren (Einzelstorno)?	F_BKPF_BUK T001 F_BKPF_KOA F_BKPF_GSB TGSB S_TCODE	ACTVT = 01 BUK = Variable ACTVT = 01 KOA = S, K ACTVT = 01 GSB = Variable FB08
19	Wer darf einen Kreditorenbeleg stornieren (Massenstorno)?	F_BKPF_BUK T001 F_BKPF_KOA F_BKPF_GSB TGSB S_TCODE	ACTVT = 01 BUK = Variable ACTVT = 01 KOA = S, K ACTVT = 01 GSB = Variable F.80
20	Wer darf einen Debitorenbeleg stornieren (Einzelstorno)?	F_BKPF_BUK T001 F_BKPF_KOA F_BKPF_GSB TGSB S_TCODE	ACTVT = 01 BUK = Variable ACTVT = 01 KOA = S, D ACTVT = 01 GSB = Variable FB08

21	Wer darf einen Debitorenbeleg stornieren (Massenstorno)?	F_BKPF_BUK T001 F_BKPF_KOA F_BKPF_GSB TGS BS_TCODE	ACTVT = 01 BUK = Variable ACTVT = 01 KOA = S, D ACTVT = 01 GSB = Variable F.80
	(Einzelstorno)?	F_BKPF_KOA F_BKPF_GSB TGSB S_TCODE	ACTVT = 01 KOA = S, D ACTVT = 01 GSB = Variable FB08
22	Wer darf Sachkonten anlegen (Kontenplan und Buchungskreis)?	F_SKA1_KTP T004 F_SKA1_BUK T001 S_TCODE	ACTVT = 01 Kontenplan = Variable ACTVT = 01 BUK = Variable FS00 / FSP0 (Kontenplan) / FSS0 (BUK)
23	Wer darf ein Sachkonto sperren / entsperren (zentral)?	F_SKA1_KTP T004 F_SKA1_BUK T001 S_TCODE	ACTVT = 05 Kontenplan = Variable ACTVT = 05 BUK = Variable FS00 / FSP0 (Kontenplan) / FSS0 (BUK)

16.30.2.5 Sachkontenstammdaten

Nr.	Berechtigung	Ausprägung	Felder
24	Wer darf ein Sachkonto Löschvormerk setzen (zentral)?	F_SKA1_KTP T004 F_SKA1_BUK T001 S_TCODE	ACTVT = 06 Kontenplan = Variable ACTVT = 06 BUK = Variable FS00 / FSP0 (Kontenplan) /FSS0 (BUK)
25	Wer darf ein Sachkonto ändern (zentral)?	F_SKA1_KTP T004 F_SKA1_BUK T001 S_TCODE	ACTVT = 02 Kontenplan = Variable ACTVT = 02 BUK = Variable FS00 / FSP0 (Kontenplan) /FSS0 (BUK)
26	Wer darf ein Sachkonto anzeigen (zentral)?	F_SKA1_KTP T004 F_SKA1_BUK T001 S_TCODE	ACTVT = 03 Kontenplan = Variable ACTVT = 03 BUK = Variable FS00 / FSP0 (Kontenplan) /FSS0 (BUK)

16.30.2.6 Kreditorstammdaten

Nr.	Berechtigung	Ausprägung	Felder
27	Wer darf Kreditoren anlegen (zentral und Buchungskreis) ?	F_LFA1_GEN F_LFA1_APP F_LFA1_BUK T001 F_LFA1_GRP T077K S_TCODE	ACTVT = 01 ACTVT = 01 Anwendung = F ACTVT = 01 BUK = Variable ACTVT = 01 FK01 / XK01
28	Wer darf ein Kreditorenkonto sperren?	F_LFA1_GEN F_LFA1_APP F_LFA1_BUK T001 F_LFA1_GRP T077K S_TCODE	ACTVT = 05 ACTVT = 05 Anwendung = F ACTVT = 05 BUK = Variable ACTVT = 05 FK05
29	Wer darf ein Kreditorenkonto zum Löschen vormerken ?	F_LFA1_GEN F_LFA1_APP F_LFA1_BUK T001 F_LFA1_GRP T077K S_TCODE	ACTVT = 06 ACTVT = 06 Anwendung = F ACTVT = 06 BUK = Variable ACTVT = 06 FK06
30	Wer darf ein Kreditorenkonto ändern (zentral)?	F_LFA1_GEN F_LFA1_APP F_LFA1_BUK T001 F_LFA1_GRP T077K S_TCODE	ACTVT = 02 ACTVT = 02 Anwendung = F ACTVT = 02 BUK = Variable ACTVT = 02 FK02 / XK02
31	Wer darf ein Kreditorenkonto anzeigen (zentral)?	F_LFA1_GEN F_LFA1_APP F_LFA1_BUK T001 F_LFA1_GRP T077K S_TCODE	ACTVT = 03 ACTVT = 03 Anwendung = F ACTVT = 03 BUK = Variable ACTVT = 03 FK03 / XK03

16.30.2.7 Debitorstammdaten

Nr.	Berechtigung	Ausprägung	Felder
32	Wer darf Debitoren anlegen (zentral und Buchungskreis)?	F_KNA1_GEN F_KNA1_APP F_KNA1_BUK T001 F_KNA1_GRP T077D S_TCODE	ACTVT = 01 ACTVT = 01 Anwendung = F ACTVT = 0 1BUK = Variable ACTVT = 01 FD01 / XD01
33	Wer darf ein Debitorenkonto sperren?	F_KNA1_GEN F_KNA1_APP F_KNA1_BUK T001 F_KNA1_GRP T077D S_TCODE	ACTVT = 05 ACTVT = 05 Anwendung = F ACTVT = 05 BUK = Variable ACTVT = 05 FD05
34	Wer darf ein Debitorenkonto zum Löschen vormerken?	F_KNA1_GEN F_KNA1_APP F_KNA1_BUK T001 F_KNA1_GRP T077D S_TCODE	ACTVT = 06 ACTVT = 06 Anwendung = F ACTVT = 06 BUK = Variable ACTVT = 06 FD06
35	Wer darf ein Debitorenkonto ändern (zentral)?	F_KNA1_GEN F_KNA1_APP F_KNA1_BUK T001 F_KNA1_GRP T077D S_TCODE	ACTVT = 02 ACTVT = 02 Anwendung = F ACTVT = 02 BUK = Variable ACTVT = 06 FD02 / XD02
36	Wer darf ein Debitorenkonto anzeigen (zentral)?	F_KNA1_GEN F_KNA1_APP F_KNA1_BUK T001 F_KNA1_GRP T077D S_TCODE	ACTVT = 03 ACTVT = 03 Anwendung = F ACTVT = 03 BUK = Variable ACTVT = 03 FD03 / XD03

Berechtigungsprüfung der Finanzbuchhaltung

Nr.	Berechtigung	Ausprägung	Felder
37	Wer darf Debitorkreditlimitdaten generell pflegen?	F_KNKA_MAN S_TCODE	ACTVT = 02 FD32
38	Wer darf Debitorkreditlimitdaten im KKB pflegen?	F_KNKA_KKB S_TCODE	ACTVT = 02 FD32

16.30.2.8 Bankenstammdaten

Nr.	Berechtigung	Ausprägung	Felder
39	Wer darf Bankenstammdaten anlegen?	F_BNKA_MAN S_TCODE	ACTVT = 01 FI01
40	Wer darf Bankenstammdaten ändern?	F_BNKA_MAN S_TCODE	ACTVT = 02 FI02
41	Wer darf Hausbanken und Bankkoten verwalten?	F_BNKA_BUK T001 S_TCODE	ACTVT = 02 BUK = Variable FI12

16.30.2.9 Mahnlauf

Nr.	Berechtigung	Ausprägung	Felder
42	Wer darf die Mahnlaufparameter Debitoren bearbeiten?	F_MAHN_KOA F_MAHN_BUK T001 S_TCODE	KOA = D Aktion = 02 Aktion = 02 BUK = Variable F150
43	Wer darf den Mahnlaufvorschlag Debitoren erstellen?	F_MAHN_KOA F_MAHN_BUK T001 S_TCODE	KOA = D Aktion = 11 Aktion = 11 BUK = Variable F150

Nr.	Berechtigung	Ausprägung	Felder
44	Wer darf den Mahnlaufvorschlag Debitoren bearbeiten?	F_MAHN_KOA F_MAHN_BUK T001 S_TCODE	KOA = D Aktion = 12 Aktion = 12 BUK = Variable F150
45	Wer darf den Mahnlaufvorschlag Debitoren löschen?	F_MAHN_KOA F_MAHN_BUK T001 S_TCODE	KOA = D Aktion = 14 Aktion = 14 BUK = Variable F150
46	Wer darf den Mahnlauf Debitoren drucken?	F_MAHN_KOA F_MAHN_BUK T001 S_TCODE	KOA = D Aktion = 21 Aktion = 21 BUK = Variable F150
47	Wer darf die Mahnlauf Debitoren Druckdaten löschen?	F_MAHN_KOA F_MAHN_BUK T001 S_TCODE	KOA = D Aktion = 24 Aktion = 24 BUK = Variable F150

16.30.2.10 Zahllauf

Nr.	Berechtigung	Ausprägung	Felder
48	Wer darf die Zahllaufparameter Kreditoren bearbeiten?	F_REGU_KOA F_REGU_BUK T001 S_TCODE	KOA = K Aktion = 02 Aktion = 02 BUK = Variable F110
49	Wer darf den Zahllaufvorschlag Kreditoren erstellen?	F_REGU_KOA F_REGU_BUK T001 S_TCODE	KOA = K Aktion = 11 Aktion = 11 BUK = Variable F110

Nr.	Berechtigung	Ausprägung	Felder
50	Wer darf den Zahllaufvorschlag Kreditoren bearbeiten?	F_REGU_KOA F_REGU_BUK T001 S_TCODE	KOA = K Aktion = 12 Aktion = 12 BUK = Variable F110
51	Wer darf den Zahllaufvorschlag Kreditoren löschen?	F_REGU_KOA F_REGU_BUK T001 S_TCODE	KOA = K Aktion = 14 Aktion = 14 BUK = Variable F110
52	Wer darf den Zahllauf (Echtlauf) Kreditoren ausführen?	F_REGU_KOA F_REGU_BUK T001 S_TCODE	KOA = K Aktion = 21 Aktion = 21 BUK = Variable F110
53	Wer darf die Zahlungsdaten (Echtlauf) Kreditoren löschen?	F_REGU_KOA F_REGU_BUK T001 S_TCODE	KOA = K Aktion = 24 BUK = Variable Aktion = 24 F110
54	Wer darf die Zahlungsträger (Echtlauf) Kreditoren erzeugen?	F_REGU_KOA F_REGU_BUK T001 S_TCODE	KOA = K Aktion = 25 BUK = Variable Aktion = 25 F110
55	Wer darf die Zahlungsträger (Echtlauf) Kreditoren löschen?	F_REGU_KOA F_REGU_BUK T001 S_TCODE	KOA = K Aktion = 26 Aktion = 26 BUK = Variable F110

16.30.2.11 Scheckverwaltung

Nr.	Berechtigung	Ausprägung	Felder
56	Wer darf Schecks hinzufügen?	F_PAYR_BUK T001 S_TCODE	ACTVT = 02 BUK = Variable FCH5
57	Wer darf manuelle Schecks löschen?	F_PAYR_BUK S_TCODE	ACTVT = 06 FCHF
58	Wer darf unbenutzte Schecks entwerten?	F_PAYR_BUK T001 S_TCODE	ACTVT = 05 BUK = Variable FCH3
59	Wer darf Schecks verwalten?	F_PAYR_BUK T001 F_PAYR_BUK T001 F_PAYR_BUK T001	ACTVT = 06 BUK = Variable ACTVT = 02 BUK = Variable ACTVT = 05 BUK = Variable
60	Wer darf Schecknummern pflegen?	F_PAYR_BUK T001	ACTVT = 17 BUK = Variable
61	Wer darf den Schecknummernstand ändern?	F_PAYR_BUK T001 S_TCODE	ACTVT = 11 BUK = Variable FCHI
62	Wer darf Schecknummern zur Wiederverwendung freigeben?	F_PAYR_BUK T001	ACTVT = 43 BUK = Variable

16.30.3 Generelle kritische Berechtigungen

Wie bereits in der Einführung erläutert, gibt es neben den in den vorigen Abschnitten erwähnten kritischen Berechtigungen weitere Berechtigungen, die auf Grund ihrer juristischen Relevanz als kritisch zu bewerten sind.

Nr.	Berechtigung	Ausprägung	Felder
63	Wer darf Änderungsbelege löschen?	S_SCD0 und S_TCODE oder S_TCODE S_PROGRAM oder S_TCODE S_DEVELOP S_PROGRAM	ACTVT = 06 und START_REPORT oder SA38 Aktion = SUBMIT oder SE38 ACTVT = 03 Aktion = SUBMIT
64	Wer darf alle Tabellen ändern?	S_TABU_DIS S_TABU_CLI und S_TCODE oder S_TCODE oder S_TCODE S_PROGRAM oder S_TCODE S_DEVELOP oder S_TCODE S_PROGRAM	ACTVT = 02 DIBERCLS = * Kennzeichen = X / * und START_REPORT oder SE16 / SE16N / SM30 / SM31 oder SA38 Aktion = SUBMIT oder SE38 ACTVT = 03 SC38 Aktion = Submit BEGR = *

Nr.	Berechtigung	Ausprägung	Felder
65	Wer darf die Belegänderungs-regeln pflegen?	S_TABU_DIS und S_TCODE oder S_TCODE oder S_TCODE S_PROGRAM oder S_TCODE S_DEVELOP oder S_TCODE S_PROGRAM	ACTVT = 02 DIBERCLS = FC03 und START_REPORT oder SE16 / SE16N / SM30 / SM31 oder SA38 Aktion = SUBMIT oder SE38 ACTVT = 03 SC38 Aktion = Submit BEGR = *

Für die generellen kritischen Berechtigungen seien hier drei besonders kritische Beispiele herausgearbeitet. Bei allen geht es um das Radierverbot gem. § 239 HGB und die Aufbewahrungsfristen gem. § 257 HGB.

Beim kritischen Customzing geht es in vielen Bereichen um die Pflege von Tabellen. Kritische Fragestellungen zum Customzing können Sie demgemäß wie folgt abbilden:

Tauschen Sie die Berechtigungsgruppe (DIBERCLS) für das Berechtigungsobjekt S_TABU_DIS entsprechend der tabellarischen Zuordnung aus. Ansonsten prüfen Sie die weiteren Berechtigungsobjekte mit ihrer Ausprägung wie unter Nr. 65 ab.

16.30.4 Kritische Berechtigungen des Customizing

Nr.	Fragestellung	DIBERCLS / Wert
66	Wer darf die Organisationsstruktur (Buchungskreis, Geschäftsbereich, Kontenpläne, Kreditkontrollbereich) pflegen?	FC01
67	Wer darf Gesellschaften pflegen?	GCOR
68	Wer darf Finanzkreise pflegen?	FC
69	Wer darf Toleranzgruppen für die Rechnungsprüfung pflegen?	MCMR
70	Wer darf Buchungsperioden Öffnen und Schließen?	FC31
71	Wer darf Umrechnungskurse pflegen?	FC32

Eine Übersicht wichtiger einzelner Customizingberechtigungen habe ich Ihnen nachstehend zusammengefasst:

Nr.	Berechtigung	Ausprägung	Felder
72	Wer darf für den Buchungskreis globale Daten pflegen?	S_TABU_DIS S_TCODE	ACTVT = 02 DIBERCLS = FC01 OBY6
73	Wer darf für den Buchungskreis Adressdaten pflegen?	S_TABU_DIS S_TCODE	ACTVT = 02 DIBERCLS = FCOR OX02
74	Wer darf für den Buchungskreis das Produktivkennzeichen ändern?	S_TABU_DIS S_TCODE	ACTVT = 02 DIBERCLS = FC01 OBR3

Nr.	Berechtigung	Ausprägung	Felder
75	Wer darf für den Buchungskreis den Kontenplan zuordnen?	S_TABU_DISS_TCODE	ACTVT = 02 DIBERCLS = FC01 OB62
76	Wer darf für den Buchungskreis die Variante Buchungsperiode pflegen?	S_TABU_DIS S_TCODE	ACTVT = 02 DIBERCLS = FC01 OBBP
77	Wer darf für den Buchungskreis Gesellschaften zuordnen?	S_TABU_DIS S_TCODE	ACTVT = 02 DIBERCLS = FC01 OX16
78	Wer darf für den Buchungskreis Kreditkontrollbereich zuordnen?	S_TABU_DIS S_TCODE	ACTVT = 02 DIBERCLS = FC01 OB38
79	Wer darf für den Buchungskreis die Steuerbasis ändern?	S_TABU_DIS S_TCODE	ACTVT = 02 DIBERCLS = FC01 OB69
80	Wer darf für den Buchungskreis die Skontobasis ändern?	S_TABU_DIS S_TCODE	ACTVT = 02 DIBERCLS = FC01 OB70
81	Wer darf für den Buchungskreis die maximale Kursabweichung ändern?	S_TABU_DIS S_TCODE	ACTVT = 02 DIBERCLS = FC01 OB64
82	Wer darf für den Buchungskreis die Geschäftsjahresvariante zuordnen?	S_TABU_DIS S_TCODE	ACTVT = 02 DIBERCLS = FC01 OB37

16.31 Kritische Basisberechtigungen

Gerade im Basisbereich gibt es selbstverständlich noch viele weitere generelle kritische Berechtigungen. Nachfolgend eine Zusammenstellung der Basisberechtigungen, die hinsichtlich der gesetzlichen Anforderungen als kritisch zu klassifizieren sind.

16.31.1 Verbuchungsadministration

Nr.	Berechtigung	Ausprägung	Felder
83	Wer darf die Verbuchungsabbrüche administrieren?	S_ADMI_FCD S_TCODE	Systemadministrationsfunktion = UADM SM13

16.31.2 Tabellen

Nr.	Berechtigung	Ausprägung	Felder
84	Wer besitzt Zugriff auf eine Tabellenpflegetransaktion?	S_TCODE	SE16 oder SE16N oder SM30 oder SM31
85	Wer besitzt Zugriff auf eine Tabellenanzeigetransaktion?	S_TCODE	SE16 oder SE16N oder SE17 oder SM30 oder SM31

Die obigen Transaktionsberechtigungen sind mit den nachfolgenden Fragestellungen zu kombinieren. Die weiteren Transaktionsberechtigungen werden nicht explizit aufgelistet.

Nr.	Berechtigung	Ausprägung	Felder
86	Wer besitzt allgemein Tabellenpflegerechte?	S_TABU_DIS	ACTVT = 02 GRP=
87	Wer darf alle mandantenabhängigen Tabellen ändern?	S_TABU_DIS	ACTVT = 02 GRP=*
88	Wer darf alle Tabellen ändern?	S_TABU_DIS S_TABU_CLI	ACTVT = 02 GRP=*X
90	Wer darf mandantenunabhängige Tabellen ändern?	S_TABU_DIS S_TABU_CLI	ACTVT = 02 GRP=X
91	Wer darf alle Tabellen anzeigen?	S_TABU_DIS	ACTVT=03 BRG=*

16.31.3 Anwendungsentwicklung

Nr.	Berechtigung	Ausprägung	Felder
92	Wer darf Programme debuggen mit Replace ?	S_DEVELOP	ACTVT=02 OTYP=DEBUG
93	Wer darf Programm anlegen oder ändern?	S_DEVELOP S_TCODE	ACTVT=01 oder ACTVT=02 OTYPE=PRO SE38
94	Wer darf neue Tabellen anlegen?	S_DEVELOP S_TCODE	ACTVT=01 OTYPE=TABL SE11
95	Wer darf neue Funktionsbausteine anlegen?	S_DEVELOP S_TCODE	ACTVT=01 OTYPE=FUGR SE37

16.31.4 Batch - Input Mappen und Jobs

Nr.	Berechtigung	Ausprägung	Felder
96	Wer darf Batch-Input-Mappen abspielen?	S_BDC_MONI S_TCODE	ACTVT=AONL MAPPE=<Mappe> SM35
97	Wer darf Batch-Input-Mappen sperren?	S_BDC_MONI S_TCODE	ACTVT=LOCK MAPPE=<Mappe> SM35
98	Wer darf alle Batch-Input-Mappen vollständig verwalten?	S_BDC_MONI S_TCODE	ACTVT=* MAPPE=* SM35
99	Wer besitzt das Zugriffsrecht zur Hintergrundjob-Administration?	S_BTCH_ADM	Y
100	Welche Benutzer dürfen ihre eigenen Jobs freigeben?	S_BTCH_JOB	ACTION=RELE JOBGRP=*
101	Welche Benutzer dürfen Hintergrund-Jobs anderer Benutzer löschen	S_BTCH_JOB	ACTION=DELE JOBGRP=*
102	Welche Benutzer dürfen Hintergrund-Jobs anderer Benutzer anzeigen?	S_BTCH_JOB	ACTION=LIST JOBGRP=*
103	Welche Benutzer dürfen für Hintergrund-Jobs beliebige Benutzer eintragen?	S_BTCH_NAM	NAME=*
104	Wer darf Batch-Input-Mappen löschen?	S_BDC_MONI S_TCODE	ACTVT=DELE MAPPE=<Mappe> SM35

16.31.5 Kritische Kombinationen

Manche Berechtigungen sind erst in bestimmten Kombinationen als kritisch zu bewerten.

Wenn Sie in Ihren Interviews die vorhandenen Funktionstrennungen eruiert haben, gilt es zu überprüfen, ob diese auch im Rahmen der Berechtigungsvergabe umgesetzt wurden.

Ist also eine Trennung zwischen der Anlage von Kreditorenstammdaten, der Buchung von Kreditorenrechnungen und dem Ausführen von Zahlläufen vorgesehen, so dürfen die zugehörigen Berechtigungen keinem Anwender in eben dieser Kombination zugeordnet sein.

Ein anderes Beispiel findet sich im Bereich der Belegverbuchung.

Ist die Belegvorerfassung als Instrument des IKS vorgesehen, so sollte es keine Kombination von Rechten zur Belegvorerfassung und zur Belegverbuchung bei den beteiligten Mitarbeitern geben.

16.31.6 Prüfprozedere

Dieser Abschnitt befasst sich mit der praktischen Umsetzung der vorab besprochenen Abschnitte, beginnend mit einem Ablaufplan:

Nr.	Maßnahme	Zuständigkeit	Status / Termin
1	Organisationsstruktur des Unternehmens abbilden		
2	Abteilungsstruktur abbilden: 1. Hauptbuchhaltung MA:Namen und User ID Arbeitsplatzanalysen Funktionstrennungen/Vier-Augen-PrinzipienOrg. Einheiten		
	2. Debitorenbuchhaltung MA: Namen und User ID Arbeitsplatzanalysen Funktionstrennungen/Vier-Augen-PrinzipienOrg. Einheiten		
	3. Kreditorenbuchhaltung MA:Namen und User ID Arbeitsplatzanalysen FunktionstrennungenVier-Augen-Prinzipien/Org. Einheiten		
3	IKS Richtlinien anfordern		
4	Dokumentationen anfordern: Systemparameter z.B.: Tabellenprotokollierung, Verbuchung, Transport, Entwicklungen Berechtigungskonzept z.B.:Funktionsstruktur, Implementation; Benutzerverwaltung, Namenskonventionen, Rollen / Profile, Sonderbenutzer, Notfallbenutzerkonzept, Systemänderbarkeit, Customizing, Systemvermessung, Änderungshistorie		
5	Gesprächspartner für Interviews festlegen und terminieren		

Nr.	Maßnahme	Zuständigkeit	Status / Termin
6	Prüfungsumfang definieren:		
	Optionale Berechtigungsobjekte klären		
	Kritische Berechtigungen erarbeiten und dokumentieren		
	Kritische Berechtigungskombinationen festlegen (IKS / VAP)		
7	Prüfplan mit Aufwandsschätzung festlegen		
8	Prüfdokumentation definieren		
9	Prüfungsdurchführung		

!Dieser Ablaufplan geht davon aus, dass Sie sich ausschließlich auf die Verprobung der kritischen Berechtigungen im Rahmen der Finanzbuchhaltung konzentrieren.

Eine vollständige Prüfung des Berechtigungskonzeptes ist in dieser Form nicht zu leisten. Der Zeitaufwand einer Komplettprüfung mit den vorhandenen SAP Standardprogrammen beläuft sich auf etwa einen Tag pro Benutzer. Nach der Komplettverprobung sollte ein Zeitfenster für die abschließende Zusammenfassung berücksichtigt werden.

Der Einsatz von Prüftools wie z.B. *CheckAud for SAP R/3®* Systems schützt zum einen vor häufig auftretenden Anwendungsfehlern und ist zum anderen langfristig eine kostengünstigere und flexiblere Lösung zur Prüfung der Berechtigungskonzeption.

Berechtigungsprüfung der Finanzbuchhaltung

Ihre Prüfliste für die Verprobung der kritischen Berechtigungen könnte so aussehen:

Prüfliste - Beispiel

Nr.	Fragestellung	Vorgabe IKS	Ordnungsmäßigkeit	Dokumentation	System lokalisation*	Ansprechpartner	Prüfergebnis	Empfehlung
1	Wer darf Kreditorenstammdaten zentral ändern?	Die Änderungen sollen unter Berücksichtigung eines V-A-P mit einer Änderungsbestätigung des Abteilungsleiters durchgeführt werden	Änderungen: KLORE, TSCHNEIDER, SGERON Bestätigung: MWAGENER, TOMTIEDE	IKS Leitfaden: Kred. Stamm-datenänderung S. 14 ff.	Änderung: FK02 oder XK02 Bestätigung: FK08 oder FK09	M.Wagener T. Tiede		
2								

Die exakte Systemlokalisation könnte referenzierend in einer separaten Tabelle geführt werden.

Dies empfiehlt sich auf Grund der Komplexität der Daten zu Gunsten der Übersichtlichkeit.

Systemlokalisation zu Prüfliste - Beispiel

Nr.	Fragestellung	System-lokalisation*	Ausprägung:				Prüfergebnis	Empfehlung
			Berechtigungs-objekte	Felder	Werte	Ergebnis		
1a	Wer darf Kreditoren-stammdaten zentral und BUK ändern?	Änderung: FK02 oder XK02	F_LFA1_GEN	ACTVT	02	23 Benutzer: Namen auflisten	Neben den lt. IKS autorisierten Personen können 20 weitere Personen Kred. Stammsatz-änderungen durchführen	Unautorisier-ten Benutzern sind die Rechte zu entziehen, damit das IKS Anwendung findet.
			F_LFA1_APP	ACTVT APP	02 F			
			F_LFA1_BUK	ACTVT BUKRS	02 Variable (hier IBS0)			
			F_LFA1_GRP	ACTVT	02			
			S_TCODE	TCODE	FK02 / XK02	Excelblatt *: KRED_02		

Ich empfehle die Excelblätter nach den Bereichen und Aktivitäten zu benennen. Dieses Verfahren hat erfahrungsgemäß den besten Wiedererkennungswert. Ansonsten wählen Sie gerne auch einen anderen, für Sie besser verständlichen Dateinamen.

Legen Sie ggf. eine eigene Namenskonvention fest, die Sie verbindlich einhalten.

Berechtigungsprüfung der Finanzbuchhaltung

Nr.	Fragestellung	System-lokalisation*	Ausprägung:				Prüfergebnis	Empfehlung
			Berechtigungs-objekte	Felder	Werte	Ergebnis		
1b	Wer darf Kreditoren-stammdaten zentral und BUK ändern? Änderungs-bestätigung	Bestätigung: FK08 oder FK09	F_LFA1_GEN	ACTVT	02	17 Benutzer: Namen auflisten	Neben den lt. IKS autorisierten Personen können 15 weitere Personen Kred. Stammsatz-änderungen bestätigen. Auch die beteiligten Änderer. Eine V-A-P ist von der Berechtigungs-seite nicht realisiert. Excel: KRED_02_C8_I KS	Unautorisier-ten Benutzern sind die Rechte zu entziehen, damit das IKS Anwendung findet.
			F_LFA1_APP	ACTVT APP	C8, 03 F			
			F_LFA1_BUK	ACTVT BUKRS	C8, 03 Vari-able (hier IBS0)			
			F_LFA1_GRP	ACTVT	C8, 03			
			S_TCODE	TCODE	FK08 / FK09	Excelblatt: KRED_C8		

16.32 Praktische Verprobung am SAP R/3® System

Im Abschnitt 16.28 haben Sie bereits geübt, wie man sich die beteiligten Berechtigungsobjekte ausgewählter Transaktionen erarbeiten und diese einer Dokumentation zuführen kann. Für die Prüfungsdurchführung 1a. rufen Sie die Transaktion **SA38** auf.

Dort tragen Sie den Report **RSUSR002** ein:

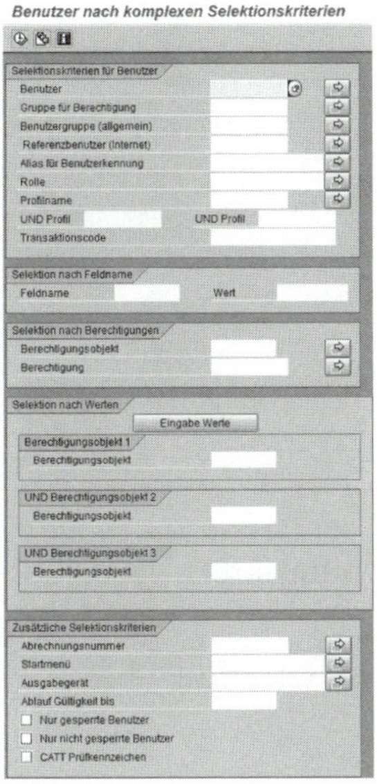

Abb. 16.23: Selektionsmaske des Reports RSUSR002

Mit Hilfe dieses Reports können Sie maximal drei Berechtigungsobjekte mit ihrer Ausprägung in einer logischen UND Verknüpfung verproben.

Dies hat zur Folge, dass Sie den Report mehrfach ausführen und die Ergebnisse verdichten müssen.

Für das Initialbeispiel "Kreditorenstammdaten ändern auf Zentral- und Buchungskreisebene" nehmen Sie folgende Einträge vor:

Berechtigungsprüfung der Finanzbuchhaltung

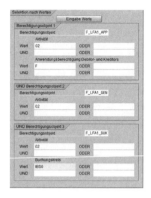

Abb. 16.24: Erster Teil der Abfrage

Sie verproben den Buchungskreis IBS0.

Danach bringen Sie die Selektion über die Funktionstaste *F8* zur Ausführung.

Sie erhalten folgende Benutzerliste.

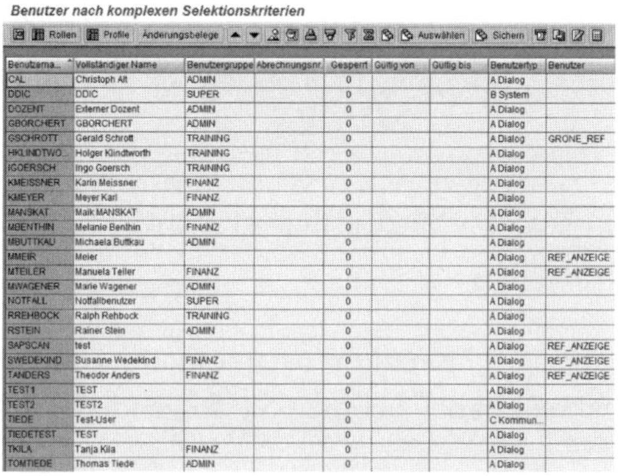

Abb. 16.25: Ergebnisliste der ersten Abfrage

Diese Liste führen Sie dem Export zu. Menüpfad *Liste - Exportieren - Tabellenkalkulation*.

Berechtigungsprüfung der Finanzbuchhaltung

Abb. 16.26: Export der Ergebnisliste

Sie wählen für den Export ein reguläres Tabellenformat und bestätigen Excel als assoziiertes Programm.

Speichern Sie die Ausgabe in einem Verzeichnis Ihrer Wahl mit einem aussagekräftigen Namen.

Gerade am Anfang ist es hilfreich, ggf. sowohl das Erstellungsdatum als auch die beteiligten Berechtigungsobjekte mit zu sichern.

Im zweiten Durchlauf verproben Sie die nächsten beteiligten Berechtigungsobjekte nach demselben Prinzip:

Abb. 16.27: Zweiter Teil der Abfrage

427

Berechtigungsprüfung der Finanzbuchhaltung

Abb. 16.28: Ergebnisliste der zweiten Abfrage

Auch diese Liste ist zu exportieren und zu speichern.

Es gibt unterschiedliche Benutzerausgaben für diese Fragestellung, die im nächsten Schritt zu verdichten sind.

Es gilt, diese beiden Listen mit einer logischen UND Verknüpfung zu verbinden. Sie öffnen die beiden Tabellenextrakte.

Berechtigungsprüfung der Finanzbuchhaltung

Abb. 6.29: Tabellenextrakt 1

Abb. 6.30: Tabellenextrakt 2

Im nächsten Schritt fügen Sie die beiden Dateien zusammen.

Kopieren Sie den Inhalt des 2. Tabellenextraktes, und fügen Sie ihn direkt rechts neben die Einträge des 1. Tabellenextraktes ein:

Berechtigungsprüfung der Finanzbuchhaltung

Abb. 16.31: Bearbeitung der Ergebnislisten

Speichern Sie diese Version für weitere Dokumentationen.

Für die Nachvollziehbarkeit empfehle ich nun ein zweites Tabellenblatt in der Datei anzulegen. Nennen Sie dieses Blatt der Einfachheit halber "Ergebnis".

Dort kopieren Sie den kompletten Inhalt des 1. Blattes hinein. Im nächsten Schritt setzen Sie die Benutzerdaten untereinander.

Berechtigungsprüfung der Finanzbuchhaltung

Abb. 16.32: Zusammenfügen der Ergebnislisten

Danach stellen Sie sich in die Liste und wählen den Menüpunkt *Daten - Sortieren*. Wählen Sie "Sortieren nach Benutzernamen" aus:

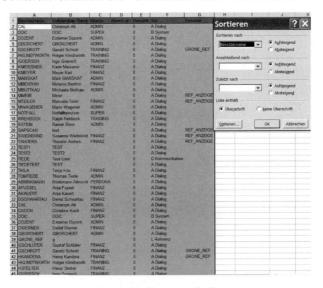

Abb. 16.33: Sortierung der Daten

Der nächste Arbeitsschritt soll alle doppelten Einträge anzeigen. Natürlich gibt es dafür diverse Verfahren. Sie können sich auf einfache vorhandene Excel-Funktionalitäten beschränken.

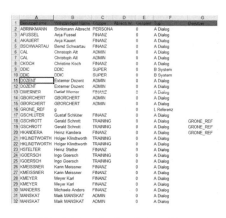

Abb. 16.34: Analyse der Doubletten

Stellen Sie Ihren Cursor an einen beliebigen Punkt der Einträge. Wählen Sie nun den Menüpfad *Daten - Teilergebnisse*. Dort nehmen Sie bitte folgende Einstellungen vor:
- Gruppieren nach: Benutzername.
- Unter Verwendung von: Anzahl
- Teilergebnis addieren zu: Benutzername
- Rest: Default

Abb. 16.35: Bildung von Teilergebnissen

Bestätigen Sie Ihre Einstellungen mit *OK*.

Berechtigungsprüfung der Finanzbuchhaltung

Sie erhalten nachfolgende Darstellung der Benutzer:

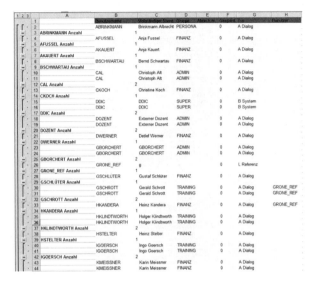

Abb. 16.36: Gegliederte Ansicht

Die Benutzernamen werden nach Einträgen gezählt.

Durch die Gruppierungsebenen haben Sie die Möglichkeit, die Darstellung zu komprimieren.

Betätigen Sie die 2. Drucktaste der Ebenen.

Abb. 16.37: Die Gliederungsebenen

433

Berechtigungsprüfung der Finanzbuchhaltung

Sie erhalten diese Ansicht:

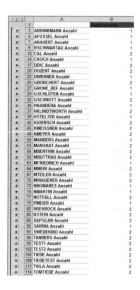

Abb. 16.38: Ansicht der Gliederungsebene 2

Zu jedem Namen ist aufgeführt, wie häufig er in den ausgewerteten Benutzerlisten ausgegeben wird. Für unsere Frage, wer "Kreditorenstammsätze auf der Zentral- und der Buchungskreisebene ändern" darf (Teilabfrage 1a.), hatten wir zwei Listen. Sämtliche Benutzer, die in beiden Listen angezeigt werden, haben dem zu Folge diese Berechtigung. Um die Übernahme in die Dokumentation etwas zu erleichtern, setzen Sie einen AutoFilter (Menüpfad *Daten - Filter - AutoFilter*).

In der Spalte Benutzername filtern Sie die Einträge, die zweimal gezählt wurden - demnach "2".

Abb. 16.39: Gefilterte Anzahl

Dies sind die Benutzer, die die erforderlichen Berechtigungen auf sämtliche beteiligten Berechtigungsobjekte haben. Insgesamt 27 Benutzer dürfen demnach die Kreditorenstammdaten auf Zentral- und auf Buchungskreisebene ändern. Diese Anzahl und die Namen der Benutzer übertragen Sie nun in die Systemlokalisation-Checkliste. Für die Fragestellung, wer "Kreditorenstammsätze auf der Zentral- und der Buchungskreisebene ändern darf - Änderungsbestätigung" (Teilabfrage 1b.) verfahren Sie nach demselben Prinzip.

Nachfolgend dazu noch einmal die komprimierte Darstellung der Arbeitsschritte:

Aufruf **RSUSR002** mit folgenden Einträgen:

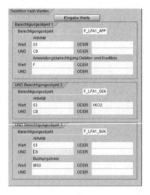

Abb. 16.40: Selektionsmaske RSUSR002

Ergebnisliste:

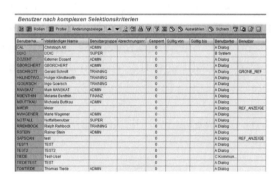

Abb. 16.41: Ergebnisliste

Diese Liste ist exportieren und zu speichern.

RSUSR002 mit folgenden Einträgen:

Abb. 16.42: Selektionsmaske des RSUSR002

Abb. 16.43: Ergebnisliste

Diese Liste ist zu exportieren und zu speichern. Danach sind die Tabellen zusammenzuführen, zu sortieren, Teilergebnisse zu erstellen und abschließend zu filtern.

Berechtigungsprüfung der Finanzbuchhaltung

Abb. 16.44: Ergebnisliste

Insgesamt 21 Benutzer dürfen die Änderungsbestätigung vornehmen.

Im letzten Schritt müssen Sie überprüfen, ob es eine Überschneidung dieser beiden Benutzergruppen gibt.

Eine Überschneidung würde bedeuten, dass im Hinblick auf das IKS von der berechtigungskonzeptionellen Seite keine Reglementierungen implementiert sind.

Legen Sie eine Datei mit dem Namen KRED_02_C8_IKS an. Kopieren Sie in diese die beiden Ergebnislisten hinein.

Berechtigungsprüfung der Finanzbuchhaltung

Abb. 16.45: Zusammenfügen der Teilergebnislisten

Sortieren Sie die Benutzerdaten, und legen Sie Teilergebnisse an (ggf. müssen Sie eine Überschriftzeile einfügen).

Abb. 16.46: Gliederung der Teilergebnisse

Abschließend filtern Sie via AutoFilter die Benutzer mit dem Eintrag "2" (es handelt sich hierbei um die Benutzer, die sowohl in der ersten Teilabfrage als auch in der zweiten Teilabfrage gelistet wurden).

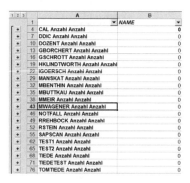

Abb. 16.47: Gefilterte Benutzerliste

Bei diesen 21 Benutzern handelt es sich um die Schnittmenge der Benutzer, die durch ihre Rechteausprägung das IKS umgehen können.

Nach diesem Prinzip verfahren Sie mit allen Fragestellungen, die in der Prüfungscheckliste definiert wurden.

Dokumentieren Sie sämtliche erstellten referenzierenden Dateien sorgfältig.

! Auf Grund der zu erwartenden hohen Anzahl an Auswertungen sollten Sie von vornherein eine gute Verzeichnisstruktur festlegen.

17 Schnittstelle FI zu MM

Die Schnittstelle zur Materialwirtschaft ist dahingehend ausgeprägt, dass die Konten der Finanzbuchhaltung bei jedem mengen- und wertmäßigen Zu- bzw. Abgang parallel fortgeschrieben werden. Die Daten der Rechnungsprüfung werden ergänzend an die Finanzbuchhaltung weitergeleitet.

17.1 Ergänzende rechtliche Grundlagen

§ 240 HGB - Inventar
(1) Jeder Kaufmann hat zu Beginn seines Handelsgewerbes seine Grundstücke, seine Forderungen und Schulden, den Betrag seines baren Geldes sowie seine sonstigen Vermögensgegenstände genau zu verzeichnen und dabei den Wert der einzelnen Vermögensgegenstände und Schulden anzugeben.

(2) Er hat demnächst für den Schluss eines jeden Geschäftsjahrs ein solches Inventar aufzustellen. Die Dauer des Geschäftsjahrs darf zwölf Monate nicht überschreiten. Die Aufstellung des Inventars ist innerhalb der einem ordnungsmäßigen Geschäftsgang entsprechenden Zeit zu bewirken.

(3) Vermögensgegenstände des Sachanlagevermögens sowie Roh-, Hilfs- und Betriebsstoffe können, wenn sie regelmäßig ersetzt werden und ihr Gesamtwert für das Unternehmen von nachrangiger Bedeutung ist, mit einer gleich bleibenden Menge und einem gleich bleibenden Wert angesetzt werden, sofern ihr Bestand in seiner Größe, seinem Wert und seiner Zusammensetzung nur geringen Veränderungen unterliegt. Jedoch ist in der Regel alle drei Jahre eine körperliche Bestandsaufnahme durchzuführen.

(4) Gleichartige Vermögensgegenstände des Vorratsvermögens sowie andere gleichartige oder annähernd gleichwertige bewegliche Vermögensgegenstände und Schulden können jeweils zu einer Gruppe zusammengefasst und mit dem gewogenen Durchschnittswert angesetzt werden.

§ 241 HGB - Inventurvereinfachungsverfahren
1) Bei der Aufstellung des Inventars darf der Bestand der Vermögensgegenstände nach Art, Menge und Wert auch mit Hilfe anerkannter mathematisch-statistischer Methoden auf Grund von Stichproben ermittelt werden. Das Verfahren muss den Grundsätzen ordnungsmäßiger Buchführung entsprechen. Der Aussagewert des auf diese Weise aufgestellten Inventars muss dem Aussagewert eines auf Grund einer körperlichen Bestandsaufnahme aufgestellten Inventars gleichkommen.

(2) Bei der Aufstellung des Inventars für den Schluss eines Geschäftsjahrs bedarf es einer körperlichen Bestandsaufnahme der Vermögensgegenstände für diesen Zeitpunkt nicht, soweit durch Anwendung eines den Grundsätzen ordnungsmäßiger Buchführung entsprechenden anderen Verfahrens gesichert ist, dass der Bestand der Vermögensgegenstände nach Art, Menge und Wert auch ohne die körperliche Bestandsaufnahme für diesen Zeitpunkt festgestellt werden kann.

(3) In dem Inventar für den Schluss eines Geschäftsjahrs brauchen Vermögensgegenstände nicht verzeichnet zu werden, wenn
1. der Kaufmann ihren Bestand auf Grund einer körperlichen Bestandsaufnahme oder auf Grund eines nach Absatz 2 zulässigen anderen Verfahrens nach Art, Menge und Wert in einem besonderen Inventar verzeichnet hat, das für einen Tag innerhalb der letzten drei Monate vor oder der ersten beiden Monate nach dem Schluss des Geschäftsjahrs aufgestellt ist, und

2. auf Grund des besonderen Inventars durch Anwendung eines den Grundsätzen ordnungsmäßiger Buchführung entsprechenden Fortschreibungs- oder Rückrechnungsverfahrens gesichert ist, dass der am Schluss des Geschäftsjahrs vorhandene Bestand der Vermögensgegenstände für diesen Zeitpunkt ordnungsgemäß bewertet werden kann.

§ 252 HGB - Allgemeine Bewertungsgrundsätze
(1) Bei der Bewertung der im Jahresabschluss ausgewiesenen Vermögensgegenstände und Schulden gilt insbesondere folgendes:
1. Die Wertansätze in der Eröffnungsbilanz des Geschäftsjahrs müssen mit denen der Schlussbilanz des vorhergehenden Geschäftsjahrs übereinstimmen.
2. Bei der Bewertung ist von der Fortführung der Unternehmenstätigkeit auszugehen, sofern dem nicht tatsächliche oder rechtliche Gegebenheiten entgegenstehen.
3. Die Vermögensgegenstände und Schulden sind zum Abschlussstichtag einzeln zu bewerten.
4. Es ist vorsichtig zu bewerten, namentlich sind alle vorhersehbaren Risiken und Verluste, die bis zum Abschlussstichtag entstanden sind, zu berücksichtigen, selbst wenn diese erst zwischen dem Abschlussstichtag und dem Tag der Aufstellung des Jahresabschlusses bekannt geworden sind; Gewinne sind nur zu berücksichtigen, wenn sie am Abschlussstichtag realisiert sind.
5. Aufwendungen und Erträge des Geschäftsjahrs sind unabhängig von den Zeitpunkten der entsprechenden Zahlungen im Jahresabschluss zu berücksichtigen.
6. Die auf den vorhergehenden Jahresabschluss angewandten Bewertungsmethoden sollen beibehalten werden.

(2) Von den Grundsätzen des Absatzes 1 darf nur in begründeten Ausnahmefällen abgewichen werden.

17.2 MM-Testat - Zertifizierung

Die Arthur Andersen Wirtschaftsprüfungs- und Steuerberatungsgesellschaft hat einen "Bericht über die Prüfung der Ordnungsmäßigkeit ausgewählter Programmfunktionen aus dem Bereich Materialwirtschaft der Software SAP R/3® Release 4.6B" erstellt. Hierbei ging es um die Prüfung buchhaltungsrelevanter Funktionen aus dem Bereich Materialwirtschaft, die einen direkten Einfluss auf die Ordnungsmäßigkeit der Finanzbuchhaltung haben. Der Auftrag erging durch die SAP AG selbst. Die Prüfung selbst wurde nach dem IDW Standard PS 880 - Erteilung und Verwendung von Softwarebescheinigungen - durchgeführt.

Geprüft wurde ein IDES System (International Demo and Education System). Den kompletten Prüfbericht können Sie sich über das Online Service System downloaden, sofern Sie dort über ein Benutzerkonto verfügen.

Basierend auf den Prüfergebnissen, die u.a. auch ein paar "Ordnungsmäßigkeitsprobleme" benennen, hat die SAP AG einen Sammelhinweis zur Verfügung gestellt, Hinweis: 0314966.

Diese Prüfung wurde, wie bereits erwähnt, an einem IDES System durchgeführt. Somit können natürlich kundenadaptierte Umsetzungen keine Berücksichtigung finden. Da aber jedes SAP System maßgeblich durch kundeneigene Adaptionen geprägt ist, besteht natürlich ein entsprechend erweiterter Prüfungsbedarf.

17.3 Organisationseinheiten der Materialwirtschaft

In der Logistik sind zwei verschiedene Arten von Organisationseinheiten zu unterscheiden:

Strategische Organisationseinheiten:
> Diese sind für die Integration von R/3® im Unternehmen und die Realisierung strategischer und operativer Ziele von besonderer Relevanz (Buchungskreis, Kostenrechnungskreis, Werke, etc.).

Operative Organisationseinheiten:
> Diese sind nur innerhalb einer R/3®-Anwendungskomponente von Relevanz (Einkäufergruppe, Disponenten, etc).

Grundsätzlich sollten die im Customizing hinterlegten Systemeinstellungen mit der aktuellen Organisationsstruktur des Unternehmens übereinstimmen, um den Buchungsstoff vollständig und ordnungsmäßig abbilden zu können.

Vergleichen Sie die Organisationseinheiten mit der Dokumentation der geprüften Einheit. Sofern die getroffenen Einstellungen nicht anforderungsgerecht sind, z.B. ist ein Werk keinem Buchungskreis zugeordnet, so besteht das Risiko, dass der korrekte Bilanzausweis des Vorratsvermögens nicht gewährleistet ist.

17.3.1 Das Werk

Ein Werk ist eine Betriebsstätte oder eine Niederlassung innerhalb einer Firma. Ein Werk wird genau einem Buchungskreis zugeordnet; ein Buchungskreis wiederum kann mehrere Werke haben.

Die Werke werden in der Tabelle **T001W** gespeichert.

Sie rufen die Transaktion **SE16N** auf und tragen als Tabellennamen **T001W** ein und betätigen die Funktionstaste *F8*. Sie erhalten eine Übersicht über die eingetragenen Werke des Mandanten.

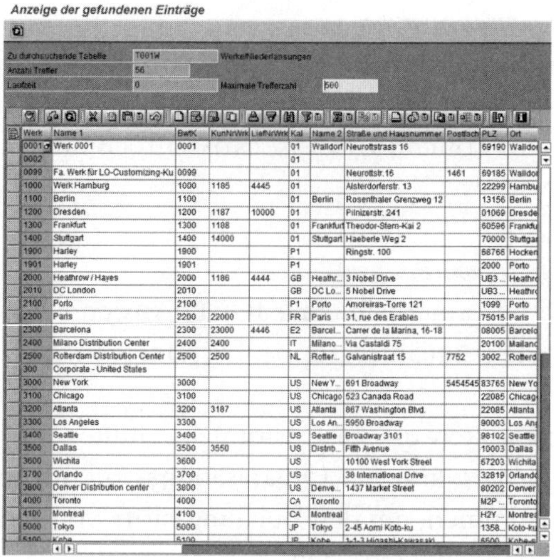

Schnittstelle FI zu MM

Abb. 17.01: Anzeige der Einträge aus der Tabelle T001W mit Transaktion SE16n

Wichtig: Ein Werk muss immer einem Buchungskreis zugeordnet sein und kann immer auch nur genau einem Buchungskreis zugeordnet sein.

Sollte ein Werk keinem Buchungskreis zugeordnet sein, so ergeben sich Risiken hinsichtlich der Vollständigkeit und Nachvollziehbarkeit des Buchungsstoffes und des korrekten Ausweises des Vorratsvermögens in der Bilanz!

Eine Übersicht über die entsprechenden Zuordnungen Werk - Buchungskreis erhalten Sie über die Transaktion **SPRO**. Wählen Sie den nachfolgend ausgewiesenen Pfad:

Abb. 17.02: Menüpfad im Einführungsleitfaden

Über Betätigung der vorgelegten Funktionstaste 🔳 gelangen Sie zur Übersicht der durchgeführten Zuordnungen.

Werke sollten ihren Sitz im Lande des zugehörigen Buchungskreises haben. Es wird daher empfohlen, für jedes Land, in dem sich ein Werk befindet, auch einen Buchungskreis anzulegen.

Zu einem Werk können mehrere Lagerorte gehören, in denen Materialbestände geführt werden. Jeder Lagerort ist genau einem Werk zugeordnet.

Ein Werk kann mehreren Verkaufsorganisation / Vertriebsweg-Kombinationen zugeordnet werden.

Ein Werk kann mehrere Versandstellen haben. Eine Versandstelle kann mehreren Werken zugeordnet werden.

Ein Werk kann als Instandhaltungsplanungswerk definiert werden.

17.3.2 Der Lagerort

Ein Lagerort ist der Ort der physischen Aufbewahrung des Bestandes innerhalb eines Werkes. Innerhalb eines Werkes kann es einen Lagerort oder mehrere Lagerorte geben. Jeder Lagerort ist genau einem Werk zugeordnet.

Die Lagerorte werden in der Tabelle **T001L** gespeichert.

Rufen Sie die Transaktion **SE16N** auf, und tragen Sie als Tabellennamen **T001L** ein, abschließend generieren Sie die Aufbereitung via *F8*.

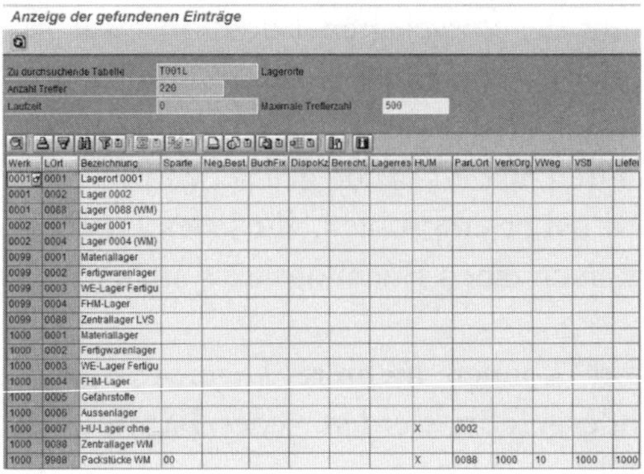

Anzeige der gefundenen Einträge

Zu durchsuchende Tabelle: T001L Lagerorte
Anzahl Treffer: 220
Laufzeit: 0 Maximale Trefferzahl: 500

Werk	LOrt	Bezeichnung	Sparte	Neg.Best.	BuchFix	DispoKz	Berecht.	Lagerres	HUM	ParLOrt	VerkOrg	VWeg	VStl	Liefer
0001	0001	Lagerort 0001												
0001	0002	Lager 0002												
0001	0088	Lager 0088 (WM)												
0002	0001	Lager 0001												
0002	0004	Lager 0004 (WM)												
0099	0001	Materiallager												
0099	0002	Fertigwarenlager												
0099	0003	WE-Lager Fertigu												
0099	0004	FHM-Lager												
0099	0088	Zentrallager LVS												
1000	0001	Materiallager												
1000	0002	Fertigwarenlager												
1000	0003	WE-Lager Fertigu												
1000	0004	FHM-Lager												
1000	0005	Gefahrstoffe												
1000	0006	Aussenlager												
1000	0007	HU-Lager ohne							X	0002				
1000	0088	Zentrallager WM												
1000	9988	Packstücke WM	00						X	0088	1000	10	1000	1000

Abb. 17.04: Einträge der Lagerorte in der Tabelle T001L

In dieser Übersicht erhalten Sie auch die Zuordnung der Lagerorte zu den einzelnen Werken (Spalte Werke und Lagerort).

Bislang stellt sich die hierarchische Struktur der besprochenen Organisationsebenen wie folgt dar:

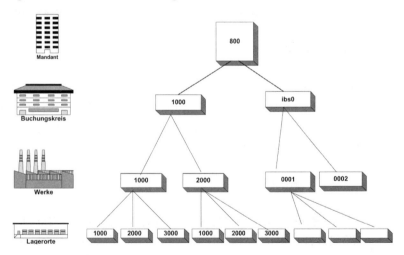

Abb. 17.05: Die Organisationsebenen der Materialwirtschaft

Einem Buchungskreis können mehrere Werke zugeordnet sein, die wiederum verschiedene Lagerorte umfassen können.

17.3.3 Die Einkaufsorganisation

Aus der Perspektive der Materialwirtschaft und des Einkaufs ist die Einkaufsorganisation für die komplette Abwicklung sämtlicher Einkaufsfunktionen zuständig.

Da die Einkaufsorganisation eine zentrale Position im Bereich des Einkaufs einnimmt, ist es erforderlich, sich einen Überblick über die Formen des Einkaufs zu verschaffen, um zu prüfen, welche wiederum im Unternehmen systemseitig zum Einsatz kommt.

Dabei kann eine Einkaufsorganisation:
- mehreren Buchungskreisen zugeordnet sein, (= konzernbezogener Einkauf)
- einem Buchungskreis zugeordnet sein, (= firmenbezogener Einkauf)
- ohne Zuordnung zu einem Buchungskreis bestehen,
- mit einer oder mit mehreren anderen Einkaufsorganisationen verknüpft werden (=Referenzeinkaufsorganisation).

HINWEIS:
Eine Einkaufsorganisation muss einem oder mehreren Werken zugeordnet sein (=werksbezogener Einkauf), daraufhin können Berechtigungen für die Bearbeitung der Einkaufsvorgänge je Einkaufsorganisation vergeben werden.

Da jedes Werk einem Buchungskreis zugeordnet sein muss, kann der entsprechende Buchungskreis bei jedem Beschaffungsvorgang über das jeweilige Werk ermittelt werden, auch wenn keine direkte Zuordnung der beschaffenden Einkaufsorganisation zu einem

Buchungskreis besteht.

Die vorstehenden Informationen sind erforderlich, damit Sie sich einen Überblick über den tatsächlichen Aufbau der Organisation verschaffen können und um im weiteren Prüfungsverlauf sinnvolle stichprobenhafte Prüfungshandlungen vornehmen zu können.

Die Form des konzernbezogenen Einkaufs beinhaltet das Risiko, dass die ausgelösten Bestellungen nicht dem richtigen Werk, und somit dem referenzierenden Buchungskreis, zugeordnet werden. Je nachdem, wie der Ablauf des Wareneinganges gestaltet ist, besteht die Möglichkeit eines fehlerhaften Ausweises des Vorratsvermögens in der Bilanz.

Als besonders kritisch ist anzusehen, wenn keine Zuordnungen erfolgt sind, obwohl die Organisationsstrukturen des Unternehmens anders aufgebaut sind und deutlich ersichtlich ist, dass eine Zuordnung erforderlich gewesen wäre.

Die Einkaufsorganisationen werden in der Tabelle **T024E** gespeichert.

Rufen Sie abermals die Transaktion **SE16N** auf, tragen die Tabelle **T024E** ein und bringen diese zur Ausführung.

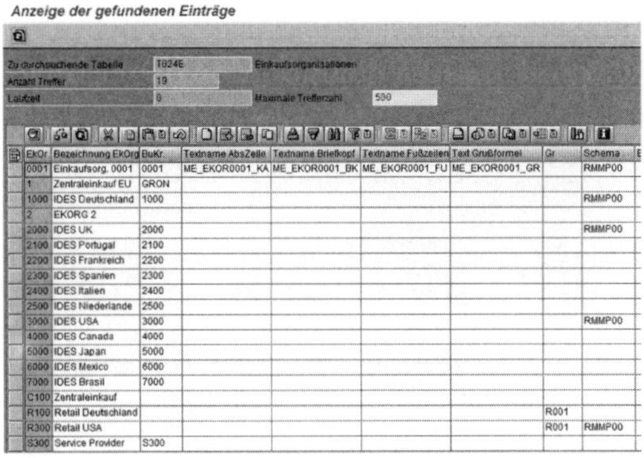

EkOr	Bezeichnung EkOrg	BuKr.	Textname AbsZeile	Textname Briefkopf	Textname Fußzeilen	Text Grußformel	Gr	Schema
0001	Einkaufsorg. 0001	0001	ME_EKOR0001_KA	ME_EKOR0001_BK	ME_EKOR0001_FU	ME_EKOR0001_GR		RMMP00
1	Zentraleinkauf EU	GRON						
1000	IDES Deutschland	1000						RMMP00
2	EKORG 2							
2000	IDES UK	2000						RMMP00
2100	IDES Portugal	2100						
2200	IDES Frankreich	2200						
2300	IDES Spanien	2300						
2400	IDES Italien	2400						
2500	IDES Niederlande	2500						
3000	IDES USA	3000						RMMP00
4000	IDES Canada	4000						
5000	IDES Japan	5000						
6000	IDES Mexico	6000						
7000	IDES Brasil	7000						
C100	Zentraleinkauf							
R100	Retail Deutschland						R001	
R300	Retail USA						R001	RMMP00
S300	Service Provider	S300						

Abb. 17.06: Anzeige der Einträge in der Tabelle T024E über Transaktion SE16N

Sie erhalten eine Übersicht über die eingerichteten Einkaufsorganisationen, sowie deren Zuordnung zu Buchungskreisen.

17.3.4 Referenzeinkaufsorganisation

Eine besondere Rolle nimmt die Referenzeinkaufsorganisation ein. Es handelt sich hierbei um eine Einkaufsorganisation, auf deren Konditionen oder Kontrakte solche Einkaufsorganisationen zugreifen dürfen, die mit ihr verbunden sind.

Eine Referenzeinkaufsorganisation kann einem oder keinem Buchungskreis zugeordnet sein.

In der Regel ist ihr kein Werk zugeordnet, allerdings können ihr kein, ein oder mehrere Werke zugeordnet werden.

Die Zuordnung der Einkaufsorganisation zu Referenzeinkaufsorganisationen sind in der Tabelle **T024Z** eingetragen.

Rufen Sie die Transaktion **SE16N** auf, tragen Sie den Tabellennamen **T024Z** ein und generieren Sie die Aufbereitung via *F8*.

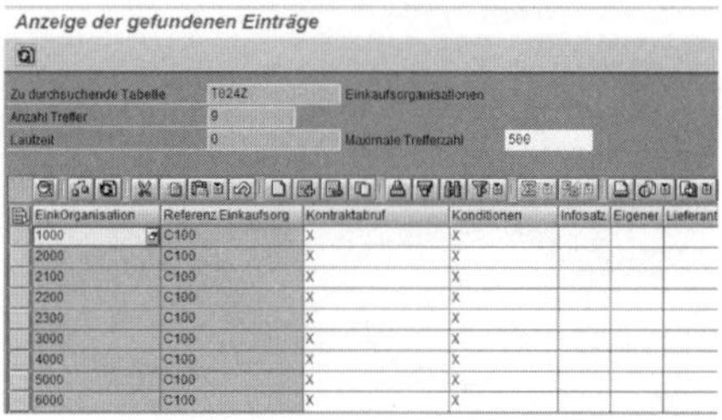

Schnittstelle FI zu MM

Abb. 17.07: Anzeige der Referenzeinkaufsorganisationen

Demnach könnte sich die Einkaufsorganisation im Rahmen der Materialwirtschaft als hierarchische Struktur wie folgt abbilden lassen:

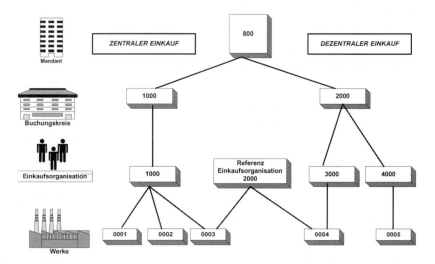

Abb. 17.08: Hierarchische Übersicht der Einkaufsorganisationen

17.3.5 Einkäufergruppe

Die Einkaufsorganisation ist in Einkäufergruppen gegliedert, die für die operativen Tätigkeiten zuständig sind. Eine Einkäufergruppe kann auch für mehrere Einkaufsorganisationen zuständig sein. Eine Übersicht der eingerichteten Einkäufergruppen entnehmen Sie der Tabelle **T024**. Eine Einkäufergruppe kann aus einer oder mehreren Personen bestehen. Die Zuordnung erfolgt im Rahmen der Berechtigungskonzeption.

Rufen Sie die Transaktion **SE16N** auf, tragen die Tabelle **T024** ein und bringen diese zur Ausführung.

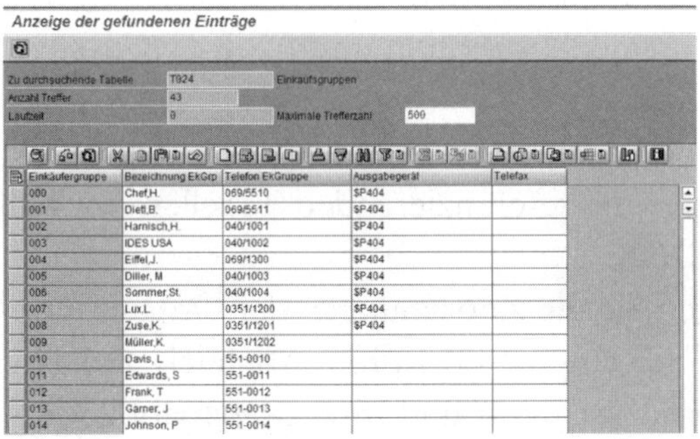

Anzeige der gefundenen Einträge

Zu durchsuchende Tabelle T024 Einkaufsgruppen
Anzahl Treffer 43
Laufzeit 0 Maximale Trefferzahl 500

Einkäufergruppe	Bezeichnung EkGrp	Telefon EkGruppe	Ausgabegerät	Telefax
000	Chef,H.	069/5510	$P404	
001	Dietl,B.	069/5511	$P404	
002	Harnisch,H.	040/1001	$P404	
003	IDES USA	040/1002	$P404	
004	Eiffel,J.	069/1300	$P404	
005	Diller, M	040/1003	$P404	
006	Sommer,St.	040/1004	$P404	
007	Lux,L.	0351/1200	$P404	
008	Zuse,K.	0351/1201	$P404	
009	Müller,K.	0351/1202		
010	Davis, L	551-0010		
011	Edwards, S	551-0011		
012	Frank, T	551-0012		
013	Garner, J	551-0013		
014	Johnson, P	551-0014		

Abb. 17.09: Anzeige der Einkaufsgruppen aus der Tabelle T024

Eine Einkäufergruppe ist intern für die Beschaffung eines Materials oder einer Dienstleistung verantwortlich, nach außen meist der Ansprechpartner für den Lieferanten.

17.3.6 Prüfhinweise zur Abbildung der Firmenkonzeption in MM

Stimmen die Organisationsstruktur und die SAP-Struktur nicht überein, liegen organisations- bzw. systemtechnische Schwachstellen vor, die wiederum zu Ineffizienzen bei der Bearbeitung wichtiger Kernprozesse führen. Dies kann unter Umständen sogar die Leistungsfähigkeit des Unternehmens negativ beeinflussen.

Grundsätzlich gilt: Nur die Organisationselemente, die der realen Unternehmensgestaltung entsprechen, sollen im Produktivsystem vorgehalten werden. Gerade in der Materialwirtschaft ist eine exakte Prozessanalyse, auch im Hinblick auf die Organisationseinheiten, ein wesentlicher Prüfungsbestandteil.

Darum muss man sich grundsätzlich einen Überblick über den eingesetzten Einkaufszyklus verschaffen.

Prüfschritte
1. Lassen Sie sich die vorhandene Dokumentation zu der Abbildung der Firmenkonzeption im SAP R/3® System aushändigen und ggf. erläutern.
2. Überprüfen Sie die definierten Organisationseinheiten im SAP® System über die referenzierenden Tabellen mit Hilfe der Transaktion **SE16N**.
3. Überprüfen Sie die Zuordnungen der Organisationseinheiten.
4. Nehmen Sie einen SOLL/IST-Abgleich zwischen der realen Unternehmensstruktur und Ihrer Systemabbildung vor.
5. Klären Sie das Vorhandensein nicht zugeordneter Organisationseinheiten.

17.3.7 Checkliste Abbildung der Firmenkonzeption in MM

Nr.	Fragestellung	Vorgabe
1	Welche Mandanten existieren im System?	Muss der Firmenstruktur entsprechen.
2	Welche Buchungskreise sind im Mandanten geführt ?	Muss der Firmenstruktur entsprechen.
3	Welche Werke sind angelegt?	Muss der Firmenstruktur entsprechen.
4	Welche Lagerorte werden geführt?	Muss der Firmenstruktur entsprechen.
5	Welche Einkaufsorganisationen sind angelegt?	Muss der Firmenstruktur entsprechen.
6	Welche Referenzeinkaufsorganisationen werden eingesetzt, und wie ist die Zuordnung?	Muss der Firmenstruktur entsprechen.
7	Welche Einkäufergruppen sind angelegt?	Muss der Firmenstruktur entsprechen.
8	Welche Personen sind den Einkäufergruppen zugeordnet?	Muss der Firmenstruktur entsprechen
9	Wird dezentraler oder zentraler Einkauf umgesetzt?	Muss der Firmenstruktur entsprechen.

17.4 Der Einkaufszyklus

Vor der Prüfung des Einkaufs müssen Sie sich einen Überblick über die Einkaufsprozesse verschaffen. Sie benötigen Kenntnisse über

- den organisatorischen Aufbau des Einkaufs (Einkaufsorganisation, Einkäufergruppen, zentral, dezentral, ...)
- die innerhalb des Einkaufs abgedeckten Funktionen: Anfragen, Angebote, Bedarfsanforderungen, Kontrakte, Freigabeverfahren, Bestellungen, Stammdatenpflege (Materialstamm, Kreditorenstamm, Einkaufsinformationssätze)
- die internen Kontrollen (Freigabeverfahren von Bestellanforderungen oder Bestellungen, Unterschriftsregelung bzgl. der Bestellhöhe, ...)

Das Risiko eines zentralen Einkaufs besteht in den eventuell sehr langen Bearbeitungswegen, was insbesondere bei schnell zu beschaffenden Materialien oder Dienstleistungen zu Engpässen führen kann. Hierbei sollten Interne Kontrollen implementiert sein, die sicherstellen, dass die Beschaffung auch nur über den zentralen Einkauf abgewickelt wird.

Dabei ist ergänzend sicherzustellen, dass die Bearbeitung zeitnah erfolgt, damit die Vollständigkeit und Nachvollziehbarkeit des Buchungsstoffes gewährleistet werden und eine Engpasssituation in der Produktion vermieden wird.

Bei stark automatisierten Prozessen sind Verfahrensdokumentationen erforderlich, da diese nach § 257 IV, HGB in derartigen Fällen Belegcharakter haben.

Nachfolgend habe ich einen Einkaufszyklus abgebildet, wie ihn die SAP AG von der Grundkonfiguration vorsieht.

Eine Aufgabe ist es, diesen Einkaufszyklus, so wie er sich im Unternehmen darstellt, zu analysieren und hinsichtlich der Ordnungsmäßigkeit zu verproben.

Für diese Analyse sind Sie in wesentlichen Bereichen auf vorhandene Unternehmensrichtlinien, Verfahrensanweisungen, Dokumentationen sowie Dokumentationen zu Funktionstrennungen angewiesen.

Zu Beginn einer Prüfung sind die entsprechenden Unterlagen aus den beteiligten Fachabteilungen anzufordern.

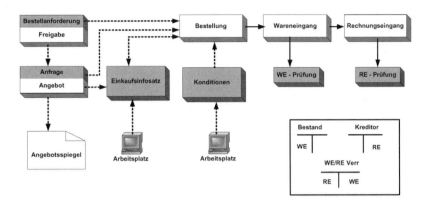

Abb. 17.10: Darstellung eines Muster-Einkaufszyklus

17.4.1 IKS - Internes Kontrollsystem

Dem Internen Kontrollsystem ist im Rahmen der Integrität der Einkaufsfunktionen eine immense Bedeutung zuzuordnen und damit natürlich auch der Internen Revision.

Dieser Bedeutungszuwachs resultiert u.a. aus dem PS 340 / ISA 401 (Abschlussprüfungen bei Einsatz von Informationstechnologien), der besagt, dass der Abschlussprüfer im Interesse einer wirksamen und wirtschaftlichen Prüfung abzuwägen hat, welche Unterlagen z.B. der Internen Revision für seine Beurteilungen heranzuziehen sind.

Ein anderer Aspekt ist das Potential doloser Aktivitäten, das gerade im Einkaufsbereich von erheblicher Relevanz ist.

Die Unternehmensrichtlinien sollten u.a. klare Vorgaben zu den nachfolgend gelisteten Punkten enthalten:
· Ausschreibungsverfahren und folgerichtige Anwendung
· Schriftliche Erklärungen der Einkäufer zur Lieferantenunabhängigkeit

- Betragslimitierungen der Einkaufsvolumina
- Angebotseinholung und Erstellung
- Besondere Verbuchungsvorgänge (z.B. Verschrottung)
- Funktionstrennungen
- Generelle Organisationsanweisungen
- ...

Aus diesen Anforderungen sind entsprechende Kontrollmaßnahmen abzuleiten wie z.B. eine Angebotserfassungskontrolle auf Vollständigkeit und Stichtagseinhaltung, Lieferantenanalysen hinsichtlich Bestellvolumina und Betragshöhe einzelner Verbuchungsvorgänge, Berechtigungsprüfung auf vorhandene Funktionstrennungen und Datenzuständigkeiten sowie die vollständige Abbildung relevanter Datenbestandteile.

Diese Kontrollen sind in regelmäßigen Abständen und ggf. auch unangekündigt durchzuführen.

Dabei sollten die Kontrollabstände nicht zu groß sein, um rechtzeitig wirtschaftlichen Schaden von der Unternehmung abwenden zu können.

17.4.2 Prüfhinweise zum Einkaufszyklus

Bei der Überprüfung des Einkaufszyklus geht es im Wesentlichen darum, die Integrität der Abläufe zu verproben. Ein exaktes Wissen um die Abfolge der Geschäftsprozesse ist unabdingbar, damit sichergestellt ist, dass der Regelablauf den Unternehmensrichtlinien entspricht.

Prüfschritte
1. Fordern Sie sämtliche Dokumentationen und Unternehmensrichtlinien zum Einkaufszyklus aus den entsprechenden Fachabteilungen an, und lassen Sie sich diese ggf. erläutern.

2. Führen Sie ergänzend ein Interview mit Endscheidungsträgern des Bereichs Einkauf. Lassen Sie sich die Regelabläufe erläutern. Nehmen Sie am System Stichproben hinsichtlich der Informationen aus dem Interview vor. Führen Sie einen exemplarischen SOLL/IST-Abgleich vor. Nutzen Sie die dazu folgende Transaktionen:
   - Anfrage anzeigen (**ME43**)
   - Angebot anzeigen (**ME48**)
   - Bedarfsanforderung anzeigen (**ME53**)
   - Kontrakt anzeigen (**ME33K**)
   - Bestellung anzeigen (**ME23N**)
3. Prüfen Sie stichprobenartig, ob Unterschriftsregelungen eingehalten werden.

17.4.3 Checkliste Einkaufszyklus

Nr.	Fragestellung	Ordnungsmäßigkeitsvorgabe
1	Ist eine Dokumentation zum unternehmenseigenen Einkaufszyklus vorhanden?	Eine erläuternde Dokumentation zum Einkaufszyklus sollte vorliegen.
2	Gibt es ein aktuelles Internes Kontrollsystem für den Einkaufszyklus?	Ein aktuelles IKS für den Einkaufszyklus ist obligat.

17.5 Der Materialstammsatz

Der Materialstammsatz enthält sämtliche Informationen aller Artikel und Teile, die ein Unternehmen beschafft, fertigt oder vorhält. Somit stellt der Materialstamm die Quelle zur Abfrage aller materialspezifischen Informationen dar. Die Datensätze werden zusammenhängend vorgehalten und können somit von allen beteiligten Fachabteilungen gemeinsam genutzt werden.

Ein Materialstammsatz beinhaltet unterschiedliche Informationen aus den diversen Bereichen.
- Buchhaltung (z.B. Bewertungsinformationen)
- Disposition (z.B. Meldebestand)
- Einkauf (z.B. zuständige Einkäufergruppe)
- Konstruktion (z.B. Konstruktionsdaten)
- Lagerung (z.B. Verpackungsmaße)
- Prognose (z.B. zum Bedarf)
- Vertrieb (z.B. Verkaufspreis)

17.5.1 Aufbau eines Materialstammsatzes

Der Aufbau ist immer identisch und in den Grundzügen der nachfolgenden Abbildung zu entnehmen. Es handelt sich hierbei um die Einkaufssicht des Materialstammsatzes.

Abb. 17.11: Die Organisation der Materialstammdaten

Der Materialstammsatz setzt sich somit aus einem allgemeinen Datenanteil zusammen, der mandantenweit gültig ist, sowie jeweils aus einem werksspezifischen und lagerortspezifischen Datenanteil.

Somit beinhaltet er Daten mit einem beschreibenden und einem steuernden Charakter.

17.5.2 Anzeige eines Materialstammsatzes

Wir wollen uns nun einen Materialstammsatz zum bessern Verständnis anschauen.

Bitte rufen Sie die Transaktion **MM03** auf. Über die integrierte *Druckwertehilfetaste* können Sie sich einen zu betrachtenden Stammsatz selektieren.

Sie können dafür auf die Matchcodesuche zurückgreifen.

Abb. 17.12: Einstiegsmaske der Transaktion MM03

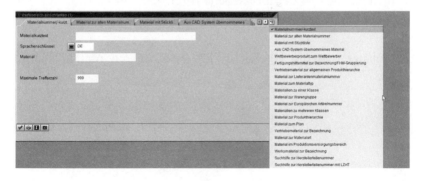

Abb. 17.13: Matchcodesuche zu Materialstammsätzen

461

Über die Drucktaste  markieren Sie im nachfolgenden Fenster die Einkaufssicht.

Abb. 17.14: Anzeige der Sichtenauswahl

Danach bestätigen Sie Ihre Auswahl mit Enter. Im Folgenden wird die zugehörige Organisationsebene abgefragt:

Abb. 17.15: Selektion der Organisationseinheiten

Wählen Sie die Organisationsebene Ihrer Betrachtungswahl aus und betätigen Sie Ihre Eingabe abermals mit *Enter*.

Sie gelangen in die Übersicht des gewünschten Materialstammsatzes.

Abb. 17.16: Anzeige eines Materialstammsatzes

Bei Auswahl der Registerkarten zur Disposition können Sie sich einen Überblick über die eingesetzten Dispositionsverfahren verschaffen.

Die verbrauchsgesteuerte Disposition basiert auf den Verbrauchswerten der Vergangenheit. Mit Hilfe der Prognose oder statistischer Verfahren schließt sie auf den zukünftigen Bedarf. Die möglichen Verfahren der verbrauchsgesteuerten Disposition sind ohne jeden Bezug zum Produktionsplan.

Das bedeutet, dass die Nettobedarfsrechnung nicht durch einen Primär- oder Sekundärbedarf angestoßen wird, sondern entweder durch die Unterschreitung eines festgelegten Bestellpunktes (Meldebestand) oder durch Prognosebedarfe, die aus dem Vergangenheitsverbrauch errechnet wurden.

Folgende Verfahren zur verbrauchsgesteuerten Disposition sind möglich:
- Manuelle Bestellpunktdisposition
  (Lagerbestand kleiner als Meldebestand - manueller Eintrag)

- Maschinelle Bestellpunktdisposition
  (Lagerbestand kleiner als Meldebestand - automatischer Eintrag durch Prognoseprogramm)
- Stochastische Disposition
  (Prognoseprogramm ermittelt zukünftigen Bedarf auf Basis der Verbrauchsmengen - als Basis für Planungslauf)
- Rhythmische Disposition

(Ebenfalls Ermittlung des zukünftigen Verbrauchs - bei regelmäßigen Lieferzyklen z.B. wöchentlich an einem bestimmten Wochentag)

Die Art des Beschaffungsvorschlags, der bei der Bedarfsplanung automatisch erzeugt wird, ist abhängig von der Beschaffungsart des Materials.

Bei einer Eigenfertigung wird grundsätzlich ein Planauftrag erzeugt.

Bei einer Fremdbeschaffung kann der Disponent zwischen Planauftrag und Bestellanforderung wählen.

Entscheidet er sich für den Planauftrag, so muss dieser in einem weiteren Schritt in eine Bestellanforderung umgewandelt und dem Einkauf zur Verfügung gestellt werden.

Bei einem Planungslauf erstellt das System Dispositionslisten, die das jeweilige Planungsergebnis des Materials enthalten. Demzufolge ist die Dispositionsliste eine Übersicht der zukünftigen Bedarfs- und Bestandssituation vom Zeitpunkt der letzten Planung. Diese Listen werden bei jeder Neuerstellung überschrieben.

Der Vorteil im Anlegen eines Planungslaufes besteht in der zusätzlichen Kontrolle der Beschaffungsvorschläge durch den Disponenten.

Der Einkauf kann das Material erst dann bestellen, wenn der Disponent den Bestellvorschlag überprüft und in eine Bestellanforderung umgesetzt hat.

17.5.3 Weitere Transaktionen zur Materialübersicht

Transaktion	Bedeutung
MM03	Material anzeigen - aktueller Stand
MM19	Material anzeigen zum Stichtag
MM04	Aktive Änderungen anzeigen
MM14	Geplante Änderungen anzeigen
MMBE	Bestandsübersicht
MM60	Materialverzeichnis
MM50	Erweiterbare Materialien

17.5.4 Die Quantifizierung der Datenanteile

Sofern Stichprobenanalysen durchzuführen sind, ist für die mathematisch fundierte Ableitung das Wissen um die Grundgesamtheit eine wesentliche Erleichterung. Demnach empfiehlt es sich, eine Zählung der Materialstammdaten vorzunehmen.

Die allgemeinen Materialstammdaten sind in der Tabelle **MARA** abgelegt. Mittels der Transaktion **SE16N** können Sie diese mit Hilfe der Ducktaste [Anzahl Einträge] zählen.

Die werkspezifischen Datenanteile sind in der Tabelle **MARC** und die lagerortspezifischen Datenanteile in der Tabelle **MARD** abgelegt. Die Quantifizierung erfolgt stets nach dem gleichen Muster.

17.5.5 Prüfhinweise zu Materialstammsätzen

Da der Materialstamm die Quelle zur Abfrage aller materialspezifischen Informationen darstellt, ist sicherzustellen, dass sowohl Datenkonsistenz als auch Datenintegrität gewährleistet sind.

Prüfschritte
1. Prüfen Sie, ob für die Anlage von Materialstammsätzen ein geeignetes Verfahren implementiert ist, das sicherstellt, dass bei der Neuanlage eines Materialstammsatzes die einzelnen Fachbereiche und Ansprechpartner über die Neuanlage informiert werden. Insbesondere sind die Bereiche des Einkaufs und der Buchhaltung zu benachrichtigen, da hier ohne die Pflege der relevanten Daten keine Bewertung der Materialien bzw. keine Kostenrechnung durchgeführt werden kann.
2. Verschaffen Sie sich im Rahmen eines Interviews einen Überblick über die Bearbeitung der Materialstammdaten. Stellen Sie dabei sicher, dass eine Materialstammsatzanlage auch in SAP R/3® stattfindet. Sollte die Erstanlage der Materialstammdaten in einem Subsystem erfolgen und über eine Schnittstelle nach SAP R/3® übergeleitet werden, ist zu prüfen, ob ein entsprechendes Internes Kontrollsystem implementiert ist (z.B. Kontrolle der vollständigen und zeitnahen Abarbeitung von Batch-Input-Mappen über die Transaktion **SM35**), über das die Vollständigkeit der übergebenen Daten sicherstellt wird.
3. Ergänzend ist zu prüfen, ob die Richtlinien zur Anlage von Stammsätzen eingehalten werden. Jeder Stammsatz erhält einen sogenannten Pflegestatus. Dieser Schlüssel ist ein Kennzeichen für den Fachbereich, der diesen Stammsatz bereits gepflegt hat. Eine Übersicht der Schlüssel zum Pflegestatus erhalten Sie bei Ansicht der Tabelle **T132** über die Transaktion **SE16N**. Systemseitig betrachtet gibt es zu jeder Materialstammtabelle einen Pflegestatus; zusätzlich gibt es für das komplette Material einen

Gesamtpflegestatus, der sich aus den Pflegestatus der einzelnen Materialstammtabellen zusammensetzt. Fast alle Logistikfunktionen nutzen den Pflegestatus, d.h. der Materialstammsatz muss einen bestimmten Pflegestatus haben, damit andere Arbeitsgebiete mit ihm arbeiten können. Der Pflegestatus dokumentiert, welche Fachbereiche einen Materialstammsatz einer bestimmten Materialart pflegen dürfen (Berechtigungsobjekt M_MATE_STA) und welche Fachbereiche den Materialstammsatz auf einer bestimmten Hierarchiestufe schon gepflegt haben. Aus den einzelnen Pflegestatus setzt sich der Gesamtpflegestatus zusammen.

Die einzelnen Pflegestatus haben folgende Bedeutung:

Fachbereich	Pflegestatus
Arbeitsvorbereitung	A
Buchhaltung	B
Klassifizierung	C
Disposition	D
Einkauf	E
Fertigungshilfsmittel	F
Kalkulation	G
Grunddaten	K
Lagerung	L
Prognose	P
Qualitätsmanagement	Q
Lagerverwaltung	S
Vertrieb	V
Werksbestände	X
Lagerortbestände	Z

4. Prüfen Sie den Pflegestatus; der Status des kompletten Materials ist in der bereits bekannten Tabelle **MARA** abgelegt. Für den werkspezifischen Datenanteil erfolgt die Eintragung in der

Tabelle **MARC** und für den lagerortspezifischen Datenanteil in der Tabelle **MARD**. Nutzen Sie zur Anzeige der Tabellen die Transaktion **SE16N**. Die Pflege sollte nur von den beteiligten Fachabteilungen gemäß der organisatorischen Zuordnungen durchgeführt werden dürfen.

5. Prüfen Sie, ob über Materialstammsatzänderungsbelege den Dispositionsanforderungen Rechnung getragen wird. Nutzen Sie dafür den Report **RMMMCDOC** (Änderungsbelege zu einzelnen Materialien) über die Transaktion **SA38**. Alternativ ist dies möglich über die Transaktion **MM04** (aktuelle Änderungen anzeigen) oder auch die Transaktion **MM14** (geplante Änderungen anzeigen). Selbstverständlich kann hier nur stichprobenartig geprüft werden.

17.5.6 Checkliste Materialstammsätze

Nr.	Fragestellung	Ordnungsmäßigkeitsvorgabe
1	Liegen Verfahrensdokumentation zur Bearbeitung von Materialstammsätzen vor?	Eine Verfahrensdokumentation zur Materialstammsatzbearbeitung ist obligat.
2	Ist für den Einsatz von Subsystemen sichergestellt, dass die Daten zeitnah und vollständig eingespielt werden?	Ein IKS muss gewährleisten, dass die Materialstammsatzdaten vollständig und zeitnah im R/3® System zur Verfügung stehen.
3	Werden Richtlinien zur Materialstammsatzpflege durch die Fachbereiche eingehalten?	Die Richtlinien zur Stammsatzpflege sind von allen beteiligten Fachabteilungen einzuhalten.
4	Werden Dispositionsanforderungen im Rahmen der Stammsatzpflege adäquat realisiert?	Dispositionsanforderungen sind durch entsprechende Materialstammsatzänderungen zeitnah umzusetzen.

17.6 Kontenfindung

Sämtliche Materialbewegungen werden hinsichtlich der Bewegungsart unterschieden. Die Bewegungsarten werden durch einen dreistelligen Schlüssel repräsentiert.

Sämtliche Bewegungsarten sind in der Tabelle **T156** abgelegt, die Sie über die Transaktion **SE16N** zur Anzeige bringen können.

Die Bewegungsarten erfüllen diverse Steuerungsfunktionen:
- Bildaufbau
- Bestandsfortschreibung
- Kostenrechnungskontierung
- Kontenfindung für Fortschreibung in FI

Aus diesen zentralen Steuerungsfunktionen, die für die ordnungsmäßige Umsetzung der Warenbewegung verantwortlich sind, resultieren unterschiedliche Prüfungsanforderungen.

Ein zentraler Aspekt ist hier die berechtigungskonzeptionelle Umsetzung, die im Zuge der Prüfung zu analysieren ist.

17.6.1 Automatische Kontenfindung

Die automatische Kontenfindung in der Materialwirtschaft wird über die sogenannte Fixkontentabelle (**T030**) gesteuert. In dieser Tabelle werden für die jeweiligen Vorgänge, wie z.B. Bestandsbuchung (BSX) oder Bestandsveränderung (BSV), die Konten hinterlegt, die entsprechend bebucht werden sollen.

Über sogenannte Vorgangsschlüssel wiederum wird eine Verbindung zwischen den einzelnen Geschäftsfällen und den definierten Fixkonten hergestellt. Mit Hilfe dieser vorgangsbezogenen

Fixkontensteuerung erfolgt die Kontenfindung weitestgehend automatisch. Eine sachgerechte Kontenfindung realisiert die korrekte Kontierung von Massenvorgängen und ist somit maßgeblich unterstützend wirksam bei der Integritätswahrung im Rahmen der Abwicklung von Geschäftsvorfällen.

Prüfen Sie die materielle Richtigkeit der vorgeschlagenen Kontierung und weiterhin, ob ihr tatsächlicher Gebrauch durch die "Freischaltung" oder Eingabebereitschaft der Gegenkontierung unterminiert werden kann.

Prüfen Sie, ob
- die in den Tabellen hinterlegten Konten in Übereinstimmung mit dem Kontenplan der geprüften Einheit stehen,
- die materielle Richtigkeit der vorgeschlagenen Kontierung gewährleistet ist,
- Änderungen an den Tabellen der Kontenfindung protokolliert werden.

!Aufgrund der Bedeutung für die Nachvollziehbarkeit der Kontierungen sind Änderungen dieser Tabellen aufzeichnungs- und historienpflichtig. Über die Transaktion **SA38** können Sie sich über den Report **RSTBHIST** die Änderungshistorie zu dieser Tabelle ansehen. Lassen Sie sich hierzu die Unterlagen bezüglich geänderter Einstellungen vorlegen.

17.6.2 Prüfung auf kritische Warenbewegungen

Untersuchen Sie zunächst, ob Wareneingänge mit den kritischen Bewegungsarten 501 (Wareneingang ohne Bestellung), 561 (Bestandsaufnahme) und 521 (Wareneingang ohne Fertigungsauftrag) im Produktivbetrieb erfasst werden.

! Das Risiko der Verwendung dieser Bewegungsarten besteht darin, dass die Nachvollziehbarkeit nicht gewährleistet ist, da kein Bestellbezug z.B. aufgrund telefonischer Bestellungen bzw. der Nichterfassung in SAP R/3® hergestellt werden kann. Nutzen Sie hierzu die Transaktion **MB51**.

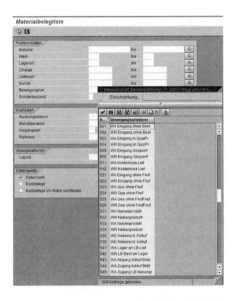

Abb. 17.17: Selektionsmaske der Transaktion MB51

Für die ausgewählte Bewegungsart erhalten Sie ein Listing.

Materialbelegliste

```
Material           Materialkurztext                    Werk Name 1
LOrt BwA S MatBeleg    Pos Buch.dat.  Menge in ErfassME EME

100-100            Gehäuse                             1000 Werk Hamburg
0001 501   4900018592    1 15.10.2001        31   ST
0001 501   4900018591    1 15.10.2001        31   ST
0001 501   4900018589    1 15.10.2001        14   ST
0001 501   4900018587    1 15.10.2001        30   ST
0001 501   4900018585    1 15.10.2001        45   ST

100-130            Sechskantschraube M10               1000 Werk Hamburg
0001 501   49022299      1 10.12.1999     5.000   ST

100-200            Laufrad                             1000 Werk Hamburg
0001 501   5000000376    1 17.02.2000     1.000   ST

100-300            Welle                               1000 Werk Hamburg
0001 501   4900018594    1 15.10.2001        11   ST
0001 501   4900017872    1 13.09.2001         5   ST
0001 501   5000000370    2 17.02.2000     1.000   ST
```

Abb. 17.18: Liste kritischer Bewegungsarten

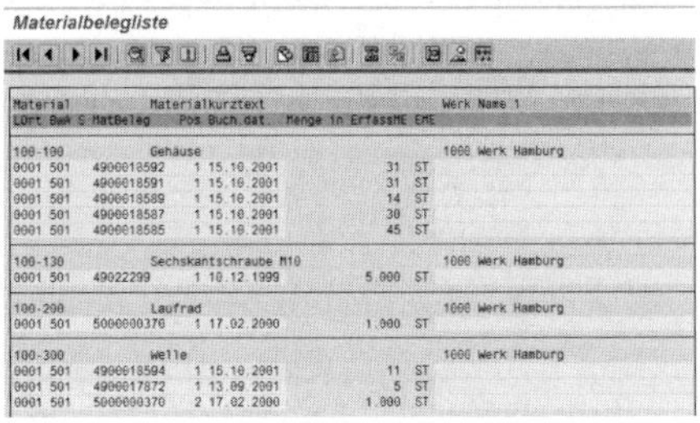

Schnittstelle FI zu MM

Per Doppelklick auf einen Listeintrag verzweigen Sie in die Details.

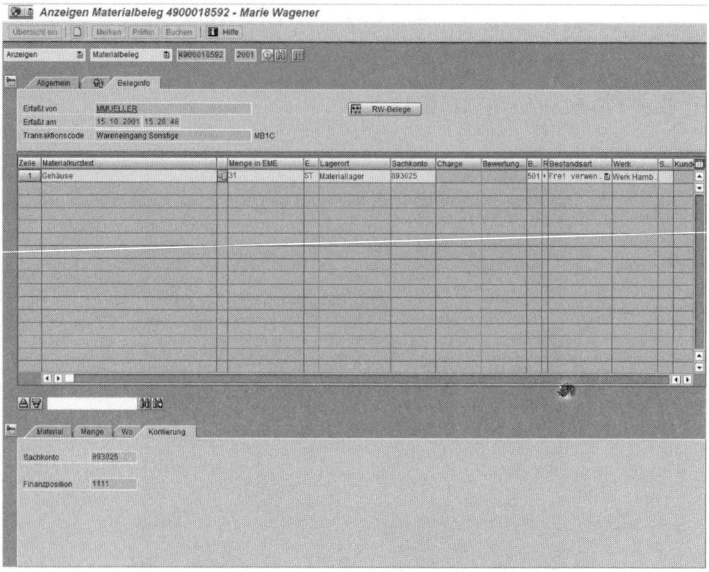

Abb. 17.19: Detailanzeige eines Materialbeleges

Per Doppelklick auf einen Zeileneintrag verzweigen Sie in den referenzierenden Stammsatz.

Über die Drucktaste `RW-Belege` gelangen Sie zu den Rechnungswesenbelegen, die zu diesem Materialbeleg gehören.

Abb. 17.20: Referenzierende Rechnungswesen Belege

Per Einfachklick auf einen Beleg können Sie sich diesen im Detail zur Anzeige bringen.

HINWEIS:
Wareneingänge ohne Bestellung sollten nur in besonderen Ausnahmefällen erfolgen, für die es eine klare Unternehmensrichtlinie gibt.

Auch wenn Sie im vorigen Abschnitt feststellen konnten, dass keine Warenbewegungen mit kritischen Bewegungsarten erfolgt sind, kann trotzdem das Risiko bestehen, dass Wareneingänge mit diesen Bewegungsarten möglich sind.

Um dies zu überprüfen, lassen Sie sich mit der Transaktion **SE16N** die Kontenfindungstabelle **T030** anzeigen. Selektieren Sie vorab den Kontenplan, den Sie im Unternehmen einsetzen.

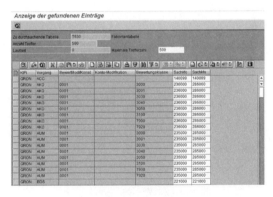

Abb. 17.21: Einträge der Kontenfindungstabelle mit der Transaktion SE16N

Zusatzinfos:
Die Bewertungsklassen sind in der Tabelle **T025** eingetragen.

In der Tabelle **T030** sind die Bewegungsarten zu Vorgängen zusammengefasst. Die Zuordnung der Bewegungsarten zu Vorgangsschlüsseln erfolgt über eine etwas feinere Untergruppierung, der sogenannten Kontomodifikation, im Customizing.

Zusatzinfos:
Nachstehend der Menüpfad, den Sie über die Transaktion **SPRO** erreichen können.

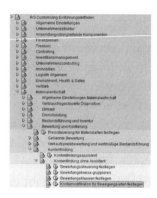

Abb. 17.22: Menüpfad zur Kontomodifikation der Bewegungsarten

Ein Auszug aus der Zuordnung:

Sicht "Kontomodifikation" ändern: Übersicht

B..	S	Wertfort	MngFort	B..	Vbr	Wertestrg	C.	VSchl	KontoModif	P
101		☐	☐	B	A	WE06	1	KBS		✓
101		☐	☐	B	E	WE06	1	KBS		✓
101		☐	☐	B	P	WE06	1	KBS		✓
101		☐	☐	B	V	WE06	1	KBS		✓
101	E	☐	☐	B		WE01	3	PRD		☐
101	E	☐	☐	B	E	WE06	1	KBS		✓
101	E	☐	☐	B	P	WE06	1	KBS		✓
101	Q	☐	☐	B		WE01	3	PRD		☐
101	Q	☐	☐	B	P	WE06	1	KBS		✓
101		☐	✓	B	A	WE06	1	KBS		✓
101		☐	✓	B	V	WE06	1	KBS		✓
101	E	☐	✓	B		WE01	3	PRD		☐
101	E	☐	✓	B	E	WE06	1	KBS		✓
101	E	☐	✓	B	P	WE06	1	KBS		✓
101	Q	☐	✓	B	V	WE06	1	KBS		✓
101	Q	☐	✓	B		WE01	3	PRD		☐
101	Q	☐	✓	B	P	WE06	1	KBS		✓
101		✓	☐	B	A	WE06	1	KBS		✓

Positionieren... Eintrag 1 von 4.567

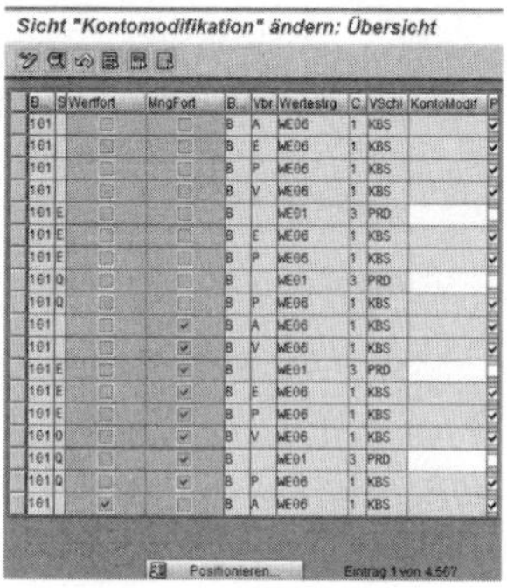

Abb. 17.23: Übersicht der Kontomodifikationen

Für Wareneingangsbuchungen mit der Bewegungsart 501 (Wareneingang ohne Bestellung) muss eine Gegenbuchung zur Bestandsbuchung (Vorgang GBB) eingerichtet sein.

Die Gegenbuchung zur Bestandsbuchung wird in der Bestandsführung verwendet und hängt von der Kontomodifikation ab, die der jeweiligen Bewegungsart zugeordnet ist. Im Standard ist hierfür die Kontomodifikation ZOB (für Wareneingänge ohne Bestellung, 501) eingerichtet.

Abb. 17.24: Detailanzeige zur Bewegungsart 501

Sollten Sie hierzu in der Tabelle **T030** Einträge finden, so sind grundsätzlich Wareneingänge auf dieses Konto möglich.

Selektieren Sie wie folgt:

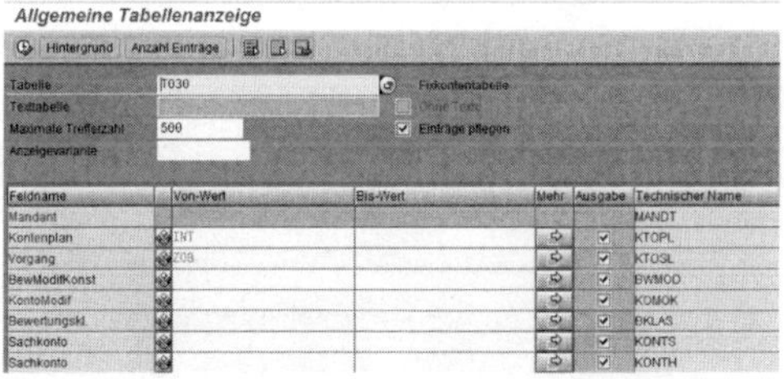

Abb. 17.25: Selektionsmaske der Tabelle T030

Schnittstelle FI zu MM

! Prüfen sie hier zusätzlich, ob die Konten für Buchungen gesperrt sind. Es ist jedoch zu empfehlen, keine Kontenfindung zu hinterlegen.

Abb. 17.26: Anzeige der referenzierenden Kontenfindungseinträge

Neben der manuellen Kontrolle der Richtigkeit der zugeordneten Konten in der Fixkontentabelle besteht in SAP R/3® auch die Möglichkeit, eine maschinelle Abstimmung der Einstellungen zur Kontenfindung durchzuführen. Hierzu steht der Standardreport **RM07C030** zur Verfügung.

Das Risiko einer fehlerhaften Zuordnung der Kontenfindung besteht darin, dass Differenzen zwischen dem Saldo auf dem Bestandskonto und den bewerteten Materialbeständen entstehen könnten. Dies kann durch eine Analyse mittels des Reports abgefangen werden.

Des weiteren besteht das Risiko der doppelten Zuordnung eines Bestandskontos zu mehreren Vorgängen, wodurch die Abstimmbarkeit zwischen Haupt- und Nebenbuch nicht gewährleistet ist.

Über die Transaktion **SA38** rufen Sie den Report **RM07C030** auf.

Abb. 17.27: Selektionsmaske des Reports RM07C030

476

Zusatzinfo:
Die Materialien werden in Bewertungskreisen zusammengefasst. Diese umfangreiche Übersicht zeigt Tabelle **MBEW**. Die Historie die Tabelle **MBEWH**.

Führen Sie den Report für den zu prüfenden Buchungskreis aus.

Abb. 17.28: Ergebnisliste des Reports RM07C030

Bei Ausführung dieses Reports werden Warnungen erzeugt, wenn
- ein Sachkonto nicht vorhanden ist oder
- ein Bestandskonto (Vorgangsschlüssel BSX) ebenfalls für andere Vorgangsschlüssel verwendet wird.

Wenn fehlerhafte Zuordnungen systemseitig erkannt werden, werden diese auf dem Bildschirm rot gekennzeichnet ausgegeben.

17.6.3 Prüfung der Vorratskonten

Lagermaterialbewegungen bewirken eine automatische Fortschreibung der jeweiligen Vorratskonten in der Finanzbuchhaltung. Hierzu sind im Customizing der Materialwirtschaft den verschiedenen Vorgängen, wie z.B. BSV (Bestandsveränderung), die entsprechenden Konten des Kontenplans zuzuordnen. Lassen Sie sich den Kontenplan (Transaktion **F.10**) anzeigen, und filtern Sie dort die entsprechenden Vorratskonten heraus.

Da die Bebuchung dieser Konten automatisch erfolgen soll, ist es erforderlich, die jeweiligen Vorratskonten hinsichtlich ihrer Bebuchbarkeit zu untersuchen (manuelle oder maschinelle Bebuchbarkeit). Die Einstellungen sollten so gewählt sein, dass das Flag "nur automatisch bebuchbar" gesetzt ist und somit das entsprechende Konto nur automatisch bebuchbar ist.

Rufen Sie die Transaktion **FS00** auf, und lassen sich die zentralen Stammdaten des jeweiligen Vorratskontos anzeigen. Ihnen werden in der Bildschirmmaske verschiedene Register angezeigt. Stellen Sie nun im Register *Typ/Bezeichnung* fest, um welche Kontoart (Erfolgs- oder Bestandskonto) es sich handelt. Im Register *Erfassung/ Bank/Zins* wird Ihnen angezeigt, ob das Konto "nur automatisch bebuchbar" ist oder ob manuelle Buchungen möglich sind.

In der Nebenbuchhaltung der Materialwirtschaft wird eine separate Kontenfindung hinterlegt. Mit den entsprechenden Warenbewegungen (Wareneingang, Warenausgang, etc.) werden normalerweise automatische Buchungen über sogenannte Vorgänge (BSX, Bestandsbuchung; BSV, Bestandsveränderung) angestoßen. Hierzu sollten die Konten auch nur maschinell bebuchbar sein. Sind die Konten manuell bebuchbar, so suchen Sie ein Gespräch mit der Finanzbuchhaltung. Es sollte dokumentiert sein, weshalb die

Konten manuell bebuchbar sind und ob es ein internes Kontrollsystem gibt, welches die manuellen Buchungen auf diesen Konten nachvollziehbar macht.

Prüfen Sie auch nach, ob es sich bei den eingerichteten Vorratskonten um Erfolgs- oder Bestandskonten handelt und ob die Konten den Vorgängen zugeordnet wurden. Das Risiko falsch zugeordneter Konten besteht in einem möglicherweise falschen Bilanzausweis zum Jahresabschluss.

17.6.4 Ergänzende Prüfaspekte

Prüfen Sie explizit die Verwendung der Bewegungsart 561 (Bestandsaufnahme) hinsichtlich der Anwendung und ergänzend der Saldierung zum Bilanzstichtag.

Das Saldo der Gegenkontierung muss am Bilanzstichtag 0,00 € ausweisen.

Sie prüfen also zunächst die Kontenfindung im Customizing zu dieser Bewegungsart:

Abb. 17.29: Detailanzeige zur Bewegungsart 561

In der Tabelle **T030** suchen Sie die entsprechenden Gegenkonten heraus:

Schnittstelle FI zu MM

Abb. 17.30: Gegenkonto zur Bewegungsart 561

Abschließend prüfen Sie das Saldo zum Bilanzstichtag mittels der Transaktion **FBL3N**.

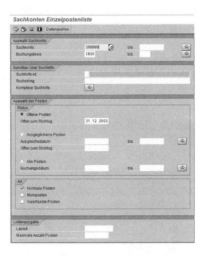

Abb. 17.31: Selektionsmaske der Transaktion FBL3N

Ergänzend kann mit den beteiligten Fachabteilungen ggf. geklärt werden, ob die vorgenommenen Zuordnungen von ausreichender buchhalterischer Transparenz sind.

17.6.5 Abstimmung des Buchungsstoffes MM - FI

Um zu überprüfen, ob auch jeder Beleg korrekt über die Rechnungswesen-Schnittstelle zur Buchhaltung übergeben wurde, empfiehlt sich die regelmäßige Ausführung des Reports **RM07MMFI** über die Transaktion **SA38**.

Abb. 17.32: Selektionsmaske des Reports RM07MMFI

Sämtliche Abweichungen werden Ihnen mit den entsprechenden Werten ausgewiesen:

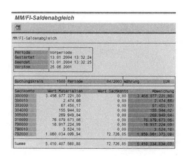

Abb. 17.33: Saldenabgleich MM/FI

Per Doppelklick verzweigen Sie in die Detailanzeige.

17.6.6 Prüfung des Bildaufbaus zum Customizing

In der Fachliteratur zur Revision finden Sie sehr häufig den Prüfansatz zum Customizing hinsichtlich der Bildauswahl zu Bewegungsarten. Dafür wird auf die Tabelle **T156B** verwiesen.

Schnittstelle FI zu MM

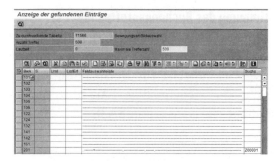

Abb. 17.34: Anzeige der Einträge der Tabelle T156B

Daraus sollen Sie erkennen, für welche Bewegungsarten es möglich ist, u.a. die automatische Kontenfindung zu überschreiben.

Besser ist folgende Vorgangsweise. Rufen Sie die Transaktion **OMJJ** auf.

Abb. 17.35: Selektionsmaske der Transaktion OMJJ

Selektieren Sie die Feldauswahl für Bewegungsarten.

Abb. 17.36: Selektionsmaske zu Bewegungsarten

Wählen Sie nun die zu betrachtenden Bewegungsarten aus. Ihre Auswahl bestätigen Sie mit der *Enter* Taste.

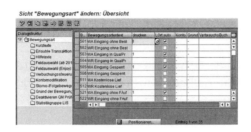

Abb. 17.37: Anzeige der ausgewählten Bewegungsarten

Markieren Sie eine Bewegungsart, und doppelklicken Sie die *Feldauswahl*.

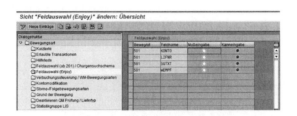

Abb. 17.38: Anzeige der Feldeigenschaften

Ihnen werden die zugehörigen Felder zur Bewegungsart angezeigt und jeweils, ob es sich um eine Kann- oder Musseingabe handelt.

Zusatzinfo:
Eine zusätzliche Information können Sie hier ebenfalls erhalten, und zwar bezüglich der erlaubten Transaktionen, die einer Bewegungsart zugeordnet sind.

Markieren Sie wieder eine Bewegungsart, und doppelklicken Sie den Eintrag *Erlaubte Transaktionen*.

Bei der Berechtigungsprüfung über S_TCODE stellen diese Informationen eine wesentliche Erleichterung dar.

17.6.7 Belegnummernvergabe

Im Rahmen einer differenzierten Belegnummernvergabe unterscheidet man Materialbelege in Vorgangsarten und Buchhaltungsbelege in Belegarten.

Für jede Vorgangsart wird ein für die Belegnummernvergabe definiert und für jede Belegart genauso.

Die Vorgangsarten sind in der Tabelle **T003M** eingetragen, zusammen mit dem zugeordneten Nummernkreis. Lassen Sie sich die Tabelle über die Transaktion **SE16N** anzeigen.

Abb. 17.39: Anzeige der Tabelle T003M über die Transaktion SE16N

Vorgangsart
Die Nummernkreise der Materialbelege sind über Nummernkreisgruppen abgebildet. Die Einträge der **T003M** wurden dem Nummernkreisobjekt **MATBELEG** zugeordnet und die diversen Elemente nach Vorgangsarten gruppiert.

Schnittstelle FI zu MM

Auf diesem Wege erfolgte die Zuordnung der Nummernkreise.

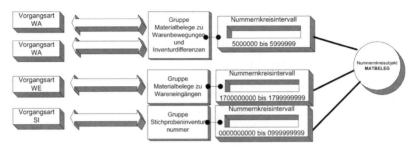

Abb. 17.40: Zuordnung der Nummernkreise zu Materialbelegen

Über die Transaktion **SNRO** rufen Sie die Anzeige der Nummernkreise auf.

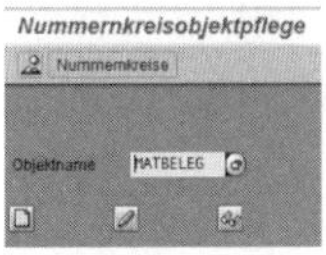

Abb. 17.41: Einstiegsmaske der Transaktion SNRO

Sie tragen den Materialbeleg (MATBELEG) ein und betätigen die Drucktaste mit der *Brille*.

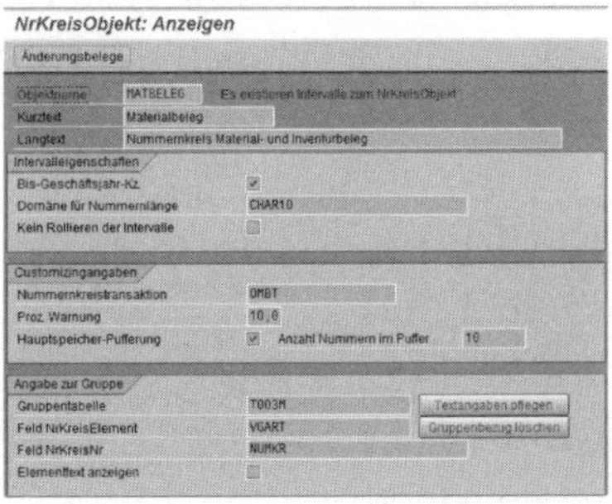

Abb. 17.42: Detailanzeige zu dem Nummernkreisobjekt MATBELEG

Über die integrierte gleichnamige Drucktaste können Sie zu den Änderungsbelegen verzweigen.

Indem Sie einen Arbeitsschritt zurückgehen, können Sie aus der Einstiegsmaske die Drucktaste   betätigen.

Abb. 17.43: Nummernkreisinformationen zum Nummernkreisobjekt MATBELEG

Lassen Sie sich zunächst die Gruppen anzeigen.

Abb. 17.44: Anzeige der Nummernkreisgruppen

Die verschiedenen Belege (Vorgangsarten) sind hier nach Gruppen zusammengefasst. Jede Gruppe teilt sich mit Einzelelementen einen Nummernkreis.

Auswertungen mittels Report:
ROOLMB10 - Belegarten MM
ROOLMB13 - Inventurbelege
ROOLMB11 - Warenbewegungen
ROOLMB12 - Wareneingänge
RSEMBNKR - Liste der Nummernkreise

Markieren Sie einen Eintrag, und betätigen Sie die Anzeigedrucktaste.

Abb. 17.45: Anzeige der referenzierenden Nummernkreisintervalle

Auf diesem Wege haben Sie die Übersicht sämtlicher Nummernkreise zu den entsprechenden Vorgangsarten.

Die Buchhaltungsbelege zu einem Material können Sie sich mit der Transaktion **MR51** oder alternativ mit dem Report **RM08MMAT** über die Transaktion **SA38** anzeigen lassen.

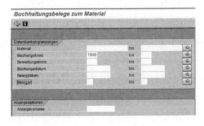

Abb. 17.46: Selektionsmaske der Transaktion MR51

Schnittstelle FI zu MM

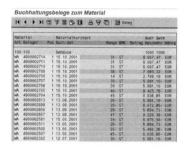

Abb. 17.47: Anzeige der Buchhaltungsbelege zu einem Material

17.6.8 Prüfhinweise zur Kontenfindung

Die vollständige und korrekte Abbildung der Materialbewegungen im R/3® System muss gewährleistet sein. Dies betrifft ebenfalls die integrierte Schnittstelle zur Finanzbuchhaltung. Sämtliche Sicherheitsvorkehrungen müssen bei der Überprüfung automatischer Zuordnungen vorgefunden werden.

Prüfschritte

1. Prüfen Sie mit Hilfe der Transaktion **SA38** und dem Report **RSTBHIST**, ob die Tabelle **T030** der Protokollierung zugeführt ist und inwieweit nachvollziehbare Änderungen durchgeführt wurden.
2. Prüfen Sie mittels der Transaktion **MB51**, ob kritische Bewegungsarten verwendet wurden (501, 561, 521).
3. Prüfen Sie die Kontenfindung für kritische Bewegungsarten mit der Transaktion **SE16N** in der Tabelle **T030** hinsichtlich Sperrung oder fehlender Hinterlegung.
4. Prüfen Sie, ob es eine Unternehmensrichtlinie für Wareneingänge ohne Bestellung gibt.
5. Prüfen Sie die Konsistenz der Zuordnungen der Fixkontentabelle mit dem Report **RM07C030** über die Transaktion **SA38**.

6. Prüfen Sie die Einstellungen hinsichtlich der Bebuchbarkeit der Vorratskonten mit Hilfe der Transaktion **FS00**, nachdem Sie eine entsprechende Selektion aus dem Kontenplan mit der Transaktion **F.10** vorgenommen haben.
7. Prüfen Sie, ob das referenzierende Kontensaldo für die Bewegungsart 561 zum Bilanzstichtag "0" ausweist. Nutzen Sie die Transaktion **SE16N** für die Anzeige der Tabelle **T030**, um die vorgangsbezogene für diese Bewegungsart aufzulösen. Das Saldo lassen Sie sich mit der Transaktion **FBL3N** ausweisen.
8. Prüfen Sie, ob der Buchungsstoff die Schnittstelle zum Rechnungswesen korrekt passiert hat, indem Sie den Report **RM07MMFI** über die Transaktion **SA38** ausführen.
9. Prüfen Sie über die Transaktion **OMJJ**, ob der Bildaufbau für die Bewegungsarten im Customizing den Unternehmensrichtlinien entspricht.

17.6.9 Checkliste Kontenfindung

Nr.	Fragestellung	Ordnungsmäßigkeitsvorgabe
1	Werden Änderungen an der Tabelle T030 aufgezeichnet?	Die Tabelle T030 muss mit der Eigenschaft zur Protokollierung versehen sein.
2	Werden kritische Bewegungsarten verwendet?	Kritische Bewegungsarten sollen nicht verwendet werden.
3	Wie ist die Kontenfindung für kritische Bewegungsarten eingerichtet?	Die Kontenfindung sollte für kritische Bewegungsarten nicht hinterlegt sein, alternativ besteht die Möglichkeit zur Sperrung.
4	Gibt es eine Unternehmensrichtlinie und ein IKS zu dem Vorgang Wareneingänge ohne Bestellung?	Über eine Unternehmensrichtlinie sollte geregelt sein, wie genau mit Wareneingängen ohne Bestellung zu verfahren ist. Über das IKS muss sichergestellt sein, dass die Einhaltung der Unternehmensrichtlinie erfolgt.
5	Wird in regelmäßigen Abständen auf die Konsistenz der Zuordnungen der Fixkontentabelle verprobt?	Ein Konsistenzcheck der Zuordnungen der Fixkontentabelle sollte regelmäßig erfolgen.
6	Können Vorratskonten direkt bebucht werden?	Das direkte Bebuchen von Vorratskonten sollte ausgeschlossen sein.
7	Wird regelmäßig auf die Schnittstellenpassage des Buchungsstoffes zum Rechnungswesen verprobt?	Eine Verprobung auf die korrekte Passage des Buchungsstoffes zum Rechnungswesen sollte regelmäßig erfolgen.
8	Gibt es Richtlinien zum Bildaufbau für Bewegungsarten?	Es sollte unternehmensspezifische Richtlinien zum Bildaufbau für die Bewegungsarten geben.

17.7 Preissteuerung

Die Preissteuerung gehört zu den verfügbaren Bewertungsverfahren der Materialwirtschaft. Innerhalb von SAP gibt es zwei Arten von Preisen, die zur Bewertung herangezogen werden können.

17.7.1 Der Standardpreis

Bei Verwendung des Standardpreises (S) erfolgen alle Bewertungsverfahren zu dem Standardpreis, der im Materialstammsatz eingetragen ist. Preisabweichungen bei einer Bestellung / Lieferung werden auf sogenannte Preisdifferenzkonten gebucht. Dadurch lassen sich Preisänderungen sehr gut überwachen.

17.7.2 Der gleitende Durchschnittspreis

Bei Verwendung des gleitenden Durchschnittspreises (V) werden alle Warenzugänge mit ihrem tatsächlichen Zugangswert gebucht. Der Preis im Materialstammsatz wird automatisch adaptiert.

Die Preissteuerung wird im Buchhaltungsdatenanteil eines Materialstammsatzes eingetragen.

Die Zuordnungen der Bewertungskreise zu den Buchungskreisen ist in der Tabelle **T001K** angelegt.

Die Bewertungstypen zum Bewertungskreis sind in der Tabelle **T149** eingetragen.

In der Tabelle **T093B** sind die buchungskreisbezogenen Bewertungsbereichsangaben eingetragen.

17.7.3 Prüfhinweise zur Preissteuerung

Demzufolge besteht das Risiko, sofern kein Preis beim Wareneingang erfasst wird, dass die Vorratsbewertung mit dem GLD (Gleitenden Durchschnittspreis) vorgenommen und so der Vorratsausweis verfälscht wird. Kein Risiko besteht hingegen bei der Standardpreisermittlung, da der Standardpreis aufgrund der Niederstwertbewertung zum Jahresabschluss angepasst werden muss.

Prüfschritte
1. Prüfen Sie durch ein Interview, wie der Ablauf des Verfahrens der Standardpreisermittlung organisiert ist.
2. Prüfen Sie, ob die Bewertung der Materialien mit dem Standardpreisverfahren durchgeführt wird und ob zum Jahresende sichergestellt ist, das eine ordnungsmäßige Anpassung der Standardpreise vorgenommen wird.
3. Prüfen Sie, ob bei Einsatz dieses Verfahrens interne Regelungen und Anweisungen vorliegen und umgesetzt werden.

17.7.4 Checkliste Preissteuerung

Nr.	Fragestellung	Ordnungsmäßigkeitsvorgabe
1	Welches Verfahren zur Preissteuerung wird in Ihrem Unternehmen eingesetzt?	Das eingesetzte Verfahren zur Preissteuerung sollte den Unternehmensrichtlinien entsprechen.
2	Gibt es ergänzend Regelungen im IKS zum eingesetzten Verfahren?	Das jeweilig eingesetzte Verfahren zur Preissteuerung sollte durch Kontrollmaßnahmen im IKS begleitet werden.
3	Wird beim Wareneingang ein Preis erfasst?	Beim Wareneingang sollte regelhaft ein Preis erfasst werden.

17.8 Kreditoren in der Materialwirtschaft

17.8.1 Anzeige eines Kreditorenstammsatzes

Sie können sich einen Kreditorenstammsatz entweder über den Einkauf mit den Transaktionen **MK03** (aktuelle Anzeige), **MK19** (Anzeige zum Stichtag) oder zentral mit der Transaktion **XK03** anzeigen lassen.

Rufen Sie die Transaktion **XK03** auf.

Abb. 17.48: Selektionsmaske der Transaktion XK03

Über die integrierte *Druckwertehilfetaste* selektieren Sie in der Matchcodesuche den gewünschten Kreditor und aktivieren die Kästchen für die Auswahl der zugehörigen Datenanteile. Bestätigen Sie Ihre Auswahl mit *Enter*.

Schnittstelle FI zu MM

Abb. 17.49: Kreditoranzeige

Mit *Enter* oder alternativ den Blättersymboltasten können Sie sich durch den Datensatz navigieren.

17.8.2 Relevante Lieferantenstammtabellen

Tabelle	Bedeutung
LFA1	Lieferantenstamm (allgemeiner Teil)
LFAS	Lieferantenstamm (allgemeiner Teil EG Steuernummergruppierung)
LFAT	Lieferantenstamm (Steuergruppierungen)
LFB1	Lieferantenstamm (Buchungskreis)
LFB5	Lieferantenstamm (Mahndaten)
LFBK	Lieferantenstamm (Bankverbindungen)
LFBW	Lieferantenstamm (Quellensteuertyp)
LFC1	Lieferantenstamm (Verkehrszahlen)
LFC3	Lieferantenstamm (Verkehrszahlen Sonderhauptbuchvorgänge)
LFEI	Lieferantenstamm (Präferenz für Import und Export)
LFINF	Lieferanteninformation Projektsystem
LFINFX	Zuordnungen Lieferinformationen zu Projekten
LFLR	Lieferantenstamm (Lieferregion)
LFM1	Lieferantenstamm (Einkaufsorganisationsdaten)
LFM2	Lieferantenstamm (Einkaufsdaten)
LFMC	Lieferantenstamm (Kurztexte zu Konditionsarten)
LFMH	Lieferantenhierarchie
LFZA	Abweichende zulässige Zahlungsempfänger

17.8.3 Lieferanteninformationen

Ein Lieferantenverzeichnis, unterteilt nach Einkaufsorganisationen, erhalten Sie mit der Transaktion **MKVZ** oder mit dem Report **RMKKVZ00** über die Transaktion **SA38**.

Eine Übersicht der Abrechnungs- und Konditionsgruppen des Lieferanten erhalten Sie mit der Transaktion **MKVG** oder dem Report **RM06IA00** über die Transaktion **SA38**.

17.8.4 Lieferantenbeurteilungssystem

Die Lieferantenbeurteilung unterstützt bei der Optimierung der Beschaffung sowohl von Materialien als auch von Dienstleistungen. Lieferanten können nach fünf Kriterien beurteilt werden:
- Preis
- Lieferung
- Qualität
- Service
- Leistung

Die einzelnen Kriterien wiederum unterteilen sich in sogenannte Teilkriterien, wie z.B.:

Preis
- Preisniveau
- Preisentwicklung
- Marktverhalten

Qualität
- Wareneingang
- Qualitätsaudit
- Reklamation

Lieferung
- Termintreue
- Mengentreue
- Versandvorschrift
- Bestätigungsdatum

Zu jedem einzelnen Teilkriterium werden Noten vergeben. Jedes Teilkriterium wird ergänzend mit einer Gewichtung (in %) belegt, welche wiederum den Anteil der Note an der Gesamtnote für das Hauptkriterium darstellt.

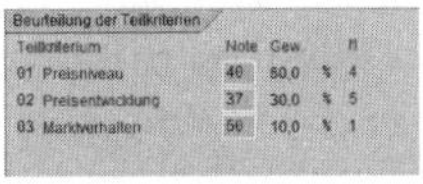

Abb. 17.50: Anzeige der Teilkriterien zu einem Hauptkriterium

Gesamtnote gem. obigem Beispiel: 40
(40 * 0,6) + (37 * 0,3) + (50 * 0,1) = 40

Die Hauptkriterien haben ebenfalls eine Gewichtung:

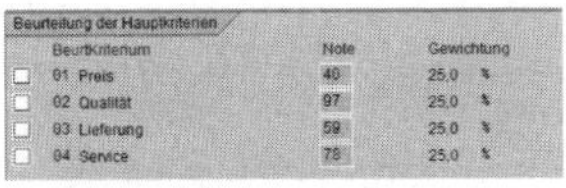

Abb. 17.51: Anzeige der Hauptkriterien

Die Noten der Hauptkriterien stellen nun gemäß ihrer Gewichtung aufaddiert die Gesamtnote dar.

Für die obige Abbildung: 69.
(40 * 0,25) + (97 * 0,25) + (59 * 0,25) + (78 * 0,25) = 69

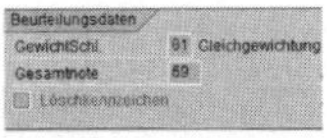

Abb. 17.52: Anzeige der Gesamtnote

Die Ermittlung der Gesamtnote kann demgemäß wie folgt dargestellt werden:

Die Noten können auf drei unterschiedliche Arten im System vergeben werden:

Schnittstelle FI zu MM

Ermittlungsmethode	Beschreibung
automatisch	Das System ermittelt die Noten anhand von Daten, die bereits im System vorhanden sind.
teilautomatisch	Einzelnoten werden für wichtige Materialien bzw. für die Qualität und Termineinhaltung einer Dienstleistung manuell erfasst. Aus diesen Noten bildet das System dann die übergeordnete Note.
manuell	Die Note wird pauschal für ein Teilkriterium eines Lieferanten erfasst.

17.8.5 Anzeige der Lieferantenauswertung

Einen einzelnen Lieferanten können Sie hinsichtlich seiner Beurteilung mittels der Transaktion **ME62** auswerten lassen.

Abb. 17.53: Einstiegsmaske der Transaktion ME62

Die Hauptkriterien können Sie sich mit der Drucktaste anzeigen lassen.

Abb. 17.54: Anzeige der Hauptkriterien einer Lieferantenbeurteilung

Die Noten geben die Resultate der Bewertung an.

Indem Sie ein Beurteilungskriterium markieren und doppelklicken, gelangen Sie in die Detailansicht.

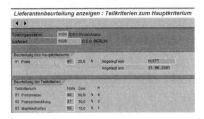

Abb. 17.55: Anzeige der Teilkriterien eines Hauptkriteriums

Unter dem M können Sie die Bewertungsmethoden eruieren.

Es gibt folgende Ermittlungsmethoden:
- manuell = Schlüssel '_'
- teilautomatisch = Schlüssel 1, C und D (Infosatz- und Abnahmeebene)
- automatisch = Schlüssel 2 bis 9, A und B

Mit der Transaktion **ME63** oder dem Report **RM06LAUB** mittels der Transaktion **SA38** können Sie eine automatische Neubeurteilung durchführen.

Abb. 17.56: Einstiegsmaske der Transaktion ME63

Schnittstelle FI zu MM

Abb. 17.57: Ergebnisliste der Notenermittlung

Eine Sicherung der Listen muss nicht vorgenommen werden.

Mit der Transaktion **ME64** oder dem Report **RM06LSIM** mittels der Transaktion **SA38** können Sie einen Beurteilungsvergleich durchführen.

Abb. 17.58: Einstiegsmaske der Transaktion ME64

Übergeben Sie einen Vergleichswert.

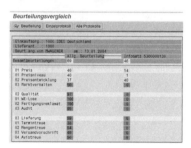

Abb. 17.59: Ergebnis des Beurteilungsvergleichs

17.8.6 Reports zur Lieferantenbeurteilung

Die folgenden Auswertungen stehen Ihnen ergänzend zur Verfügung.

Transaktion	Report	Bedeutung
ME65	RM06LBEU	Hitliste der Lieferanten
ME6B	RM06LB00	Hitliste der Lieferantenbeurteilung zu Material / Warengruppe
ME6C	RM06LC00	Lieferanten ohne Beurteilung
ME6D	RM06LD00	Nicht beurteilte Lieferanten seit
ME6H	RMCE0130	Lieferantenbeurteilungsanalyse

17.8.7 Prüfhinweise zu Kreditoren in der Materialwirtschaft

Die Vollständigkeit und Aktualität der Kreditorenstammsätze sind unabdingbare Voraussetzungen für ein effizientes Kreditorenmanagement.

Prüfschritte
1. Prüfen sie, ob es Verfahrensanweisungen zur Pflege der Kreditorenstammdaten im Einkauf gibt, und lassen Sie sich diese ggf. erläutern.
2. Prüfen Sie, ob die Einkaufsdaten für Lieferanten vollständig gepflegt sind, indem Sie mit Hilfe der Transaktion **SE16N** die Anzahl der Einträge in der Tabelle **LFBK** den Einträgen in der Tabelle **LFM1** und **LFM2** gegenüberstellen.
Ergänzend können Sie das Lieferantenverzeichnis nach Einkaufsorganisationen mit der Transaktion **MKVZ** hinzuziehen.
3. Prüfen Sie stichprobenartig über die Transaktion **ME62**, inwieweit regelhaft Lieferantenbeurteilungen vorgenommen werden. Die Altersstruktur der Beurteilungen lassen Sie sich mit der Transaktion **ME6D** anzeigen.

4. Prüfen Sie durch Aufruf der Transaktion **ME6C**, für welche Lieferanten keine Beurteilung vorliegt und ob diese Auswertung mit den Unternehmensrichtlinien korrespondiert.

17.8.8 Checkliste Kreditoren in der Materialwirtschaft

Nr.	Fragestellung	Ordnungsmäßigkeitsvorgabe
1	Gibt es Verfahrensanweisungen zur Bearbeitung von Kreditorenstammsätzen in der Materialwirtschaft?	Die Bearbeitung von Kreditorenstammsätzen in der Materialwirtschaft sollte über Verfahrensanweisungen klar definiert sein.
2	Wird regelmäßig auf die Vollständigkeit referenzierender Einkaufsdaten für Kreditorenstammsätze verprobt?	Die Vollständigkeit der Pflege der Einkaufsdaten von Kreditorenstammsätzen sollte regelmäßig verprobt werden.
3	Werden Lieferantenbeurteilungen gepflegt?	Die Pflege von Lieferantenbeurteilungen sollte den Unternehmensrichtlinien entsprechen.
4	Werden Lieferantenbeurteilungen regelmäßig auf Ihre Aktualität hin überprüft und ggfs. adaptiert?	Lieferantenbeurteilungen sollten stets aktualisiert im System vorgehalten werden.

17.9 Rechnungsprüfung

Die Rechnungsprüfung stellt die eigentliche Verknüpfung zwischen der Materialwirtschaft und der Finanzbuchhaltung dar. Innerhalb der Rechnungsprüfung werden die eingegangenen Rechnungen und Gutschriften auf sachliche, wertmäßige und rechnerische Richtigkeit geprüft und im System erfasst.

! Klären Sie im Bereich der Rechnungsprüfung folgende Fragestellungen:

1. Ist eine Funktionstrennung für die Bereiche Debitoren-, Kreditoren- und Anlagenbuchhaltung vorgesehen?
2. Werden die Richtlinien zur Funktionstrennung eingehalten, wie z.B. Buchen Wareneingang, Buchen Rechnungseingang?
3. Ist eine Prüfung auf sachliche und rechnerische Richtigkeit im Rahmen eines IKS implementiert?
4. Ist die Rechnungsprüfung zentral oder dezentral organisiert?
5. Liegen den einzelnen Bereichen Arbeitsanweisungen vor?
6. Liegen Prozessbeschreibungen, Anwenderdokumentationen sowie Beschreibungen des Internen Kontrollsystems vor und sind diese aktuell geführt?
7. Welche Maßnahmen zur systemseitigen Rechnungsprüfung sind vorgesehen und implementiert (Transaktion, Rechnungsvorerfassung, etc.)?

17.9.1 Rechnungssperre

Werden vom System Differenzen zwischen Bestellung, Wareneingang und Rechnung erkannt, so wird die Rechnung automatisch zur Zahlung gesperrt, wenn diese Differenzen nicht innerhalb bestimmter Toleranzgrenzen liegen. Diese gesperrten Rechnungen müssen über einen gesonderten Arbeitsschritt mit der Transaktion **MRBR** freigegeben werden. Die Freigabe wird jeweils über einen referenzierenden Änderungsbeleg dokumentiert.

Sperrgründe sind:
G Abweichung bei Bestellpreismenge.
I Qualitätsprüfung. Wird ein Wareneingang in den Qualitätsprüfbestand gebucht, so bleibt die zugehörige Rechnung bis zum erfolgreichen Abschluss des Prüfvorgangs gesperrt.
M Mengenabweichung. Wenn die Rechnungsmenge von der Differenz aus gelieferter und bereits berechneter Menge abweicht.
P Preisabweichung. Wenn der Rechnungspreis von Bestellpreis abweicht.

Q Manuelle Sperrung.
S Sonstige Gründe zur automatischen Sperrung.
T Terminabweichung. Wenn das Datum der Rechnungserfassung vor dem in der Bestellung vereinbarten Liefertermin liegt.

17.9.2 WE/RE Konto

Sofern bei der geprüften Einheit Bestellungen integriert aus der Materialwirtschaft ausgelöst werden, erfolgt die Buchung der Wareneingänge und Rechnungen über ein sogenanntes Wareneingangs- /Rechnungseingangs - Verrechnungskonto (WE/RE-Konto). Dabei fallen die folgenden Buchungen an:
- Wareneingang: per Aufwand oder Anlage an WE/RE-Konto
- Rechnungseingang: per WE/RE-Konto an Kreditor.

Das WE/RE-Verrechnungskonto dient somit als Intermedialkonto zwischen der Materialwirtschaft und der Kreditorenbuchhaltung. Für diese Nutzung stehen zwei verschiedene Bearbeitungswege offen:
o zuerst den Wareneingang buchen (die Buchung erfolgt in Höhe des jeweiligen Bestellwertes, wenn der Wareneingang bewertet erfolgt),
o oder den Rechnungseingang zu einer Bestellung zu buchen.

Im ersten Fall wird das WE/RE Konto durch das Buchen der Rechnung ausgeglichen, im zweiten Fall wird das WE/RE Konto durch das Buchen des Wareneingangs ausgeglichen.

Für den Fall, dass ein nachfolgender Rechnungs- bzw. Wareneingang ausbleibt, wird der Saldo auf dem WE/RE-Konto nicht ausgeglichen und ein manueller Ausgleich ist erforderlich.

Das WE/RE-Konto ist regelmäßig zu pflegen, da sonst abgeschlossene, aber noch nicht offiziell beendete Geschäftsvorfälle im System geführt werden.

Im Rahmen der Jahresabschlusserstellung ist das WE/RE-Konto wie folgt in der Bilanz darzustellen:
- Für Wareneingänge, für die ein Rechnungseingang noch nicht gebucht wurde: *Bildung einer Rückstellung für ausstehende Rechnungen.*
- Für Rechnungseingänge, für die ein Wareneingang noch nicht vorliegt: *Ausweis der ausstehenden Wareneingänge unter "unterwegsbefindliche Ware" unter den Vorräten.*

17.9.2.1 Anzeige der WE/RE-Saldenliste

Eine Gegenüberstellung der Wareneingangsmenge und der berechneten Menge gibt der Report **RM07MSAL** wieder, den Sie mit Hilfe der Transaktion **SA38** aufrufen können.

Abb. 17.60: Ergebnis der WE/RE-Saldenliste mittels des Reports RM07MSAL

HINWEIS:
Belege, deren Rechnungsmenge über dem der tatsächlich eingegangenen Menge liegt, werden hier rot hervorgehoben. Per Doppelklick auf den entsprechenden Zeileneintrag kann in die Detailansicht verzweigt werden.

17.9.2.2 Prüfhinweise zu WE/RE-Konten

Die durchgeführte "Auflösung" des WE/RE-Kontos hat Auswirkungen auf den Ausweis in der Bilanz sowie auf die korrekte Ermittlung der Rückstellungen. Sofern das WE/RE-Konto nicht entsprechend der oben dargestellten Vorgehensweise im Rahmen des Jahresabschlusses behandelt wird, besteht wiederum die Gefahr, dass die Rückstellungen unvollständig ausgewiesen werden. Ein wesentliches Kriterium für die Bewertung dieses Datensatzes ist der Pflegezustand des/der WE/RE-Kontos/en und die referenzierenden organisatorischen Bearbeitungsanweisungen.

Prüfschritte
1. Prüfen Sie, welche Konten als WE/RE-Konten eingerichtet sind. Lassen Sie sich den eingesetzten Kontenplan über die Transaktion **F.10** anzeigen.
2. Prüfen Sie, ob eine Verfahrensanweisung zur regel- und ordnungsmäßigen Pflege des WE/RE-Kontos existiert.
3. Prüfen Sie die Systemeinstellungen zur Kontenpflege des WE/RE-Kontos (manuelle oder maschinelle Bebuchbarkeit). Lassen Sie sich das WE/RE-Konto über die Transaktion **FS00** anzeigen, und beurteilen Sie den derzeitigen Pflegezustand. Grundsätzlich sollte das/die WE/RE-Konten nur maschinell bebuchbar sein.
4. Prüfen Sie, ob die Salden auf dem WE/RE-Konto zum Jahresabschluss entsprechend der oben dargestellten Vorgehensweise behandelt werden.

5. Prüfen Sie, ob ein internes Kontrollsystem (IKS) die erforderlichen manuellen Buchungen auf den WE/RE-Konten das wiederum durch geeignete Dokumentationen beschrieben wird. Sämtliche Bearbeitungen dieser Konten sollten auf geeignete Art und Weise hinsichtlich der Vollständigkeit und Nachvollziehbarkeit aufgezeichnet werden.
6. Prüfen Sie, ob die Wareneingangsmenge mit der berechneten Menge korrespondiert, indem Sie den Report **RM07MSAL** mit der Transaktion **SA38** ausführen.

17.9.2.3 Checkliste WE/RE Konten

Nr.	Fragestellung	Ordnungsmäßigkeitsvorgabe
1	Entsprechen die eingerichteten WE/RE Konten den Unternehmensvorgaben?	Die eingerichteten WE/RE Konten müssen mit den Unternehmensvorgaben korrespondieren.
2	Gibt es eine Verfahrensanweisung zur Pflege der WE/RE Konten?	Für die Pflege der WE/RE Konten ist eine Verfahrensanweisung obligat.
3	Ist sichergestellt, dass die WE/RE Konten ausschließlich automatisch bebucht werden können?	Die WE/RE Konten dürfen nicht manuell bebucht werden.
4	Werden ggfs. erforderliche manuelle Buchungen durch ein IKS begleitet und ergänzend dokumentiert?	Sämtliche Bearbeitungen dieser Konten sollten auf geeignete Art und Weise hinsichtlich der Vollständigkeit und Nachvollziehbarkeit durch ein IKS begleitet und ergänzend aufgezeichnet werden.
5	Stimmen die Wareneingangsmenge und die berechnete Menge der WE/RE Konten überein und wird dies regelmäßig überprüft?	Die Mengen der WE/RE Konten sollten übereinstimmen. Eine regelmäßige Verprobung der Salden ist durchzuführen.

Schnittstelle FI zu MM

17.9.3 Ermittlung fehlerhafter Eingangsrechnungen

Mit Hilfe des Reports **RMKORR101** über die Transaktion **SA38** können fehlerhafte Eingangsrechnungen überprüft werden, wie z.B. fehlerhafte Betragsangaben.

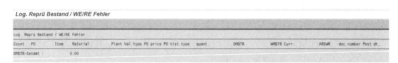

Abb. 17.61: Ergebnisanzeige des Reports RMKORR101

17.9.4 Toleranzen

Im Rahmen eines systemseitig implementierten IKS, besteht die Möglichkeit über die Einsetzung von Toleranzen unterstützend bei der Rechnungsprüfung zu wirken.

17.9.4.1 Prüfhinweise zu Toleranzgrenzen

Über Toleranzgrenzen kann definiert werden, ob in Buchungskreisen Rechnungen ab einer bestimmten Betragshöhe gesperrt werden sollen. Zur Prüfung der Einstellungen gehen Sie in drei Schritten vor.

Prüfschritte
1. Prüfen Sie, für welche Buchungskreise die Positionsbetragsprüfung aktiviert wurde. Dies ermitteln Sie über die Tabelle **T169P** mit Hilfe der Transaktion **SE16N**. Diese Eigenschaft wird im Feld Prüfung *Positionsbetrag* (XSPSO) dargestellt. Der Eintrag X besagt, dass die Positionsbetragsprüfung aktiviert ist.

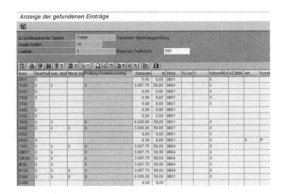

Abb. 17.62: Anzeige der Parameter zur Rechnungsprüfung

2. Prüfen Sie als nächstes, für welche Positionen die Prüfung aktiviert ist. Dies ermitteln Sie über die Tabelle **T169D** mit Hilfe der Transaktion **SE16N**. Hier wird im Feld *Positionstyp* (PSTYP) festgelegt, für welche Positionen die Prüfung gültig ist. Das Feld *Wareneingang* (WEPOS) legt fest, ob mit der Bestellposition ein Wareneingang verbunden ist.

Abb. 17.63: Anzeige der Einstellung der Positionstypen für die Rechnungsprüfung

Eine Übersicht der Werte, die das Feld *Positionstyp* annehmen kann, erreichen Sie mittels der integrierten *Druckwertehilfetaste* für das entsprechende Feld.

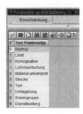

Abb. 17.64: Positionstypen im Einkaufsbeleg

Das Feld *Wareneingang* kann den Wert X annehmen, welcher festlegt, dass mit der Bestellposition ein Wareneingang verbunden sein muss.

3. Überprüfen Sie die Toleranzgrenzen

Die Toleranzschlüssel werden in der Tabelle **T169G** *Toleranzgrenzen Rechnungsprüfung* gespeichert, die Sie mit der Transaktion **SE16N** zur Anzeige bringen können.

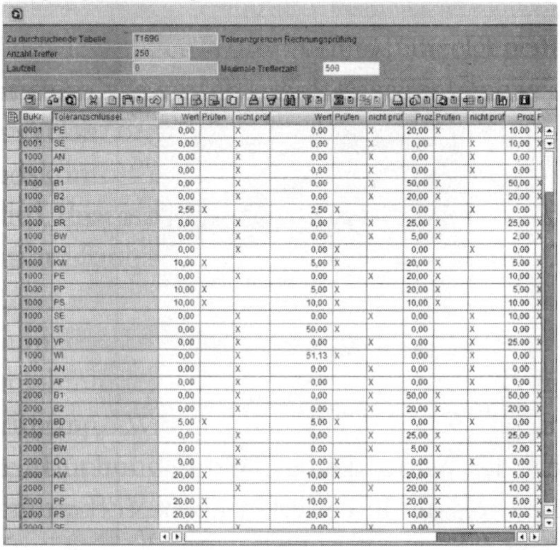

Anzeige der gefundenen Einträge

Zu durchsuchende Tabelle: T169G — Toleranzgrenzen Rechnungsprüfung
Anzahl Treffer: 250
Laufzeit: 0 — Maximale Trefferzahl: 500

Bukr.	Toleranzschlüssel	Wert	Prüfen	nicht prüf	Wert	Prüfen	nicht prüf	Proz	Prüfen	nicht prüf	Proz	F
0001	PE	0,00		X	0,00		X	20,00	X		10,00	X
0001	SE	0,00		X	0,00		X	0,00		X	10,00	X
1000	AN	0,00		X	0,00		X	0,00		X	0,00	
1000	AP	0,00		X	0,00		X	0,00		X	0,00	
1000	B1	0,00		X	0,00		X	50,00	X		50,00	X
1000	B2	0,00		X	0,00		X	20,00	X		20,00	X
1000	BD	2,56	X		2,50	X		0,00		X	0,00	
1000	BR	0,00		X	0,00		X	25,00	X		25,00	X
1000	BW	0,00		X	0,00		X	5,00	X		2,00	X
1000	DQ	0,00		X	0,00	X		0,00		X	0,00	
1000	KW	10,00	X		5,00	X		20,00	X		5,00	X
1000	PE	0,00		X	0,00		X	20,00	X		10,00	X
1000	PP	10,00	X		5,00	X		20,00	X		5,00	X
1000	PS	10,00	X		10,00	X		10,00	X		10,00	X
1000	SE	0,00		X	0,00		X	0,00		X	10,00	X
1000	ST	0,00		X	50,00	X		0,00		X	0,00	
1000	VP	0,00		X	0,00		X	0,00		X	25,00	X
1000	WI	0,00		X	51,13	X		0,00		X	0,00	
2000	AN	0,00		X	0,00		X	0,00		X	0,00	
2000	AP	0,00		X	0,00		X	0,00		X	0,00	
2000	B1	0,00		X	0,00		X	50,00	X		50,00	X
2000	B2	0,00		X	0,00		X	20,00	X		20,00	X
2000	BD	5,00	X		5,00	X		0,00		X	0,00	
2000	BR	0,00		X	0,00		X	25,00	X		25,00	X
2000	BW	0,00		X	0,00		X	5,00	X		2,00	X
2000	DQ	0,00		X	0,00	X		0,00		X	0,00	
2000	KW	20,00	X		10,00	X		20,00	X		5,00	X
2000	PE	0,00		X	0,00		X	20,00	X		10,00	X
2000	PP	20,00	X		10,00	X		20,00	X		5,00	X
2000	PS	20,00	X		20,00	X		10,00	X		10,00	X
2000	SE	0,00		X	0,00		X	0,00		X	10,00	X

Abb. 17. 65: Anzeige der Toleranzgrenzen - Tabelle T169G

Überprüfen Sie die nachstehenden Toleranzschlüssel.

Nr.	Toleranz-schlüssel	Bedeutung
1	AN	*Betragshöhe Position ohne Bestellbezug* Wenn das Feld "Prüfen Positionsbetrag" aktiviert ist, vergleicht das System bei einer Rechnung ohne Bestellbezug für jede Rechnungsposition den jeweiligen Betrag mit der eingestellten absoluten Obergrenze.
2	AP	*Betragshöhe Position mit Bestellbezug* Wenn das Feld "Prüfen Positionsbetrag" aktiviert ist, vergleicht das System bei einer Rechnung mit Bestellbezug in bestimmten Rechnungspositionen den Betrag mit der eingestellten absoluten Obergrenze. Ob eine Rechnungsposition von der Prüfung betroffen ist, hängt davon ab, ob das Feld "Prüfen Positionsbetrag" aktiviert ist oder nicht. Wenn diese Kennzeichen nicht gepflegt sind, besteht das Risiko, dass Rechnungen, unabhängig mit welcher Höhe die Einreichung erfolgt, ohne eine interne Kontrolle systemseitig verbucht werden können. Auf diesem Wege würde das interne Kontrollsystem unterminiert werden. Daraus resultierend könnte es zu Vermögensverlusten kommen.

Nr.	Toleranz-schlüssel	Bedeutung
3	BD	*Kleindifferenzen automatisch ausbuchen* Das System vergleicht den Saldo der Rechnung mit der eingestellten absoluten Obergrenze. Sofern die Obergrenze nicht überschritten wird, erzeugt das System automatisch eine Buchungszeile "Aufwand/ Ertrag aus Kleindifferenzen", so dass der Saldo wiederum den Wert 0 annimmt und der Beleg abschließend gebucht werden kann. Wenn die Einstellungen der zu verbuchenden Kleindifferenzen zu hoch gewählt sind - unter Berücksichtigung spezifischer Anforderungen der jeweiligen geprüften Einheit -, besteht die Gefahr, dass vorhandene Bestände und deren Vorräte falsch ausgewiesen werden. Aus diesem Grund ist es erforderlich, die jeweiligen Differenzen für die geprüfte Einheit nicht zu hoch zu wählen.
4	PS	*Preisabweichung Schätzpreis* Sofern in einer Position der jeweilige Preis in der zugehörigen Bestellung als Schätzpreis gekennzeichnet ist, ermittelt das System für diese Position die Abweichung des Rechnungswerts zu dem Produkt Rechnungsmenge * Bestellpreis. Gleichzeitig wird diese Abweichung mit den eingestellten prozentualen und absoluten Unter- und Obergrenzen verglichen. Im Falle einer Nachbelastung wird zunächst geprüft, ob für die Nachbelastung eine Preisprüfung vorgesehen ist. Wenn dies der Fall ist, ermittelt das System die Abweichung von (Nachbelastungswert + bisher berechneter Wert) / bisher berechnete Menge * Nachbelastungsmenge zu dem Produkt Nachbelastungsmenge * Bestellpreis. Gleichzeitig wird diese Abweichung mit den eingestellten prozentualen und absoluten Unter- und Obergrenzen verglichen. Wenn keine Einstellungen zur Preisabweichung bei Schätzpreisen eingestellt sind, besteht das Risiko, dass allzu häufig Schätzpreise in die Bestellungen eingetragen werden. Eine korrekte Wertfortschreibung im Materialstammsatz kann in diesem Fall nicht mehr stattfinden. Die Vorratsbewertung wäre aufgrund dieser Schätzpreiseingabe und der nicht erfolgten Toleranzprüfung fehlerhaft und demzufolge auch der Bilanzausweis der Vorräte.

17.9.4.2 Prüfhinweise zu Toleranzgruppen für Mitarbeiter

Über Berechtigungen wird festgelegt, wer welche Belege in der Finanzbuchhaltung buchen darf. Bis zu welcher Höhe ein Mitarbeiter Belege buchen darf, wird nicht über Berechtigungen gesteuert, sondern über das Customizing. Hier können Toleranzgruppen definiert werden, denen wiederum Mitarbeiter zugeordnet werden. Die Verprobung der Einstellungen erfolgt in zwei Schritten.

Prüfschritte:

1. Prüfen Sie, welche Toleranzgruppen definiert sind durch das Aufrufen der Tabelle **T043T**, die Sie mit der Transaktion **SE16N** zur Anzeige bringen können.

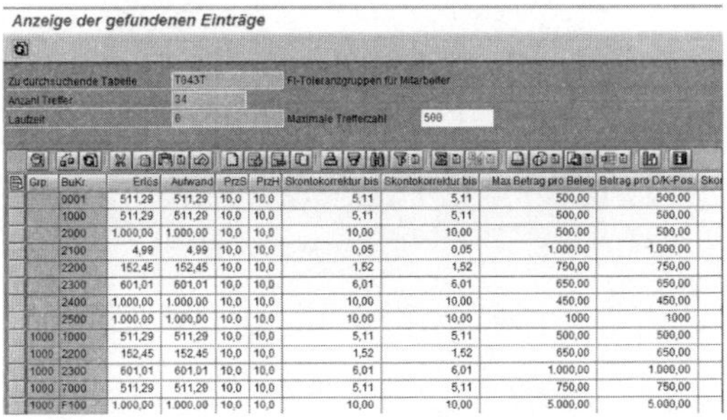

Anzeige der gefundenen Einträge

Zu durchsuchende Tabelle	T043T	FI-Toleranzgruppen für Mitarbeiter	
Anzahl Treffer	34		
Laufzeit	0	Maximale Trefferzahl	500

Grp	BuKr	Erlös	Aufwand	PrzS	PrzH	Skontokorrektur bis	Skontokorrektur bis	Max Betrag pro Beleg	Betrag pro D/K-Pos.	Sko
	0001	511,29	511,29	10,0	10,0	5,11	5,11	500,00	500,00	
	1000	511,29	511,29	10,0	10,0	5,11	5,11	500,00	500,00	
	2000	1.000,00	1.000,00	10,0	10,0	10,00	10,00	500,00	500,00	
	2100	4,99	4,99	10,0	10,0	0,05	0,05	1.000,00	1.000,00	
	2200	152,45	152,45	10,0	10,0	1,52	1,52	750,00	750,00	
	2300	601,01	601,01	10,0	10,0	6,01	6,01	650,00	650,00	
	2400	1.000,00	1.000,00	10,0	10,0	10,00	10,00	450,00	450,00	
	2500	1.000,00	1.000,00	10,0	10,0	10,00	10,00	1000	1000	
1000	1000	511,29	511,29	10,0	10,0	5,11	5,11	500,00	500,00	
1000	2200	152,45	152,45	10,0	10,0	1,52	1,52	650,00	650,00	
1000	2300	601,01	601,01	10,0	10,0	6,01	6,01	1.000,00	1.000,00	
1000	7000	511,29	511,29	10,0	10,0	5,11	5,11	750,00	750,00	
1000	F100	1.000,00	1.000,00	10,0	10,0	10,00	10,00	5.000,00	5.000,00	

Abb. 17.66: Anzeige der FI-Toleranzgrenzen für Mitarbeiter

HINWEIS:

Wurde wie in dieser Abbildung für die Toleranzgruppe 1000 (des Buchungskreises 1000) ein *maximaler Betrag pro Beleg* von 500,00 € eingetragen, so dürfen die zugehörigen Benutzer zu dieser Toleranzgruppe Belege mit maximal diesem Betrag buchen.

Folgende Eigenschaften können hier festgelegt werden:

- Maximale Zahlungsdifferenz bei Erlös
- Maximale Zahlungsdifferenz bei Aufwand

Schnittstelle FI zu MM

- Maximal zulässige Erlöse aus Zahlungsdifferenzen
- Maximal zulässiger Aufwand aus Zahlungsdifferenzen
- Maximale Skontokorrektur für Ertrag aus Zahlungsdifferenzen
- Maximale Skontokorrektur für Aufwand aus Zahlungsdifferenzen
- Maximaler Buchungsbetrag pro Beleg
- Maximaler Buchungsbetrag pro Belegzeile
- Maximaler Skonto-Prozentsatz

2. Prüfen Sie, welchen Benutzern wiederum diesen zugeordnet sind. Die Übersicht dieser Zuordnungen können Sie der Tabelle **T043** entnehmen, die Sie sich mit Hilfe der Transaktion **SE16N** anzeigen lassen können.

Abb. 17.67: Übersicht der Zuordnungen von Toleranzgruppen und Mitarbeitern

!Die gepflegten Einstellungen der Toleranzgruppen und die entsprechenden Zuordnungen zu den Mitarbeitern müssen den Unternehmensrichtlinien entsprechen. Nehmen Sie einen SOLL/IST-Abgleich mit der zugehörigen Dokumentation vor.

17.9.4.3 Checkliste Toleranzgrenzen und Toleranzgruppen

Nr.	Fragestellung	Ordnungsmäßigkeitsvorgabe
1	Werden in Ihrem Unternehmen Toleranzgrenzen für Rechnungsbeträge eingesetzt?	Der Einsatz von Toleranzgrenzen für Rechnungsprüfungen sollte den Unternehmensrichtlinien entsprechen. Der Einsatz ist für ein angewandtes IKS unbedingt anzuraten.
2	Entsprechen die eingetragenen Toleranzgrenzen den Unternehmensrichtlinien?	Die Toleranzgrenzen müssen mit den Unternehmensrichtlinien korrespondieren.
3	Entsprechen die eingesetzten Toleranzschlüssel den Unternehmensrichtlinien?	Die eingesetzten Toleranzschlüssel müssen mit den Unternehmensrichtlinien korrespondieren.
4	Entsprechen die eingerichteten Toleranzgruppen den Unternehmensrichtlinien?	Die eingesetzten Toleranzgruppen müssen mit den Unternehmensrichtlinien korrespondieren.
5	Stimmt die jeweilige Ausprägung der Toleranzeigenschaften mit den Unternehmensrichtlinien überein?	Die eingesetzten Toleranzeigenschaften müssen mit den Unternehmensrichtlinien korrespondieren.
6	Entspricht die Zuordnung der Benutzer zu den Toleranzgrenzen den Unternehmensrichtlinien?	Die Zuordnungen der Benutzer zu den Toleranzgrenzen müssen mit den Unternehmensrichtlinien korrespondieren.

17.9.5 Prüfungen auf doppelte Rechnungen

Es kann pro Buchungskreis definiert werden, ob eine Prüfung auf doppelte Rechnungen in der Materialwirtschaft erfolgen soll.

Im Rahmen dieser Prüfung vergleicht das System defaultmäßig die nachstehend aufgeführten Merkmale:

- Kreditor
- Währung
- Buchungskreis
- Rechnungsbruttobetrag
- Referenzbelegnummer
- Rechnungsbelegdatum

HINWEIS:
Das System prüft nur auf doppelte Rechnungen, wenn beim Erfassen der Rechnungen die Referenzbelegnummer eingegeben wurde.

Die Prüfung kann für die folgenden Elemente aktiviert werden:

- Buchungskreis
- Rechnungsdatum
- Referenznummer

Diese Eigenschaften werden in der Tabelle **T169P** gesetzt, die Sie sich mit der Transaktion **SE16N** anzeigen lassen können.

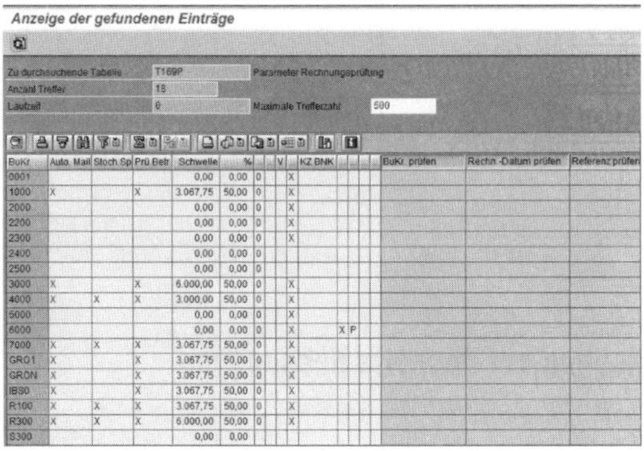
Anzeige der gefundenen Einträge

Zu durchsuchende Tabelle: T169P Parameter Rechnungsprüfung
Anzahl Treffer: 18
Laufzeit: 0 Maximale Trefferzahl: 500

BuKr	Auto. Mail	Stoch Sp	Prü Betr	Schwelle	%			V		KZ BNK					BuKr. prüfen	Rechn.-Datum prüfen	Referenz prüfen
0001				0,00	0,00	0			X								
1000	X		X	3.067,75	50,00	0			X								
2000				0,00	0,00	0			X								
2200				0,00	0,00	0			X								
2300				0,00	0,00	0			X								
2400				0,00	0,00	0											
2500				0,00	0,00	0											
3000	X		X	6.000,00	50,00	0			X								
4000	X	X	X	3.000,00	50,00	0			X								
5000				0,00	0,00	0			X								
6000				0,00	0,00	0			X		X	P					
7000	X	X	X	3.067,75	50,00	0			X								
GR01	X		X	3.067,75	50,00	0			X								
GR0N	X		X	3.067,75	50,00	0			X								
IBS0	X		X	3.067,75	50,00	0			X								
R100	X	X	X	3.067,75	50,00	0			X								
R300	X	X	X	6.000,00	50,00	0			X								
S300				0,00	0,00												

Abb. 17.68: Anzeige der Parameter zur Rechnungsprüfung

Prüfen Sie, ob die hier hinterlegten Einstellungen mit den Unternehmensrichtlinien übereinstimmen.

17.9.6 Beleganzeige in der Rechnungsprüfung

Rechnungsbelege in der Rechnungsprüfung können Sie sich mit der Transaktion **MIR6** anzeigen lassen:

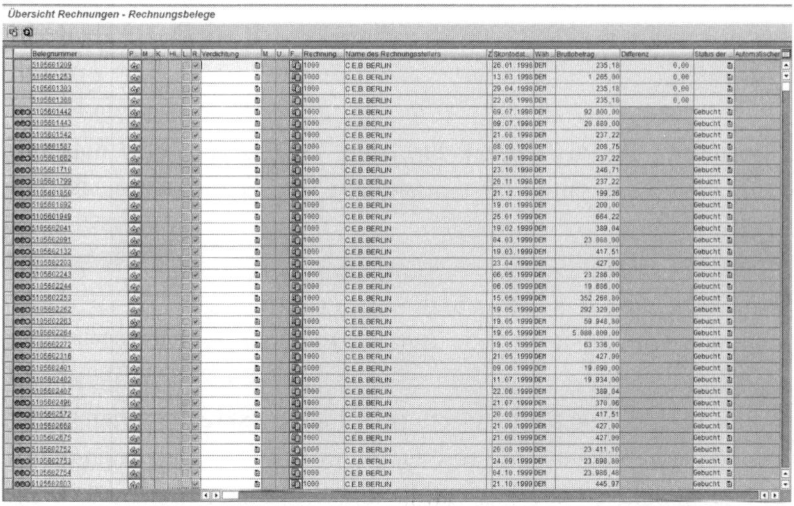

Abb. 17.69: Selektierter Datenbestand der Transaktion MIR6

Per Doppelklick auf die Rechnungsnummer gelangen Sie in die Detailanzeige des ausgewählten Beleges.

Abb. 17.70: Detailanzeige eines Rechnungsbeleges

17.10 Abstimmung zwischen Haupt / Nebenbuch

Um sicherzustellen, dass die wertmäßigen Bestände des Nebenbuches der Materialwirtschaft mit den übergeleiteten Beständen in die Finanzbuchhaltung übereinstimmen, sollte eine regelmäßige Abstimmung zwischen Haupt- und Nebenbuch vorgenommen werden.

Hierzu kann der SAP R/3® Standardreport **RM07MBST** verwendet werden.

Mit diesem Report lassen Sie sich zu einem oder mehreren Materialien die gesamte Bestandsmenge und den gesamten Bestand auf Werks- und ebene anzeigen.

Zusätzlich wird das Bestandskonto ermittelt, das bei Warenbewegungen vom angegebenen Material bebucht wird.

Sie können sich die Saldenwerte pro Buchungskreis und Sachkonto anzeigen lassen. Der Saldo des Sachkontos wird mit dem Lagerwert des angegebenen Materials verglichen, und die Abweichung beider Summen wird ausgewiesen.

HINWEIS:
Beachten Sie dabei, dass Sie nicht den aktuellen Monat als Analysezeitraum verwenden, sondern immer einen abgeschlossenen, da sonst Abweichungen zwischen Haupt- und Nebenbuch auftreten können.

Führen Sie eine Abstimmung zwischen Haupt- und Nebenbuch mit Hilfe des Reports **RM07MBST** durch, den Sie mittels der Transaktion **SA38** aufrufen.

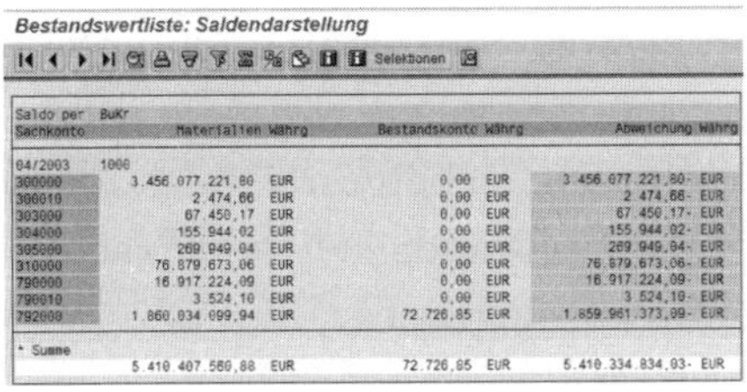

Bestandswertliste: Saldendarstellung

Saldo per Sachkonto	BuKr	Materialien	Währg	Bestandskonto	Währg	Abweichung	Währg
04/2003	1000						
300000		3.456.077.221,80	EUR	0,00	EUR	3.456.077.221,80-	EUR
300010		2.474,66	EUR	0,00	EUR	2.474,66-	EUR
303000		67.450,17	EUR	0,00	EUR	67.450,17-	EUR
304000		155.944,02	EUR	0,00	EUR	155.944,02-	EUR
305000		269.949,04	EUR	0,00	EUR	269.949,04-	EUR
310000		76.879.673,06	EUR	0,00	EUR	76.879.673,06-	EUR
790000		16.917.224,09	EUR	0,00	EUR	16.917.224,09-	EUR
790010		3.524,10	EUR	0,00	EUR	3.524,10-	EUR
792000		1.860.034.099,94	EUR	72.726,85	EUR	1.859.961.373,09-	EUR
* Summe		5.410.407.560,88	EUR	72.726,85	EUR	5.410.334.834,03-	EUR

Abb. 17.71: Ergebnis der Abstimmung zwischen Haupt- und Nebenbuch

17.11 Vollständigkeit des Buchungsstoffs

Sollte die Prüfung des Moduls der Materialwirtschaft gesondert, ohne die Prüfung des Basismoduls und des Finanzwesenmoduls, erfolgen, so ist eine Abstimmung hinsichtlich der Vollständigkeit des Buchungsstoffes vorzunehmen. Somit ist sicherzustellen, dass sämtliche Wertänderungen, die sich in der Nebenbuchhaltung (Materialwirtschaft) ergeben haben, auch tatsächlich in die Hauptbuchhaltung (Finanzwesen) fortgeschrieben wurden und somit eine Übereinstimmung von Haupt- und Nebenbuch vorliegt.

Aufgrund von technischen Verarbeitungsfehlern können im SAP-System bereits gebuchte Belege bei der Fortschreibung der SAP-Datenbanken abgelehnt (geskippt) werden. Eine Fortschreibung der Beleg- und Saldentabelle würde dann nicht mehr in der SAP-Datenbank erfolgen, da sie aufgrund einer technischen Störung nicht verarbeitet werden konnten. Diese Belege müssen möglicherweise, obwohl der Sachbearbeiter bereits die Meldung "Beleg gebucht unter der Nummer xxxx" erhalten hat, ein zweites Mal erfasst werden, da sie technisch noch nicht verarbeitet worden sind (dies gilt sowohl für den V1- als auch den V2-Task).

Die Belegfunktion für diese erneute Buchung erfüllt das Protokoll des Reports **RFVBER00**, das aus diesem Grunde auch der gesetzlichen Aufbewahrungsfrist von zehn Jahren unterliegt.

Wird organisatorisch nicht sichergestellt, dass diese Belege nachgebucht werden, ist die Vollständigkeit und Nachvollziehbarkeit der Buchführung nicht mehr gegeben!

17.11.1 Prüfhinweise zu abgebrochenen Verbuchungen

Prüfschritte:
Folgende Prüfungshandlungen sollten von Ihnen durchgeführt werden:

1. Stellen Sie fest, ob nicht verarbeitete Buchungen vorliegen, welche die Vollständigkeit der Verarbeitung gefährden. Mit Hilfe des Reports **RFVBER00**, den Sie über die Transaktion **SA38** aufrufen können, lassen sich alle nicht verarbeiteten Verbuchungssätze unter Angabe der Belegnummer auflisten.

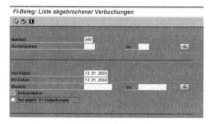

Abb. 17.74: Selektionsmaske des Reports RFVBER00

Abb. 17.75: Übersicht abgebrochener Verbuchungen

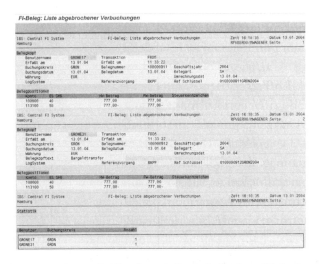

Abb. 17.76: Anzeige des Detailprotokolls zu abgebrochenen Verbuchungen

2. Prüfen Sie, ob der beschriebene Report zu den regelmäßigen Abstimmungshandlungen mit einbezogen wird.
3. Prüfen Sie, ob es eine organisatorische Regelung gibt, die sicherstellt, dass der Report in regelmäßigen Abständen durchgeführt wird, und dass die abgebrochenen Buchungen von den beteiligten Mitarbeitern nacherfasst werden.
4. Prüfen Sie, wie die Überwachungs- und Buchungsmaßnahmen dokumentiert werden.

17.11.2 Checkliste abgebrochene Verbuchungen

Nr.	Fragestellung	Ordnungsmäßigkeitsvorgabe
1	Wird die VBLOG regelmäßig überprüft?	Mindestens einmal täglich.
2	Gibt es nicht verarbeitete Buchungssätze im System (VBLOG)?	Es darf keine geben.
3	Wer ist dafür verantwortlich?	Es muss einen Verantwortlichen geben.
4	Entspricht die Parametrisierung der Verbuchung den Unternehmensrichtlinien?	Die Parametrisierung sollte den Unternehmensrichtlinien entsprechen.
5	Gibt es eine Verfahrensanweisung zur Überprüfung auf abgebrochenen Verbuchungen?	Eine Verfahrensanweisung ist obligat.
6	Gibt es eine Verfahrensanweisung zur Weiterverarbeitung von abgebrochene Verbuchungen?	Eine Verfahrensanweisung ist obligat.
7	Wird regelmäßig auf abgebrochene Verbuchungssätze geprüft (RFVBER00) und gibt es einen Verantwortlichen?	Es sollte einen Verantwortlichen geben, und der Report sollte täglich ausgeführt werden.

17.11.3 Prüfhinweis zum Sonderfall: Direct-Input

Während die Batch-Input-Mappen die Datenübernahme im Dialog absolvieren, werden die Daten im Direct-Input mit reduzierten Plausibiliätsprüfungen direkt in die Datenbank geschrieben. Daraus resultiert eine Konsistenzproblematik hinsichtlich des Datenbestandes.

Prüfschritte:
1. Prüfen Sie über die Transaktion **BMV0**, ob Daten auf diesem Wege eingespielt wurden.

Abb. 17.72: Einstiegsmaske der Transaktion BMV0

Sofern das Verfahren eingesetzt wird, werden Einträge gelistet (in unserem Unternehmen wird dieses Verfahren nicht eingesetzt - Einträge gibt es demzufolge nicht).

Abb. 17.73: Übersicht der Direct-Input Verwaltung

Fehler würden im Status gelistet werden.

2. Wenn Sie bei der Prüfung mit derartigen Fehlern konfrontiert werden, sind die Gründe dafür unter Mithilfe der Administration zu ermitteln. Ursachen können z.B. fehlerhafte Schnittstellenkonfigurationen sein.

17.11.4 Checkliste Sonderfall Direct-Input

Nr.	Fragestellung	Ordnungsmäßigkeitsvorgabe
1	Wird das Direct-Input Verfahren zur Datenübernahme genutzt?	Der Einsatz des Direct-Input Verfahrens sollte in den Unternehmensrichtlinien beschrieben werden, sofern eine Integration erfolgt.
2	Wird der ordnungsmäßige Ablauf des Direct-Input Verfahrens regelmäßig verprobt?	Der ordnungsmäßige Ablauf des Direct-Input Verfahrens sollte regelmäßig hinsichtlich möglicher Fehler verprobt werden.
3	Gibt es eine Verfahrensanweisung zum Umgang mit fehlerhaften Direct-Input Abläufen?	Eine Verfahrensanweisung sollte den Umgang mit fehlerhaften Direct-Input Abläufen vorgeben.

17.12 Kritische Berechtigungen der Rechnungsprüfung

Rechnungsprüfung: Rechnung hinzufügen
S_TCODE
    Transaktion: MR01
F_BKPF_BUK
    Aktivität   01 (Anlegen)
    Buchungskreis   gem. Tabelle T001
F_BKPF_GSB
    Aktivität   01 (Anlegen)
    Geschäftsbereich   gem. Tabelle TGSB
F_BKPF_KOA
    Aktivität   01 (Anlegen)
    Kontenart   K (Kreditor)
                     S (Sachkonto)

Rechnungsprüfung: Gesperrte Rechnung bearbeiten
S_TCODE
  Transaktion: MR02
M_RECH_SPG
  Aktivität   02 (Ändern)
  Sperrgrund G (Bestellpreismenge)
              M (Menge)
              P (Preis)
              Q (manuell)
              T (Termin)

Rechnungsprüfung: Rechnung stornieren
S_TCODE
  Transaktion: MR08
F_BKPF_BUK
  Aktivität   01 (Anlegen)
  Buchungskreis   gem. Tabelle T001
F_BKPF_GSB
  Aktivität   01 (Anlegen)
  Geschäftsbereich   gem. Tabelle TGSB
F_BKPF_KOA
  Aktivität   01 (Anlegen)
  Kontenart K (Kreditor)
             S (Sachkonto)

Logistik-Rechnungsprüfung: Rechnung hinzufügen
S_TCODE
    Transaktion: MIRO
F_RECH_BUK
    Aktivität   01 (Anlegen)
    Buchungskreis   gem. Tabelle T001
F_RECH_WRK
    Aktivität   01 (Anlegen)
    Werk   gem. Tabelle T001W

Logistik-Rechnungsprüfung: Rechnung stornieren
S_TCODE
    Transaktion: MR8M
F_RECH_BUK
    Aktivität   01 (Anlegen)
    Buchungskreis   gem. Tabelle T001
F_RECH_WRK
    Aktivität   01 (Anlegen)
    Werk   gem. Tabelle T001W

18 Kompendium der Checklisten

18.1 Checkliste Rechtliche Anforderungen

Nr.	Fragestellung	Ordnungsmäßigkeitsvorgabe
1	Gibt es eine Dienstanweisung zur Verfahrensdokumentation?	Muss vorhanden sein.
2	Werden Sicherheitskopien gefertigt und entsprechend verwahrt?	Datensicherungsprozedur muss das vorsehen; Aufbewahrung unter Berücksichtigung umfangreicher Schutzmaßnahmen vor Diebstahl, unberechtigtem Zugriff, Vernichtung und Verlust.
3	Ist die Datenwiedergabe gewährleistet?	Muss in regelmäßigen Abständen als Probelauf durchgeführt werden.
4	Werden die GoBS umgesetzt?	Ist ein Muss.
5	Welche Maßnahmen zur Risikofrüherkennung werden für das Unternehmen getroffen?	Es sind geeignete Maßnahmen zur Risikofrüherkennung zu treffen.

18.2 Checkliste SAP® Systemaufbau

Nr.	Fragestellung	Ordnungsmäßigkeitsvorgabe
1	Welche Releasestufe ist aufgespielt?	Muss der Dokumentation entsprechen.
2	Welche Module sind aufgesetzt?	Muss der Dokumentation entsprechen.
3	Welche Zusatzkomponenten sind installiert?	Muss der Dokumentation entsprechen.
4	Welche sonstigen Anwendungen sind eingebunden?	Muss der Dokumentation entsprechen.
5	Welche Geschäftsprozesse sind implementiert?	Muss der Dokumentation entsprechen.

18.3 Checkliste Mandanten

Nr.	Fragestellung	Ordnungsmäßigkeitsvorgabe
1	Welche Mandanten sind in der Tabelle T000 im Produktivsystem eingetragen?	Es sollten neben den Mandanten 000 und 066 (evtl. 001) ausschließlich Produktivmandanten im Produktiv-system eingetragen sein.
2	Welche Mandanten sind in anderen Systemen in der Tabelle T000 eingetragen?	Die Eintragungen sollen mit der Unternehmensrichtlinie und der Dokumentation übereinstimmen.
3	Liegt für jeden Eintrag eine Dokumentation vor, die eine Kurzbeschreibung, sowie die anfordernde Abteilung und die implementierende Abteilung aufführt?	Zu jedem Eintrag sollte eine entsprechende Dokumentation vorhanden sein.
4	Ist der Produktivmandant vor Änderungen geschützt?	Der Produktivmandant ist gegen unautorisierte Änderungen zu schützen.
5	Werden Änderungen protokolliert?	Jede Änderung ist im System zu protokollieren. Die Protokolle unterliegen als Bestandteil der Verfahrens-dokumentation einer 10-jährigen Aufbewahrungsfrist.

18.4 Checkliste Abbildung der Firmenkonzeption

Nr.	Fragestellung	Ordnungsmäßigkeitsvorgabe
1	Welche Mandanten existieren im System?	Muss der Firmenstruktur entsprechen.
2	Welche Buchungskreise sind im Mandanten geführt?	Muss der Firmenstruktur entsprechen.
3	Welche Geschäftsbereiche sind angelegt?	Muss der Firmenstruktur entsprechen.
4	Welche Geschäftsbereiche sind für die Konsolidierung eingerichtet?	Muss der Firmenstruktur entsprechen.
5	Welche Funktionsbereiche sind angelegt?	Bei Einsatz des Umsatzkostenverfahrens obligat. Muss der Firmenstruktur entsprechen.
6	Welche Finanzkreise werden geführt?	Muss der Firmenstruktur entsprechen.
7	Welche Gesellschaften sind angelegt?	Muss der Firmenstruktur entsprechen.
8	Wie sind die Kreditkontrollbereiche angelegt?	Muss der Firmenstruktur entsprechen.
9	Welche Kontenpläne sind angelegt?	Muss der Firmenstruktur entsprechen.
10	Welche Kostenrechnungskreise sind eingeführt?	Muss der Firmenstruktur entsprechen.
11	Sind die Organisationseinheiten einander entsprechend der Firmenstruktur zugeordnet?	Muss der Firmenstruktur entsprechen.

18.5 Checkliste Aufbewahrungspflicht

Nr.	Fragestellung	Ordnungsmäßigkeitsvorgabe
1	Wurde die generelle Protokollierung der Tabellen für die Produktivmandanten und den Mandanten 000 eingeschaltet (rec/client)?	Sollte aktiviert sein.
2	Werden rechnungslegungsrelevante Tabellen, die nicht über Änderungsbelege erfasst werden, protokolliert?	Alle rechnungslegungsrelevanten Tabellen sind zu protokollieren.
3	Welche Tabellen werden protokolliert?	Außer den o.a. sind auch die Tabellen zur Verfahrensdokumentation zu protokollieren.
4	Werden Tabellen protokolliert, die der Systemsicherheit dienen?	Sollten protokolliert werden.
5	Werden selbsterstellte Tabellen, die rechnungslegungsrelevant sind, protokolliert?	Selbsterstellte Tabellen sollten generell protokolliert werden.
6	Lassen Sie sich stichprobenartig Änderungsbelege anzeigen.	Es müssen Änderungsbelege im System existieren.
7	Existieren Vorgaben zur Aufbewahrung der Änderungsbelege, um den gesetzlichen Anforderungen nachzukommen?	Es müssen Vorgaben für die Aufbewahrungsfristen der Änderungsbelege existieren.

18.6 Checkliste Kreditorenstammdaten

Nr.	Fragestellung	Ordnungsmäßigkeitsvorgabe
1	Gibt es eine Verfahrensanweisung zur Anlage von Kreditorenstammsätzen?	Es sollte eine Verfahrensanweisung geben.
2	Wird regelmäßig auf die Konsistenz der Datenanteile von Stammsätzen verprobt?	Die Verprobung der Datenanteile von Stammsätzen sollte regelmäßig erfolgen.
3	Wird regelmäßig auf Änderungen von Bankdaten in den Stammsätzen verprobt?	Die Verprobung auf Änderungen von Bankdaten in den Stammsätzen sollte regelmäßig erfolgen.
4	Werden Änderungen an Bankdaten regelmäßig mit den Personaldaten abgeglichen?	Änderungen an Bankdaten sollten regelmäßig mit den Personaldaten abgeglichen werden.
5	Gibt es eine Verfahrensanweisung zum Einsatz der CpD-Konten?	Es sollte eine Verfahrensanweisung zum Einsatz von CpD-Konten geben.
6	Gibt es ein IKS zur CpD-Kontenverwaltung?	Es sollte IKS Richtlinien zur CpD-Kontenverwaltung geben.
7	Wird regelmäßig auf die Einhaltung der IKS Richtlinien zu CpD-Konten verprobt?	Es sollte regelmäßig auf die Einhaltung der IKS Richtlinien zu CpD-Konten verprobt werden.

18.7 Checkliste Debitorstammdaten

Nr.	Fragestellung	Ordnungsmäßigkeitsvorgabe
1	Gibt es eine Verfahrensanweisung zur Anlage von Debitorstammsätzen?	Es sollte eine Verfahrensanweisung geben.
2	Wird regelmäßig auf die Konsistenz der Datenanteile von Stammsätzen verprobt?	Die Verprobung der Datenanteile von Stammsätzen sollte regelmäßig erfolgen.
3	Wird regelmäßig auf Änderungen von Bankdaten in den Stammsätzen verprobt?	Die Verprobung auf Änderungen von Bankdaten in den Stammsätzen sollte regelmäßig erfolgen.
4	Werden Änderungen an Bankdaten regelmäßig mit den Personaldaten abgeglichen?	Änderungen an Bankdaten sollten regelmäßig mit den Personaldaten abgeglichen werden.
5	Gibt es eine Verfahrensanweisung zum Einsatz der CpD Konten?	Es sollte eine Verfahrensanweisung zum Einsatz von CpD Konten geben.
6	Gibt es ein IKS zur CpD Kontenverwaltung?	Es sollte IKS Richtlinien zur CpD Kontenverwaltung geben.
7	Wird regelmäßig auf die Einhaltung der IKS-Richtlinien zu CpD Konten verprobt?	Es sollte regelmäßig auf die Einhaltung der IKS-Richtlinien zu CpD Konten verprobt werden.

18.8 Checkliste Sachkontenstammdaten

Nr.	Fragestellung	Ordnungsmäßigkeitsvorgabe
1	Gibt es eine Verfahrensanweisung zur Anlage von Sachkontenstammsätzen?	Es sollte eine Verfahrensanweisung geben.
2	Wird regelmäßig auf kritische Änderungen von Stammsätzen verprobt?	Die Verprobung auf kritische Änderungen von Stammsätzen sollte regelmäßig erfolgen.
3	Erfolgt die Anlage eines Sachkontos nur auf schriftliche Anforderung?	Die Anlage eines Sachkontos sollte nur auf schriftliche Anforderung erfolgen.
4	Wird die Anlage eines Sachkontos separat dokumentiert durch die ausführende Abteilung?	Die Sachkontenanlage sollte immer durch die ausführende Abteilung schriftlich dokumentiert werden.

18.9 Checkliste Buchhaltungsbelege

Nr.	Fragestellung	Ordnungsmäßigkeitsvorgabe
1	Findet im Rahmen der Abschlussarbeiten eine Überprüfung auf eventuell vorhandene und noch nicht gebuchte vorerfasste oder geparkte Belege statt?	Eine Überprüfung auf vorerfasste oder geparkte Belege sollte mindestens einmal monatlich durchgeführt werden.
2	Gibt es im Rahmen des IKS ein definiertes Verfahren zur Überprüfung von Dauerbuchungsurbelegen?	Es sollte im Rahmen des IKS ein definiertes Verfahren zur Überprüfung von Dauerbuchungsurbelegen geben.
3	Wird die Konfiguration der Sonderhauptbuchkonten regelmäßig überprüft?	Die Konfiguration der Sonderhauptbuchkonten sollte regelmäßig überprüft werden.
4	Entsprechen die eingesetzten Sonderhauptbuchkennzeichen den Unternehmensrichtlinien?	Die eingesetzten Sonderhauptbuchkennzeichen müssen den Unternehmensrichtlinien entsprechen.
5	Ist die Tabellenprotokollierung über den rec/client aktiviert?	Die Tabellenprotokollierung ist zu aktivieren.
6	Werden Änderungen an der Tabelle TBAER protokolliert?	Die Tabelle TBAER ist zu protokollieren.

18.10 Checkliste Automatische Abläufe

Nr.	Fragestellung	Ordnungsmäßigkeitsvorgabe
1	Gibt es eine Verfahrensanweisung zu Zahlläufen?	Es sollte eine Verfahrensanweisung zur Konfiguration, Prüfung und Durchführung von Zahlläufen geben.
2	Werden die Zahlläufe in Anlehnung an die Unternehmensrichtlinie durchgeführt?	Die Zahlläufe sollten übereinstimmend mit der Unternehmensrichtlinie durchgeführt werden.
3	Stimmen die Customizingeinstellungen zu den Zahlläufen mit den Unternehmensrichtlinien überein?	Die Customizingeinstellungen sollten mit den Unternehmensrichtlinien übereinstimmen.
4	Gibt es eine Verfahrensanweisung zu Mahnläufen?	Es sollte eine Verfahrensanweisung zur Konfiguration, Prüfung und Durchführung von Mahnläufen geben.
5	Werden die Mahnläufe in Anlehnung an die Unternehmensrichtlinie durchgeführt?	Die Mahnläufe sollten übereinstimmend mit der Unternehmensrichtlinie durchgeführt werden.
6	Stimmen die Customizingeinstellungen zu den Mahnläufen mit den Unternehmensrichtlinien überein?	Die Customizingeinstellungen sollten mit den Unternehmensrichtlinien übereinstimmen.
7	Wird regelmäßig auf Konten, die zur Mahnung gesperrt sind, verprobt?	Konten, die zur Mahnung gesperrt sind, sollten regelmäßig überprüft werden.
8	Wird regelmäßig auf Posten, die zur Mahnung gesperrt sind, verprobt?	Posten, die zur Mahnung gesperrt sind, sollten regelmäßig überprüft werden.
9	Gibt es eine Verfahrensanweisung zur Ausführung und Überprüfung der Mappen des Batch-Input Verfahrens?	Es sollte eine Verfahrensanweisung zur Ausführung und Überprüfung der Mappen des Batch-Input Verfahrens geben.

Nr.	Fragestellung	Ordnungsmäßigkeitsvorgabe
10	Gibt es eine Verfahrensanweisung zum Umgang mit fehlerhaften Mappen des Batch-Input Verfahrens?	Es sollte eine Verfahrensanweisung zur Ausführung und Überprüfung von fehlerhaften Mappen des Batch-Input Verfahrens geben.
11	Gibt es eine Verfahrensanweisung zum Umgang mit Job Protokollen?	Es sollte eine Verfahrensanweisung zum Umgang mit Job Protokollen geben, die den Anforderungen zur Umsetzung der Aufbewahrungspflichten Rechnung trägt.

18.11 Checkliste Verbuchung

Nr.	Fragestellung	Ordnungsmäßigkeitsvorgabe
1	Wird die VBLOG regelmäßig überprüft?	Die VBLOG sollte mindestens einmal täglich auf Einträge überprüft werden.
2	Gibt es nicht verarbeitete Buchungssätze im System (VBLOG)?	Es darf keine geben.
3	Wer ist dafür verantwortlich?	Es muss einen Verantwortlichen geben.
4	Entspricht die Parametrisierung der Verbuchung den Unternehmensrichtlinien?	Die Parametrisierung sollte den Unternehmensrichtlinien entsprechen.
5	Gibt es eine Verfahrensanweisung zur Überprüfung auf abgebrochene Verbuchungen?	Eine Verfahrensanweisung ist obligat.
6	Gibt es eine Verfahrensanweisung zur Weiterverarbeitung von abgebrochenen Verbuchungen?	Eine Verfahrensanweisung ist obligat.
7	Wird regelmäßig auf abgebrochene Verbuchungssätze geprüft (RFVBER00), und gibt es einen Verantwortlichen?	Es sollte einen Verantwortlichen geben, und der Report sollte täglich ausgeführt werden.

18.12 Checkliste Belegnummernvergabe

Nr.	Fragestellung	Ordnungsmäßigkeitsvorgabe
1	Wurde oder wird die externe Belegnummernvergabe eingesetzt?	
2	Ist für den Fall der externen Belegnummernvergabe gewährleistet, dass keine Lücken auftreten?	Bereits im Vorsystem muss die Lückenlosigkeit reglementiert sein.
3	Welche Nummernkreisobjekte sind im System geführt?	Nehmen Sie einen Abgleich mit den Vorgaben vor, Ergebnis muss 1:1 Übereinstimmung ergeben.
4	Welche Nummernkreisobjekte werden gepuffert?	Rechnungslegungsrelevante Nummernkreisobjekte dürfen nicht gepuffert werden.
5	Ist das Objekt RF_BELEG gepuffert?	Darf nicht gepuffert sein.
6	Gibt es Lücken in der Belegnummernvergabe?	Es darf keine Lücken geben.
7	Wie häufig wird auf Lücken in der Belegnummernvergabe geprüft?	Prüfung sollte regelmäßig in angemessenen Abständen erfolgen. Sinnvoll ist die monatliche Durchführung und eine ergänzende Durchführung vor der Archivierung.
8	Wird regelmäßig eine Abstimmanalyse vorgenommen (TA F.03)?	Die große Umsatzprobe sollte einmal im Monat durchgeführt werden.

18.13 Checkliste Doppelte Zahlung

Nr.	Fragestellung	Ordnungsmäßigkeitsvorgabe
1	Gibt es eine Verfahrensanweisung zur Erfassung von Kreditorenstammsätzen?	Es sollte eine Verfahrensanweisung geben.
2	Ist das Feld "Prf. Dopp.Rech." im Customizing als Muss-Feld definiert?	Das Feld "Prf. Dopp.Rech." sollte im Customizing als Muss-Feld definiert sein.
3	Ist die Verwendung des Feldes "Referenz" bei der Kreditorenrechnung für den Einsatz reglementiert?	Das Feld "Referenz" sollte bei Kreditorenrcchnungen für den Einsatz klar reglementiert sein.
4	Wird der Report RFBNUM10 regelmäßig durchgeführt?	Der Report RFBNUM10 sollte regelmäßig durchgeführt werden.

18.14 Checkliste Abschlüsse

Nr.	Fragestellung	Ordnungsmäßigkeitsvorgabe
1	Gibt es unternehmensspezifische Verfahrensrichtlinien zu Abschlusstätigkeiten?	Es sollte unternehmensspezifische Verfahrensrichtlinien zu Abschlusstätigkeiten geben.
2	Gibt es Regelungen zum Öffnen und Schließen von Buchungsperioden?	Es sollte klare Regelungen zum Öffnen und Schließen von Buchungsperioden geben.
3	Ist sichergestellt, dass keine Verbuchungen in abgeschlossene und durch Bilanz ausgewiesene Geschäftsjahre vorgenommen werden können?	Abgeschlossene Geschäftsjahre dürfen nicht mehr bebucht werden können.
4	Werden Abstimmungen der Saldovorträge auf das neue Geschäftsjahr vorgenommen?	Saldovortragsabstimmungen auf die jeweils neuen Geschäftsjahre sollten durchgeführt werden.
5	Gibt es Unternehmensrichtlinien, die sicherstellen, dass die maximale Kursabweichung einen Wert von 10% nicht übersteigt?	Es sollte über Unternehmensrichtlinien sichergestellt sein, dass die maximale Kursabweichung einen Wert von 10% nicht übersteigt.
6	Entsprechen die Umrechnungskurse für die Fremdwährungsbewertung den amtlichen Mittelkursen?	Die Umrechnungskurse müssen den amtlichen Mittelkursen entsprechen.

18.15 Checkliste Abbildung der Firmenkonzeption in MM

Nr.	Fragestellung	Ordnungsmäßigkeitsvorgabe
1	Welche Mandanten existieren im System?	Muss der Firmenstruktur entsprechen.
2	Welche Buchungskreise sind im Mandanten geführt?	Muss der Firmenstruktur entsprechen.
3	Welche Werke sind angelegt?	Muss der Firmenstruktur entsprechen.
4	Welche Lagerorte werden geführt?	Muss der Firmenstruktur entsprechen.
5	Welche Einkaufsorganisationen sind angelegt?	Muss der Firmenstruktur entsprechen.
6	Welche Referenzeinkaufsorganisationen werden eingesetzt, und wie ist die Zuordnung?	Muss der Firmenstruktur entsprechen.
7	Welche Einkäufergruppen sind angelegt?	Muss der Firmenstruktur entsprechen.
8	Welche Personen sind den Einkäufergruppen zugeordnet?	Muss der Firmenstruktur entsprechen.
9	Wird dezentraler oder zentraler Einkauf umgesetzt?	Muss der Firmenstruktur entsprechen.

18.16 Checkliste Einkaufszyklus

Nr.	Fragestellung	Ordnungsmäßigkeitsvorgabe
1	Ist eine Dokumentation zum unternehmenseigenen Einkaufszyklus vorhanden?	Eine erläuternde Dokumentation zum Einkaufszyklus sollte vorliegen.
2	Gibt es ein aktuelles Internes Kontrollsystem für den Einkaufszyklus?	Ein aktuelles IKS für den Einkaufszyklus ist obligat.
3	Erfolgt die Durchführung des Einkaufszyklus entsprechend den Richtlinien des IKS?	Die Abläufe des Einkaufszyklus sollten den IKS Richtlinien entsprechen.
4	Liegen Verfahrensdokumentationen für stark automatisierte Prozesse vor?	Für stark automatisierte Prozesse sind Verfahrensdokumentationen obligat, um den Anforderungen nach § 257 IV, HGB zu entsprechen (Belegcharakter).
5	Erfolgt die Bearbeitung der Prozessschritte im Rahmen des Einkaufszyklus zeitnah und vollständig?	Die Bearbeitung einzelner Prozessschritte sollte zeitnah und vollständig erfolgen, damit die Unternehmensabläufe reibungslos ihren Fortgang nehmen können.

18.17 Checkliste Materialstammsätze

Nr.	Fragestellung	Ordnungsmäßigkeitsvorgabe
1	Liegen Verfahrensdokumentationen zur Bearbeitung von Materialstammsätzen vor?	Eine Verfahrensdokumentation zur Materialstammsatzbearbeitung ist obligat.
2	Ist für den Einsatz von Subsystemen sichergestellt, dass die Daten zeitnah und vollständig eingespielt werden?	Ein IKS muss gewährleisten, dass die Materialstammsatzdaten vollständig und zeitnah im R/3® System zur Verfügung stehen.
3	Werden Richtlinien zur Materialstammsatzpflege durch die Fachbereiche eingehalten?	Die Richtlinien zur Stammsatzpflege sind von allen beteiligten Fachabteilungen einzuhalten.
4	Werden Dispositionsanforderungen im Rahmen der Stammsatzpflege adäquat realisiert?	Dispositionsanforderungen sind durch entsprechende Materialstammsatzänderungen zeitnah umzusetzen.

18.18 Checkliste Kontenfindung

Nr.	Fragestellung	Ordnungsmäßigkeitsvorgabe
1	Werden Änderungen an der Tabelle T030 aufgezeichnet?	Die Tabelle T030 muss mit der Eigenschaft zur Protokollierung versehen sein.
2	Werden kritische Bewegungsarten verwendet?	Kritische Bewegungsarten sollen nicht verwendet werden.
3	Wie ist die Kontenfindung für kritische Bewegungsarten eingerichtet?	Die Kontenfindung sollte für kritische Bewegungsarten nicht hinterlegt sein, alternativ besteht die Möglichkeit zur Sperrung.
4	Gibt es eine Unternehmensrichtlinie und ein IKS zu dem Vorgang Wareneingänge ohne Bestellung?	Über eine Unternehmensrichtlinie sollte geregelt sein, wie genau mit Wareneingängen ohne Bestellung zu verfahren ist. Über das IKS muss cihergestellt sein, dass die Einhaltung der Unternehmensrichtlinie erfolgt.
5	Wird in regelmäßigen Abständen auf die Konsistenz der Zuordnungen der Fixkontentabelle verprobt?	Ein Konsistenzcheck der Zuordnungen der Fixkontentabelle sollte regelmäßig erfolgen.
6	Können Vorratskonten direkt bebucht werden?	Das direkte Bebuchen von Vorratskonten sollte ausgeschlossen sein.
7	Wird regelmäßig auf die Schnittstellenpassage des Buchungsstoffes zum Rechnungswesen verprobt?	Eine Verprobung auf die korrekte Passage des Buchungsstoffes zum Rechnungswesen sollte regelmäßig erfolgen.
8	Gibt es Richtlinien zum Bildaufbau für Bewegungsarten?	Es sollte unternehmensspezifische Richtlinien zum Bildaufbau für die Bewegungsarten geben.

18.19 Checkliste Preissteuerung

Nr.	Fragestellung	Ordnungsmäßigkeitsvorgabe
1	Welches Verfahren zur Preissteuerung wird in Ihrem Unternehmen eingesetzt?	Das eingesetzte Verfahren zur Preissteuerung sollte den Unternehmensrichtlinien entsprechen.
2	Gibt es ergänzend Regelungen im IKS zum eingesetzten Verfahren?	Das jeweilig eingesetzte Verfahren zur Preissteuerung sollte durch Kontrollmaßnahmen im IKS begleitet werden.
3	Wird beim Wareneingang ein Preis erfasst?	Beim Wareneingang sollte regelhaft ein Preis erfasst werden.

18.20 Checkliste Kreditoren in der Materialwirtschaft

Nr.	Fragestellung	Ordnungsmäßigkeitsvorgabe
1	Gibt es Verfahrensanweisungen zur Bearbeitung von Kreditorenstammsätzen in der Materialwirtschaft?	Die Bearbeitung von Kreditorenstammsätzen in der Materialwirtschaft sollte über Verfahrensanweisungen klar definiert sein.
2	Wird regelmäßig auf die Vollständigkeit referenzierender Einkaufsdaten für Kreditorenstammsätze verprobt?	Die Vollständigkeit der Pflege der Einkaufsdaten von Kreditorenstammsätzen sollte regelmäßig verprobt werden.
3	Werden Lieferantenbeurteilungen gepflegt?	Die Pflege von Lieferantenbeurteilungen sollte den Unternehmensrichtlinien entsprechen.
4	Werden Lieferantenbeurteilungen regelmäßig auf Ihre Aktualität hin überprüft und ggfs. adaptiert?	Lieferantenbeurteilungen sollten stets aktualisiert im System vorgehalten werden.

18.21 Checkliste WE/RE Konten

Nr.	Fragestellung	Ordnungsmäßigkeitsvorgabe
1	Entsprechen die eingerichteten WE/RE Konten den Unternehmensvorgaben?	Die eingerichteten WE/RE Konten müssen mit den Unternehmensvorgaben korrespondieren.
2	Gibt es eine Verfahrensanweisung zur Pflege der WE/RE Konten?	Für die Pflege der WE/RE Konten ist eine Verfahrensanweisung obligat.
3	Ist sichergestellt, dass die WE/RE Konten ausschließlich automatisch bebucht werden können?	Die WE/RE Konten dürfen nicht manuell bebucht werden.
4	Werden ggfs. erforderliche manuelle Buchungen durch ein IKS begleitet und ergänzend dokumentiert?	Sämtliche Bearbeitungen dieser Konten sollten auf geeignete Art und Weise hinsichtlich der Vollständigkeit und Nachvollziehbarkeit durch ein IKS begleitet und ergänzend aufgezeichnet werden.
5	Stimmen die Wareneingangsmenge und die berechnete Menge der WE/RE Konten überein und wird dies regelmäßig überprüft?	Die Mengen der WE/RE Konten sollten übereinstimmen. Eine regelmäßige Verprobung der Salden ist durchzuführen.

18.22 Checkliste Toleranzgrenzen und Toleranzgruppen

Nr.	Fragestellung	Ordnungsmäßigkeitsvorgabe
1	Werden in Ihrem Unternehmen Toleranzgrenzen für Rechnungsbeträge eingesetzt?	Der Einsatz von Toleranzgrenzen für Rechnungsprüfungen sollte den Unternehmensrichtlinien entsprechen. Der Einsatz ist für ein angewandtes IKS unbedingt anzuraten.
2	Entsprechen die eingetragenen Toleranzgrenzen den Unternehmensrichtlinien?	Die Toleranzgrenzen müssen mit den Unternehmensrichtlinien korrespondieren.
3	Entsprechen die eingesetzten Toleranzschlüssel den Unternehmensrichtlinien?	Die eingesetzten Toleranzschlüssel müssen mit den Unternehmensrichtlinien korrespondieren.
4	Entsprechen die eingerichteten Toleranzgruppen den Unternehmensrichtlinien?	Die eingesetzten Toleranzgruppen müssen mit den Unternehmensrichtlinien korrespondieren.
5	Stimmt die jeweilige Ausprägung der Toleranzeigenschaften mit den Unternehmensrichtlinien überein?	Die eingesetzten Toleranzeigenschaften müssen mit den Unternehmensrichtlinien korrespondieren.
6	Entspricht die Zuordnung der Benutzer zu den Toleranzgrenzen den Unternehmensrichtlinien?	Die Zuordnungen der Benutzer zu den Toleranzgrenzen müssen mit den Unternehmensrichtlinien korrespondieren.

18.23 Checkliste abgebrochene Verbuchungen

Nr.	Fragestellung	Ordnungsmäßigkeitsvorgabe
1	Wird die VBLOG regelmäßig überprüft?	Mindestens einmal täglich
2	Gibt es nicht verarbeitete Buchungssätze im System (VBLOG)?	Es darf keine geben.
3	Wer ist dafür verantwortlich?	Es muss einen Verantwortlichen geben.
4	Entspricht die Parametrisierung der Verbuchung den Unternehmensrichtlinien?	Die Parametrisierung sollte den Unternehmensrichtlinien entsprechen.
5	Gibt es eine Verfahrensanweisung zur Überprüfung auf abgebrochenen Verbuchungen?	Eine Verfahrensanweisung ist obligat.
6	Gibt es eine Verfahrensanweisung zur Weiterverarbeitung von abgebrochene Verbuchungen?	Eine Verfahrensanweisung ist obligat.
7	Wird regelmäßig auf abgebrochene Verbuchungssätze geprüft (RFVBER00) und gibt es einen Verantwortlichen?	Es sollte einen Verantwortlichen geben, und der Report sollte täglich ausgeführt werden.

18.24 Checkliste Sonderfall Direct-Input

Nr.	Fragestellung	Ordnungsmäßigkeitsvorgabe
1	Wird das Direct-Input Verfahren zur Datenübernahme genutzt?	Der Einsatz des Direct-Input Verfahrens sollte in den Unternehmensrichtlinien beschrieben werden, sofern eine Integration erfolgt.
2	Wird der ordnungsmäßige Ablauf des Direct-Input Verfahrens regelmäßig verprobt?	Der ordnungsmäßige Ablauf des Direct-Input Verfahrens sollte regelmäßig hinsichtlich möglicher Fehler verprobt werden.
3	Gibt es eine Verfahrensanweisung zum Umgang mit fehlerhaften Direct-Input Abläufen?	Eine Verfahrensanweisung sollte den Umgang mit fehlerhaften Direct-Input Abläufen vorgeben.

19 Anhänge

19.1 Reports aus FI

Reportname	Bedeutung
RFAPBALANCE	Saldenanzeige Kreditoren
RFARBALANCE	Saldenanzeige Debitoren
RFAUDI01	Anzahl der Debitorenstammdaten
RFAUDI02	Anzahl der Kreditorenstammsätze
RFAUDI07	Anzahl Belege
RFBABLB00	Belegänderungen
RFBELJ00	Belegjournal
RFBILA00	Bilanz/GuV
RFBNUM00	Lücken in der Belegnummernvergabe
RFBNUM00N	Lücken in der Belegnummernvergabe
RFDAPO00	Debitoren Ausgeglichene Posten
RFDEPL00	Debitoren Einzelposten Liste
RFDKVZ00	Debitorenverzeichnis
RFDOFW00	OP Fälligkeitsvorschau Debitoren
RFDOPO00	Debitoren Offene Posten
RFDOPR00	Kundenbeurteilung mit OP Rasterung
RFDSLD00	Debitoren Salden in Hauswährung
RFDUML00	Debitoren Umsätze
RFEPOJ00	Einzelpostenjournal
RFKAPO00	Kreditoren Ausgeglichene Posten
RFKEPL00	Kreditoren Einzelposten Liste
RFKOFW00	OP Fälligkeitsvorschau Kreditoren
RFKOPO00	Kreditoren Offene Posten
RFKOPR00	Zahlungsverhalten gegenüber Kreditoren mit OP Rasterung
RFKSLD00	Kreditorensalden

Anhänge

Reportname	Bedeutung
RFKSLD00	Kreditoren Salden in Hauswährung
RFKUML00	Kreditoren Umsätze
RFSABL00	Änderungsbelege Sachkonten
RFSBWA00	Strukturierte Sachkontensaldenliste
RFSKPL00	Sachkonten auf Kontenplanebene
RFSSLD00	Saldenliste Sachkonten
RFVBER00	Abgebrochene Verbuchungen
RSBDCANA	Auswertung Batch-Input-Mappen
RSNRODSP	Nummernkreisobjekte
RSPARAM	Parameterübersicht
RSPFPAR	Parameteranzeige
RSUSR30	Berechtigung nach komplexen Selektionskriterien
SAPDBDDF	Debitorendatenbank
SAPDBDRF	Buchhaltungsbeleg Datenbank
SAPDBKDF	Kreditorendatenbank
SAPDBSDF	Sachkontendatenbank
RFBKABL0	Änderungsanzeige Banken
RFBKVZ00	Bankenverzeichnis
RFBLBC00	Bankwege für Hausbanken
RFBLBC01	Bankwege für Bankontenüberträge
RFBLBC02	Bankwege für Kreditoren/Debitoren
RFBLIST1	Bankenstammsatzverzeichnis

19.2 Tabellen FI

Tabelle	Inhalt
BOSG	Buchhaltungsbelege
FM01	Finanzkreise
FM01	Finanzkreise
KNA1	Allgemeine Debitordaten
KNB1	Kundenstamm (Buchungskreis)

Tabelle	Inhalt
KNB4	Zahlverhalten des Kunden
KNB5	Kundenstamm Mahndaten
KNBK	Kundenstamm Bankdaten
KNC1	Kundenstamm (Verkehrszahlen)
KNKKF1	Kreditmanagement: FI Status
KNKKF2	Offene Posten nach Verzugstagen
LFA1	Lieferantenstamm (Allgemein)
LFA1	Lieferantenstamm (allgemeiner Teil)
LFAS	Lieferantenstamm (allgemeiner Teil EG Steuernummer)
LFAT	Lieferantenstamm (Steuergruppierung)
LFB1	Lieferantenstamm (Buchungskreis)
LFB5	Lieferantenstamm (Mahndaten)
LFBK	Lieferantenstamm (Bankverbindungen)
LFBW	Lieferantenstamm (Quellensteuertypen) X
LFC1	Lieferantenstamm (Verkehrszahlen)
LFC3	Lieferantenstamm (Verkehrszahlen Sonderhauptbuchvorgänge)
LFEI	Lieferantenstamm (Präferenz für Import und Export)
LFINF	Lieferanteninformation Projektsystem
LFINFX	Zuordnungen Lieferinformationen zu Projekten
LFLR	Lieferantenstamm (Lieferregion)
LFM1	Lieferantenstamm (Einkaufsorganisationsdaten)
LFM2	Lieferantenstamm (Einkaufsdaten)
LFMC	Lieferantenstamm (Kurztexte zu Konditionsarten)
LFMH	Lieferantenhierarchie
LFZA	Zulässige abweichende Zahlungsempfänger
NRIV	Nummernkreisintervalle
NRIV_LOKAL	Intervalle und Stände der Nummernkreise pro Instanz
T000	Mandanten
T001	Buchungskreise
T001B	Erlaubte Buchungsperioden
T003	Belegarten
T004	Verzeichnis der Kontenpläne

553

Tabelle	Inhalt
T009	Geschäftsjahresvarianten
T0100	Buchungsperioden - Varianten
T011	Bilanz / G + V Strukturen
T012	Hausbanken
T012K	Konten bei Hausbanken
T014	Kreditkontrollbereiche
T040	Mahnschlüssel
T040A	Bezeichnungen für Mahnschlüssel
T042	Parameter zum Zahlungsverkehr
T042A	Bankenauswahl für Zahlungsprogramm
T047B	Mahnstufensteuerung
T047C	Mahngebühren
T047H	Betragsgrenzen
T047M	Mahnbereiche
T047T	Bezeichnung der Mahnverfahren
T880	Gesellschaften
TACT	Aktivitäten
TBAER	Belegänderungsregeln
TFAGS	Definition der FI-Ausgleichsregeln
TFAGT	Texte zu den Ausgleichsregeln
TFKB	Funktionsbereiche
TGSB	Geschäftsbereiche
TKA01	Kostenrechnungskreise
TNRO	Nummernkreisobjekte
TSGB	Geschäftsbereiche
TVARV	Festwerte für Selektionsvorgaben
VBLOG	Protokollsatzdatei

19.3 Transaktionen

19.3.1 Transaktionen zu Kreditorenstammsätzen

TCode	Transaktionstext
FK01	Anlegen Kreditor (Buchhaltung)
FK02	Ändern Kreditor (Buchhaltung)
FK02CORE	Kreditoren pflegen
FK03	Anzeigen Kreditor (Buchhaltung)
FK04	Kreditoränderungen (Buchhaltung)
FK05	Sperren Kreditor (Buchhaltung)
FK06	Löschvormerk. Kreditor (Buchhaltung)
FK08	Bestätigen Kreditor-Einzeln (Buchh.)
FK09	Bestätigen Kreditor-Liste (Buchh.)
FK10	Kontenstand Kreditor
FK10N	Saldenanzeige Kreditoren
F.40	Kreditoren: Kontenverzeichnis
F.41	Kreditoren: Offene Posten
F.42	Kreditoren: Saldenliste
F.44	Kreditoren: Saldenverzinsung
F.45	Kreditoren: Infosystem aufbauen 1
F.46	Kreditoren: Infosystem auswerten
F.47	Kreditoren: Überfälligkeitsverzins.
F.48	Kreditoren: Stammdatenabgleich FI-MM
F.4A	Kred.Überf.Verz.: Buchen (ohne OP)
F.4B	Kred.Überf.Verz.: Buchen (mit OP)
F.4C	Kred.Überf.Verz.: ohne Buchungen
F.98	Kreditoren: Berichtsauswahl

19.3.2 Transaktionen zu Debitorenstammsätzen

TCode	Transaktionstext
FD01	Anlegen Debitor (Buchhaltung)
FD02	Ändern Debitor (Buchhaltung)
FD02CORE	Debitoren pflegen
FD03	Anzeigen Debitor (Buchhaltung)
FD04	Debitoränderungen (Buchhaltung)
FD05	Sperren Debitor (Buchhaltung)
FD06	Löschvormerk. Debitor (Buchhaltung)
FD08	Bestätigen Debitor-Einzeln (Buchh.)
FD09	Bestätigen Debitor-Liste (Buchh.)
FD10	Kontenstand Debitor
FD10N	Saldenanzeige Debitoren
FD11	Kontenanalyse Debitor
FD24	Kreditlimitänderungen
FD32	Debitor-Kreditmanagement ändern
FD33	Debitor-Kreditmanagement anzeigen
FD37	Kreditmanagement Massenänderung
FDK43	Kreditmanagement - Stammdatenliste
FDOO	Orderübersicht Schuldscheine
F.1A	Statistik Debitoren-/Kreditoren
F.20	Debitoren: Kontenverzeichnis
F.21	Debitoren: Offene Posten
F.22	Debitoren: Offene-Posten-Rasterung
F.23	Debitoren: Saldenliste
F.24	Debitoren: Überfälligkeitsverzinsung
F.26	Debitoren: Saldenverzinsung
F.27	Debitoren: Periodische Kontoauszüge
F.28	Debitoren: Neuaufbau Kreditlimit
F.29	Debitoren: Infosystem aufbauen 1

TCode	Transaktionstext
F.2A	Deb.Überf.Verz.: Buchen (ohne OP)
F.2B	Deb.Überf.Verz.: Buchen (mit OP)
F.2C	Deb.Überf.Verz.: ohne Buchungen
F.2D	Debitoren: Stammdatenabgleich FI-SD
F.30	Debitoren: Infosystem auswerten
F.31	Kreditmanagement - Übersicht
F.32	Kreditmanagement - Fehlende Daten
F.33	Kreditmanagement - Kurzübersicht
F.34	Kreditmanagement - Massenänderung
F.35	Kreditstammblatt
F.99	Debitoren: Berichtsauswahl

19.3.3 Transaktionen zu Sachkontenstammsätzen

TCode	Transaktionstext
FS00	Sachkontenstammdatenpflege
FS01	Anlegen Stamm
FS02	Veraendern Stamm
FS02CORE	Sachkonten pflegen
FS03	Anzeigen Stamm
FS04	Änderungen Sachkonto-Zentral
FS05	Sperren Stamm
FS06	Löschen Vormerken Stamm
FS10	Kontenstand Sachkonten
FS10N	Saldenanzeige
FS15	SaKoÄnderungen übertragen: Senden
FS16	SaKoÄnderungen übertragen: Empfangen
FSAA	Adressanzeige f. Saldenbestätigungen
FSAP	Adressen für Saldenbestätigungen
FSAV	Saldenbestätigungen Rückantwortview
FSE2	Bilanz/GuV-Struktur ändern
FSE3	Bilanz/GuV-Struktur anzeigen

TCode	Transaktionstext
FSE4	Vorbereiten Planung
FSE5	Erfassen Planung
FSE5N	Erfassen Planung
FSE6	Anzeigen Planung
FSE6N	Anzeigen Planung
FSE7	Pflegen Bilanz/GuV Fremdspr.texte
FSE8	Anzeigen Bilanz/GuV Fremdspr.texte
FSE9	automatisches Bilanz/GuV Formular
FSKB	Sachkontenbuchung
FSM1	Anlegen Musterkonto
FSM2	Veraendern Musterkonto
FSM3	Anzeigen Musterkonto
FSM4	Änderungen Musterkonto
FSM5	Löschen Musterkonto
FSO2	Bilanz/GuV-Struktur ändern (alt)
FSO3	Bilanz/GuV-Struktur anzeigen (alt)
FSP0	Sachkontenstamm im Kontenplan
FSP1	Anlegen Stamm im Kontenpl.
FSP2	Verändern Stamm im Kontenplan
FSP3	Anzeigen Stamm im Kontenplan
FSP4	Änderungen Sachkonto-Kontenplan
FSP5	Sperren Stamm im Kontenplan
FSP6	Löschen Vormerken Stamm im Kontenpl.
FSRD	Darlehen Meldewesen CH
FSRG	Geldhandel Meldewesen CH
FSRW	Wertpapiere Meldewesen CH
FSS0	Sachkontenstamm im Buchungskreis
FSS1	Anlegen Stamm im Buchungskreis
FSS2	Verändern Stamm im Buchungskreis
FSS3	Anzeigen Stamm im Buchungskreis
FSS4	Änderungen Sachkonto-Buchungskreise
FSSA	Selektionskrit. Saldenbest. anzeigen

TCode	Transaktionstext
FSSP	Selektionskrit. Saldenbest. ändern
FST0	Sachkontenstamm Übersetzung
FST2	Pflegen Kontebezeichnung
FST3	Anzeigen Kontenbezeichnung
F.01	ABAP/4 Report: Bilanz
F.02	Kompaktjournal
F.03	Abstimmung
F.04	Hauptbuch: AW-Meldung erstellen
F.05	Fremdwährungsbewertung:Offene Posten
F.06	Fremdwährungsbewertung: Bestände
F.07	Hauptbuch: Saldovortrag
F.08	Hauptbuch: Saldenliste
F.09	Hauptbuch: Kontenverzeichnis
F.0A	Hauptbuch: AW-Meldung auf Diskette
F.0B	Hauptbuch: Z2 bis Z4 erstellen
F.10	Hauptbuch: Kontenplan
F.11	Hauptbuch: Hauptbuch aus Belegdatei
F.12	Umsatzsteuervoranmeldung
F.19	Hauptbuch: WE/RE Verrechnung
F.50	Hauptbuch: Nachbelastung GuV
F.51	Hauptbuch: Offene Posten
F.52	Hauptbuch: Saldenverzinsung
F.53	Hauptbuch: Kontierungshandbuch
F.54	Hauptbuch: Strukt. Saldenliste
F.5D	Hauptbuch: Nachbel.Bilanz, Fortschr.
F.5E	Hauptbuch: Nachbelast.Bilanz, Buchen
F.5F	Hauptbuch: Nachbel.Bilanz, Protokoll
F.5G	Hauptbuch: Nachbel.Bilanz, Sonderfk.
F.5I	Hauptbuch: UStVoranmld. mit Jurisd.
F.97	Hauptbuch: Berichtsauswahl

19.3.4 Transaktionen zu FiBu-Belegen

TCode	Transaktionstext
FB01	Beleg buchen
FB02	Beleg ändern
FB03	Beleg anzeigen
FB03Z	Beleg anzeigen / Zahlungsverwendung
FB04	Belegänderungen
FB05	Buchen mit Ausgleichen
FB05_OLD	Buchen mit Ausgleichen
FB07	Kontrollsummen
FB08	Beleg stornieren
FB09	Belegpositionen ändern
FB10	Re/Gu Schnellerfassung
FB11	Gemerkten Beleg buchen
FB12	Anforderung von Korrespondenz
FB13	Zahlungsfreigabe
FB1D	Ausgleichen Debitor
FB1K	Ausgleichen Kreditor
FB1S	Ausgleichen Sachkonto
FB21	Statistische Buchung erfassen
FB22	Statist. Buchung zurücknehmen
FB31	Merkposten erfassen
FB41	Buchen Steuer-Zahllast
FB50	Sachkontenbuchung Einbildtransaktion
FB60	Erfassung eingehender Rechnungen
FB65	Erfassung eingehender Gutschriften
FB70	Erfassung ausgehender Rechnungen
FB75	Erfassung ausgehender Gutschriften
FB99	Archivierbarkeitsprüfung von Belegen
FBA1	Anzahlungsanforderung Debitor
FBA2	Debitorenanzahlung buchen
FBA3	Debitorenanzahlung auflösen

Anhänge

TCode	Transaktionstext
FBA6	Anzahlungsanforderung Kreditor
FBA7	Kreditorenanzahlung buchen
FBA7_OLD	Kreditorenanzahlung buchen
FBA8	Kreditorenanzahlung auflösen
FBA8_OLD	Kreditorenanzahlung auflösen
FBB1	Fremdwährungsbewertung buchen
FBBA	Konfiguration Kontenfindung anzeigen
FBBP	Konfiguration Kontenfindung pflegen
FBCJ	Kassenbuch
FBD1	Dauerbuchung erfassen
FBD2	Dauerbuchung ändern
FBD3	Dauerbuchung anzeigen
FBD4	Dauerbelegänderungen anzeigen
FBD5	Dauerbuchung realisieren
FBD9	Dauerbuchung erfassen
FBE1	Avis anlegen
FBE2	Avis ändern
FBE3	Avis anzeigen
FBE6	Avis löschen
FBE7	Aviskonto ergänzen
FBF2	Geldbewegungen
FBF3	Kontrollreport
FBF4	Download Belege
FBF5	Meldungen ohne KKonten
FBF6	Belegänderungen
FBIPU	Bankwege für Partner pflegen
FBKA	Konfiguration Buchhaltung anzeigen
FBKF	FBKP/Funktion ausführen (intern)
FBKP	Konfiguration Buchhaltung pflegen
FBL1	Kreditoren Einzelposten anzeigen
FBL1N	Einzelposten Kreditoren
FBL2	Kreditoren Einzelposten ändern

TCode	Transaktionstext
FBL2N	Einzelposten Kreditoren
FBL3	Sachkonten Einzelposten anzeigen
FBL3N	Einzelposten Sachkonten
FBL4	Sachkonten Einzelposten ändern
FBL4N	Einzelposten Sachkonten
FBL5	Debitoren Einzelposten anzeigen
FBL5N	Einzelposten Debitoren
FBL6	Debitoren Einzelposten ändern
FBL6N	Einzelposten Debitoren
FBM1	Musterbeleg erfassen
FBM2	Musterbeleg ändern
FBM3	Musterbeleg anzeigen
FBM4	Musterbelegänderungen anzeigen
FBMA	Mahnverfahren anzeigen
FBME	Banken
FBMP	Mahnverfahren pflegen
FBN1	Nummernkreise Buchhaltungsbeleg
FBN2	Nummernkreispflege: FI_PYORD
FBOE	komplettes Menü für Börsenumsatzste
FBP1	Zahlungsanforderung erfassen
FBR1	Buchen mit Referenzbeleg
FBR2	Beleg buchen
FBRA	Rücknahme Ausgleich
FBRC	Rücknahme Ausgleich (Zahlungskarten)
FBS1	Abgrenzungsbeleg erfassen
FBTA	Konfiguration Textfindung anzeigen
FBTP	Konfiguration Textfindung pflegen
FBU2	Übergreifenden Beleg ändern
FBU3	Übergreifenden Beleg anzeigen
FBU8	Übergreifenden Beleg stornieren
FBV0	Vorerfaßten Beleg buchen
FBV1	Beleg vorerfassen

TCode	Transaktionstext
FBV2	Vorerfaßten Beleg ändern
FBV3	Vorerfaßten Beleg anzeigen
FBV4	Vorerf. Beleg (Kopf) ändern
FBV5	Belegänderungen vorerfaßter Belege
FBVB	Vorerfassten Beleg buchen
FBW1	Wechselanforderung erfassen
FBW2	Wechsel gemäß Anforderung buchen
FBW3	Wechselverwendung buchen
FBW4	Wechselobligo zurücknehmen
FBW5	Umkehrwechsel (Debitor)
FBW6	Umkehrwechsel (Kreditor)
FBZ0	Zahlungsvorschl. anzeigen/bearbeiten
FBZ1	Zahlungseingang buchen
FBZ2	Zahlungsausgang buchen
FBZ3	Schnellerfassung Zahlungseingang
FBZ4	Zahlung mit Druck
FBZ5	Scheck zum Zahlungsbeleg drucken
FBZ8	Zahlungslauf anzeigen
FBZA	Konfiguration Zahlprogramm anzeigen
FBZG	Gescheiterte Zahlungen - debitorisch
FBZP	Konfiguration Zahlprogramm pflegen

19.4 Tabellen der Materialwirtschaft

Tabelle	Bezeichnung
T000	Mandanten
T001K	Bewertungskreis
T001L	Lagerorte
T001P	Werk/Betrieb
T001W	Werk/Niederlassung
T001Y	Bewertungsebenen für LIFO-Bestandsbewertung
T003	Belegarten

Tabelle	Bezeichnung
T003A	Belegarten für Buchen mit Ausgleichen
T003T	Belegartentexte
T004	Verzeichnis der Kontenpläne
T023	Warengruppen
T023	Warengruppen
T023T	Bezeichnungen zu Warengruppen
T024	Einkaufsgruppen
T024B	Bearbeitergruppen
T024D	Materialdisponenten
T024E	Einkaufsorganisationen
T025	Bewertungsklassen
T025T	Bezeichnungen zu Bewertungsklassen
T028E	Texttabelle zur T028D
T028G	Zuordnung Externe Vorgänge zu Internen Vorgängen
T028H	Zuordnung manueller Vorgänge zu internen Vorgängen
T028I	Texttabelle zu T028H
T028J	Belegart zur Buchungsregel
T030	Fixkontentabelle
T030A	Vorgangsschlüssel und Zuordnung zu Gruppen
T030B	Fixbuchungsschlüssel
T030C	Fixkontentabelle global
T030D	Kontenfindung für Kursdifferenzen bei offenen Posten
T030E	Kontenfindung für Kursdifferenzen bei offenen Posten
T030F	Rückstellungsmethode zweifelhafter Forderungen
T030G	Fixkontentabelle - Geschäftsbereichsaufteilung
T030H	Kontenfindung für Kursdifferenzen bei offenen Posten
T030K	Kontenfindung Steuerkonten
T030R	Regeln zur Fixkontenfindung
T064A	Bestandsarten der Inventur
T064B	Bestandsarten und -texte für die Inventur
T064F	Funktionscodes Inventur
T064S	Bestandsebenen für die Stichprobeninventur

Tabelle	Bezeichnung
T064T	Texte zur Inventur
T066	Dynpro-Auswahl Rechnungsprüfung
T150	BestArten d. Inventur u. zugeordnete Bewegungsarten
T150F	BestArten und zugeordnete Felder in der Inventur
T158I	Transaktionssteuerung Inventur
T159G	Vorgabewerte für Stichprobeninventurprofil
T159H	Langtext zum Stichprobeninventurprofil
T159I	Testdaten für Batch-Input in der Bestandsführung (Inventur)
T159L	Vorschlagswerte für die Bestandsführung und Inventur
T169	Transaktionssteuerung Rechnungsprüfung / Bewertung
T1690	Kontierungsblock: auszuschließende Felder in derRechnungsprüfung
T169A	Buchungsstring Rechnungsprüfung
T169B	Meldepflichtige Bestellanhangsarten
T169D	Rechnungsprüfung: Prüfung auf Betragshöhe
T169E	Toleranzgrenzen-Schlüssel
T169F	Transaktionsabhängige Vorschlagswerte Rechnungsprüfung
T169G	Toleranzgrenzen Rechnungsprüfung
T169K	Vorschlagswerte Kontenpflege
T169P	Parameter Rechnungsprüfung
T169S	Toleranzgrenzen-Schlüssel
T169V	Vorschlagswerte Rechnungsprüfung
T169W	Buchungsstrings (Werte) für SAPMM08R
T169X	Vorgangstexte Rechnungsprüfung
T320	LVS RM Lagerort - LVS Lagernummer Zuordnung
T320C	LVS Lagernummer - RM Lagerort Zuordnung
T321	Zuordnung Bewegungsart RM-MAT Bewegungsart RM-LVS
T321D	Zuordnung Bewegungsart RM-LVS-Dezentral Vorgang HOST
T322	Bewegungsarten RM für Ausbuchen Inventur
TZUN	Regeln für den Aufbau des Feldes ZUORDNUNG
TZUNT	Bezeichnung der Zuordnungsregel
TZUNT	Bezeichnung der Zuordnungsregel

565

Glossar

A

ABAP/4 — Eine Programmiersprache "Advanced Business Application Programming" der SAP AG. Sämtliche Reports und Anwendungen sind in R/3® in dieser Programmiersprache geschrieben. Bedingt durch den einheitlichen Einsatz kann das System um entsprechende Eigenentwicklungen beliebig erweitert werden.

ABAP/4 Dictionary — Eine Einheit zur Verwaltung sämtlicher Metadaten, wie z.B. Tabellen und Feldern, Definition von Wertebereichen usw. Es besteht die Möglichkeit, Datenbanktabellen, Indizes und Views direkt aus dem Dictionary heraus anzulegen, zu löschen und zu ändern.

ABAP/4 Editor — Ein integriertes Tool zur ABAP/4 Programmierung, das von Entwicklern im entsprechenden System z.B. über die Transaktion SE38 aufgerufen werden kann.

ABAP/4 Report — Programm zur Auswertung von Datenbankinhalten unter Einbeziehung von Selektionsoptionen.

ABC-Analyse — Dient der Ermittlung von Schwerpunkten vermittels Schichtungen; z.B. Schicht A: hochgewichtig, gefährlich - Schicht B: weniger wichtig, ... - Schicht C: unwichtig, ... So können auf Basis einer ABC-Analyse Prüfungen durch

Glossar

ACL — Konzentration auf "wichtige" Schichten effizient vorbereitet und effektiv durchgeführt werden.
Audit Command Language
Ein Anwenderprogramm zur inhaltlichen Datenprüfung, vergleichbar mit Standardprogrammen wie Excel oder Access, allerdings gedacht zum Einlesen von Daten aus Datenbanksystemen lediglich zur Datenprüfung - d.h. ohne sie verändern zu können: z.B.: Ausreißersuche, Lücken- oder Doublettensuche, Prozentualabweichungen, Vergleich verschiedener Datenaufnahmen, ABC-Analyse, Zeitstrukturanalyse u.v.a.m. Neben den mathematisch/statistischen Funktionen wie in Excel oder Access bietet ACL zusätzliche, insbesondere für die Revision geeignete Funktionen; ACL wurde für die Prüfung von Massendaten entwickelt, bietet Stichprobenverfahren und die Möglichkeit, auch Großrechnerdaten oder SAP-Daten direkt einzulesen und zu prüfen; ein weiteres wesentliches Feature für die Revision: für alle Analysen wird eine Historie (Log-Datei) mitgeführt, um die Ergebnisse nachvollziehbar zu machen. Obwohl als Standard-Software für die Datenprüfung einsetzbar, wird ACL häufig als Revisionssoftware bezeichnet.
www.acl.com
Konkurrenzprodukt: IDEA

Aktiva	Aufsummierung eines Unternehmensvermögens, das auf der linken Seite der Bilanz ausgegeben wird.
Aktivitätsgruppe	Untermenge von Aktionen aus der Menge von Aktionen, die im Unternehmens-IMG definiert sind. Aus der Aktivitätsgruppe können die für diese Aktionen erforderlichen Berechtigungen für die R/3®-Benutzer mit Hilfe des Profilgenerators erzeugt werden. Ab Release 4.6 wieder als Rolle eingesetzt.
ALE	Application Link Enabling Eine Technologievariante, die verteilte Anwendungen unterstützt und die jeweilige gegenseitige Integration ermöglicht.
Alertmonitor	Grafischer Bildschirm zur Auswertung von Systemzuständen und -ereignissen, primär nutzbar für die Administration.
Anlagenmanagement	Hierbei handelt es sich um eine Komponente der Finanzbuchhaltung, in der die Anlagenbuchhaltung eines Unternehmens abgebildet wird.
Anwendungsschicht	Auch Applikationsebene genannt. Hier werden die R/3® Programme ausgeführt. Lokalisation auf dem Server.
ANSI	American National Standard Institute
Anzahlung	Zahlung für eine Leistung, die noch erbracht werden muss.
API	Application Program Interface Eine Schnittstelle für Anwendungsprogramme, die es ermöglicht, auf bereits vorhandene Routinen

	zuzugreifen.
AIS	Audit Information System
	Ein Tool, das speziell für Prüfer entwickelt wurde und nach dem Release 4.0B als Standard in das SAP System integriert wurde. Es umfasst bereits standardmäßig vorhandene Auswertungen, die speziell für Prüfbelange modifiziert wurden. Der Aufruf erfolgt entweder über die Transaktion SECR oder rollenbasiert über das Menü.
ArchiveLink	Eine Schnittstelle zur Verbindung des SAP R/3® Systems mit einem Archivsystem.
ASAP	Accelerated SAP
	Ein standardisiertes Vorgehensmodell, das die Einführung eines R/3® Systems unterstützt.
Attribute	Als Attribute bezeichnet man in R/3® die Merkmale einer Funktion.
Aufwand	Ausgaben eines Unternehmens, die in einer Periode erbracht wurden wie z.B. Dienstleistungen, Güter usw.
Audit Analysereport	Ein Reporting, das aus der Security Audit-Log generiert wurde.
Ausgangssteuer	Steuerschuld, die ein Unternehmen gegenüber dem Finanzamt hat. Ausgangssteuer wird im Rahmen der Debitorenrechnungsstellung ausgewiesen.

B

Backup Strategie	Vorgehensweise zur Datensicherung.
Balanced Scorecard	Ein Konzept zur Messung und Darstel-

	lung der Unternehmensleistung und -entwicklung.
Basisschicht	Eine weitestgehend unabhängige Funktionsebene, die sich im Rahmen des Schichtenmodells eines R/3® Systems unterhalb der Anwendungsebene befindet, aber mit dieser über Schnittstellen verbunden ist. Während die Anwendungsschicht in ABAP/4 geschrieben wurde, ist die Basisschicht in C programmiert.
Basistabelle	Tabelle des ABAP Dictionary`s, die zum Basismodul gehört.
Batch-Input Verfahren	Methode und Werkzeuge zum schnellen Import von Daten aus sequentiellen Dateien in die R/3®-Datenbank in Form einer dialogsimulierten Abarbeitung.
Beleg - FI	Nachweis eines Geschäftsvorfalles.
Beleg - CO	Nachweis einer kostenrechnungsrelevanten Buchung.
Belegart	Ein Schlüssel, der zur Geschäftsfallklassifizierung dient.
Belegdatum	Das Datum, zu dem der Originalbeleg erzeugt wurde.
Belegerfassung	Die manuelle oder auch automatische Erstellung eines Beleges.
Benutzer	SAP Anwender.
Benutzergruppe	Zusammenfassende Kategorisierung von Benutzern zwecks Benutzerverwaltung.
Berechtigung	Ausprägung eines Berechtigungsobjektes mit zugehörigen Werten, das in Pro-

	filen gesammelt wird.
Berechtigungskonzept	Strategie zur Anlage, Pflege und Verwaltung von Berechtigungen für Benutzer.
Berechtigungsobjekt	Strukturelle Einheit, die aus einem bis zehn Feldern besteht. Das Berechtigungsobjekt schützt in R/3® die eingesetzten Verfahren.
Berechtigungsprüfung	Interne Systemroutine zur Kontrolle, ob benötigte Berechtigungen zum Ausführen bestimmter Abläufe vorhanden sind.
Berechtigungstrace	Tool zur Überprüfung der benötigten Berechtigungsobjekte bei Aufruf einer Anwendung.
Bericht	ABAP/4 Report zur Analyse von Datenbankinhalten.
Bestand	Teile des Umlaufvermögens in der Materialwirtschaft.
Bestandskonto	Konto, auf dem Zugänge oder Abgänge des Umlaufvermögens erfasst werden.
Betriebssystem	Eine operationale Einheit eines Rechners, die u.a. für die Datenverwaltung zuständig ist. Im Rahmen des Schichtenmodells werden auf dieser Ebene die Datenbank und die Applikationen eines R/3® Systems installiert.
Bewegungsart	Klassifizierung der Materialbewegungen durch eine Schlüsselkennung.
BPR	Business Process Engineering Alle unternehmensbezogenen Aufgaben werden kundenorientiert nach Geschäftsprozessen ausgerichtet und jeweils schnell und flexibel an sich

	ändernde Marktanforderungen angepasst. Das Ziel ist es, die Leistungsfähigkeit eines Unternehmens auf Dauer nachhaltig zu verbessern.
Browser	Ein Browser ist ein Programm, das bestimmte Darstellungsformate unterstützt und seinen primären Einsatz in der Internet-/Intranetumgebung hat.
BSI	Bundesamt für Sicherheit der Informationstechnik.
Buchungskreis	Organisatorische Einheit im Rahmen der Unternehmensabbildung, die rechtlich eigenständig und selbstständig bilanzierend ist.
Buchungsperiode	Einheit, die das Geschäftsjahr in Erfassungsmonate gliedert.
Business Workflow	Arbeitsprozessschritte - in Anlehnung an die Geschäftsprozesse - die, zu Aufgaben zusammengefasst, anwendungsübergreifend gesteuert werden.

C

CATT	Computer Aided Test Tool
	Mit diesem Werkzeug können Testdaten erzeugt und betriebswirtschaftliche Vorgänge automatisiert und getestet werden.
CCMS	Computer Center Management System
	Ein Werkzeug zur Überwachung, Steuerung und Konfiguration des R/3®-Systems.
Client/Server Computing	Hierbei handelt es sich um kooperierende Verarbeitungslösungen innerhalb

Glossar

	eines Netzwerkes. Auf dem Server werden die Anwendungsprogramme für die Verarbeitung, Verwaltung und Speicherung von Daten vorgehalten. Auf dem Client werden über eine grafische Benutzerschnittstelle die Verarbeitungsschritte ausgelöst.
CO-Modul	Das Controlling Modul zur Abbildung der Kosten-Leistungsrechnung eines Unternehmens.
CPI-C	Common Programming Interface Communication
	Grundlegendes Programmiererinterface für synchrone, systemübergreifende Programm-zu-Programm-Kommunikation.
CpD-Konto	Conto pro Diverse
	Sammelkonto für Einmalkunden oder Einmallieferanten.
CRM	Customer Relationship Management
	Verwaltung von Kundenbeziehungen als Mittel zur Kundenbindung.
Customizing	Anpassung der R/3® Software an unternehmensspezifische Erfordernisse.

D

Data Browser	Transaktion zur Anzeige von Tabelleninhalten (SE16).
Datenintegrität	Unversehrtheit der Daten ist erhalten.
Dauerbuchung	Wiederkehrender Geschäftsfall, der über ein Dauerbuchungsprogramm den Dauerbuchungsurbeleg abarbeitet.

Dauerbuchungsbeleg	Beleg zur Abbildung eines Geschäftsfalles, der sich regelhaft wiederholt.
Dauerbuchungsurbeleg	Kontierungsvorlage für regelhaft wiederkehrende Geschäftsfälle zur Abarbeitung über ein referenzierendes Programm.
Datenbankebene	Die Einheit im Rahmen des Schichtmodells, in der die R/3® Daten vorgehalten werden.
DB	Datenbank Einheit, in der die Daten des R/3® Systems gespeichert und verwaltet werden.
DBA	Datenbankadministrator
DBMS	Datenbankmanagementsystem
Debitor	Kunde
Default	Standard
Defraudant	Betrüger
Dialogbenutzer	SAP Anwender, der interaktiv im R/3® System arbeitet.
DIN	Deutsche Industrie Norm
Direct-Input	Ein Verfahren zur Datenübernahme in das R/3® System, bei dem eine Datenkonsistenzprüfung über bereits integrierte Funktionsbausteine erfolgt.
Disposition	Sämtliche Aktivitäten zur Erstellung und Einhaltung eines Produktions- oder Beschaffungsplans für die Materialien eines Unternehmung.
Dolose Handlung	Unternehmensschädigende Aktivität.
Download	Herunterladen von Daten.
DV	Datenverarbeitung
Dynpro	DYNamisches PROgramm, das aus

einem Bildschirmbild und der unterliegenden Ablauflogik besteht.

E

Early Watch	Standardauslieferungsmandant von SAP, der für die Fernwartung durch SAP vorkonfiguriert ist.
EDI	Electronic Data Interchange - Elektronischer Datenaustausch.
EDV	Elektronische Datenverarbeitung.
Editor	Programm zur Textbearbeitung.
Eigenentwicklung	Selbsterstellte Objekte in den jeweiligen vordefinierten Kundennamensräumen, die SAP vorgegeben hat.
Einzelposten	Gebuchte Belegposition.
Einzelprofil	Profiltyp, der ausschließlich Berechtigungen enthält.
EIS	Executive Information System.
Entwicklungssystem	SAP System, in dem Eigenentwicklungen und Customizingaktivitäten durchgeführt werden, um sie von dort in das Qualitätssicherungssystem und abschließend in das Produktivsystem zu transportieren.
Enqueue Prozess	Daten-Sperrprozess innerhalb eines R/3® Systems.
ex ante	im Vorwege.
ex post	in der Nachschau.

F

FAIT	Fachausschuss für Informationstechnologie (IDW).
FAIT 1	Grundsätze ordnungsmäßiger Buchfüh-

575

	rung bei Einsatz von Informationstechnologie (IDW).
FAIT 2	Grundsätze ordnungsmäßiger Buchführung bei Einsatz von Electronic Commerce (IDW).
Fälligkeit	Der Zeitpunkt, bis zu dem ein Schuldner den Anspruch eines Gläubigers ausgleichen muss.
Faktura	Ein Oberbegriff für Rechnungen, Gutschriften, Stornobelege usw.
FAMA	Fachausschuss für moderne Abrechnungssysteme (IDW).
FI	Finanzwesen.
FI-AP	Kreditorenbuchhaltung (FI accounts payable)
FI-AR	Debitorenbuchhaltung (FI accounts receivable)
FIFO	First in - First out.
FI-GL	Hauptbuchhaltung (FI general ledger)
Finanzkreis	Organisatorische Einheit im Rahmen der Finanzmitteldisposition.

G

Geschäftsjahresvariante	Zusammenhang zwischen Kalenderjahr und Geschäftsjahr. Es werden die regulären Buchungsperioden als auch die Sonderperioden festgelegt.
Gesellschaft	Organisatorische Einheit, die einen oder mehrere Buchungskreise umfassen kann.
GoDV	Grundsätze ordnungsmäßiger Datenverarbeitung.
GoB	Grundsätze ordnungsmäßiger Buchfüh-

GoBS	rung. Grundsätze ordnungsmäßiger DV-gestützter Buchführungssysteme (früher Speicherbuchführung).
GUI	Graphical User Interface - Grafische Benutzeroberfläche Medium, über das der Benutzer Informationen mit dem Computer austauschen kann.

H

Hauswährung	Währung, die innerhalb eines Buchungskreises geführt wird.
Hintergrundverarbeitung	Arbeitsprozess ohne Benutzereingaben.
HR	Human Resource Personalwirtschaft
Hot Package	Software-Korrekturen oder -Erweiterungen eines R/3® Systems.

I

IAS	International Accounting Standards
IDEA	Interactive Data-Extraction and -Analysis Ein Anwenderprogramm zur inhaltlichen Datenprüfung, vergleichbar mit Standardprogrammen wie Excel oder Access, allerdings gedacht zum Einlesen von Daten aus Datenbanksystemen lediglich zur Datenprüfung - d.h. ohne sie verändern zu können: z.B.: Ausreißersuche, Lücken- oder Doublettensuche, Prozentualabweichungen, Vergleich verschiedener Datenaufnahmen,

	ABC-Analyse, Zeitstrukturanalyse u.v.a.m. http://www.winidea.at Konkurrenzprodukt: ACL.
IDES	International Demo- and Education Systems IDES beinhaltet mehrere Musterunternehmen, die modellhaft die relevanten Geschäftsprozesse des R/3® Systems abbilden.
IDW	Institut der Wirtschaftsprüfer in Deutschland e.V.
IKS	Internes Kontroll System.
IMG	Implementation Guide - Einführungsleitfaden Werkzeugsammlung zur kundenspezifischen Anpassung des R/3®-Systems.
Instanz	Administrative Einheit, in der die Komponenten eines R/3®-Systems zusammengefasst werden, die einen oder mehrere Dienste anbieten. Folgende Dienste können von einer R/3®-Instanz bereitgestellt werden: D: Dialog V: Verbuchung E: SAP-Sperrverwaltung (Enqueue) B: Hintergrundverarbeitung (Background) S: Druckaufbereitung G: SAP-Gateway
Interface	Schnittstelle
Inventar	Bestandsverzeichnis
Inventur	Physische Bestandsaufnahme von Materialien.

IPC	Inter Process Communication.
ISAPI	Microsoft Information-Server-API.
ISO	International Standards Organization.
IT	Informationstechnologie.
ITS	Internet Transaction Server. Gateway zwischen dem R/3®-System und dem World Wide Web.

J

Java	Eine objektorientierte Programmiersprache, die u.a. in vielen Bereichen des Internets Anwendung findet.
Join	Tabellenverbund
Job	Programmkette, die in einzelnen Verarbeitungsschritten durchlaufen wird.
Journal	Buchungsliste

K

Kann-Feld	Ein Datenfeld, in das eine Eingabe optional ist.
Know-How-Transfer	Wissensübertragung
Konsolidierung	Zusammenfassung von Daten, Zusammenführung von Abschlüssen
KonTraG	Gesetz zur Kontrolle und Transparenz im Unternehmensbereich.
Kontenplan	Verzeichnis der Sachkonten.
Kontierungsmuster	Vorlage zur Belegerfassung.
Konzern	Der Zusammenschluss rechtlich eigenständiger Unternehmungen unter vereinheitlichter Leitung.
Kostenrechnungskreis	Organisatorische Einheit, in der das Controlling abgebildet wird.

Kreditkontrollbereich	Organisationseinheit zur Überwachung des Forderungsmanagements.
Kreditor	Lieferant

L

Lager	Organisatorische Einheit, in der Materialien vorgehalten werden.
LAPI	License Application Programming Interface,
Laufzeit	Die Zeit, die ein Programm zur Ausführung benötigt.
Lieferant	Kreditor
LIFO	Last in - first out
LUW	Logical Unit of Work

M

Mahnverfahren	Unternehmensspezifische Festlegung der Richtlinien zum Mahnen
Mandant	Eine für sich handelsrechtlich, organisatorisch und datentechnisch abgeschlossene Einheit innerhalb eines R/3®-Systems mit getrennten Stammsätzen innerhalb einer Tabelle. Höchste Hierarchieebene im Rahmen der organisatorischen Unternehmensabbildung.
MAPI	Messaging Application Programming Interface.
Mappenprotokoll	Aufzeichnung zum Ablauf einer Batch-Input Mappe.
Matchcodesuche	Suchfunktion nach Übereinstimmungen für definierte Felder.
Materialwirtschaft	SAP R/3® Modul.

Mittelkurs	Arithmetisches Mittel aus Briefkurs und Geldkurs im Devisengeschäft.
Modul	Softwarebaustein, der wiederum aus Komponenten (Arbeitsgebiete) besteht.
Modus	Benutzersitzung in einem SAPGUI-Fenster.
Multitasking	Simultane Verarbeitung diverser Anwendungen.
Mussfeld	Datenfeld, in das Einträge obligat vorzunehmen sind.
Musterbeleg	Kontierungsvorlage zur Verbuchung.

N

Namensraum	Ein von SAP definierter Bezeichnungsbereich, in dem Unternehmen ihre Eigenentwicklungen vorhalten können.

O

OS	Operating System - Betriebssystem
Obligo	Alle Arten von Verpflichtungen und bzw. Verbindlichkeiten.
Outsourcing	Übertragung von Teilaufgaben an externe Dienstleister.

P

Passiva	Summierung der Posten, die auf der rechten Seite der Bilanz ausgewiesen werden, wie z.B. Verbindlichkeiten.
PDF	Portable Document Format.
Performance	Leistungsfähigkeit eines EDV Systems.
Periode	Einheit zur Gliederung eines Geschäftsjahres, auch Buchungsperiode genannt.
Persistenz	Dauerhafte Datenspeicherung.

Personalwirtschaft	Human Resource.
Plausibilitätsprüfung	Prüfung eingegebener Werte gegen definierte Regeln.
Power User	Benutzer mit überdurchschnittlichen Anwendungskenntnissen.
Prävention	oder Prophylaxe; bezeichnet vorbeugende Maßnahmen, die Schadensereignisse verhindern sollen; eine Maßnahmen-Strategie differenziert neben Prävention "ad hoc"-Maßnahmen und Troubleshooting.
Präsentationsebenc	Darstellungsebene, entspricht einer Workstation mit installiertem SAPGUI.
Profilgenerator	Der Profilgenerator erzeugt automatisch ein Berechtigungsprofil aufgrund der in einer Aktivitätsgruppe/Rolle enthaltenen Aktivitäten.
Prozess	Betriebswirtschaftliche Aufgabe, die in einzelne Schritte aufgespalten wird.
PS	Prüfungsstandard des IDW (Institut der Wirtschaftsprüfer).
Pufferspeicher	Volatiler Speicherbereich im Hauptspeicher.

Q

Qualitätsmanagement	System zur Sicherung und Umsetzung der optimierten Ansprüche eines Unternehmens an z.B. Verfahrensabläufe.
Quick-Info Text	Tipp Tool Text Kurzbeschreibung für Symboltasten, die eingeblendet werden, wenn der Mauszeiger sie kontaktiert.

R

R/3	Realtime 3
RAID	Redundant Array of Independent Disks Plattenverbund zur Datensicherung im Rahmen von Backup Lösungen.
RDBMS	Relational Database Management System.
Referenzbeleg	Vorlagebeleg für die Buchung.
Report	Bericht
Repository	Logische Ebene, die alle Daten (und Objekte) in einheitlicher Weise beschreibt und auf die physische Datenhaltung aufsetzt.
Revision	Revision ist ein Synonym für "Prüfen" und bedeutet "noch einmal Hinsehen". Revision ist also ein redundanter Vorgang (Redundanz).
RFC	Remote Function Call Funktionsbaustein als offene Schnittstelle zum Programmaufruf.
Rolle	Sammlung von Aktivitäten, die einem Benutzer in Form von Berechtigungen zugewiesen werden können. Die Erstellung erfolgt mittels eines Profilgenerators.
RTF	Rich Text Format Austauschformat für Textverarbeitungen.

S

SAPGUI	SAP Graphical User Interface Grafische Benutzeroberfläche von SAP.
Saldo	Differenz zwischen Soll und Haben.

Saldovortrag	Die Übernahme des Saldos aus dem vorangegangenen Geschäftsjahr in das neue Geschäftsjahr.
Sammelprofil	Ein Profil, in dem Einzelprofile zusammengefasst werden.
SCM	Supply Chain Management Supply Chain Management bedeutet zunächst nur "Beschaffungsprozess". Der Produktionstakt soll sequenzgenau auf die Abrufe des Kunden abgestimmt werden. Diese Prozesse sollen bei hoher Flexibilität automatisiert umgesetzt werden.
Security AuditLog	Ein Tool zur ergänzenden Überwachung von Systemereignissen, wie z.B. Änderungen an Benutzerstammsätzen, Aufruf von Transaktionen usw. Beim Einsatz sind die Datenschutzrichtlinien zu beachten.
Server	Physischer Rechner, der Daten, Dienste und Anwendungen zur Verfügung stellt.
Sonderhauptbuchkonto	Spezielles Abstimmkonto für die Nebenbücher, für Geschäftsfälle, die nicht über reguläre Sammelkonten saldiert werden dürfen wie z.B. Anzahlungen.
Sonderperiode	Spezielle Buchungsperiode für die Durchführung der Jahresabschlussarbeiten.
Special Ledger	Spezielle Ledger Kundendefinierte Bücher für z.B. ein erweitertes Berichtswesen.

Spool	Simultaneous peripheral operations online. Einheit zur Verwaltung von Datenausgaben.
SQL	Structured Query Language Programmiersprache zur Abfrage von relationalen Datenbanken.
SysLog	Überwachungsprotokoll für Systemereignisse.
Systemlandschaft	Beim Kunden installierte Systeme und Mandanten.

T

Tabelle	Einheit zur Datenhaltung, die in Zeilen und Spalten unterteilt ist.
TCP/IP	Transmission Control Protocol/Internet Protocol
TemSe	Temporäre sequentielle Datei Einheit zur Datenablage.
Testlauf	Programmablauf, der nur als Test durchgeführt wird ohne tatsächlich Datenänderungen vorzunehmen.
TMS	Transport und Management System Einheit für Transporte zwischen den einzelnen Systemen einer Systemlandschaft.
Toleranz	Vordefinierte akzeptable Abweichung von Richtwerten.
Transaktionscode	Folge von vier bis vierzig alphanumerischen Zeichen, die eine Anwendung im R/3®-System benennt.
Troubleshooting	Bezeichnet Maßnahmen, die Schadensereignisse (Troubles) aufdecken und beseitigen (Shooting); eine Maßnah-

	men-Strategie differenziert neben Troubleshooting-Maßnahmen "ad hoc"-Maßnahmen und Prävention.
TQM	Total Quality Management Programm zur Optimierung von Unternehmensprozessen.

U

Umbuchung	Interne Buchung von einem Konto auf ein anderes Konto von bereits gebuchten Geschäftsfällen.
Umkehrbuchung	Rückbuchung eines bereits erfassten Geschäftsfalles mit umgekehrten Vorzeichen, z.B. Storno.
Umrechnungskurs	Wert zur Umrechnung von einer Währung in eine andere Währung.
Unternehmens-IMG	Unternehmensspezifischer Einführungsleitfaden.
Upload	Hochladen von Daten.

V

Valuta	Wertstellung
Variante	Gespeicherte Selektion zu einem Report.
Vier-Augen-Prinzip	Beteiligung von zwei Benutzern zur Ausführung einer Aufgabe
View	Logische Sicht auf einen Ausschnitt einer Tabelle oder einer Abfrage.
Vorsystem	Ein EDV System, das dem SAP System vorgelagert ist und gleichzeitig Daten überträgt zur Weiterverarbeitung innerhalb des SAP Systems.

W

Wechsel	Zahlungszusage in Form eines rechtsverbindlichen Zahlungspapiers.
Werk	Organisatorische Einheit der Materialwirtschaft, die als Betriebsstätte oder Niederlassung innerhalb einer Firma fungiert.
Workflow	Abfolge von Arbeitsschritten, die sowohl organisatorisch als auch systemseitig abgebildet werden können.
Workload	Arbeitsbelastung

X, Y, Z

XXL	Extended Export of Lists Ein MS Word Link über RFC zur Nutzung von MS Excel als Listviewer.
XXL-Listviewer	Sammlung von Excel Makros zur Anzeige von Daten in MS Excel.
Zahlungsbedingung	Vereinbarte Konditionen mit dem Geschäftspartner zur Umsetzung der Zahlungen.

Stichwortverzeichnis

A

ABAP 30, 40, 80, 107, 108, 304, 370, 372, 566
Abgebrochen Verbuchung 243, 245, 246, 247, 522, 549
Abstimmanalyse 257, 259, 260, 261
Abstimmung 93, 258, 259, 261, 263, 294, 296, 300, 476,
Änderungsbelege
    Nummernkreise 86, 247, 248, 250, 251, 252, 253, 254,
    .... 255 256, 263, 341,
    Tabellen 100, 105, 106, 107, 108, 109, 110, 111
Änderungsbelegobjekt 105, 106, 107
Aufbewahrungsfrist 22, 24, 100, 232, 303, 413, 520

B

Batch-Input 228, 229, 230, 234, 247, 466, 522
Beleg
    Beleganzeige 131, 156, 184, 194, 195, 198, 348, 402, 517
    Belegänderung 195, 197, 206, 207, 208, 209, 211, 215, 401
    Belegbuchung 239, 249, 351, 398
    Belegprinzip 189
    Belegstornierung 197, 403
Belegänderungsregel 206, 207, 208, 209, 215
Belegnummernpufferung 249, 250
Belegnummernvergabe
    Extern 247, 249
    Intern 247, 248
    Lücken in der Belegnummernvergabe 247, 248, 249, 253
Benford´s Law 283, 287, 288
Bewegungsart 86, 469, 470, 471, 473, 474, 475, 479, 480,
.... 481, 482, 483, 488, 489,
Bildaufbau 153, 275, 277, 278, 279, 469, 481, 489

Buchung 22, 189, 190, 195, 205, 229, 237, 261, 262, 296,
.... 419, 469, 475, 478, 504, 519
Buchungskreis 85, 86, 87, 92, 94, 95, 96, 97, 107, 114, 125,
.... 175, 176, 182, 190, 202, 207, 216, 226, 244,
.... 245, 247, 279, 297, 314, 315, 325, 334, 334,
.... 335, 341, 342, 343, 344, 348, 349, 350, 359,
.... 360, 361, 362, 363, 365, 366, 367, 368, 393,
.... 394, 425, 426, 434, 445, 446, 447, 449, 450,
.... 451, 477, 491, 508, 513, 515, 516, 518, 524,
.... 525, 526
Buchungsperiode 77, 80, 183, 194, 207, 213, 214, 292, 293,
.... 294, 296, 299, 350, 351, 394
Buchungsstoff 138, 163, 214, 232, 234, 235, 245, 262, 263,
.... 445, 446, 456, 481, 489, 519

C
CPD
    Debitor 152, 153, 155, 156, 164
    Kreditor 128, 129, 165, 167
Customizing 77, 79, 80, 81, 83, 84, 89, 153, 224, 234, 271,
.... 273, 274, 275, 277, 297, 303, 322, 371, 398, 414,
.... 445, 474, 478, 479, 481, 489, 513

D
Dauerbuchung 189, 203, 215
Debitor
    CPD-Debitor 152, 153, 155, 156, 164
    Stammdaten 140, 142
    Stammdatenänderung 147
Debitorische Kreditoren 133
Digitale Ziffernanalyse 281
Direct-Input 522, 523, 524, 550
Dolose Aktivitäten 120, 121, 148, 171

Doppelte Rechnung 265, 267, 269, 515, 516
Doppelte Zahlung 267, 270, 540

E

Eingangsrechnung 285, 508
Einkäufergruppe 445, 452, 453, 455, 460
Einkaufsorganisation 449, 450, 451, 452, 453, 455, 495, 501
Einkaufszyklus 454, 455, 456, 457, 458, 459, 543

F

Finanzkreis 92, 96, 97
Firmenkonzeption 98, 99, 453, 454, 455, 530, 542
Forensic Accounting 285, 286
Fremdwährung 297, 298, 300
Funktionsbereich 90, 91

G

Geschäftsbereich 88, 89, 94, 97, 312, 351, 524
Gesellschaft 28, 89, 90, 95, 96, 274, 275, 302, 444
Gleitender Durchschnittspreis 491, 492

H

HGB 21, 22, 23, 24, 25, 26, 28, 100, 106, 109, 110, 197,
...... 206, 214, 250, 275, 298, 302, 303, 413, 441, 442, 443, 456

J

Jahresabschluss 28, 203, 296, 302, 443, 479, 492, 505, 506
Jobs 232, 418

K

Kontenfindung 469, 470, 473, 476, 478, 479, 481,
.... 488, 489, 490, 545

Kontenplan 86, 89, 93, 94, 174, 175, 176, 177, 179, 335, 336,
.... 338, 339, 470, 473, 478, 489, 506
KonTraG 27, 28, 302
Kostenrechnungskreis 93,94, 97, 445
Kreditkontrollbereich 91, 92, 96, 344, 345, 347
Kreditor
    CPD-Kreditor 127, 129, 138, 152
    Stammdaten 113, 116
    Stammdatenänderung 120
Kreditorische Debitoren 158
Kritische Berechtigung
    Anwendungsentwicklung 417
    Batch-Input 418
    Customizing 414
    Job 418
    Rechnungsprüfung 502, 517, 524
    Tabellen 416
    Verbuchungsadministration 416
Kritische Kombinationen 419
Kursabweichung 297, 300

L
Lagerort 447, 448, 461, 465, 467, 468, 518
Lieferanten
    Lieferantenbeurteilung 496, 498, 501
    Lieferantenauswertung 498
Lokale Pufferung 252, 263

M
Mahnen / Mahnlauf .. 223, 224, 225, 228, 234, 362, 263, 264, 408
Mandant
    Änderbarkeit 78, 80, 82, 83
    Rolle 77

Materialstamm
  Materialstammsatz 459, 460, 461, 467, 491
  Materialstammsatzänderung 468
Monatsabschluss 203, 292, 293

N

Nummernkreis ... 86, 247, 248, 250, 251, 252, 253, 254, 255, 256,
.... 263, 341, 484, 485, 486, 487
Nummernkreisobjekt 245, 247, 250, 251, 252, 253, 254, 263,
.... 484, 485, 486

P

Parameter 39, 47, 56, 82, 100, 101, 110, 203, 215, 224, 240,
.... 241, 245, 384, 386, 509, 516
Preissteuerung
  Gleitender Durchschnittspreis 491, 492
  Standardpreis 491, 492
Protokollierung
  Generell 100, 110
  Tabellenprotokollierung 107, 112, 209
Prüfdokumentation 72
Prüfleitfaden 66, 112, 305, 391, 394
Prüfliste 69, 70, 72, 422, 423
Pufferung 247, 248, 249, 250, 251, 252, 263

R

Radierverbot 23, 87, 197, 276, 302, 413
Rechnungsprüfung 441, 502, 503, 508, 509, 510, 516, 517,
.... 524, 525, 526
Rechnungssperre 503
Referenzeinkaufsorganisation 449, 451, 452

Report
  Aufruf 30, 31
  Dokumentation 40
  Druck 35
  Namenskonvention 31
  Speichern 36

S
Sachkonten
  Stammdaten 174, 175
  Stammdatenänderung 177, 178, 179, 180
Saldovortrag 296
Scheckverwaltung 411
Sonderhauptbuchvorgang 204, 206
Standardpreis 491, 492

T
Tabelle
  Anzeige 45, 56
  Dokumentation 66
  Drucken 61
  Export 76, 390, 391
  Tabellensteuerung 45
Tagesabschluss 292
Toleranzen
  Toleranzgrenze 503, 508, 510, 513, 514, 515, 548
  Toleranzgruppe 395, 513, 514, 515, 548
Transaktion
  SE16 .... 48, 55
  SE16N 48, 56

V

Variante
- Anlegen 44
- Aufruf 42
- Löschen 45
- Übersicht 41

Verbuchung
- Asynchron 237, 242
- Synchron 237
- Verbuchungsabbruch 241, 242
- Verbuchungsparameter 240, 245

Vier-Augen-Prinzip
- Asymmetrisch 321, 322, 333
- Symmetrisch 321, 322, 333

Vorerfassung 202, 214, 215, 419, 503

Vorgangsart 484, 486, 487

Vorratskonto 478

W

Warenbewegung 469, 470, 473, 478, 486, 518

WE/RE 504, 505, 506, 507, 547

Werk 445, 446, 447, 449, 450, 451, 526

Z

Zahlen / Zahllauf 37, 217, 218, 220, 223, 224, 225, 233,
.... 267, 281, 282, 283, 294, 299, 322, 394, 409

SAP R/3® Ordnungsmäßigkeit und Prüfung des SAP-Systems [OPSAP], 2. erweiterte und überarbeitete Auflage 2004

Autor: Thomas Tiede
ISBN: 3-930291-24-X
Seiten: ca. 600
Preis: 64,90 €

Inhalt:
Das Buch "OPSAP - Ordnungsmäßigkeit und Prüfung des SAP R/3®-Systems" ist inzwischen zum Standardwerk für alle geworden, die sich mit dem Thema R/3®-Sicherheit und Basisprüfung befassen. Die 2. Auflage wurde nun angepasst an die R/3-Releasestände 4.6C und Enterprise. Alle Kapitel wurden neu überarbeitet und teilweise sehr umfassend ergänzt. Viele neue Themen, die für eine Prüfung bzw. für ein Sicherheitskonzept unerlässlich sind, sind hinzugekommen (z.B. das Transportwesen). Wieder sind umfassende Checklisten nebst Ordnungsmäßigkeitsvorgaben enthalten zusammen mit den Hinweisen, wie jeder einzelne Punkt zu prüfen ist.

Ottokar Schreiber Verlag GmbH
Friedrich-Ebert-Damm 145
22047 Hamburg
Tel.: +49 40 69 69 85-14
Fax: +49 40 69 69 85-31
www.osv-hamburg.de
sales@osv-hamburg.de